OBSTETRİK VE JİNEKOLOJİ

KLİNİK OLGU ÇÖZÜMLERİ

CW01662034

Kitap Satış Adresleri

ADANA
Adnan Kahveci Bulvarı İller Bankası karşısı (Asma kat) Çam apt. No:2 Seyhan 0322 233 30 93

ANKARA
MN Medikal & Nobel Tıp Kitabevi Halk sok. No:5 Sıhhiye/Ankara 0312 431 16 33

AFYON
Umur Bey Mahallesi Basın Cad. no:16 (Bağkur karşısı) 0506 834 89 69

ANTALYA
Arapsuyu Mah. Atatürk Bulvarı Altınay İşmerkezi Kat: 3-4-5 Konyaaltı 0242 228 46 57

AYDIN
Orta Mahalle Doğu Gazi Bulvarı 218/B 0555 341 55 27

BOLU
Karaçayır Mah. Eflatun Sok. İDE İş Merkezi No: 13/14 0374 217 33 99

BURSA
Üçevler Mah. Düzova Sok. Ataevler metro istasyonu yanı Yalçınay İş Mrk. No:1 Kat: 1/A 0224 441 58 87 0224 441 80 77

DENİZLİ
Yunusemre Mah. Üniversite Cad. No:10 (PAÜ Hastane karşısı) 0258 213 44 20 0555 732 70 47

DİYARBAKIR
Ekinciler Cad. Kalender Center No: 4-5 0412 228 09 64 - 0412 228 09 65 0555 690 91 56

DÜZCE
Şerefiye Mah. Atatürk Bulvarı Cad. Danışan İş Merkezi No:33 Kat:2 No:11 0506 654 36 35

EDİRNE
Abdurrahman Mah. Talat Paşa Asfaltı No:168 D Blok 3. Kat No: 80 Ayşekadın 0284 225 58 58 - 0284 225 61 61 0284 212 66 77

ELAZIĞ
Üniversite Mah. Yunus Emre Bulvarı No:2/A (Yeni Araştırma Hastanesi Karşısı) 0424 236 93 33 - 0424 218 90 09

ERZURUM
Yukarı Mumcu Mah. Dabakhane Sok. Atatürk Evi Çaprazı Enfüz İş Merkezi Kat:5 0442 235 18 25 0442 235 18 24 0533 490 09 09

ESKİŞEHİR
Büyükdere Mah. Akasma Sok. No: 1-B (ESOGÜ Tıp Fakültesi Tranvay son durağı) 0222 239 35 75 - 0222 239 53 77 0555 690 91 58

GAZİANTEP
Muammer Aksoy Bulvarı Kalyon İş Merkezi Toyota Plaza Karşısı 5. Kat No:34 0342 215 14 00 - 0342 215 14 00 0555 737 60 41

HATAY Akıncılar Mah. Hatay Cad. Nihadioğlu Apt.Üniversite Hastanesi karşısı Serinyol 0555 690 91 62 0532 584 41 11

ISPARTA
Bağlar Mah. 110.Cadde No:53 Kat: 3 - 4 0505 897 74 28

KADIKÖY
Albay Faik Sözener Sok. Denizbank üstü No:17 Kat:4 Kadıköy 0216 330 59 59

HASEKİ
Kürkçübaşı Mah.Cerrahpaşa Cad. No:53 Haseki-Fatih 444 4 887 - 0212 589 05 82

PENDİK
Fevzi Çakmak M. Mimar Sinan C. Çınar Sok. No:3 Kat:1 Pendik 0216 597 07 42

İZMİR
Cumhuriyet Bulvarı No:99/7 Kat:4 M.Rıza İş Merkezi (Anadolubank üstü) Pasaport 0232 445 71 47 0232 445 71 57

İZMİR / ASYA TIP
186/1 Sokak No:1/A Bornova (Ege Üniversitesi Hastanesi Karşısı, Shell Benzin İstasyonu Yan Sokağı) 0232 342 21 21 0232 342 42 62

İZMİR / BALÇOVA
M. Paşa Cad. No:271/C (9 Eylül Tıp Fakültesi Karşısı) Balçova 0232 279 09 42

KAHRAMANMARAŞ
Menderes Mah. Trabzon Cad. Kasımbey Apt. No:45/13 0344 221 32 80

KARS
Kasımpaşa Cad. Ortakapı Mah. Evin Plaza karşısı Kat:4

KAYSERİ
Hunat Mah. Hunat Hatun Cad. No: 20 Kat: 3 Melikgazi 0352 231 56 70 0352 231 56 77 - 0505 662 61 18

KIRIKKALE
Fabrikalar Mah. Ziya Gökalp Cad. 24/B 0544 484 66 45

KOCAELİ
Yenişehir Mah. Gazi Mustafa Kemal Bulvarı No:157/3 Bekirpaşa 0262 323 33 50 0262 323 33 74

KONYA
Abdülaziz Mahallesi Atatürk Cad. No: 9 Kat:2 (Sincap Market üstü) Zafer Meydanı 0332 350 66 46 0332 350 66 46 - 0555 690 86 92

MALATYA
Cevherizade Mah. M. Egemenlik Cad. (Emeksiz Cad.) Aşıklar Sok. No:15/1 0422 325 12 84 - 0422 325 12 84

MANİSA
75. Yıl Mah. Vali Aziz Bey Cad. No: 70 Daire:13 0507 200 01 66

MERSİN
Aydınlıkevler Mah. 2040 Sokak Asmen Apt. No:4/1-2-3 Yenişehir 0555 732 70 48

SAMSUN
Kale Mahallesi Şükrü Efendi Sok. No:2 Kat:4 Havana Plaza 0362 432 89 78 0362 432 18 10-0555 690 86 93

SİVAS
Atatürk Caddesi Terziler Çarşısı K:5 No:2 (eski Yimpaş üzeri) 0346 224 22 29 0507 777 00 28

ŞANLIURFA
Yusufpaşa Mah. Köprübaşı Cad. Özel Dünya Hastanesi karşısı Bayaslan İş Merkezi No:141 Kat:2 - 0506 397 18 65

TRABZON
Gazi Paşa Caddesi Şehit Ercan Aygün Sokak No:5 Kat:2 0462 321 20 25

VAN
Kazım Karabekir Cad. Yavuzlar İş Merkezi Kat:5 0432 214 70 44 0505 794 22 65

ZONGULDAK
Uzun Mehmet Cad. Apaydınlar Mercimek İşhanı No:21 Kat:4 0372 222 00 10 - 0505 454 58 11

Obstetrik ve Jinekoloji

KLİNİK OLGU ÇÖZÜMLERİ

Maggie Cruickshank
MBChB, MD, FRCOG
Senior Lecturer in Gynaecology
Aberdeen Maternity Hospital,
Foresterhill
Aberdeen, UK

Ashalata Shetty
MD, MRCOG, MRCP(I), DGO
Consultant in Obstetrics and Fetal-Maternal Medicine
Aberdeen Maternity Hospital,
Foresterhill,
Aberdeen, UK

Çeviri Editörü
Doç. Dr. Ayşe Ender YUMRU
Taksim Eğitim ve Araştırma Hastanesi
Kadın Hastalıkları ve Doğum Kliniği

WILEY-BLACKWELL
A John Wiley & Sons, Ltd., Publication

NOBEL KİTABEVİ

Yayın Dağıtım ve Pazarlama Ltd. Şti.

Adnan Kahveci Bulvarı 31/A Çukurova/ADANA
Tel: (0322) 233 00 29 Faks: (0322) 234 99 56
E-mail: nobelkitabevi@nobelkitabevi.com.tr

Obstetrik ve Jinekoloji Klinik Olgu Çözümleri

Editör: Doç. Dr. Ayşe Ender YUMRU

ISBN: 978-605-397-147-4

Dağıtım Adresi

Adana Nobel Kitabevi
Adnan Kahveci Bulvarı 31/A Çukurova/ADANA
Tel.: (0.322) 233 00 29 - 235 60 74
Fax: (0.322) 234 99 56

NOBEL
KİTABEVİ

Yayın Koordinatörü : Yasin DİLMEN Adana Nobel Kitabevi Yayın Dağıtım ve Pazarlama Ltd. Şti.
Mizampaj : Kerem ACAR
Kapak Uyarlama : Kerem ACAR
Baskı : Özyurt Matbaacılık

İçindekiler

Önsöz

Birçok obstetrisyen ve jinekolog için kadın sağlığının çekiciliği, uzmanlığımızın farklılığını oluşturmaktadır. Obstetri ve jinekoloji, hastalara medikal ve cerrahi bakımın kombinasyonunu sağlar. Hasta profili; sağlık kontrolü için destek almak için başvuran sağlıklı ve zayıf bayan hastalardan, ciddi preeklampsi ile akut rüptüre ektopik gebelik gibi acil durumları olan hastalara kadar değişim göstermektedir.

Bakımı geliştirmek için sağlam bilimsel bilginin önemi "İngiliz obstetriğinin babası" olan William Smellie tarafından 18.yüzyılda vurgulanmıştır."Ebe olmak isteyen kişi, herzaman olmasa da birçok vakada obstetrik sanatla ilişkisi nedeniyle öncelikle anatominin ustası olmalı, cerrahi ve fizikte yeterli bilgiyi kazanmalıdır."demektedir (A Treatise on the *Theory and Practice of Midwifery.William* Smellie 1752).

Obstetrik, jinekoloji ve cinsel sağlık sıklıkla normal fizyoloji ile birleşen tarama unsurları, sağlık öğütleri ve bilginin yanında obstetrik ve jinekolojik uygulamaya dayanmaktadır.

Obstetrik ve Jinekoloji: *Klinik Olgu Çözümleri* kitabındaki olgular, öğrenci ve stajerlere başlık ve semptom tabanlı yaklaşımda kaybedilebilen bütünsel yaklaşımı sunmaktadır. İlk bölümler hasta odaklı bölüme geçilmeden önce temel bilimleri ve hastaya yaklaşımı kapsamaktadır. Olgular kadın sağlığının genişliğini kapsayacak ve kliniklerde sık karşılaşılan senaryoları içerecek şekilde geliştirilmiştir. Okuyucuya ilk konsultasyondan, rasyonel tetkiklere ve yönetim planına, sonrasında da anahtar noktalara kadar sunulan bilgiler sayesinde mantıklı bir çalışma sunulmaya çalışılmıştır. Olgular tamamen hayali olmakla birlikte, hepsi önemli ya da sık prezentasyonlara ve temel ulusal referans kılavuzlara dayanmaktadır.

Maggie Cruickshank
Ashalatha Shetty

Katkıda bulunanlar

Doç. Dr. Ayşe Ender Yumru
Taksim Eğitim ve Araştırma Hastanesi
Kadın Hastalıkları ve Doğum Kliniği

Dr. Burcu Dinçgez
Taksim Eğitim ve Araştıma Hastanesi
Kadın Hastalıkları ve Doğum Kliniği

Dr. Banu Öndeş
Taksim Eğitim ve Araştıma Hastanesi
Kadın Hastalıkları ve Doğum Kliniği

Dr. Maviş Özge Özgan
Taksim Eğitim ve Araştıma Hastanesi
Kadın Hastalıkları ve Doğum Kliniği

Dr. Erkin Sertoğlu
Taksim Eğitim ve Araştıma Hastanesi
Kadın Hastalıkları ve Doğum Kliniği

Dr. Berker Kavşi
Taksim Eğitim ve Araştıma Hastanesi
Kadın Hastalıkları ve Doğum Kliniği

Çeviri Editörünün Önsözü

Kitabın çeviri ve basımının her aşamasında bilge kimliği ile bilgi, deneyim ve desteklerini esirgemeyen Taksim Eğitim ve Araştırma Hastanesi'nin değerli Başhekimi Sn. Dr. Cengiz YUMRU'ya; hevesli, heyecanlı ve özverili çalışmalarından dolayı sevgili asistanlarımıza teşekkürlerimi sunarım.

Mesleki yaşamımda girişimde bulunduğum her alanda yolumu aydınlatan evlatlarım Mete Can ve Defne YUMRU'ya sonsuz teşekkürler…

Doç. Dr. Ayşe Ender YUMRU
Mayıs 2012 İstanbul

Teşekkürler

Kitaba olan katkılarınızdan dolayı minnettarız:

Jinekoloji

Chris Bain
MD, MRCOG
Consultant Obstetrician and Gynaecologist
Aberdeen Royal Infirmary and Aberdeen Maternity Hospital *Cases 5 and 11*

Susie Logan
MD (comm), MRCOG, MFSRH
Consultant in Sexual and Reproductive Healthcare
NHS Grampian
Cases 8 and 9

Vanessa Harry
MRCOG
Specialist Registrar, Obstetrics and Gynaecology
Aberdeen Royal Infirmary and Aberdeen Maternity Hospital
Cases 2 and 4

Abha Maheshwari
MRCOG
Subspeciality Trainee in Reproductive Medicine
Aberdeen Royal Infirmary and Aberdeen Maternity Hospital *Cases 1 and 7*

Obstetrik

Louise Smart
MD, FRCPath Consultant Cytopathologist NHS Grampian *Case 10*

Priya Madhuvrata
MRCOG
Senior Registrar in Obstetrics and Gynaecology
Aberdeen Royal Infirmary and Aberdeen Maternity Hospital *Cases 15, 21, 23 and 25*

Tara Fairley
MRCOG
Senior Registrar in Obstetrics and Gynaecology
Aberdeen Royal Infirmary and Aberdeen Maternity Hospital *Cases 14, 16, 20 and 22*

Manisha Mathur
MRCOG
Senior Registrar in Obstetrics and Gynaecology
Aberdeen Royal Infirmary and Aberdeen Maternity Hospital *Cases 18, 19, 24 and 26*

We would also like to thank Heather Munro for her invaluable support and effort with typing, collation and proof reading.

Bu kitap nasıl kullanılacak

Klinik Olgu Çözümleri (KOÇ) kitabı, klinik deneyiminize destek olmak ve incelerken hafızanızı tazelemeye yardımcı olmak amacıyla tasarlanmıştır. Her kitap 3 bölümden oluşmaktadır: Bölüm 1, Temel öğeler; Bölüm 2, Olgular; Bölüm 3, Öz değerlendirme.

Bölüm 1, temel bilim, anamnez ve muayene ile alandaki anahtar tanıların çabuk hatırlanmasını sağlamaktadır. Bölüm 2, her bir olguda size rehberlik eden soru ve cevaplarla birlikte, servislerde görmeyi ya da sınavlarda çıkması beklenen klinik sunumların birçoğunu kapsamaktadır. Test sonuçları gibi yeni bilgiler, gün ışığına çıkarılan olaylar ifşa edilmektedir ve her bir olgu, anahtar noktaları açıklayan faydalı bir olgu özeti ile sonuçlanmaktadır. Bölüm 3, her biri klinik odaklı birçok soru yöntemi ile (ÇSS, ESC, KÖS) kendinizi test etme imkanı sunacaktır.

Bir grubun üyesi olarak çalışırken veya kişisel okumalarınız sırasında KOÇ kitabının ilginizi çekeceğini umut ediyoruz. Serimizi geliştirmemiz için herhangi bir öneriniz olursa, lütfen medstudentuk@oxon.blackwellpublishing.com adresinden irtibat kurarak bize bildiriniz.

Feragatname

KOÇ hastaları, kendi semptom ve kaygılarından oluşan raporlarıyla gerçek hayatı yansıtacak şekilde tasarlanmıştır. Lütfen, kullanılan bütün isimlerin tamamıyla kurgudan ibaret olduğunu ve ister sağ ister ölü olsun hastalara olan herhangi bir benzerliğin tesadüfi olduğunu unutmayınız.

Kısaltmalar Listesi

ABC	havayolu, solunum, dolaşım
ACE	anjiyotensin dönüştürücü enzim
AFP	alfa fetoprotein
APH	antepartum hemoraji
ART	anti retroviral tedavi
βHCG	β human koryonik gonadotropin
KMY	kemik mineral yoğunluğu
VKI	vücut kitle indeksi
BÇA	borderline çekirdek anomalileri
KB	kan basıncı
BV	bakteriyal vajinozis
CIN	servikal intraepitelyal neoplazi
KOK	kombine oral kontrasepsiyon
CRP	C-reaktif protein
BT	bilgisayarlı tomografi
KTG	kardiyotokografi/ kardiyotokogram
KVH	kardiyovasküler hastalık
CVS	koryonvillus örneklemesi
DIC	dissemine intravasküler koagülasyon
GYA	günlük yaşam aktivitesi
DMPA	depo-medroksiprogesteron asetat
DUK	disfonksiyonel uterin kanama
EB	endometriyal biyopsi
AK	acil kontrasepsiyon
EKG	elektrokardiyografi/ elektrokardiyogram
ESV	eksternal sefalik versiyon
TDT	tahmini doğum tarihi
ERCS	elektif mükerrer sezaryen sectio
GAAM	genel anestezi altında muayene
TKS	tam kan sayımı
FIGO	uluslararası jinekoloji ve obstetrik federasyonu
FSH	folikül uyarıcı hormon
İAİ	ilk akım idrarı
GDM	gestasyonel diabetes mellitus
GFR	glomerül filtrasyon hızı
GSK	genel sağlık konseyi
GnRH	gonadotropin salgılatıcı hormon
GUİ	genito üriner ilaç
HAART	yüksek aktiviteli antiretroviral tedavi
HBV	hepatit B virüsü
HCG	human koryonik gonadotropin
HELLP	(sendromu) hemolitik anemi, yüksek karaciğer enzimleri ve düşük trombosit sayısı
HG	hiperemezis gravidarum
HPV	human papilloma virüs
HRT	horman replasman tedavisi
HSV	herpes simpleks virüs
YVS	yüksek vajinal sürüntü
IDDM	insülin bağımlı diabetes mellitus
Ig	immunoglobulin
IMK	intermenstrual kanama
IUD	rahim içi araç
IUGR	intrauterin büyüme geriliği
IUS	rahim içi sistem
IVF	in vitro fertilizasyon
LARC	uzun etkili geri dönüşümlü kontrasepsiyon
LAVH	laparoskopik asiste vajinal histerektomi
KEI	karaciğer enzim indükleyici
KFT	karaciğer fonksiyon testi
LH	luteinizan hormon
LLETZ	transformasyon zonunun geniş eksizyonu
SAT	son adet tarihi
LNG-IUS	levonorgestrel salgılayan rahim içi sistem
OAB	ortalama arteryal basınç
MEA	mikrodalga endometriyal ablasyon
MRI	manyetik rezonans görüntüleme
OAI	orta akım idrarı
NAAT	nükleik asit amplifikasyon testi
DAP	doğal aile planlaması
NICE	Klinik mükemmellik için ulusal enstitü
NNRTI	non-nükleosit reverse transkriptaz inhibitörü
NRTI	nükleosit reverse transkriptaz inhibitörü
NSAID	non- steroid anti inflamatuar ilaçlar
NT	ense kalınlığı

NTD	nöral tüp defekti
OGTT	oral glikoz tolerans testi
OYKM	objektif yapılandırılmış klinik muayene
PAPP-A	gebelikle ilişkili plazma protein A
PCA	hasta kontrollü opioid analjezi
PKK	postkoital kanama
PCOS	polikistik over sendromu
PI	proteaz inhibitörü
PID	pelvik inflamatuar hastalık
TÖS	travay öncesi sezaryen
PMK	post menopozal kanama
POI	yalnız progesteron içeren implant
POP	yalnız progesteron içeren hap
PPH	postpartum hemoraji
PPROM	preterm prematür membran rüptürü
PRL	prolaktin
PROM	erken membran rüptürü
VAG	vajinal
RCOG	Royal College of Obstetricians and Gynaecologists
RhD	rhesus D
RMI	malignite indeksi riski
SKB	skuamo-kolumnar bileşke
SFY	symphysis-fundus yüksekliği
SOLVS	kendi kendine yapılan alt vajinal sürüntü
START	kısa süreli antiretroviral tedavi
CIBH	cinsel ilişki ile bulaşan hastalıklar
TAH / BSO	total abdominal histeroktomi ve bilateral salpingo-ooferektomi
TEH	trombo embolik hastalık
TENS	transkutanöz elektrik sinir stimulasyonu
TFT	tiroid fonksiyon testi
TPN	total parenteral nütrisyon
TRAP	ters ikiz arteryal perfüzyon
TSH	tiroid uyarıcı hormon
TTTS	ikizden ikize transfüzyon sendromu
TV US	transvajinal ultrason
TZ	transformasyon zonu
U & E	üre ve elektrolitler
uE3	unkonjuge östriol
İYE	idrar yolu enfeksiyonu
SSVD	sezaryen sonrası vajinal doğum
VIN	vulvar intraepitelyal neoplazi
VTE	venöz tromboembolizm
VVK	vulvovajinal kandidiyazis
ZDV	zidovudin

Temel Bilimler: Jinekoloji

Doç. Dr. Ayşe Ender YUMRU
Dr. Burcu DİNÇGEZ

Kadın genital sistemi fonksiyonel ve klinik özelliklerine göre üst ve alt genital traktus olmak üzere 2'ye ayrılır.

Alt Genital Traktus

Alt genital traktus vulva, vajina ve serviksi içerir.

Vulva

Gelişimi

Erken embriyonik dönemde eksternal genital organların her iki cinsiyete farklılaşabildiği indifferansiye evre vardır.

- İki genital kabarıklık
- İki genital katlantı
- Orta anterior genital tüberkül

Bunlar testosteron yokluğunda kadınlarda şu yapılara dönüşür:

- Labium majus
- Labium minus
- Klitoris

Pubertede, labium majus ve pubiste yağ birikimine bağlı olarak boyut artışı görülür. Menarş ile birlikte kıllar gelişmeye başlar. Menopoz sonrası değişikliklerle düşük östrojen seviyesine bağlı olarak yağlı dokunun kaybı ve kıllarda azalma olur. Bazı hastalarda introitus da daralır.

Anatomi

Vulva zengin kanlanmaya sahiptir. İnternal pudendal damarlardan, iliak arterin diğer dallarından ve femoral arterin dalı olan eksternal pudendal arterden beslenir (fig A).

Lenfatik drenajı inguinal ve yüzeyel femoral lenf nodlarına olur. Pudendal sinirler S2,3 ve 4'ten köken alır.

Vajina

Gelişimi

Vajina üst bölümü paramezonefrik kanaldan ve alt bölümü solid sinovajinal kanalların kanalizasyonundan oluşur. İntroitus ve hymen ürogenital sinüsten köken alır. İn utero 6-7. aya kadar vajinanın kanalizasyonu tamamlanmaz.

Anatomi

Vajina stratifiye skuamoz epitel ile kaplıdır. Epitel glikojenden zengindir ve bu glikojen laktobasiller tarafından kullanılır. Glikojenin laktik aside dönüşümü ile vajenin asit pH ortamı oluşur. Bu durum normal vajinal floranın korunmasını sağlar ve patojenik organizmaların kolonizasyonuna engel olur.

Servikal, paraüretral, Bartholin bezleri ve bazı vajinal transüdasyonlar vajinal salgıları oluşturur. Puberte öncesinde ve menopoz sonrasında düşük östrojen seviyeleri vajinal mukozada incelmeye neden olur.

Kan akımı iliak arterin dalları olan vajinal arterden sağlanır.

Alt 1/3'ünün lenfatik drenajı vulvanınki gibidir, üst 2/3 ise internal iliak, obturator ve eksternal iliak nodlara drene olur.

Serviks

Gelişim

Serviks ve uterus paramezonefrik kanalın füzyonu ile oluşur. Ortadaki septum tek kaviteyi oluşturmak için absorbe olur.

Serviks vajinal kubbeye doğru uzanır ve ektoservikal kısım stratifiye skuamoz epitelle kaplanır. Buna zıt olarak endoservikal kanal tek katlı kolumnar epitelle

Obstetrics and Gynaecology: Clinical Cases Uncovered.
By. M. Cruickshand and A. Shetty. Published 2009 by Blackwell Publishing. ISBN: 978-1-4051-8671-1

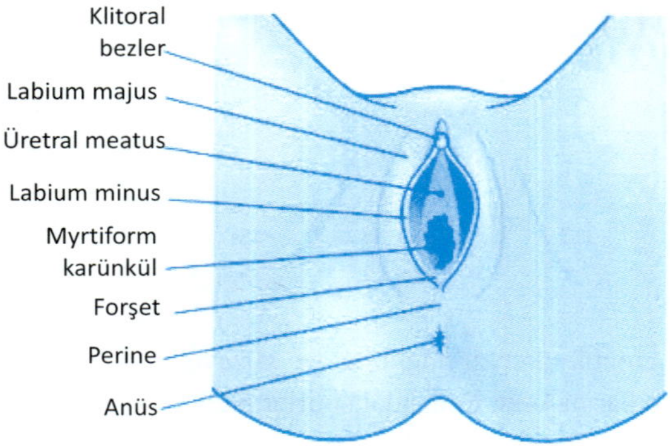

Şekil A Vulvar anatomi

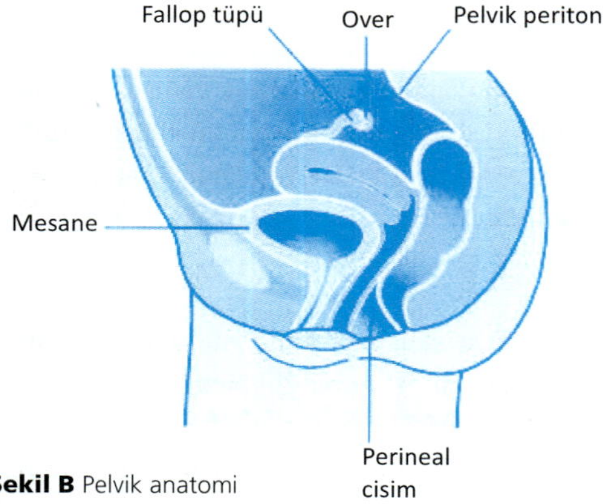

Şekil B Pelvik anatomi

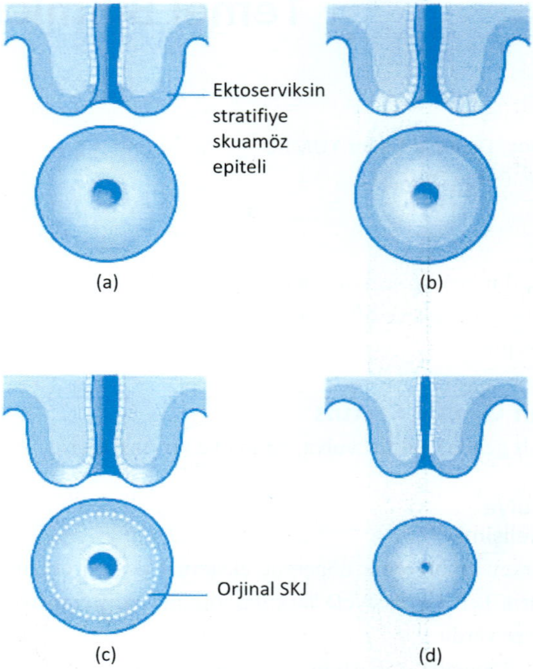

Şekil C Servikal epitel ve östrojenin etkisi (a) Prepuberte. Eksternal servikal kanalda görülen orjinal skuamokolumnar bileşke. (b) Pubertede skuamokolumnar bileşke ektoserviksin yüzeyinde görülür. (c) Ektropiyone olan kolumnar epitel metaplaziye uğrar. (d) Düşük östrojen seviyeleri serviksin küçülmesine neden olur. Menopoz sonrası bileşke endoservikal kanala çekilir.

kaplanır ve mukus bezleri içerir. İki epitel skuamokolumnar bileşkede birleşir. İn utero dönemde maternal östrojen etkisi ile bileşke ektoservikse yakındır. Bu durum doğum sonrasında ve reprodüktif dönemde değişir.

Serviksin transformasyon zonu

Çocukluktaki düşük östrojen seviyeleri ile skuamokolumnar bileşke endoservikal kanala çekilir. Pubertede östrojen seviyeleri artar, bu da serviks boyutunda artmaya, anterior ve posterior dudaklarda eversiyona neden olur. Kolumnar epitel kırmızı hale gelir ve skuamoz epitelin düz, yumuşak görünümünden daha pürüzlü bir hal alır.

Bu fizyolojik değişim ektopi veya ektropiyon olarak adlandırılır. Vajenin asit pH'ı kolumnar epitelin skuamoz epitele aktif metaplazisini tetikler. Sonuç olarak orjinal skuamokolumnar bileşke ektoservikste yerleşir ve eski ile yeni skuamokolumnar bileşke arası transformasyon zonu olarak adlandırılır. Endoserviks birçok mukus bezi içerir ve transformasyon zonunda bu bezlerin açılımları görülebilir. Servikal mukus, vajinal sekresyonların çoğunu oluşturur.

Transformasyon zonu, kanseröz ve prekanseröz değişikliklerin en çok kaynaklandığı yerdir (vaka 10'a bakınız). Servikal tarama sırasında mutlaka bu alandan örnekleme yapılmalıdır. Menopoz sonrasında azalmış östrojen seviyeleri servikste küçülmeye ve skuamokolumnar bileşkenin endoservikal kanala retraksiyonuna neden olur.

Serviksin kan akımı vajinal arter ve uterin arterin descendan dalları tarafından sağlanır.

Lenfatikleri internal iliak, eksternal iliak ve obturator fossa lenf nodlarına drene olur.

Üst Genital Traktus

Uterus, over ve fallop tüplerini içerir.

Uterus

Gelişimi

Uterus paramezonefrik kanalın füzyonu ile oluşurken, indifferansiye evreden sonra mezonefrik kanal dejenere olur. Paramezonefrik kanalın üst kısmı ayrı kalır ve fallop tüplerini oluşturur. Altta ise endoservikal kanalın üst kısmı internal osu oluşturur.

Anatomi

Myometriyum dış yüzeyi peritonla kaplıdır. Bu periton önde mesane, arkada Douglas poşunu kaplar. Uterus gövdesinin lateralinde broad ligamanı oluşturur. Broad ligaman hiçbir destekleyici fonksiyonu olmayan periton katlantısıdır.

Uterusun kan akımı internal iliak arter tarafından sağlanır. Üreteri çaprazlar ve uterus yanında tortüöz bir yapı oluşturur. Bu da gebelikte uterus boyutunun artışına olanak sağlar.

Lenfatik drenajı internal iliak, eksternal iliak ve obturator fossa lenf nodlarına olur.

ÖNEMLİ NOKTA

Jinekolojik cerrahiler için anatomik yapının bilinmesi üreterin korunması açısından çok önemlidir. Üreter broad ligamanın tabanından ve servikse yakın olarak geçer.

Endometriyum

Uterusun en içteki katmanıdır. Menstrüel siklusta dökülmeyen bazal tabaka tübüler glandları oluşturur ve bunlar da myometriyuma penetre olur. Endometriyal yapı ve fonksiyonlar hormonlar ile kontrol edilir ve menstrüel siklusa göre değişir.

- *Menstruasyon:* Bazal tabaka nekrotik gland ve stromal doku ile kaplanır.
- *Proliferatif faz*: Endometriyal glandların ve stromal metaplazinin hızlı onarımı vardır. Başlangıçta yüzeyel epitel incedir ancak mid-siklusta 3 mm kalınlığa ulaşır. Endometriyal glandlar tek katlı kuboidal hücrelerle çevrilidir ve kısa, dar lümene sahiptir.
- *Ovulasyon (erken sekretuar faz)*: Artmış östrojen ve progesteron sekretuar aktiviteyi uyarır. Bezler uzar ve tortuöz hale gelir. Bu endometriyuma implantasyonu kolaylaştırır.
- *Geç sekretuar faz:* Progesteron desidualizasyon yapar (stromal hücrelerde boyut artışı ve ekstrasellüler sıvı artışı). Eğer gebelik oluşmazsa endometriyum apoptoza uğrar ve endometriyumun fonksiyonel tabakasının dış %75'lik kısmı dökülür.

Overler

Reprodüktif fonksiyonlar için oldukça önemlidir. Ovumun üretilmesi, hipotalama-pituiter aks kontrolünde östrojen ve progesteron üretilmesini sağlar.

Gelişim

Primitif gonadlar gestasyonun 5. haftasında, mezonefrik genital çıkıntıda oluşur. İndifferansiye evrede over ya da testise dönüşüm görülür. Bunlar çölomik epitel, mezoderm ve primitif germ hücrelerini içerir. Primitif germ hücreleri endoderm kökenlidir ve oositleri oluşturmak için primitif gonada göç eder. Stromal hücreler mezenkimden köken alır. Oosit sayıları in utero dönemde çok yüksektir, hayat boyunca atreziye uğrar. Ovum mayozda durur ve fertilize olana kadar bu olay tamamlanmaz.

Gonadlar gubernakulum aracılığıyla abdominal kaviteden pelvise iner. Bu embriyonik kalıntı round ligaman olarak bilinir. Bu yapının bayanlarda destekleyici yapısal özelliği yoktur.

Anatomi

Overler ovaryan ligaman aracılığı ile uterus kornlarının arkasında yerleşir ve mezovaryum ile de broad ligamana ulaşır. Bu bağ içinde damarlar ve sinirler yer alır ve suspensor ligamanın lateralinde bulunur. Fallop tüplerinin fimbrial uçları overin yanında yer alır. Overin kan akımı renal arterlerin altından, doğrudan

Tablo A. Menstrüel siklus

Menstrüel siklus		Gün	Hipotalamus ve hipofiz	Over	Endometriyum
Folliküler faz	Menstruasyon Oosit gelişimi	1 5	Artmış FSH Artmış östrojen seviyelerine bağlı azalmış östrojen	10-20 primer folikül gelişimi stimüle edilir Östrojenin artışmış ürünleri ile folikül maturasyonu Dominant folikül oluşu	Endometriyal dökülme Endometriyal tamir Vazokonstrüksiyon Endometriyal proliferasyon Gland ve stromaların gelişimi
Ovulasyon	Mid siklus	14	GnRH pik salınımı, LH artışı ve FSH küçük pikiyle beraber pozitifleşen östrojenin feedback etkisi	LH artışından 16-24 saat sonra dominant folikül ovumu sertbestleştirir	
Luteal faz	 Menstruasyon	22 24 1	FSH inhibisyonu olur Eğer gebelik yoksa pozitif feedback te olan artmış FSH sonucunda östrojen ve progesteron seviyeleri düşer	Dominant folikülün teka-granüloza hücrelerinin luteinizasyonu	Progesteron üretimi artar Glandular sekresyon aktivitesi Desidualizasyon Endometrium degenerasyonu Endometriyal dökülme

FSH, folikül stimulan hormon; GnRH, gonadotropin salgılatıcı hormon; LH, luteinizan hormon

aortadan gelir. Sol ovaryan ven renal vene dökülürken sağ ovaryan ven vena kavaya dökülür.

Lenfatik drenajı ise paraaortik lenf nodlarına olur. Overler merkezde medulla ve dışta tek katlı küboidal epitelden oluşan yoğun korteks dokusundan oluşur. Dış korteks değişik evrelerdeki folliküleri içerir. Korteks ve medulla ovaryan yapılara destek oluşturan stromayı içerir. Aynı zamanda burada hormon sentezi de yapılır. Primordiyal folliküllerin birçoğu doğumda atreziye uğrar. Östrojen androstenediondan sentezlenir ve follikükdeki granuloza hücreleri tarafından testosteron östrodiole çevrilir.

Reprodüktif Fizyoloji

Puberte

Ovaryan dokuların stimulasyonu FSH ve LH ile olur. Bu hormonlar hipofiz bezinden salgılanır. FSH fetüste plasental ve maternal kaynaklı östrojenler ile suprese edilir. Çocuklukta FSH seviyeleri düşük östrojen seviyelerine bağlı olarak artar. FSH gonadotropin salgılatıcı hormon (GnRH) ile inhibe edilir. Puberte döneminde FSH'ın pulsatil salınımı başlar ve normal erişkin seviyelerine ulaşana kadar artar. Bu, menstrüel siklusu meydana getirir.

Menstrüel siklus

Ovaryan hormon üretimi hipofiz ve hipotalamus ile kontrol edilir ve gebelik oluşmazsa menstrüel siklusla sonuçlanır (tablo A).

ÖNEMLİ NOKTA

Menarşı takip eden ilk yıllarda sikluslar anovulatuar olabilir. Bu durum düzensiz, ağrılı veya ağır kanamalara neden olabilir.

Menopoz

Perimenopoz öncesinde FSH seviyeleri artmaya başlar. Periyodlar düzensiz hale gelir, sıklığı azalır. Ovulasyon durur. Luteinizasyonu etkileyen progesteron üretimi düşer. Artan FSH seviyelerine rağmen, ovaryan folliküllerin gonadotropinlere yanıtı azalır ve östrojen üretimi düşer.

Menopoz sonrası östrojen seviyeleri düşük bulunur ve adipöz dokuda androstenedion dönüşümü ile oluşur.

Pelvik taban ve organların destek yapıları

Pelvik taban, pelvik fasyanın iç yüzeyi, iskial çıkıntı ve pelvik kemiğin alt kısmı boyunca bir çizgi şeklinde yükselen levator ani kasları tarafından oluşturulur. Orta kısmında anal kanal duvarı ve koksigeusun alt parçası bulunur. Ürogenital diyafram levator ani altında uzanır ve pubik ramuslar arasındaki boşluğu doldurur. Vajina ve üretranın her ikisi de orta hatta bu diyaframı boylu boyunca geçer.

Diğer önemli destekleyici yapı olan perineal cisim , vajina alt 1/3 kısmı ve anal kanal arasındaki kasların yoğunlaşması ile oluşur. Bunun sınırları, anüse kadar vajinal forşetin, yukarıda posterior vajinal duvarın ve rektumun birleştiği noktadır. Doğum sırasında bu yapılarda hasar meydana gelebilir. Burada onarılması gereken bir bozukluğun olup olmadığı tespit edilmelidir.

Uterusun temel destekleyici yapıları uterosakral ligamentler ve transvers servikal ligamentlerdir. Uterosakral ligamantler serviks posterior duvarından ve vajen kubbesinden sakruma doğru uzanan yoğun fibröz kordlardır ve laparoskopide net olarak görülebilirler. Transvers servikal ligamenler serviks ve vajinal kubbe seviyesinden başlar ve pelvik yan duvar boyunca uzanır. Broad ligamentin altında uzanır ve pelvik yan duvar açılmadan görülmez. Bu her iki ligaman pelvik organlara sempatik ve parasempatik sinir sağlar.

Temel Bilimler: Obstetrik

Doç. Dr. Ayşe Ender YUMRU
Dr. Burcu DİNÇGEZ

Gebelikte maternal fizyolojide, anatomide ve hormonal dengede birçok değişiklik görülür ve bunlar fetusun optimal büyüme ve gelişimi, annenin gebelik ve doğumun etkilerine uyumu, yenidoğanın beslenmesi için önem taşır. Bazı fizyolojik değişimler annede semptomlara neden olabilmekte, gebe olmayanlarda ve hastalıklarla ilişkili olabilecek şekilde tetkik sonuçlarını değiştirebilmekte, klinik değerlendirme yapılmasını zorlaştırabilmektedir.

Plasenta

Embriyonun endometriyuma implantasyonu fertilizasyondan 8-10 gün sonra olur. Blastokistlerin yüzeyel trofoblastik hücreleri sitotrofoblast ve sinsityotrofoblastlara differansiye olur, bunlar proliferasyona uğrar ve uterusun desidua tabakasına penetre olur ve sonrasında plasentayı oluşturur. Plasenta fetus ve maternal vasküler yüzey alanı arasında etkin bir ara yüzey oluşturur. Fetusun beslenmesini, gaz değişimini ve atıkların elimine edilmesini sağlar.

Plasenta major bir endokrin organdır. Maternal ve fetal fizyolojiyi etkileyen progesteron, östrojen gibi steroid hormon ve human koryonik gonadotropin, relaksin ve plasental laktojen gibi diğer hormonların sentez ve sekresyonunu sağlar.

Human Koryonik Gonadotropin

Koryonlar tarafından en erken sentezlenen hormonların biridir. Overde korpus luteumun devamlılığını sağlar ki bu da gebeliğin devamı için progesteron ve östrojen salınımını sağlar. Bu görev 8. haftada plasenta tarafından üstlenilir.

Progesteron

Gebeliğin devamını sağlayan major hormonlardan biridir. Gebeliğin kabulü için immunitenin baskılanmasını ve doğuma kadar gebeliğin tutulmasını sağlamak amacıyla uterus düz kas kontraktilitesinin azaltılmasını sağlar. Progesteron seviyelerindeki düşüş erken doğumu tetikleyebilir.
Ayrıca düz kaslar üzerindeki gevşetici etkisi üreterler, ösefageal sfinkterler ve barsaklar üzerinde de görülür. Bunlar da reflu, göğüste yanma, gecikmiş mide boşalması, konstipasyon ve üreterde genişleme sonucunda üriner trakt enfeksiyonu veya pyelonefrit gibi klinik semptomların oluşumuna neden olabilir.

Östrojen (östriol, östradiol, östron)

Plasenta östrojenin ana kaynağı olmakla birlikte sentezinin tamamlanması için fetus tarafından üretilen bazı enzimler gereklidir. Östrojen, büyüyen gebeliğe uterus kaslarının uyumunu sağlamaya yardımcı olur. Kanalları ve alveolar yapıları geliştirerek süt üretimini sağlamak üzere memede değişiklikler oluşturur. Meme ucunun boyut ve mobilitesinin artışına katkı sağlar. Protein sentezini arttırır, kan hacmi ve koagülasyon parametreleri üzerine etkileri vardır. Doğum için serviksin yumuşamasını kolaylaştırır.

Relaksin

Kollajen üretimini azaltarak ve kollajen yıkımını arttırarak serviksin ve symphysis pubisin ligamanlarının yumuşamasını sağlar.

Symphysis pubisin ligamanlarının yumuşaması özellikle gebeliğin ilerleyen evrelerinde maternal rahatsızlığa ve symphysis pubiste diastaza neden olur.

Obstetrics and Gynaecology: Clinical Cases Uncovered.
By. M. Cruickshand and A. Shetty. Published 2009 by Blackwell Publishing. ISBN: 978-1-4051-8671-1

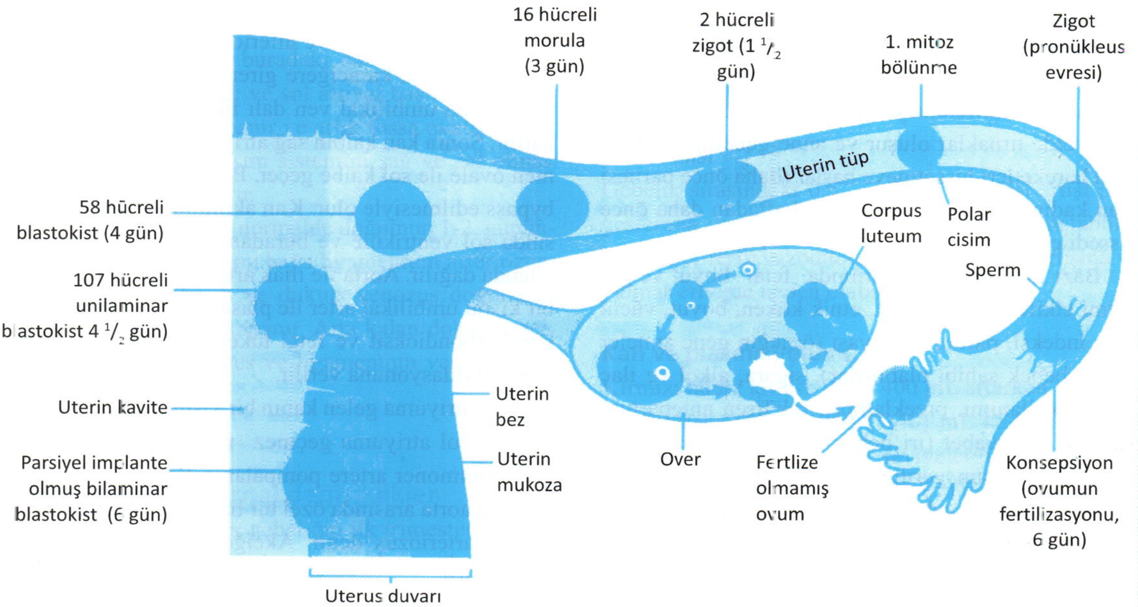

Figür D Ovulasyondan blastokist formasyonuna değişim

Plasentadan transfer

Plasental feto-maternal değişim pasif olarak (basit difüzyon örneğin su, oksijen, karbondioksit, üre), taşıyıcı molekül aracılığı ile (örn glukoz), enzimatik aktivite ile (örn aminoasit, serbest yağ asidi, suda çözünen vitaminler) veya pinositoz ile (immunglobulin IgG, lipoproteinler) yapılır.

Nikotin, alkol, kokain ve eroin gibi illegal maddelerin çoğu plasentadan geçebilir. Bu özellikle ilk trimesterde daha önemlidir çünkü bazı maddeler teratojenik olabilir (örn anjiyotensin dönüştürücü enzim inhibitörleri). Ayrıca neonatal opiyat geri çekilmesi gibi durumlar gebeliğin ileri dönemleriyle de ilişkili olabilir.

Embriyo ve fetüs

İnsanlarda, embriyonik dönem fertilizasyon ile başlar (28 günlük sikluslar için menstrüel dönemden 2 hafta sonra veya 2 haftalık gebelik) ve gelişimin 8. haftasına kadar devam eder (10 haftalık gebelik).

Fertilizasyonu takiben zigot şekillenir, fallop tüplerinden ilerler, morula adı verilen hücre topunu oluşturmak için bölünmeye devam eder. Bölünmenin ileri aşamalarında küçük boşluklar içeren hücreler şekillenir ve blastokist oluşur. Blastokist fertilizasyonun 5. gününde uterin kaviteye ulaşır. Zona pellucidanın (blastokist etrafındaki glikoprotein kılıf) lizisi gerçekleşir ve böylece uterin kavite ile temas olur ve sonrasında uterusun endometriyum tabakasına gömülme başlar (implantasyon).

Çoğu başarılı gebeliklerde ovulasyondan 8-10 gün sonra blastokist implantasyonu olur. İç tabaka embriyoyu, dış tabaka ise membran ve plasentayı şekillendirir. Embriyo ve zarlara konsepsiyon ürünleri ya da konseptus adı verilir.

Bu aşamada embriyonun hızlı büyümesi ve embriyonik periyodun sonunda (10 haftalık gestasyon veya gelişimin 8. haftası) temel yapıların ve dış özelliklerin şekillenmesi olur. Bu sürece differansiyasyon denir. Bunun sonucunda farklı hücre tipleri oluşur (kan,böbrek ve sinir hücreleri). Embriyonun gelişimi sırasında genetik bir anomali varlığı, toksik madde maruziyeti, enfeksiyonlar (rubella ve sitomegalovirüs), alkol, bazı ilaçlar veya nutrisyonel eksiklikler (örn folat eksikliği nöral tüp defektine neden olur) varsa abortus veya doğum defekti oluşabilir. Erken abortusların büyük çoğunluğunda sebep olan faktörün saptanması zordur.

koz seviyeleri artar ve artmış insülin rezistansı olur. Eğer bu rezistans için yeterli insülin üretilemezse gestasyonel diyabet gelişir. Bu fizyolojik değişim insülin bağımlı diyabetik gebelerde gebelik sırasında neden insülin ihtiyacının arttığını açıklar.

Koagülasyon profili

Gebelik hiperkoagulabilitenin görüldüğü bir durumdur. Bu, plasenta çıktıktan sonra maternal kanamanın azaltılması için koruyucu bir mekanizmadır. Fibrinojen, faktör 8 ve Von Willebrand faktörü artarken antitrombin 3 gibi antikoagulan maddeler azalır. Ayrıca fibrinolitik aktivitede de artış görülür.

Hiperkoagulabilite durumu kanama için koruyucu olmakla birlikte özellikle diğer risk faktörleri de mevcutsa (ileri yaş, sigara, yüksek vücut kitle indeksi, operatif doğum, uzamış immobilizasyon) gebelikte artmış tromboz riskini beraberinde getirir.

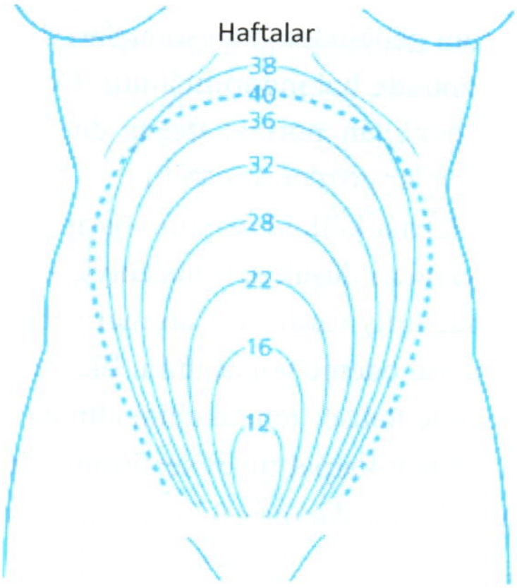

Figür F Artan gestasyon haftası ve uterus yüksekliği.

Maternal kilo alımı

Gebelikte yaklaşık 11-12 kg alınır. Bunların çoğu artmış ekstravasküler sıvı retansiyonuna (yaklaşık 8.5 L), artmış kan hacmine, uterus ve memenin büyümesine ve yağ dokusunda artışa bağlı oluşur. Fetus (yaklaşık 3.5 kg), plasenta ve amnios mayi (her biri yaklaşık 0.7-0.8 kg) kilo alımının yaklaşık 4.5-5 kg'ını oluşturur.

Diğer değişiklikler

Gebelikte tiroidde büyüme ve hafif guatr oluşabilir. İyodinin üriner atılımının artmasıyla ve fetus tarafından iyodotironinlerin alımı ile annede rölatif iyodin eksikliği görülür. Bu durum kompensatuar tiroid hipertrofisine yol açar ki bu da iyodin konsantrasyonunun normale gelmesini sağlar. Özellikle erken gebelikte kan sonuçları hipertiroidiyi taklit edebilir. Tiroid stimulan hormon seviyeleri düşük fakat serbest T3 ve T4 seviyeleri normal bulunur. Hipotiroidisi olan gebelerde tiroid gereksinimi artabilmektedir.

Gebelikte hem progesteronun etkisiyle hem de büyüyen uterusun etkisiyle böbreklerde anatomik yapıda değişim (üreter ve renal pelvisin dilatasyonu) görülür. Renal fonksiyon testleri gebelikte değişir. Normal glukoz seviyelerine rağmen glukozüri görülebilir ki bu durum artan glomeruler filtrasyon hızına ve tubullerin reabsorbsiyon yeteneğindeki değişime bağlıdır.

Uterus hem hipertrofiye hem de hiperplaziye uğrar ve gebe olmayan insanda 0.3-0.4 kg olan uterus termde 1-1.3 kg olur. Uterin kan akımı ise 50-150 ml/dk'ya ulaşır.

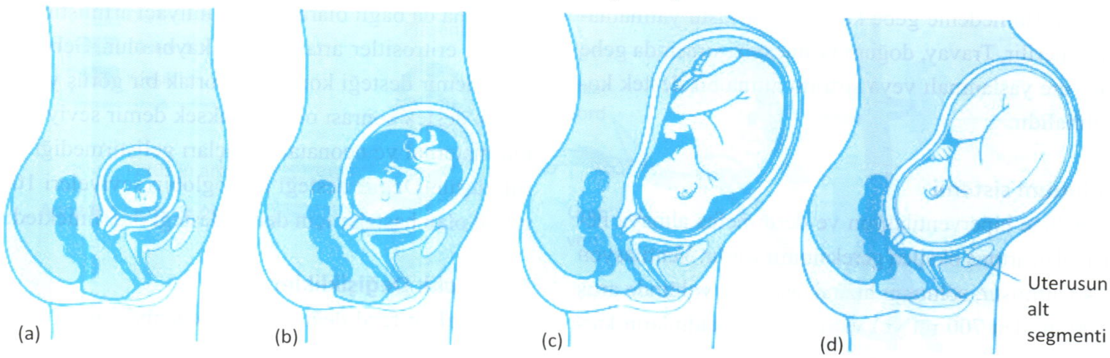

Figür G Artan gebelik haftası ile uterus alt segmentin progresif genişlemesi.

Uterusun gövdesi ve serviksi arasında bulunan istmik kısım sıkılaşır, gebeliğin ilerlemesiyle incelir ve termde iyi şekillenmiş alt segmenti oluşturur. Burası sezaryende uterin insizyon için tercih edilir çünkü rölatif avasküler, hareketsiz, iyi iyileşen ve düşük skar rüptürü riski olan bölümdür. Alt segment travayda kontrakte olmaz.

Travay ilerledikçe serviks alt segmente doğru dilate ve efase olur. Plasenta aşağı yerleşimli ise veya alt segmente implante olmuşsa postpartum kanama riski artar çünkü alt segment plasentanın çıkışından sonra etkili şekilde kontrakte olamaz.

Gebelik ilerledikçe serviksin kollajen konsantrasyonu azalır , gikozaminoglikan ve su birikimi olur. Bu durum serviksin travaya hazırlanması için olgunlaşmayı arttırır.

Doğum

Doğum servikal dilatasyon ve efasman oluşturabilen düzenli uterin aktivite sonucu çocuğun dışarı atılmasıdır.

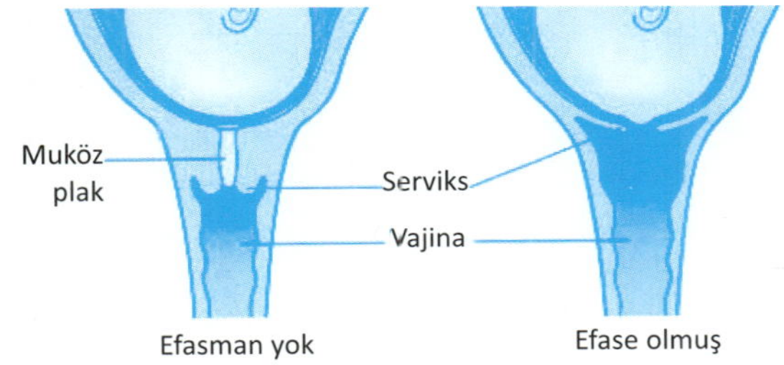

Figür H Doğumda servikal değişiklikler.

Doğumun başlamasını açıklayan kesin bir teori yoktur. Östrojen ve progesteron seviye ve oranlarının değişiminin ve fetal olgunlaşmayı takiben adrenal kortikosteroidlerin sekresyonunun sebep olabileceği söylenmektedir. Prostaglandin konsantrasyonları doğum öncesi dönemde artar, servikal olgunlaşma ve uterin kontraksiyonları sağlar. Uterustaki oksitosin reseptörleri terme doğru artar, ayrıca posterior hipofizden salınan oksitosin uterin kontraksiyonlar için potent uyarıcıdır.

Aktif doğumun tanısı her zaman çok kolay değildir. Ağrılı düzenli kontraksiyonları ve serviksin artan efasman ve dilatasyonunu (en az 3-4 cm) içerir. Servikal değişiklikler ile nişan gelmesi (servikal kanlı mukus) görülebilir. Doğumun ilk evresi aktif doğumdan başlayıp tam servikal açıklığa kadar geçen evreyi kapsar.

İkinci evre tam servikal dilatasyon sonrası çocuğun doğumunu içerir. Aktif bölümü annenin aktif uterin kontraksiyonlar ile bebeği itmesini, pasif bölümü ise annenin eforu olmadan uterin kontraksiyonlar ile başın pelvise inişini içerir.

Üçüncü evre çocuğun çıkışından sonra plasentanın atılmasını içerir. Plasentanın ayrılmasının göstergeleri kordonun uzaması, vajinal fışkırır tarzda kanama ve uterusun sürekli kontraksiyonudur.

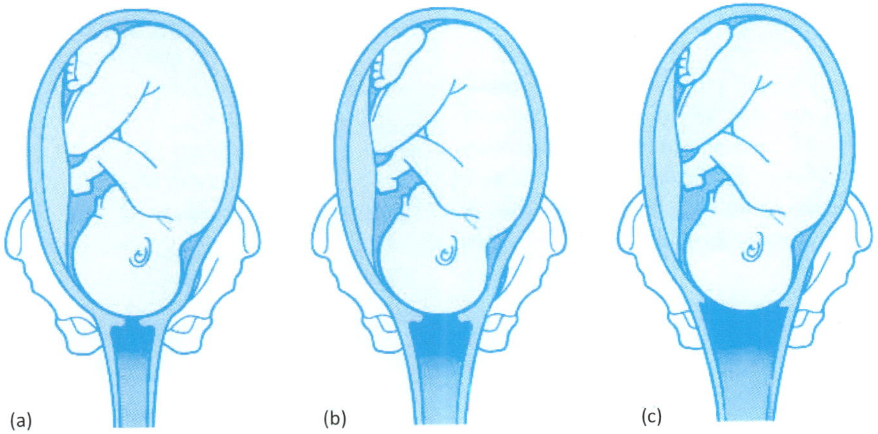

Figür I Doğumun ilk evresinde serviksin progresif dilatasyonu.

Lohusalık doğumu takip eden 6-8 haftalık süreyi içerir. Bu evrede vücut gebelik öncesi hale döner. Birçok anatomik ve fizyolojik değişiklik geri dönmekle birlikte bazıları devam eder (örn stria gravidarum). Ayrıca unutulmamalıdır ki bazı maternal değişiklikler bir süre devam eder (örn hiperkoagulabilite) ve bu nedenle risk oluşturmayı da sürdürür (trombozis).

Hastaya Yaklaşım

Dr. Burcu DİNÇGEZ

Jinekolojik Hasta

Birçok tanı hastanın anamnezi ve muayene bulguları ile konulur, bu nedenle muayene dikkatli ve sistematik yapılmalıdır. Konsultasyonun başında kendinizi tanıtınız, acınızı, pozisyonunuzu söyleyiniz, muayene için hastanın rızasını alınız. Eğer pelvik muayene yapacaksanız bunlar özellikle önem taşımaktadır (kutu A).

Jinekolojik konsultasyon yapısı gereği diğer sistem muayenelerini takiben yapılmalı ve ek olarak menstrüel öykü ve geçmiş obstetrik öykü sorgulanmalıdır. Bu durum hasta gebe ise ve jinekolojik öykünün katkısı olacaksa özellikle önemlidir.

Başvuru şikayetleri

Başvuru şikayetlerinin anlaşılması için konsultasyon açık uçlu sorularla başlamalıdır. Obstetrik ve jinekolojik uygulamaların birçoğunun normale dayandığını ve iyi reprodüktif sağlığı geliştirdiği hatırlanmalıdır. Mükemmel hissetmek yerine bir fikir için gerektiğinde hasta yönlendirilebilmelidir . Hastanın problemi algılaması referans yazısından farklı olabilir, bu yüzden en iyisi açık uçlu sorularla ne olduğu konusunda hastanın kendisinden açıklama alınmasıdır.

Menstrüel Öykü

Başlangıçta hastanın son menstrüel periyodunun tarihinin öğrenilmesi yararlıdır.

- Menstrüel siklus şu şekilde gösterilir k = pay/payda
- Pay, kanaması olan toplam gün sayısı
- Payda, bir periyodun ilk gününden diğer periyodun ilk gününe geçen siklusun uzunluğu
- Eğer hastanın siklusları düzenli değil ise siklusun minimum ve maksimum uzunluğu aralık şeklinde yazılmalıdır.
- K = 5/28 ifadesi 28 günde bir düzenli siklusa sahip ve 5 gün kanaması olan kadını gösterir.

Anormal vajinal kanama

Hastanın ilk adet yaşının (menarş) sorulması alışılagelen bir sorudur. Cinsel ilişki ile tetiklenen intermenstrüel ve postkoital kanamanın sorgulanması gereklidir. Eğer hasta postmenopozal dönemde ise son siklusunun ne zaman olduğu ve ondan sonra kanaması olup olmadığı da sorulmalıdır. Postmenopozal kanama son normal menstrüel periyoddan 1 yıl veya daha sonra olan kanamadır (tablo B).

Ağır menstrüel kanama

Eğer hasta ağır kanamalardan bahsediyorsa durumun ciddiyetinin değerlendirilebileceği birçok yol vardır ancak en önemlisi bu durumun hastanın yaşam kalitesi üzerine olan etkisidir (örn normal aktivitelerin kısıtlanması).

Koagulum

Normal siklusta prostaglandin salınımına bağlı kan pıhtılaşmaz. Koagulum kan kaybının bu sistemi etkilediğini düşündürür. Koagulumun boyutunun değerlendirilmesi önemlidir. Genellikle vajinada bulunurlar ve karaciğer parçasına benzerler.

Hijyenik koruma

Şunların sorulması önemlidir:

- Hijyenik koruma (tampon veya pedlerin emilim gücünü de içerir)
- Ped ve tampon değiştirme sıklığı

Obstetrics and Gynaecology: Clinical Cases Uncovered.
By. M. Cruickshand and A. Shetty. Published 2009 by Blackwell Publishing. ISBN: 978-1-4051-8671-1

BÖLÜM 1: TEMEL

Kutu A Muayene için General Medical Council (GMC) kılavuzu

1 Özel muayeneler
Hastayı muayene ederken samimiyetinizi algılayacakları şekilde duyarlı davranmalısınız. Bu özellikle meme, genital bölge ve rektum muayenesinde önemlidir.

2 Yardımcılar
- Hastayla aynı cinsiyette olsanız da olmasanız da mümkün olduğunda muayene sırasında hastaya tarafsız bir gözlemcinin yardımcı olmasını öneriniz.
- Yardımcı kişinin medikal yetenekleri olmak zorunda değildir ancak şu özelliklere sahip olmalıdır:
  - Hastanın mahremiyetine saygı göstermelidir.
  - Hastanın endişelerini gidermeye hazır olmalıdır.
  - Rutin özel muayenedeki işlemleri biliyor olmalıdır.
  - Doktorla ilgili endişeleri kaldırmaya hazır olmalıdır.
- Eğer siz veya hasta muayeneye yardımcı personel olmadan muayeneyi yapmak istemiyorsanız hastanın çıkarı için de uygunsa muayeneyi erteleyebilirsiniz.
- Eğer yardımcı mevcutsa bilgileri kaydedilmelidir. Eğer hasta yardımcıyı istemiyorsa bunun önerildiği ve reddedildiği de kaydedilmelidir.

3 Özel muayeneler ile ilgili iletişim
Özel bir muayene uygulanmadan önce:
- Hastaya muayenenin amacı anlatılmalı ve sorularını sorma şansı tanınmalıdır.
- Muayenenin neleri içereceği açıklanmalı ve bu yolla hastanın kendisini nelerin beklediği ile ilgili açık bir fikre sahip olması sağlanmalıdır.
- Muayene öncesinde hastadan izin alınmalıdır.
- Hastanın giyinip soyunmasına saygı gösterilmelidir.
- Saygınlık sağlamak için hastanın mümkün olan en kısa sürede giyinmesine izin verilmelidir.

Muayene sırasında şunlar yapılmalıdır:
- Önceden ne yapılacağı açıklanmalıdır.
- Eğer hasta bir şey sorarsa muayeneye ara verilmelidir.
- Muayene ile ilişkili şeyleri tartışınız.
- Gereksiz kişisel yorumlardan kaçınınız.

Anestezi altındaki hastanın muayenesi
- Anestezi öncesinde hastanın onamı alınmalıdır.
- Anestezi altında muayene yapılırken öğrencilere de muayene için izin verilecekse geçerli onamın alındığından emin olunmalıdır.

Tablo B Jinekolojik terimlerin tanımı

Terim	Tanım
Menarş	İlk menstruasyon yaşı
Menopoz	Son normal adet periyodu
Amenore	Menstrüel kanamanın yokluğu
Oligomenore	Seyrek kanama
Menoraji	Ağır düzenli menstrüel kanama
Metromenoraji	Ağır düzensiz menstrüel kanama
İntermenstrüel kanama	Periyodlar arası kanama
Postkoital kanama	İlişki sonrası kanama
Postmenopozal kanama	Menopoz sonrası kanama
Dismenore	Menstruasyon sırasında ağrı
K (siklus) = N/D	Kanama olan gün sayısı/ mestrüel siklus uzunluğu
Disparoni	İlişki sırasında ağrı

- Çift koruma (tampona ek olarak ped kullanımı)
- Gece yatağı korumak için havlu veya diğer koruyucuların kullanımı

Metroraji

Dış kıyafetlerin kirlenecek kadar kanamanın ağır olduğu durumlar sorgulanmalıdır. İç çamaşırındaki bazı lekelenmeler normal kabul edilir.

Kontrasepsiyon

Menstrüel öykünün bir parçası olarak hastaya kontrasepsiyon metodu ve bununla ilgili sorunları sorulmalıdır.

Servikal smear

İngiltere'de tüm kadınlar düzenli servikal tarama için çağrılmaktadır ancak hastalardan öncelikle onam alınması ve hastanın son smear sonucunun olması daha iyidir. Farklı tarama programları için yaş grubu farklılık göstermektedir.

Ağrı

Tanı koymak için ağrının siklik mi nonsiklik mi ve eğer siklik ise menstrüel siklusun hangi bölümünde olduğu, disparoninin varlığı (ilişki sırasında ağrı) sorgulanmalıdır. Bunlar yüzeyel (penetrasyonda) veya derin (pelviste) olabilir. Ayrıca yayılım, karakter, tetikleyici veya rahatlatıcı faktörler gibi diğer bilgilerin sorulması yararlıdır.

Geçmiş obstetrik öykü

Obstetrik hasta için geçmiş obstetrik öykünün detaylandırılması gerekebilir. Jinekolojik hastalar için de geçmiş obstetrik öyküye ihtiyaç duyulabilir. Önceki gebelik sayısı, gebeliklerinin sonuçları not edilmelidir. Üriner semptom veya prolapsusu olan hastalar için doğum şeklinin ve çocuk doğum ağırlıklarının öğrenilmesi gereklidir.

Seksüel öykü

Jinekolojide detaylı cinsel öykü yerine göre uygun, sınırlı cinsel öykü alınmalıdır. Bu bilgi detaylı bilginin gerekip gerekmediğini belirleyecektir.

Sosyal öykü

Sigara, alkol, ilaç kullanımı ile ilgili detaylar yararlıdır. Ayrıca sosyal desteği ve jinekolojik operasyon sonrası bakımı ile ilgili evde yaşlı veya çocuk olup olmadığı ile ilgili bilgiler de önemlidir.

Birçok jinekolojik durum hayatı tehdit edici değildir ve bu yüzden yaşam kalitesine etki eden durumların etkisi değerlendirilmelidir. Örneğin bir kadın smear kontrolüne geldiğinde asemptomatik fibroid ve belli derecede vajinal prolapsus tespit edilebilir. Bu durumlar kadının yaşam kalitesini bozmuyorsa ileri müdahaleye gerek yoktur.

Jinekolojik hastanın muayenesi

Jinekolojik şikayeti olan kadınlara detaylı muayene yapmak gereklidir. Rutin muayeneden farklı yönü ise abdominal ve pelvik muayenedir.

Abdominal muayene

Hastanın mahremiyetine saygı göstererek soyunmasını ve muayene edilecek bölgeyi açmasını istemek önemlidir. Abdomen ksifosternum hizasından symphysis pubis hizasına kadar açılmalıdır. Pubik alanın kapalı olması normaldir. Abdominal muayene inspeksiyon, palpasyon, perküsyon ve oskültasyonu içerir.

İnspeksiyon

Şüpheli kitle tarafından oluşturulmuş distansiyon, stria ve solunumla hareketin varlığına bakılmalıdır. Geçirilmiş cerrahi izleri değerlendirilmelidir. Eğer geçirilmiş transvers insizyonu varsa kıyafetlerin pubik kılların çizgisine kadar indirildiğine emin olunmalıdır. Ayrıca laparoskopik girişimler için umbilikusta skar olup olmadığı da değerlendirilmelidir.

Palpasyon

Derin ve yüzeyel palpasyon uygulanmadan önce hastaya herhangi bir ağrısının olup olmadığı sorulmalıdır. Varsa bu bölgeye en uzak kadrandan başlanmalı ve ağrılı alan en son incelenmelidir. Kadınların jinekoloji kliniğine non-jinekolojik nedenlerle de gelebileceği düşünülerek üst abdomen ve renal bölgelerin de değerlendirilmesi unutulmamalıdır.

Eğer hassasiyet saptanırsa peritonit bulguları (rebound, hassasiyet, defans) kontrol edilmelidir. Abdominal distansiyon tespit edilen hastalarda da asites varlığı, kayma ve sıvı hissi hissedilebilir. Kitle tespit

Kutu B Pelvik muayene için objektif yapısal klinik muayene (OSCE) kontrol listesi

Başlangıçta kendinizi tanıtınız.	(1 puan)
Hastaya işlemi açıklayınız.	(1 puan)
Hastaya pelvik muayene uygulanmasının gerekçesini mantıklı bir şekilde anlatınız.	(1 puan)
Hastanın onamını alınız.	(1 puan)
Yardımcı personelin ya da hasta yakınının odaya girmesini öneriniz.	(1 puan)
Onam alın ve yardımcıyı kaydedin ve giyinip soyunurken hastanın mahremiyete dikkat etmeye çalışınız	(1 puan)
Gereksiz yorum yapmaktan kaçınınız.	(1 puan)
İlgili şeyleri tartışınız.	(1 puan)
Spekulum tekniği	
Muayeneden önce ve sonra ellerinizi yıkayınız.	(0-1-2 puan)
Muayeneden hemen önce spekulumu hazırlayınız.	(1 puan)
Az miktarda lubrikan kullanınız.	(1 puan)
Spekulumu doğru yerleştiriniz.	(1 puan)
Spekulumu açın ve serviksi tam olarak görünüz.	(1 puan)
Muayene sırasında yapılacak işlemleri açıklayınız.	(1 puan)
Spekulumu çıkarırken dikkatli olunuz ve hastayı rahatsız etmeyiniz	(1 puan)
Muayene tamamlandıktan sonra hastanın hazırlanmasına izin veriniz	(1 puan)

Pelvik Muayene

Pelvik muayene prepubertal dönemdeki kızlarda ve klinik olarak kontraendike bir durum varsa uygulanmamalıdır. Bu durumlarda ya pelvisin abdominal ultrasonografi görüntülerinden yararlanılmalı ya da gerekli ise anestezi altında muayene yapılmalıdır.

Vajinal Muayene

Öncelikle serviks hissedilmelidir:

- Nulliparlarda düz, sabit ve düzenli
- Doğumu olan kadınlarda ise serviks hafif düzensiz ve ektropione veya Nabothi follikülleri içeriyor olabilir (tıkanmış mukus glandları).

Östrojen seviyeleri ve doğumlara bağlı olarak fizyolojik değişikliklerin geniş normal aralıkta olabileceği hatırlanmalıdır.

Bimanuel palpasyon

Bimanuel palpasyonun amacı bir el abdomende diğer el vajinada olacak şekilde arada uterusun ve mümkünse adnekslerin palpe edilmesidir. Uterus vajinadaki parmaklar yardımıyla öne ve yukarı itilmelidir. Sol el ise abdomenden aşağı doğru itilmelidir. Böylece uterus iki el arasında kalır ve büyüklüğü anlaşılır. Genellikle gebe olmayan bayanlarda da uterus büyüklüğü gebelik haftası şeklinde ifade edilir. Eğer bundan emin değilseniz şunları akılda tutmak da yararlı olabilir:

- Küçük mandalina = 8 hafta
- Küçük portakal = 10 hafta
- Büyük portakal = 12 hafta
- Greyfurt = 14 hafta (abdominal muayenede symphysis pubisin hemen üstünde palpe edilir)

Uterus boyutları artmışsa bunun genel bir büyüme mi (gebelik) yoksa bir kitle nedeniyle mi olduğu (örneğin fibroid) dikkate alınmalıdır.

Uterusun antervert mi retrovert mi olduğu not edilmelidir. Eğer uterusu palpe edemiyorsanız retrovert olabilir. Ayrıca uterusun mobil mi fikse mi olduğu not edilmelidir (Tablo C).

Adnekslerin incelenmesi

Parmaklar serviks yanından lateral fornikslere doğru ilerletilir. Aynı zamanda abdomendeki elde aynı yönde hareket ettirilmelidir. Normal overler sadece zayıf premenopozal kadınlarda palpe edilebilir. Adneksiyal kitlenin palpe edilmesi genellikle patolojik bir durumu gösterir. Kitlenin düzgün sınırlı mı düzensiz sınırlı mı olduğu, fikse mi mobil mi olduğu belirlenmelidir (tablo c). Uterusa yapışık mı ayrı mı olduğunun ayrımında ise bimanuel teknik kullanılır. Genellikle fikse, düzensiz endometriyal kitleler maligniteden çok endometriyozis ve kronik pelvik infalamatuar hastalık skarı ile ilişkilidir. Ayrıca adnekslerin palpasyonuyla ağrı olup olmadığı da not edilmelidir. Servikal hassasiyet de kontrol edilmelidir (kutu C).

Sonraki Muayene

Öncelikle hastanın giyinmesine izin veriniz. Soyunma kabini hastanın mahremiyeti için yararlıdır. Jeli silebileceği bir mendilin olması ve ellerini yıkayabileceği bir alanın sağlanması önemlidir. Muayene aletleri uzaklaştırılmalı ve eller yıkanmalıdır. Bunları tamamladıktan sonra bulgular hastayla tartışılmalı ve ileri inceleme ve yönetim için plan yapılmalıdır.

Obstetrik Hasta

Birçok gebe sağlıklı ve fit bir yapıya sahiptir. Böylece iyi bir takip ile gebelik ve doğumda düşük risk taşır. Buna rağmen maternal ve fetal sonuçları etkileyecek, tedaviye gerek duyulacak durumlar da ortaya çıkabilmektedir. Antenatal bakımın temel amacı anne ve bebeği ile ilgili risklerin belirlenmesi, uygun incelemenin yapılması, gebeliğin sonuna anne ve bebeğin sağlıklı ulaştırılması, ailenin mutlu, tatmin olmuş bir şekilde bu süreci sürdürmesidir.

Kutu C Servikal hassasiyet

Rebound ve hassasiyetin pelvik muayenedeki karşılığı servikal hassasiyettir (fig M). Serviksin laterale itilmesi ile adneksler aynı köşede sıkışır ve uterus karşı tarafa itilir (ağrı adnekslerdeki peritonun uyarılmasıyla ortaya çıkar).

Servikal hassasiyet nedenleri

- Ektopik gebelik veya hemorajik kist kanaması
- Rüptüre over kisti
- Ovaryan kistin inflamasyonu veya tuboovaryan abse

Prekonsepsiyonel Bakım

Birçok kadın kontrol için gebelikte başvurmasına rağmen aslında bakım gebeliğin planlandığı zaman ve prekonsepsiyonla başlamalıdır. Folik asit başlanması (nöral tüp defekti riskinin azaltılması için), sigaranın azaltılması veya bırakılması (olgu 20'ye bakınız) ve sağlıklı bir diyet hastaya önerilmelidir.

Bazı kadınlar için , prekonsepsiyonel bakım özellikle önemlidir: örneğin insülin bağımlı diyabeti olanlar (olgu 21'e bakınız), epileptik gebeler, hipertansif ve anjiyotensin dönüştürücü enzim inhibitörü kullananlar (olgu 21'e bakınız), daha önce etkilenmiş gebeliği veya açık nöral tüp defekt öyküsü olanlar. Tedavi altında olmayan epilepside fetal anomali riski artmıştır (genel populasyonda %3 veya %4 risk) ancak bu risk fenitoin veya sodyum valproat kullananlarda daha yüksektir. Bu anomaliler yarık damak-dudak, kardiyak anomaliler ve fetal nöral tüp defektini içerir. Bir ilaç kullananlarda risk %6-7 iken bu risk alınan antiepileptik sayısı ile artar. Gebelik öncesi bakımda amaç nöbet kontrolünü mümkünse tek bir ilaçla kontrol altına almaktır.

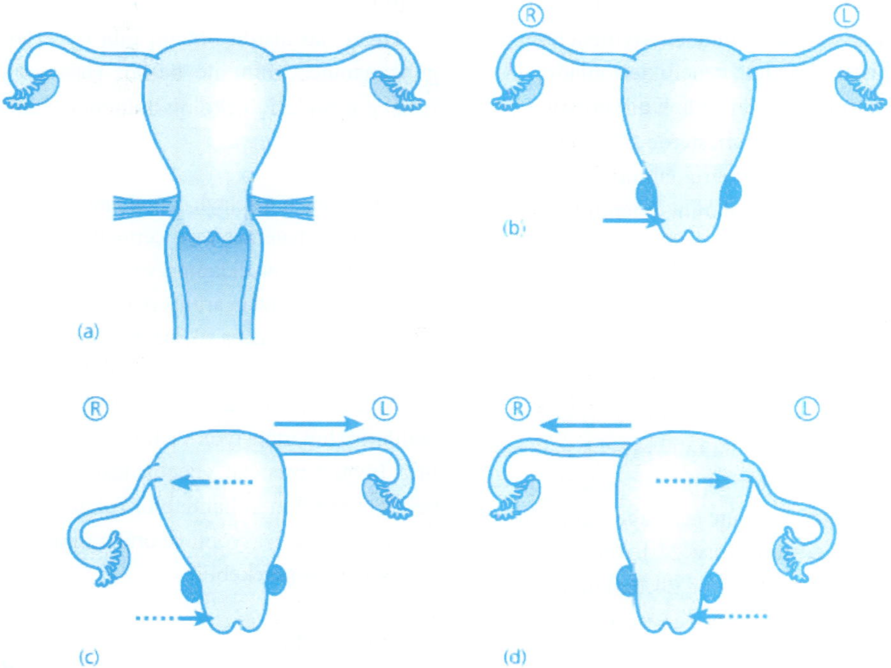

Figür L Servikal hareketlerin değerlendirilmesi. (a) Uterus serviks hizasında desteklenir. (b) Vajinal muayenede serviks bir tarafa itilir. (c) Bu durum uterusun da ters tarafa itilmesini sağlar, ancak adnekslerde hassasiyet varsa huzursuzluk oluşturabilir. (d) Serviks daha sonra ters yönde hareket ettirilir.

Benzer şekilde birkaç yıl nöbet geçirmemiş kadınlarla antiepileptik ilaçların bıraktırılması da bir seçenek olabilir. Yine de bu durum uygun muayene veya nöroloji önerileri ile yapılmalıdır. Yüksek doz folik asit (5 mg) başlanması da önerilmektedir (önceki gebeliğinde nöral tüpten etkilenme öyküsü varsa).

Bilinen genetik problemleri olan çiftlerde (örn kistik fibröz ve orak hücre taşıyıcısı) , mevcut hastalığın fetal riskleri konusunda bilgilendirme yapılmalı ve prekonsepsiyonel olarak yapılabilecek tanı testleri (koryon villüs biyopsisi ve amniyosentez gibi) tartışılmalıdır.

Gebelikte bakım

Gebelik tarihinin belirlenmesi

Gebeliğin konsepsiyonla başlamasına rağmen tarih belirlenirken son adet tarihinin ilk gününden hesaplanması daha uygun olmaktadır. Naegele kuralı ile de kadının son adetinin ilk gününün yıl bölümüne 1 yıl eklenip, ay bölümünden 3 ay çıkarılıp, gün bölümüne de 7 gün eklenmesiyle tahmini doğum tarihi bulunabilir. Bu son adet tarihinden itibaren 40 haftaya (280 gün) veya fertilizasyondan sonra 38 haftaya (266 gün) denk gelir. Son adet tarihinden sayılırsa term bir gebelik 37-42 hasta arasında genellikle sonlanır.

Eğer kadın son adet tarihini hatırlamıyor veya siklusları düzensiz ise ilk trimesterde CRL (baş-popo mesafesi) ölçümü ile en doğru tahmin yapılabilir. Gestasyonel yaşın doğru tahmini önemlidir çünkü böylece premature mi yoksa indüksiyon gerektiren postterm bir durum mu olduğu ortaya konulabilir.

Bazı obstetrik tanımlamalar

Gravida kadının gebelik sayısıdır, parite 24 hafta veya üzerinde olan canlı veya ölü doğumdur. Parite yazılırken ikinci numara olarak 24 haftalık gebelik haftasından önceki kayıplar da belirtilebilir. Bu nedenle parite 0+0 terimi daha önce kadının hiç gebe kalmadığını belirtir. Parite 1+1 gösterimi ise 24 haftanın üzerinde 1 gebeliği (canlı veya ölü) ve 24 haftanın altında 1 gebelik kaybını (düşük, terminasyon veya ektopik gebelik) tanımlar. İlk gebeliği olan bir kadın gravida 1 parite 0 (G1P0) ve daha önce 3 yaşayan çocuğu, 10 haftalık 2 spontan abortu ve şu anda gebeliği olan kadın ise gravida 6 parite 3+2 (G6P3+2) olarak gösterilr.

- *Term* gebelik genelikle 37-42 haftayı tanımlar.
- *Preterm* gebelik 37 haftanın altındaki gebelikleri tanımlar.
- *Hafif preterm* gebelik ise 32-36 haftalık gebelikleri tanımlar.
- *Erken preterm* gebelik 32 haftanın altındaki gebelikleri tanımlar.
- *Çok erken preterm* gebelik ise 28 haftanın altındaki gebelikleri tanımlar.

Antenatal randevular

İlk muayenede (özellikle ilk trimesterde) gebenin tüm ihtiyaçları değerlendirilmelidir ve her an yeni bir problem çıkabileceği unutulmadan her muayenede tekrar gözden geçirilmelidir. Randevu sıklığı gebeliğin riskine göre belirlenmelidir. Komplike olmayan gebeliği olan nullipar kadında 10 randevu, komplike olmayan paritesi olan kadınlarda ise 7 randevu yeterli olacaktır. Genel olarak paritesi olan bir kadın nullipar bir kadına göre riskleri daha önceden anlayabilir (kutu D).

Diğer hastalarda olduğu gibi değerlendirme uygun anamnez alımı ile başlar. Hastaya yaklaşımın genel prensipleri jinekoloji bölümünde anlatılmıştır.

Anamnez

Anamnez annenin detaylı sorgulanmasını ve şimdiki gebelikle ilgili maternal yaşı içermelidir. Genç anne yaşı preterm doğum, preeklampsi ve gestasyonel yaş için küçük gebelik açısından artmış risk taşır. Fetal büyümenin monitorizasyonu, daha sık kan basıncı kontrolü ve erken doğum için bulgular belirlenmelidir.

Artan anne yaşı trizomi 21 gibi kromozomal anomalilerin, hipertansiyon ve tip 2 diyabetin riskini arttırır. İnvazif prenatal genetik testler fetal karyotipin belirlenmesi için kullanılabilir (olgu 20), düzenli kan basıncı monitorizasyonu ve oral glukoz tolerans testinin yapılması gerekebilir.

Mevcut gebelik

Son menstrüel siklus sonrası tahmini gebelik (gebelik yaşı ve viabilitesi ilk trimester incelemelerde daha iyi doğrulanabilir) ve o zamandan beri iyilik halinin (ka-

Kutu D Rutin antenatal bakım takvimi örneği

Sağlık bakım profesyonelleriyle ilk görüşme
(ideal olarak prekonsepsiyonel dönemde)

Şunları içermelidir:

- Folik asit desteği
- Gıdalara bağlı enfeksiyon oranının azaltılması için gıda hijyeni
- Yaşam tarzı önerileri, sigaranın bırakılması, ilaç kullanımı ve alkolün kesilmesi
- Tüm antenatal taramalar, risk ve yararları

Randevu verilmesi (ideal olarak 10. haftada)

- Riski (sosyal ve doğal durumların değerlendirilmesini içeren), ek bakım gereken kadınların belirlenmesi ve gebelikteki bakımın planlanması
- Gestasyonel yaş değerlendirmesi için erken ultrasonografik tarama önerilmesi
- Kan grubu ve Rh durumunun tespiti
- Hemoglobinopatiler, anemi, eritrosit alloantikorları, Hepatit B virüsü, HIV, rubella şüphesi ve sifiliz enfeksiyonu taramasının önerilmesi
- Asemptomatik bakteriüri taraması önerilmesi
- <25 yaş gebeliklerde yüksek prevalansı olan chlamydia enfeksiyonun tarama testi hakkında bilgi verilmesi
- Down sendromu taramasının önerilmesi
- Yapısal anomalilerin mid-trimester ultrasonografi ile taranmasının önerilmesi
- Boy, kilo ölçümü ve vücut kitle indeksinin hesaplanması
- Kan basıncı ve proteinüri için idrar testi
- Gestasyonel diyabet taramasının önerilmesi (riskli grupta)
- Olası depresyonun belirlenmesi için duygu durumun değerlendirilmesi

16 Hafta

- Yapılan tüm tarama testlerinin sonuçlarının tartışılması
- Hemoglobini 110 g/L altında olan hastalara demir desteğinin önerilmesi
- Kan basıncı ve proteinüri için idrar testi

18-20 hafta

Eğer kadın istiyorsa mid-trimester anomali testi

24-25 hafta (nullipar kadınlar için)

- Symphysiofundal yükseklik ölçümü
- Kan basıncı ve proteinüri için idrar testi

28 hafta

- Anemi ve atipik kırmızı hücre alloantikorlarını için ikinci tarama
- Hemoglobin seviyesi 105 g/L altında ise demir desteğinin önerilmesi
- Rh negatif kadınlara anti-D profilaksisi önerilmesi
- Symphysiofundal yükseklik ölçümü
- Kan basıncı ve proteinüri için idrar testi

31-32 hafta (nullipar kadınlarda)

- Symphysiofundal yükseklik ölçümü
- Kan basıncı ve proteinüri için idrar testi

34 hafta

- Doğum ve travay hazırlıkları için antenatal sınıfın, ağrı kontrolünün planlanması ve tartışılması
- İkinci doz anti-D'nin Rh negatif kadınlara önerilmesi
- Kan basıncı ve proteinüri için idrar testi
- Symphysiofundal yükseklik ölçümü

36 hafta

- K vitamini profilaksisi ve yenidoğan tarama testlerinin, postnatal bakımın ve postnatal depresyonun tartışılması
- Kan basıncı ve proteinüri için idrar testi
- Symphysiofundal yükseklik ölçümü , bebeğin pozisyonunun kontrolü
- Eğer bebek makat pozisyonda ise eksternal sefalik versiyon önerilmesi

38 hafta

- Kan basıncı ve proteinüri için idrar testi
- Symphysiofundal yükseklik ölçümü , bebeğin pozisyonunun kontrolü
- Yönetimini de içeren uzayan gebelikle ilgili bilgi verilmesi

40 hafta

- Kan basıncı ve proteinüri için idrar testi
- Symphysiofundal yükseklik ölçümü , bebeğin pozisyonunun kontrolü

41 hafta

41 haftada doğum yapmamış kadınlarda:

- Membranların sıyrılması önerilmektedir
- Doğum indüksiyonu önerilmelidir
- Kan basıncı ve proteinüri için idrar testi
- Symphysiofundal yükseklik ölçümü

Her vizitte risk değerlendirilmeli (kötüye kullanma ve duygu durum değişiklilerini de içeren) ve bakım planı buna göre yapılmalıdır.

nama, bulantı-kusma ve üriner semptomların varlığı) nasıl olduğu öğrenilir. Şu anda bir şikayeti var mı? Folik asit kullanıyor mu?

Önceki obstetrik hikaye

Önceki gebelikle ilgili dikkatli bir öykü alınmalıdır. Bu antenatal seyir, gestasyon ve doğumun şekli, doğum ağırlığı ve bebeğin doğumdaki durumu ile ilgili bilgileri içermelidir.

Antenatal komplikasyonlar

Preeklampsi, antenatal kanama, preterm prematür membran rüptürü, venöz tromboz, gebelik kolestazı, intrauterin büyüme geriliği, ölü doğum ve konjenital anomaliler önemlidir. Aynı partneri olan preeklamptik kadınlarda rekürrens riski %8-10'dur. Erken başlangıçlı ağır preeklampsisi olan kadınlarda veya ciddi fetal büyüme geriliği olan kadınlarda özellikle tekrarlıyorsa düşük doz aspirin kullanılabilir. Gebelik kolestazı öyküsü olan kadınlarda rekürrens riski %40-80 (oral kombine kontraseptif haplarla %30-40 kaşıntı riski varken) aralığındadır ve hastanın klinik semptomları izlenir, karaciğer fonksiyon testleri ölçülür ve fetal iyilik hali değerlendirilir.

Travay ve doğum

Doğumun spontan mı indüksiyon ile mi olduğu, doğum anındaki gebelik haftası, önceki preterm doğum öyküsünün bu gebelikte de tekrar risk oluşturması açısından sorgulanması gerekir. Eğer doğum çabuk ve ağrısız ise (veya ikinci trimesterde ağrısız gebelik kaybı) ayırıcı tanı olarak servikal yetmezlik akılda tutulmalıdır. İkinci trimesterde ultrasonografi ile servikal değerlendirme yapılıp serviksi hunileşme gösteren veya kısa olanlar için servikal sutur konulabilir. Benzer şekilde tekrarlayan preterm doğum öyküsü olan uygun hastalarda doğumun başlangıcı tahmin edilerek (bunu tahmin etmek kolay olmayabilir) fetal akciğer maturasyonu için steroid uygulanabilir.

Doğum şekli

Olgu 23'e bakınız.

Üçüncü evrenin detayları

Postpartum kanama öyküsü, 3. derece laserasyon, plasentanın anestezi altında manuel çıkarılmasının gerekip gerekmediği sorgulanmalıdır. Bazılarının rekürrens riski daha fazladır (özellikle 2 veya daha fazla olduysa) ve oksitosin veya sintometrin ile profilaktik üçüncü evre yönetimi sorgulanmalıdır.

Neonatın detayları

Doğum ağırlığı, bebeğin doğumdaki durumu, yenidoğan bakım ünitesine gereklilik duyulup duyulmadığı sorgulanmalıdır.

Lohusalık

Lohusalık döneminde herhangi bir problem (sepsis, sekonder postpartum kanama ve depresyon) yaşayıp yaşamadığı sorgulanmalıdır. Özellikle postpartum depresyon / psikoz öyküsü olan bir kadında antenatal ve postnatal dönemde kadının duygu durumu ile ilgili yeterli desteğin de sağlanarak dikkatli değerlendirme yapılması önemlidir.

Medikal ve cerrahi öykü

Gebeliği etkileyecek bir hastalığın varlığının, gebeliğin kötüleştirebileceği (örn kalp hastalığı) veya tetikleyebileceği (örn otoimmun hastalık) durumların, tedavi veya dozajının değişiminin gerekliliğinin (anjiyotensin dönüştürücü enzim inhibitörlerinin kullanımı veya gebelikte genelde doz artırımının gerekli olduğu hipotiroidide tiroksin replasmanı) bulunup bulunmadığının belirlenmesi antenatal öyküde önemlidir. Multidisipliner ekibin (vakaya bağlı olarak kardiyolog, hematolog, romatolog, endokrinolog gibi) bakımı planlanmalıdır. Tam bir ilaç anamnezinin alınması gereklidir (örn yüksek doz A vitamini ilk trimesterde teratojenik olabilir).

Jinekolojik öykü

- Menstrüel öykü – önceki menstrüel düzen ve patterni, son adet tarihi
- Önceki kontraseptif kullanımı
- Servikal smear öyküsü - eğer smear şartsa erken gebelikte uygulanabilir ancak hastanın geçmiş smear öyküsünde özellik yoksa lohusalık geçene kadar beklenmesi tercih edilir.
- Diğer ilişkili öyküler (örn pelvik inflamatuar hastalık, cinsel yolla bulaşan hastalık)

Aile öyküsü

Akraba evliliği, genetik veya ailesel sendromlar için uygun danışmanlık ve testlerin mümkün olduğunca yapılması çok önemlidir. Diyabet, preeklampsi ve kolestaz aile öyküsü olan kadınlarda daha sık görülür.

Sosyal öykü

Sigara, alkol veya madde kullanımı gebeliği etkileyebileceğinden sorgulanmalıdır. Aşırı alkol kullanımı hafif seviyeden ciddi seviyeye kadar uzanan fetal alkol sendromuna (örn mikrosefali, orta hat hipoplazisi, düz filtrum, kardiyak anomaliler, öğrenme ve gelişim geriliği) neden olabilir. Opiyat ve kokain kötüye kullanımı preterm doğum, büyüme gelişme geriliği (IUGR), antepartum kanama, fetal distress ve neonatal yoksunluk sendromuna ve özellikle kokain kullanımı plasental abruptio riskinde artışa neden olur. Intravenöz ilaç kullanımıyla hepatit B ve C gibi artmış maternal enfeksiyon riski ile venöz tromboz riskinde artış görülür. Bu kadınlar özel hedefe yönelik, multidisipliner bakım gerektirir ki burada amaç ilaç kullanımını kontrol etmek, yoksunluğu önlemek (preterm doğum ve fetal distresi arttırır) ve enfeksiyon taramasıdır. Bebeğin gözlemi için madde bağımlılığı merkezleri de bu ekibin içinde olmalıdır. Ayrıca antenatal değerlendirmede bir önemli nokta da bebeğin uygun ve güven içinde bir çevrede olup olmayacağının değerlendirilmesi ve eğer gerekiyorsa ek desteğin verilmesidir.

Antenatal randevular vücut kitle indeksinin ve kan basıncının ölçümünü, proteinüri ve ketonun belirlenmesi için idrar tetkikini içerir. Tarama testi olarak şunlar yapılmalıdır:

- Erken ultrasonografik görüntüleme ile viabilitenin, gestasyonel yaşın ve tekil/çoğul gebeliğin tespiti
- Kan grubu ve RhD durumu
- Anemi, eritrosit alloantikorları, hepatit B, HIV,rubella duyarlılığı ve sifiliz enfeksiyonu taraması
- Asemptomatik bakteriüri taraması
- Down sendromu taraması
- Yapısal anomali için ultrasonografi (20. hafta)

Bazı kadınlar için ek testler önerilebilir, örneğin 25 yaş altı için chlamydia testi, Afrika veya Akdeniz için hemoglobinopati taraması (orak hücre veya talasemi için). 28 haftada eritrosit alloantikor taramasının tekrarı ve hemoglobin kontrolü önerilir. Gestasyonel diyabet taramaları merkezden merkeze ve erken 3. trimesterde randomize glukoz kontrolünden eğer öyküde veya muayenede risk faktörü varsa (önceden iri bebek öyküsü, diyabetle ilgili aile öyküsü, Asya ırkı, artmış vücut kitle indeksi, şimdiki gebelikte polihidroamnios, iri bebek ve rekürren glukozüri, olgu 21'e bakınız) oral glukoz tolerans testine (OGTT) kadar değişir.

Kadınlar taramadan önce ne yapılacağı konusunda bilgilendirilmeli ve kabul edip etmediği öğrenilmelidir (kutu E).

Kutu E Maternal veya fetal riski arttıran durumlar

Gebelerde obstetrik ve/veya medikal bakımın endike olduğu gebelik riskini arttıran durumlar:

- Kardiyak hastalıklar
- Hipertansiyon
- Renal hastalıklar
- Endokrin bozukluklar ve insülin gerektiren diyabet
- Psikiyatrik bozukluklar
- Hematolojik bozukluklar (tromboembolik hastalıkları da içeren)
- Antifosfolipid sendromu gibi otoimmun hastalıklar
- Antikonvülzan ilaç gerektiren epileps
- Ciddi astım
- Eroin, kokain ve ekstazi kullanımı
- HIV veya hepatit B enfeksiyonu
- Obezite (VKI >35) veya zayıflık (VKI<18)

Önceki gebeliklerinde şunlardan birini yaşayanlar:

- Tekrarlayan düşük (3 veya daha fazla gebelik kaybı) veya mid-trimester kaybı
- Ciddi preeklampsi HELLP sendromu veya eklampsi
- Rh izoimmunizasyonu veya diğer kan grubu antikorları
- Sezaryen ve myomektomiyi içeren uterin cerrahi
- Antenatal ve postpartum kanama
- Plasental retansiyon
- Puerperal psikoz
- Grand multiparite (6'dan fazla gebelik)
- Ölü doğum veya neonatal ölüm
- Gebelik yaşı için küçük (SGA) infant (<5 persantil)
- Gebelik yaşı için büyük (LGA) infant (> 95 persantil)
- <2500 veya >4500 gr ağırlığında bebek
- Konjenital anomalili bebek (yapısal veya kromozomal)

Muayene

Genel muayene

Gebeliğin çok erken dönemlerinden itibaren normal fizyolojik değişimlerin meydana geleceğini bilerek genel muayene ile başlamak iyi bir pratiktir. Solukluk, periferik ödem, sarılık ve dehidratasyonun, eğer endike ise variköz ven, tiroid büyümesi ve tendon reflekslerinin kontrolü önemlidir.

Kan basıncı ölçülmelidir. Hasta sakin, semi-recumbent pozisyonda olmalı (yaklaşık 30 derece açıyla) ve manşonu uygun ölçüde (genişliği kol çevresinin %40'ı) bir aletle, sol koldan ve kalp hizasından ölçülmelidir. Vücut kitle indeksi yüksek olan kadınlarda daha büyük manşona ihtiyaç duyulabilir. Korotkoff seslerinin ilk duyulduğu yer sistolik kan basıncını, kaybolduğu veya hafiflediği yer ise diyastolik kan basıncını gösterir. Obstetrisyenlerin genel fikri de seslerin ilk kaybolduğu yer olan 5. fazda ölçümün en doğru olduğudur. Seslerin sıfıra kadar devam ettiği koşulda ise seslerin hafiflediği yer olan 4. fazdaki ölçümlerin kullanılabileceği söylenmektedir.

Abdominal muayene

Diğer muayeneler gibi yapısallaştırılmış yaklaşım en iyisidir.

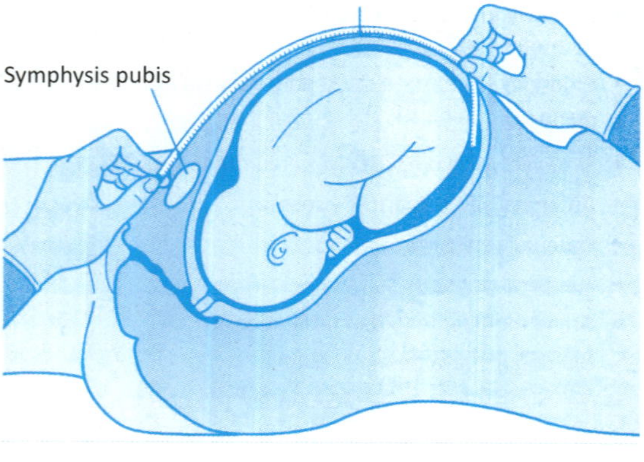

Figür M Mid-sagittal planda anne ve *in utero* bebeğin görünümü. Fundal yükseklik symphysis pubisten uterus en üst noktasına kadar olan uzaklıktır. 33 haftalık gebelik 33 cm ± 3 cm olarak ölçülmelidir.

İnspeksiyon abdominal distansiyonun derecesinin belirlenmesi ve gestasyonel haftaya uygunluğun (umbilikal eversiyonu içeren aşırı distansiyon varlığı çoğul gebelik, polihidramnios, fetal makrozomide görülür), belirgin fetal hareketin, yeni veya eski stria gravidarum ve linea nigra varlığının, geçirilmiş cerrahiye bağlı skarların (örn geçirilmiş sezaryen, laparotomi, laparoskopi veya appendektomi) tespitini içerir.

Palpasyon öncesinde hastanın ağrısının olup olmadığını sormak iyi bir uygulamadır. Uterus fundusu ellerin ulnar tarafı ile uterus fundusuna ulaşılana kadar ksifosternumdan aşağı itilerek palpe edilir. Daha sonra symphysiofundal yükseklik symphysis pubis üst kısmından fundusa kadar, santimetre cinsinden bulunur (Fig. M).

Bu fetal büyüme problemleri için rutindir ve genellikle gestasyonel periyodla özellikle de üçüncü trimesterde çocuğun gestasyonel yaş için küçük mü büyük mü olduğunun tespitinde ±3 cm fark eder. Fakat bu yöntem çok sensitif ve spesifik olmadığından fetal büyümenin birçok vakada görüntülenerek doğrulanması gerekmektedir.

Fundal palpasyon fundustaki kısmın fetal baş mı makat mı olduğu konusunda yararlıdır. Lateral palpasyon ise fetusun yatışının (longitudinal, oblik, transvers) belirlenmesinde ve sırtının yerinin tahmininde önemlidir. Eller düz olarak abdomenin her iki yanına konur ve sırt-bacak iki el arasında ballote edilir. Bu girişim amnios mayinin değerlendirilmesinde de yararlı olabilir çünkü oligohidramniosta fetal kısımlar rahatlıkla hissedilebilirken polihidroamniosta durum tam tersidir (Fig N).

Daha sonra prezente olan kısım her iki elle uterus alt kısmında palpe edilmeye çalışılır. Bu yolla prezente olan kısmın baş mı makat mı olduğu, angaje olup olmadığı değerlendirilir (pelvik girimden en geniş prezente olan kısım). Başın ne kadarının abdomende olduğu da bu yöntemle anlaşılabilir. Baş angaje olduğunda 2/5 veya daha azı abdomende palpe edilebilir.

Doppler ile veya günümüzde nadir kullanılan Pinard steteskopu ile fetal kalp dinlenir. Fetal kalp en iyi çocuğun duruşu, sırtı ve prezente olan kısmı abdominal palpasyonla belirlendikten sonra dinlenebilir.

Palpasyonda koryoamniyonit (olgu 19'a bakınız), plasenta abruptio (olgu 18'e bakınız) ve dejenere myom olgularında uterin hassasiyet görülebilir.

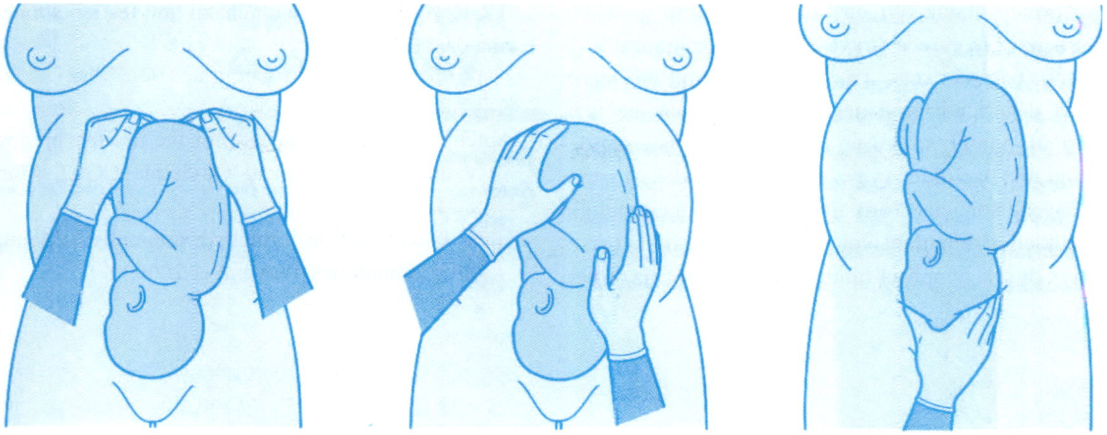

Figür N Abdominal palpasyon. (a) Fundal palpasyon ile fundustaki fetal kısmın bulunması. (b) Duruş pozisyonunun tespiti için lateral palpasyon (longitudinal, oblik, transvers). (c) Maternal pelviste prezente kısmın angajmanının değerlendirilmesi için palpasyon.

HELLP (hemolitik anemi, karaciğer enzim yüksekliği, düşük platelet, olgu 16'ya bakınız) olgularında epigastrik ağrı ve karaciğer üzerinde hassasiyet görülebilir. Bunun dışında abdomende ağrı yapan non-obstetrik nedenler de vardır, örneğin reflu, idrar yolu enfeksiyonu, apandisit, over kist torsiyonu ve safra kesesi taşı. Bu durumlar anamnez, muayene ve istenilecek tetkikler ile dışlanabilir. Gebe uterusu bazı bulgularda değişiklik yapabilir, örneğin Mc Burney noktası üzerinde hassasiyet ve rebound appendiksin normal pozisyonunda olmaması nedeniyle yol göstermeyebilir.

Doğumda uterus kontraksiyonları incelenirken şiddeti (hafif, orta, şiddetli), sıklığı (10 dakikada kaç kontraksiyon olduğu) ve uterusun ağrılar arasında iyi gevşeyip gevşemediği değerlendirilmelidir. 10 dakikada 5'ten fazla kontraksiyon oluyor ve yeterli gevşeme olmuyorsa (her kontraksiyon 1 dakikadan fazla sürüyorsa) taşisistol, ve eğer fetal kalp hızı anormallikleri ile birlikte ise hiperstimulasyon (aynı zamanda 2 dakika veya daha uzun süren uterin kontraksiyonları içerir) olarak tanımlanır. Bu özellikler prostaglandin ile indüklendiğinde ve oksitosin desteği verildiğinde özellikle önemlidir.

Vajinal muayene

Vajinal muayene antenatal olarak çok sık yapılmamasına rağmen doğumda progresyonunu değerlendirilmesinde çok önemlidir. Antenatal vajinal spekulum muayenesinin endikasyonları şunlardır:

- Preterm prematür membran rüptürünün doğrulanması (PPROM, olgu 19'a bakınız)
- Aşağı yerleşimli plasenta dışlandıktan sonra antepartum kanama için lokal nedenlerin tespiti
- Semptomatik vajinal akıntı varlığında örnek alınması
- Düşük tehdidi veya preterm doğum şüphesi varlığında
- Nadiren servikal smear alınırken

Digital muayene ise şu durumlarda endikedir:

- Doğumdaki servikal değişimin doğrulanması (hem term hem de preterm doğumlarda)
- Doğum indüksiyonunda prostaglandin kullanılacaksa servikal olgunluğun değerlendirilmesinde (Bishop skoru; olgu 14 'e bakınız)
- Doğum indüksiyonu öncesinde miad aşımında membranların sıyrılmasında
- Doğumun progresyonunun değerlendirilmesinde

Yukarıda tanımlanan tüm muayeneler jinekolojik hasta bölümünde tanımlanmıştır. Genel olarak, gebelikte serviks gebelik dışındaki durumdakinden farklı görünür; daha yumuşak, daha büyük, vasküler ve ektropiyonedir (gebelikteki normal fizyolojik değişim). Büyüyen uterusun pozisyonundaki değişimle özellikle gebeliğin ilerleyen dönemlerinde internal osun görülmesi daha zor olabilir. Normal fizyolojik akıntıdan daha fazla miktarda vajinal akıntı görülebilir.

Sonuç olarak, iyi bir antenatal bakım gebelikte herhangi bir evrede (travay, doğum ve lohusalık da dahil) değişebilecek risk değerlendirmesini içerir. Risk değerlendirmesi geçmiş obstetrik ve medikal, cerrahi, ailesel, sosyal ve ilaç öyküsü, maternal demografik özellikler (yaş, vücut kitle indeksi) ,rutin muayene sonuçları (örn artmış kan basıncı gebeliğin indüklediği hipertansiyon veya preeklamptik toksemiyi, düşük symphsis-fundus yüksekliğinin az olması IUGR'yi destekler) ve antenatal tanı testleri sonuçlarına dayanarak yapılır.

Kaynaklar

Antenatal care: routine care for the healthy pregnant woman.NICE Clinical Guideline CG62. March 2008.

GMC Guidelines on Intimate Examination: Maintaining Boundaries. November 2006.

Olgu 1 Erken gebelikte kanama şikayetiyle başvuran 24 yaşında kadın hasta

Dr. Maviş Özge ÖZGAN
Dr. Burcu DİNÇGEZ

Anna Smith, 24 yaşında parite 0+1, kocası tarafından vajinal kanama ile gebe polikliniğine getirilir. Son adet tarihi 6 hafta öncedir. Endişelidir ve daha önceki gebeliğinde de bu şikayetle başvurup gebeliğinin düşükle sonuçlandığını bildirir.

İlk değerlendirmede yapılması gerekenler nelerdir?

Bayan Smith'in hemodinamik olarak stabil olduğundan emin olunmalıdır. Bu ilk değerlendirmeyi ABC'nin temel prensipleri takip eder. Kanama miktarı kontrol edilmeli, eğer ciddi kanaması varsa, taşikardik ve hipotansif ise ayrıntılı anamnezden önce IV damar yolu açılıp sıvı replasmanına başlanmalıdır.

Ayırıcı tanıda ilk akla gelenler nelerdir?

- Abortus
- Gecikmiş siklus
- Ektopik gebelik
- Molar gebelik
- Servikal lezyon

Anamnezde sorulması gerekenler nelerdir?

Başvuru şikayetinin öyküsü

1. Kanama:
   a. Kanamanın rengi ve miktarı
   b. Koagulum veya parça şeklinde materyal gelişinin sorgulanması
   c. Ne zamandır kanamanın mevcut olduğu
2. Ağrı:
   a. Kanama ağrı ile ilişkili midir?
   b. Ağrının yeri, ciddiyeti, tipi ve yayılımı
   c. Omuza yayılan ağrı var mıdır?
3. Menstrüel siklus öyküsü:
   a. Son adet tarihi
   b. Adet düzeni
   c. Gebelik planlı mıdır ?
   d. Gebelik testi yapılmış mıdır?
4. Kontraseptif kullanımı
5. Önceki obstetrik öyküsü (abortus, ektopik gebelik varlığı)
6. Özgeçmiş
   a. Geçirilmiş pelvik inflamatuar hastalık
   b. Cinsel yolla bulaşan hastalık

Bayan Smith önceden sadece silmekle lekelenme şeklinde olan kanamasının taze kırmızı kanamaya dönüştüğünü ifade eder. Kanama kramp şeklinde alt abdominal ağrı ile ilişkilidir ve ağrı orta derecede, yayılımı olmayan ve son 1 saattir hissedilen özelliktedir. Henüz analjezik almamıştır. 2 gün önce evde yaptığı gebelik testi pozitiftir. Adet düzeni 30-35 günde bir olan ve 5 gün süren kanamalar şeklinde olmakla birlikte son adeti 6 hafta öncedir.

Bir önceki gebeliği 8 ay önce ve spontandır. Ne yazık ki 6 haftalık gebe iken başlayan lekelenme şeklinde kanamalardan sonra 7. haftada gebelik abort ile sonuçlanmıştır ve bunun tekrarlayacağından korkmaktadır. Düşük sonrasında partneriyle beraber tekrar gebelik istemleri mevcuttur.

Fizik muayenede nelere dikkat edilmelidir?

Genel Muayene

Solukluk, taşikardi, hipotansiyon ağır kanamalarda görülebilmekle birlikte sık değildir.

Abdominal muayene

İlk değerlendirmeden sonra herhangi bir palpabl kitlenin varlığını saptamak için abdominal muayene yapılmalıdır. Herhangi bir hassasiyet, defans veya rijiditeye ait bulgunun varlığı araştırılmalıdır. Hassasiyet ve defans ektopik gebelikte intraperitoneal

Obstetrics and Gynaecology: Clinical Cases Uncovered.
By. M. Cruickshand and A. Shetty. Published 2009 by Blackwell Publishing. ISBN: 978-1-4051-8671-1

kanama nedeniyle oluşabilir. Molar gebelikte gebelik haftasından daha büyük uterus mevcuttur fakat günümüzde genellikle bu evreden önce ultrasonografi ile tanınır.

Pelvik Muayene

Kanama bulgularına bakılmalı ve kanamanın miktarı değerlendirilmelidir. Hastanın pedinin ya da iç çamaşırının ne kadar kirlendiğine bakılmalıdır. Aktif bir kanama varsa bunun damla şeklinde mi yoksa ciddi bir kanama mı olduğu tespit edilmelidir.

Spekulum Muayenesi

- Spekulumu kibarca yerleştiriniz ve vajinada herhangi bir kanama olup olmadığını kontrol ediniz.
- Kare gaz ile taze kanamanın varlığını kontrol ediniz.
- Eğer kanama görülüyorsa bunun ciddiyetini değerlendiriniz.
- Servikal osun değerlendirilmesi :
  - Eksternal osun kapalı/açık olduğuna bakınız.
  - Gebeliğe ait bir materyal olup olmadığına bakınız.
- Polip ya da servikal erozyon gibi lokal bir lezyonun olup olmadığını kontrol ediniz.

Servikal os ve kanamanın klinik açıdan önemi nedir?

Abortus incipiens

Persiste eden kanama vardır. Eksternal os açıktır ve servikal genişleme sonucu gebelik ürünleri servikal kanalda bulunur. Bu durumda düşük kaçınılmaz ve geri dönüşümsüzdür.

İnkomplet Abortus

Kanama fazladır. Koagulum ve gebelik ürünlerini içerir. Eksternal os açıktır ve ürünler dışarı atılabilir.

Missed abortus (erken fetal ölüm)

Kanama varsa genellikle koyu kahverengi renktedir. Os kapalıdır. Bu durum ektopik gebelikte de görülebilir.

Şimdi klinik bulguları gözden geçirelim:

Önceki düşüğünü tatildeyken yapmış olduğundan hastane kayıtlarına ulaşılamamaktadır. Şu an hemodinamik olarak stabil, nabzı 70 atım/dk olup soluk görünmemektedir. En son 2 ay önce smear'i alınmış ve sonucu normal bulunmuştur. Abdominal muayenede uterus palpe edilememekle birlikte defans ve rigidite yoktur ancak suprapubik bölgede hassasiyet mevcuttur. Servikal os kapalı ve pedinde az miktarda taze kan vardır. Eksternal ostan kanama izlenmemektedir. Servikal kanalda genişleme olmamakla birlikte yeterli uzunluktadır. Bimanuel muayenede herhangi bir kitle veya hassasiyet yoktur.

Hangi tetkikler istenmelidir?

1. *Tam kan sayımı*: Tam kan sayımı ciddi kan kaybını gösterebilir.
2. *Kan grubu*: Önceki düşüğüne ait herhangi bir kayıt olmadığından hastanın kan grubu kayıtları da yoktur. Şiddetli bir kanama transfüzyon gerektirebileceğinden Rh negatif olup olmadığının belirlenmesi gereklidir.

Bulguları özetlemek gerekirse Bayan Smith'in 6 haftalık spontan gebeliği, vajinal kanaması ve alt abdominal bölgede ağrısı mevcuttur. Herhangi bir koagulum ve gebelik ürününün gelmediğini ifade eder. Gebelik testi pozitif ve hemodinamik olarak stabildir. Pelvik muayenede servikal os kapalıdır ve aktif kanama yoktur. Abdominal muayenede ise hassasiyet, defans ya da rebound saptanmamaktadır.

Bundan sonra ne yapılmalıdır?

Pelvisin ultrasonografi ile taranması, gestasyonun erken safhasında uterin kavitenin ve içeriğinin net bir şekilde görüntülenmesi için transvajinal olarak yapılmalıdır. Hasta intrauterinde olsa, transvajinal ultrasonografi yapılmış olsa bile gestasyonun erken safhasında olduğu için gebeliğin görülmeme ihtimaline karşı uyarılmalıdır. Siklusu 30-35 gün olduğu için 6 haftalık amenore öyküsü olsa bile sadece 5 haftalık gebeliği olabilir. Transvajinal ultrasonografinin gebeliğe zararı olmadığı ve tek başına düşüğe sebep olmayacağı açıklanmalıdır.

Pelvik ultrasonografi

Gebelik 5. haftadan sonra transvajinal olarak görülebilir. Ektopik gebeliğin dışlanmasında pelvik ultrasonografi yararlıdır. İntrauterin gebeliğin varlığı ektopik gebeliğin dışlanmasını sağlar. Heterotopik gebelik oranı ise 1/40000'dir (hem intrauterin hem ekstrauterin gebelik).

Kutu 1.1 Erken embriyoloji

Uterin kaviteye implantasyon siklusun 1. gününde, blastokist uterin kaviteye girdiğinde olur. Blastokist desidualize endometiumla temasa geçtiğinde trofoblastlar prolifere olur ve 2 tabakaya ayrılır: sitotrofoblast ve sinsitiyotrofoblast (endometriumla temasta olan hücreler). Sitotrofoblastın 2 katmanı ekstraembriyonik mezoderm tarafından bölünür.

Gestasyonel kese

Gestasyonel kese genellikle yuvarlak ya da oval, anekoik bir yapı olarak gözlenir ve en erken ovulasyondan 20-23 gün sonra görülebilir. Bu yapı ekstraembriyonik mezodermdeki izole boşlukların birleşmesinden oluşarak içinde amnion, yolk sak ve embriyo barındıran sıvı ile dolu tek bir kaviteye dönüşür.

Yolk sak

Yolk sak, ekstraçölomik membran blastokistin iç duvarında tamamen genişlediğinde sekonder bir kavite oluşturan, siklüsün 28. gününde gelişen küresel bir yapıdır. Transvajinal ultrasonografide 5. haftada görülebilir. Yolk sak mevcudiyeti intrauterin gebeliği doğrular.

Gebelikle ilişkili kanama tanısında hangi ultrasonografi bulgularına bakılmalıdır?

Ektopik gebelik

Eğer uterin kavite boşsa ya da intrauterin gebeliğe ait kesin bir bulgu yoksa (en az bir yolk sak veya fetal kutup) ektopik gebelik olabileceği düşünülmelidir. Ektopik gebelik vakalarının %10-20 sinde psödo-gestasyonel intrauterin kese görülebilir. Gebelik hormonlarına karşı gelişen inflamatuar reaksiyon sonucunda intrauterin kavite içinde sıvı koleksiyonu olur. Kesenin konturundaki değişiklikler, çift halka görünümünün varlığı ve ekzantrik yerleşim gibi farklı bulgular psödosak yerine gerçek kesenin varlığını destekler. Yolk kesesinin varlığı gerçek intrauterin gestasyonel kesenin ve intrauterin gebeliğin göstergesidir. Ektopik gebeliğin diğer ultrasonografi bulguları, kompleks adneksiyal kistik kitle ve peritoneal kavite içinde serbest sıvı görünümüdür (Kutu1.1).

Viable gebeliklerin ultrasonografik özellikleri

Yolk sak ve fetal kutbu içeren intrauterin gestasyonel kesenin varlığına ek olarak viable bir gebeliğin desteklenmesi için kalp atımının varlığı gereklidir.

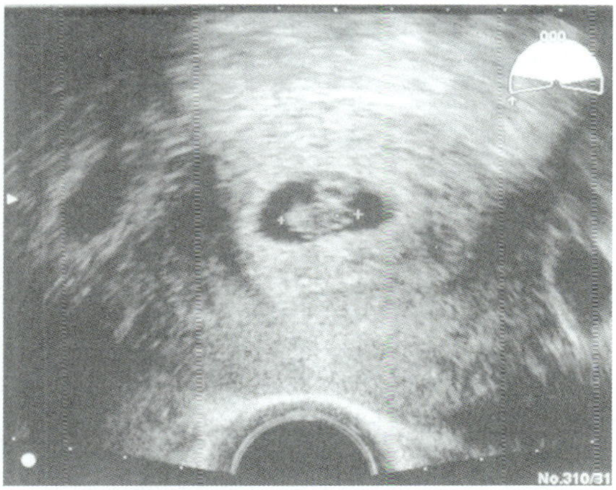

Figür 1.1 İntrauterin gebeliğin pelvik ultrasonografi görüntüsü

Molar gebeliğin ultrasonografik özellikleri

Uterus boyut olarak büyümüştür ve hidropik villus varlığı ile intrauterin kanamayı gösteren karışık ekojenik görünümdeki 'kar yağdı' manzarası görülür. βHCG seviyesi belirgin olarak artmıştır. Vakaların %20 sinde büyük teka lutein kistleri görülür (βHCG ile ovaryan stimulasyon sonucunda).

ÖNEMLİ NOKTA

Görüntülemede boş bir uterus tam bir düşük, erken intrauterin gebelik veya ektopik gebeliği temsil edebilir.

Hastanın pelvik ultrasonografi görüntülerinde kalın bir endometrium ile beraber çok küçük,2 mm'lik psödosaktan ayırt edilemeyen bir kese mevcuttur. Fetal kutup ya da yolk saka ait herhangi bir bulgu yoktur. Sağ over normaldir, sol overde 2x2.5 cm'lik kist ve Douglas poşunda minimal mayi bulunur. Ektopik gebelik dışlanamamaktadır.

Pelvik görüntüleme bulgularını açıklayabilir misiniz?

İntrauterin gebeliğe ait kesin bir bulgu elde edilemedi. Bu bulgular erken bir gebelik veya ektopik gebeli-

Kutu 1.2 Human Koryonik Gonadotropinin β subünitesi

- Trofoblastik doku tarafından salgılanan gebeliğin varlığı ile ilgili fikir veren, α ve β subüniteleri olan bir glikoproteindir.
- İntrauterin gebeliklerde 48 saat içinde ikiye katlanır.
- Ektopik gebeliklerde ikiye katlanma düzeyinden daha az bir artış gösterir (%66).
- 48 saatte yarıya düşmesi abortu su düşündürür.
- Normal gebeliklerin %15'inde β-HCG 2 kattan az artış gösterir.
- Ektopik gebeliklerin %15 inde 48 saatte ikiye katlanma gözlenir.
- İntrauterin gebeliğin yokluğunda β-HCG'nin ikiye katlanmaması ektopik gebeliği destekler.
- Molar gebeliklerde çok yüksek β-HCG seviyeleri görülür.
- Test sonuçları değerlendirilirken klinik bulgular göz önüne alınmalıdır.

ğe ait olabilir. Sol overdeki kist muhtemelen bir korpus luteumdur. Bu nedenle ileri araştırma yapmanız gerekmektedir.

Şimdi hangi araştırmayı yapmalısınız?

Pozitif idrar gebelik testi olmasına rağmen ektopik gebelik ultrasonografi ile dışlanamaz ve serumda β-HCG bakılması önerilir.

Hastaya serum -HCG'sinin neden istenildiğini açıklanmalıdır

(Kutu 1.2 ye bakınız).

Şimdi hastanın test sonuçlarını gözden geçirelim.

β-HCG değeri 412 IU/L, kan grubu 0 Rh negatif ve tam kan sayımı normaldir.

Hastaya hangi bilgilerin verilmesi gereklidir?

- Yüksek çözünürlüklü ultrasonografi cihazlarının varlığına rağmen β-HCG değeri 1000 IU/L'nin altında ise intrauterin gebelik bulguları görülmeyebilir.
- İntrauterin gestasyonel kesenin görülmesi için 1000 IU/L değeri tanımlayıcı seviyedir.
- 48 saatte bir β-HCG tekrarı gebeliğin normal olup olmadığının değerlendirilmesinde yardımcıdır.
- Tek başına β-HCG değerleri eğer seviyeleri çok yüksek değilse kısıtlı bilgi verir.

Hastanın Rh negatif olmasının klinik önemi nedir?

Sensitize olmamış Rh negatif kadınlara aşağıdaki durumlarda anti-D immunoglobulin yapılması gereklidir:

- Ektopik gebelik
- 12 haftanın üzerindeki tüm düşükler
- Uterin kavitenin boşaltıldığı tüm düşükler
- 12. gebelik haftasının altında olup ağrıyla beraber ağır kanamanın olduğu düşük tehditleri
- 12. gebelik haftasından önceki komplet abortuslarda uterin kaviteye girişim yapılması.

Anna'ya anti-D immunoglobulin yapılması gerekir mi?

Bu durumda hastaya anti-D immunoglobulin yapılması gerekli değildir. Ancak öncelikle tanının gözden geçirilmesi gerekir. Hasta eve gidebilir ve 48 saat sonra geri dönmesi istenir.

48 saat sonra sabah lekelenme şeklinde kanama tekrarı ile birlikte β–HCG tekrarı için kontrole gelir. B-HCG tekrarı 880IU/ L'dir.

Bütün ayırıcı tanıları yeniden değerlendirelim:

Abortus imminens. Şimdiye kadarki bulgularla en olası tanı budur. Sadece az bir miktarda kanama mevcut olup servikal os kapalıdır. β-HCG değeri de 48 saatte ikiye katlanmaktadır.

İnkomplet abortus, Abortus sürecinin başladığı ve gebelik ürününün bir kısmının atıldığı ve kavitede rest kaldığı durumları ifade eder. Bu vakada os kapalı olduğu için ve kanama durduğu için olası bir tanı değildir (lekelenme şeklinde olan kanama epizodu hariç). Buna ek olarak βHCG değerinin ikiye katlanması normal giden bir gebeliği gösterir. Bu tür düşüklerde genellikle 48 saatte β-HCG değerleri yarıya iner. Eğer gebelik ürünleri kavitede kalırsa enfeksiyon riski vardır.

Abortus incipiens. Abortus incipienste abdominal bölgede uterus kasılmalarına ve ürünlerin atılmasına bağlı abdominal kramp tarzında ağrılar görülür. Buna ek olarak kanama genellikle artan şekilde devam eder ve spekulum muayenesinde os açık görünür. Abortus imminensler de abortus incipiense dönüşebilir fakat şu anda bu vakada bu bulgular yoktur.

Komplet abortus. Servikal os kapalı olduğundan ve kanama durmuş olduğundan hastada bu tanı düşünülebilir. Ancak hastanın koagulum ve gebelik materyalini atma öyküsü bulunmamaktadır.

Missed abortus. Bu da olası bir durumdur fakat bu vakada β-HCG'nin ikiye katlanması ile bu tanı dışlanır. Gebelik gelişiminde duraklama olursa β-HCG seviyeleri düşecektir ve gebelik semptomları kaybolacaktır.

Tekrarlayan abortus. 3 veya daha fazla gebelik kaybı olarak tanımlanır. Kadınların % 1'ini etkiler. Bu vakada daha önce sadece bir abortus öyküsü vardır, bu nedenle şu anda habituel abortus için yapılan araştırmalar (her iki partnerin karyotipi, lupus antikoagulanı, antikardiyolipin antikorları, trombofili taraması) gereksizdir.

Ektopik gebelik. Bu tanı da akla yatkın gibi görünse de, β-HCG seviyesinin ikiye katlanması ve ektopik gebelik için risk faktörlerinin (geçirilmiş ektopik gebelik, pelvik inflamatuar hastalık öyküsü) olmaması nedeniyle düşünülmez. Buna ek olarak Anna hemodinamik olarak stabildir ve batın muayenesinde defans ve rebound yoktur. Yine de ultrasonografik olarak intrauterin gebelik görülene kadar bu tanı dışlanamaz.

Molar gebelik. Molar gebelik için β-HCG seviyesi çok düşük, gestasyon haftasına göre uterusu büyükdeğildir ve vezikül düşürme öyküsü yoktur. Bu nedenle bu tanı da çok olası görünmemektedir.

Lokal bir lezyondan kanama. Muayenede servikal erozyon veya polip oluşumuna ait bir kanıt olmadığından bu tanı dışlanabilir.

Hastaya ne söylenmelidir?

- B-HCG seviyesi ikiye katlandığı için hasta rahatlatılmalıdır.
- Daha çok erken bir intrauterin gebelik gibi görünüp 30-35 günlük siklusu düşünülerek sadece 5 haftalık bir gebeliği düşündürmektedir.
- B-HCG seviyeleri hala <1000 IU/L olduğundan ultrasonografi ile tarama yeterli değildir.
- Bir hafta içinde ultrasonografinin tekrarı için geri gelmesi söylenmelidir.
- Ek danışacağı sorular için kliniğin 24 saat ulaşılabilir telefon numarası verilmelidir.
- Çift çok endişeli ise ilave destek önerilmelidir.
- Tek bir düşüğün çok sık olduğu anlatılmalıdır (Gebeliklerin %15-20'ye yakını abortusla sonuçlanır).
- Bir çiftin tekrarlayan en az üç abortus öyküsü olmadığı sürece abortus için ileri tetkikler önerilmemektedir.
- Bir düşük gelecekteki gebeliklerin akıbetini değiştirmez.

Anna'nın bir hafta sonra döndüğünde yapılan pelvik ultrasonografisinde yolk sak ve kalp atımı olan fetal pol içeren tek bir gestasyonel sak izlenir.

Şimdiki hedef nedir?

Hastanın ultrasonografik görüntüleri devam eden intrauterin gebeliği teyit etti. Daha önce abort öyküsü olması nedeniyle 8 haftalık gebelik görüntüsü elde edene kadar emin olmak için beklemek gereklidir. Ağır kanamasının olma ihtimaline karşı 24 saat ulaşabileceği telefon numarası verilmelidir. Gebeliklerin %15'i abortus imminens ile komplike olabilmektedir.

OLGUNUN DEĞERLENDİRİLMESİ

Erken gebelikte böyle az miktarda kanamalarla başvuran endişeli çiftler tipiktir. Bu hastanın endişesinin nedeni daha önceki gebeliğinin abortus ile sonuçlanmış olmasıdır. Fizik muayene ve anamnezin her evresinde hastanın abortusun tekrarlama endişesi içinde olduğunun farkında olunmalıdır. Hastanın anamnezine dayanarak erken gebelik kanama nedenlerinin ayırıcı tanısının yapılması gereklidir. Anamnez, fizik muayene ve tetkikler bu olguda abortus imminensi düşündürse de ektopik gebelik intrauterin gebelik görüntülenene kadar dışlanmamaktadır.

Transvajinal ultrasonografi 5.5 haftalık intrauterin gebeliği görüntüleyebilmesine rağmen önceki menstrüel siklusun uzun sürmesine bağlı olarak şimdiki gestasyonel periyoddaki uzamadan dolayı bazen tarihlerde yanılma olabilir (bu vakada 30-35 gün).

Hastayı hastanede tutmak için bir neden yoktu ve hastaya poliklinik takibi önerildi. Eğer tekrarlarsa hastaneye başvuru düşüğü önleyemeyecektir. Hasta 24 saat ulaşabileceği bir iletişim numarası verilerek ve tavsiyelerle evine gönderildi.

ÖNEMLİ NOKTA

- Gebelik kanamalarında resüsitasyonun ABC'si ilk değerlendirmedir.
- Kanama ve ağrısı olan erken gebeliklerde ektopik gebelik dışlanmalıdır.
- Ektopik gebelik ve abortus hasta gebeliğini bilmeden de başlayabilir.
- Durumun psikolojik olarak desteklenmesi medikal tedavi ile eşit oranda önemlidir.
- Eğer tekrarlayan bir süreç ise takip önerilir.
- Tanı için takiplerle elde edilen görüntülere ihtiyaç vardır.
- Tekrarlayan 3 abortus olmadığı sürece abortusun ileri araştırılması gerekli değildir.
- İki abortus sonrasında bile %80 oranında canlı bir bebek sahibi olmak şansı vardır.

Olgu 2 Alt abdominal ağrı ile acil olarak başvuran 25 yaşında kadın hasta

Dr. Burcu DİNÇGEZ

Kenzi Anderson, 25 yaşında kadın hasta, acil olarak jinekoloji bölümüne başvurur. 2 gün önce başlayan ve gittikçe kötüleşen alt abdominal ağrı şikayeti mevcuttur. Karşı tarafta da ağrı hissetmesine rağmen ağrısı sol tarafta daha şiddetlidir.

Ayırıcı tanıyı etkileyecek aklınıza gelen ilk düşünce nedir?

Hasta gebe midir?

Eğer gebe ise ayırıcı tanılar ne olabilir?

- Ektopik gebelik
- Düşük (düşük tehdidi / inkomplet abortus / septik abortus)
- Korpus luteum kist rüptürü
- Korpus luteum kisti içine kanama

Gebe değilse ayırıcı tanılar nelerdir?

- Akut pelvik inflamatuar hastalık (PID)
- Over kisti (hemoraji / rüptür)
- Over kist torsiyonu
- Endometriozis
- Uterin fibroid dejenerasyon
- Primer dismenore
- Mittelschmerz
- Pelvik venöz konjesyon

Akut pelvik ağrının diğer nedenleri (non-jinekolojik) unutulmamalıdır.

- Gastrointestinal
- Ürolojik
- Travma
- Orak hücre krizi
- Mezenterik damar oklüzyonu

Anamnez alırken neler sorulmalıdır?

Amenore periyodu

Hastanın gebe olabileceğine dikkat ediniz.

Şikayetlerin öyküsünün alınması

- Sıklık, süre, ağrının şiddeti ve arttırıcı- azaltıcı faktörler
- Sürekli, spazmodik, kramp tarzında veya kolik tarzda ağrı
- Ağrının yeri: tek taraflı ağrı adneksiyal patolojileri, appendisiti veya renal kolik düşündürürken bilateral ağrı endometrit ve salpenjit gibi tubaları da içine alan uterin patolojileri düşündürür. Suprapubik ağrı ise sistiti düşündürür.

İlişkili semptomlar

- Vajinal kanama, akıntı
- Üriner semptomlar (disüri)
- Gastrointestinal ve/veya barsak semptomları- anoreksia, kusma, kabızlık, diyare
- Ateş

Jinekolojik Öykü

- Düzenli / düzensiz menstrüel siklus
- Kontrasepsiyon - özellikle pelvik enfeksiyon ve ektopik gebelik riskinde artış nedeniyle intrauterin araç (RIA)
- Pelvik enfeksiyon öyküsü (PID)
- Geçirilmiş ektopik gebelik
- Endometriozis, infertilite, fibroid öyküsü
- Over kisti, ooferektomi, myomektomi, tubal sterilizasyonu da içeren tubal cerrahiler gibi önceki pelvik cerrahilerin öyküsü
- Servikal smear öyküsü

Obstetrics and Gynaecology: Clinical Cases Uncovered. By. M. Cruickshand and A. Shetty. Published 2009 by Blackwell Publishing. ISBN: 978-1-4051-8671-1

Obstetrik Öykü

- Parite
- Önceki düşükler

Medikal Öykü

- Orak hücre anemisi (özellikle bazı etnik gruplarda)
- Diğer abdominal cerrahiler, ağrı ve intestinal obstrüksiyona neden olabilen adezyonlar

Sistemlerin Değerlendirilmesi

- Gastrointestinal
- Üriner

Bu kadının öyküsünde özellikle dikkat edilmesi gereken yönler nelerdir?

Cinsel Aktivite Öyküsü

- Seksüel geçişli enfeksiyon öyküsü
- Şimdiki seksüel aktivite
- Cinsel partner değişikliği
- Korunmasız ilişki

Kenzi ağrının ciddi ve sürekli olduğunu, sıklıkla bulantının eşlik ettiğini ifade eder. Son adet tarihini hatırlamaz, fakat partneri her zaman kondom kullandığı için gebe olmadığından emindir. Vajinal kanama veya akıntı şikayeti yoktur. Geçirilmiş jinekolojik cerrahisi de yoktur. Geçmişte partnerinin ve kendisinin tedavi gördüğü pelvik enfeksiyon (büyük ihtimalle Chlamydia) varlığından bahsetmektedir. Herhangi bir partner değişikliği olmamıştır.

Fizik muayenede nelere dikkat edilmelidir?

Genel muayene

- Vücut Kitle İndeksi
- Solukluk, taşikardi ve hipotansiyon (septik olabilir)
- Ateş

Gözlem son derece önemlidir. Örneğin peritonit olan bir hasta yatakta sabit olarak yatar ve hareketten kaçınır.

Abdominal Muayene

- İliak fossada hassasiyet, rebound veya istemli defans
- Suprapubik hassasiyet
- Distansiyon (intestinal obstrüksiyon)
- Palpabl kitle

Pelvik Muayene

Spekulum Muayenesi

Serviks Cusco spekulumu ile mutlaka görülmelidir. Chlamydia için endoservikal ve üst vajinal alandan örnek alınmalıdır. Gonokok veya Chlamydia enfeksiyonunu düşündüren sarı, kokulu akıntıya özellikle dikkat edilmelidir. Eğer hasta gebe ise servikal os mutlaka görülmeli, servikal açıklık değerlendirilmelidir. Vajina veya servikal kanaldaki kan ve konsepsiyon materyallerinin değerlendirilmesi gereklidir.

Bimanuel Muayene

Uterus yön (antevert veya retrovert) ve boyutunun değerlendirilmesi gereklidir. Artmış uterus boyutu gebelik veya fibroidi düşündürür. Ayrıca adneksiyal kitleler palpe edilebilir. Servikal hassasiyet olabileceğinden uterus boyutlarını ve adneksleri değerlendirmek zor olabilir. Geçirilmiş PID veya endometriozis varsa adezyonlara bağlı olarak uterusta mobilite kaybı olabilir.

Özetlemek gerekirse, 25 yaşında, parite 0+0 olan Kenzi özellikle sol abdomende olan akut ağrı epizodu ile başvurur. Geçmişte büyük ihtimalle Chlamydia olan pelvik enfeksiyon öyküsü mevcuttur. Son adet tarihini bilmemektedir. Abdomen muayenesinde hassasiyet ve özellikle sol tarafta defans mevcuttur. Spekulum muayenesinde az miktarda beyaz vajinal akıntı mevcuttur. Hassasiyet nedeniyle uterus ve adneksleri değerlendirmek çok güçtür.

Bundan sonra ne yapılmalıdır?

İdrarda gebelik testi zorunludur. Bu jinekoloji bölümüne başvuran acil kabullerin çoğunda yapılmalıdır. Bu testin sonucuyla ayırıcı tanılarınız değişecek ve bu tanılara yönelik isteyeceğiniz tetkikler belirlenecektir.

Başka ne tetkikler istenmelidir?

- *Tam kan sayımı*: Lökositoz ve nötrofili PID, over torsiyonu veya apandisit gibi inflamatuar süreçlerin göstergesi olabilir. Bununla birlikte beyaz küre sayısının normal olması PID' yi dışlatmaz. Artmış platelet sayısı sepsisi gösterebilir.
- *Pıhtılaşma parametreleri*: Septisemide ve iç kanama sonrasında önemlidir.
- *Üre ve elektrolitler*: Septisemide değişebilir.
- *Kan grubu ve Cross-Match*: Özellikle şüpheli ektopik gebelik için gereklidir.

Kutu 2.1 Akut Pelvik İnflamatuar Hastalık

Pelvik inflamatuar hastalık endometrit, salpenjit, parametrit, ooforit, tubo-ovaryan apse ve pelvik peritonite neden olabilen endoserviksin ascendan enfeksiyonunun bir sonucudur.

Etkenleri:

- Chlamydia trachomatis
- Neisseria gonorrhoeae
- Mycoplasma genitalium
- Anaeroplar ve diğer organizmalar

Klinik özellikler:

- Alt abdomende ağrı/hassasiyet
- Anormal vajinal/servikal akıntı
- Disparoni
- Ateş
- Servikal ve adneksiyal hassasiyet

Tedavi seçenekleri

- Oral doksisiklin ve metronidazol
- Oral ofloksasin
- IM seftriakson veya sefoksitin
- IV sefoksitin veya klindamisin

Dikkat edilecek noktalar:

- PID'den şüphelenildiğinde Chlamydia ve Gonore araştırılmalıdır.
- Cinsel partnerlere ulaşılmalı, tarama ve tedavi önerilmelidir.
- Uzun dönemde ektopik gebelik, infertilite, kronik pelvik ağrı riski unutulmamalıdır.

- *C reaktif protein (CRP):* Geç akut faz reaztanıdır. Akut veya kronik inflamasyonu gösterir.
- *Sickledeks/kan filmi:* Orak hücre anemisi tespitinde bakılır.
- *İdrar analizi:* Kültür ve duyarlılık için orta akım idrar incelemesi yapılabilir. Ayrıca Chlamydia için amplifikasyon tekniklerini kullanmak için de idrar kullanılabilir.
- *Endoservikal* veya vajinal örnekleme yapılmalıdır.

İdrarda gebelik testi negatif idi. Tam kan sayımında beyaz küre sayısı 17 000/ml idi. Ağrısının özelliği, lökositoz, beyaz vajinal akıntı ve geçirilmiş pelvik enfeksiyon öyküsü de düşünüldüğünde Kenzi'nin hastalığı PID olarak olarak düşünüldü ve antibiyotik- analjezik 6 saat sonra hemşire telefon eder ve Kenzi' yi değerlendirmenizi ister. Kenzi'nin ağrısı analjeziklere rağmen kötüleşmiştir. Ayrıca iki kez kusması olmuştur. Nabzı ise 112 atım/dk'dır. tedavi başlandı (kutu 2.1).

Şimdi ne yapılmalı?

Tüm bulgular gözden geçirilmeli, nabız, kan basıncı, ateş, idrar çıkışı değerlendirilmelidir. Kusma olduğu için intravenöz rehidratasyon sağlanmalıdır.

Ayırıcı tanılar tekrar gözden geçirilmelidir.

- *Akut PID:* Hala olabilir ve ağrıdaki artış ve kötüleşme abseleşme ile ilişkili olabilir.
- *Mittelschmerz ve/veya primer dismenore:* Bu derece ciddi ve analjeziye yanıtsız ağrıya genellikle neden olmazlar.
- *Endometriozis:* Özgeçmişinde yoktur.
- *Over kist komplikasyonları:* Torsiyon/rüptür/kanama da bu bulguları yapabilir, onun için dışlanamaz.
- *Gastrointestinal nedenler:* Apandisit ağrısı genelde solda olmamakla birlikte bu tanı da hala kesin olarak dışlanamaz.
- *Üriner enfeksiyonlar:* İdrar tetkiki negatif olduğundan düşünülmez.

Hangi ileri tetkikler istenmelidir?

Görüntüleme

- Pelvik ultrasonografi
- İntestinal obstrüksiyon gibi gastrointestinal nedenlerin tespiti için abdominal X-ray.

Ultrasonografide solda 7 cm ovaryan kist mevcuttur ve hasta inceleme sırasında ağrılıdır.

Bu bulgu tanıyı nasıl etkiler?

Persiste eden ağrının olması, genel durumun çok iyi olmaması, lökositoz varlığı ve ultrasonografi bulguları over kisti komplikasyonlarını düşündürmektedir.

Bu durumda olgunun yönetimi nasıl olmalıdır?

- Uzman ve anestezist bilgilendirilmelidir.
- Diagnostik laparoskopi yapılabileceği için hasta acilde tutulmalıdır.
- Hasta aç bırakılmalıdır.

Kutu 2.2 Over Kist Komplikasyonları

- Rüptür
- Torsiyon
- Kist içine kanama

Dikkat edilecek noktalar:

- Over kistleri fizyolojik, benign ya da malign olabilir.
- Akut klinik veren kistler genellikle fizyolojik veya benigndir.
- Eğer ultrasonografide kompleks veya solid bir yapı varsa CA125 istenmelidir.

Komplikasyonlar

- Rüptür ciddi kan kaybına neden olabilir.
- Torsiyonun uzaması nekroza ve over kaybına hatta ilerlerse sepsise neden olabilir.
- Nadiren torsiyon koagülopatiye neden olur.

Tedavi

- Kist boyut ve yapısına göre değişir.
- Fizyolojik ve küçük olanlar (<6 cm olanlar nadiren torsiyone olur) ultrasonografi ile takip edilebilirler.
- Analjezi
- Bazıları için bilgisayarlı tomografi ve manyetik rezonans gibi görüntüleme yöntemleri gerekir.
- Bazıları için kist aspirasyonu uygun olabilir.
- Laparoskopi
- Laparotomi

- Rehidratasyon- intravenöz sıvı tedavisi yapılmalıdır.
- Uygun analjezi: Morfin gibi opioidlere ihtiyaç olabilir.

Hastaya diagnostik laparoskopi yapılır ve solda over kist torsiyonu izlenir (Kutu 2.2). Laparoskopik ovaryan kistektomi uygulanır. Operasyon öncesinde Bayan Anderson prosedürle ilgili bilgilendirilerek rızası alınmalı ve eğer over nekrotik ise veya torsiyon nedeniyle normal over dokusu seçilemezse ooferektomi yapılabileceği anlatılmalıdır..

Laparoskopik prosedür öncesinde hastayı başka hangi konularda bilgilendirmelisiniz?

Laparotomi gerektirebilecek major damar yaralanmaları, barsak ve mesane yaralanmaları konusunda hasta bilgilendirilmelidir.

OLGUNUN DEĞERLENDİRİLMESİ

Genç bayan hasta akut pelvik ağrı epizodu ile başvurdu. Ektopik gebelik önemli bir ayırıcı tanı olduğundan özellikle adet ve rötarı varsa gebelik testi uygulanmalıdır. Anamnez ve fizik muayeneyi takiben ilk izlenim hastanın akut abdomen sebeplerinden olup ciddi ağrı yapabilen pelvik inflamatuar hastalık olduğuydu. Hastanın durumunun kötüleşmesi üzerine yapılan ultrasonografide büyük ovaryan kist izlendi. Bu yüzden akut abdomen ile gelecek hastada ilk tetkiklerden biriside ultrasonografi olmalıdır.

Ovaryan kist komplikasyonlarından rüptür ve kist içine kanama analjezik ve dehidratasyon mecvutsa intravenöz sıvılarla yönetilirken, torsiyonun tedavisi cerrahidir. Bu vakada, abdominal ağrının devam etmesi, artmış beyaz küre (Lökositoz), taşikardi ve ultrasonografide ovaryan kistlik kitle görülmesi over kist torsiyonunu düşündürmektedir. Uzayan vakalarda kan akımı iyice bozulup ooferektomi gerekebileceğinden hızlı girişim gerekir.

Laparoskopik cerrahinin açık cerrahiye üstünlüklerini hızla iyileşme, az kan kaybı ve azalmış trombotik risktir. ancak laparoskopi sırasında barsak ve büyük arterlerin yaralanması gibi komplikasyonlar acil lapatoromi gerektirebilir. Hasta bu konularda bilgilendirilmelidir. Ayrıca laparoskopik prosedürlerin uygulanamadığı geçirilmiş cerrahilere bağlı multiple adezyon veya ciddi endometriozis gibi durumlarda açık prosedürler uygulanabilir.

ÖNEMLİ NOKTA

- Ektopik gebelik akut pelvik ağrısı olan genç kadınlarda önemli bir ayırıcı tanıdır.
- Pelvik enfeksiyonlar akut batına neden olabilir.
- Akut pelvik ağrının değerlendirilmesinde seksüel öyküyü de içeren jinekolojik öykünün alınması gerekir.
- Pelvik ağrının yönetiminde ultrasonografi ilk basamak inceleme olarak uygulanmalıdır.
- Chlamydia akut PID'nin sık nedenidir ve tekrarlayan enfeksiyonları infertilite ve artmış ektopik gebelik riskine neden olur.
- Akut pelvik ağrı apandisit veya nefrolithiazis gibi non-jinekolojik nedenlere bağlı da olabilir.

Olgu 3 Akut vulvar ağrı ile acilen başvuran 23 yaşında kadın hasta

Dr. Burcu DİNÇGEZ
Dr. Maviş Özge ÖZGAN

Chloe White, 23 yaşında kadın hasta, ani başlayan vulvar ağrı ile başvurur. 2 gündür vulvada rahatsızlık ve hassasiyet hisseden hasta duş yaparken vulvanın sol kısmında bir şişlik fark eder. Ağrısı dayanılmaz hale gelen hasta parasetamol alır fakat ağrıda bir değişiklik olmaz. Başlangıçta kendiliğinden geçeceğini düşündüğü ve utandığı için başvurmayan hasta şu anda ağrı nedeniyle oturamaz haldedir.

Ayırıcı tanıda ilk akla gelenler nelerdir?

- Bartholin absesi
- Vulvar abse
- Genital herpes
- Vulvar hematom
- Behçet hastalığı
- Vulvar kandidiyazis
- Kontakt dermatit

Anamnez alırken neler sorulmalıdır?

Bu şekilde akut ağrıyla başvuruda bir ön tanı oluşturulmalıdır. Muayene öncesinde alınan anamnez hasta ile uyumu kolaylaştıracaktır. Detaylı yapılan bir muayene de yön verici sorular sormayı kolaylaştıracak ve ağrının azaltılması için ön tanı oluşturulmasına izin verecektir.

Burada cinsel yolla bulaşan hastalıklar göz önünde bulundurulmalıdır. Anamnezde ilk başta detaylı cinsel öykünün alınması gerekli değildir. Şu andaki cinsel ilişkinin, kontrasepsiyon yönteminin, önceki vulvar ağrı veya akıntı varlığının sorgulanması gerekmektedir. Hastanın ilaçları sorgulanmalı ve bunların semptomları arttırıcı etkileri gözden geçirilmelidir. Ayrıca topikal irritanların varlığı, yıkama ve temizleme solüsyonlarının kullanımı sorgulanmalıdır. Travma varlığı öğrenilmelidir. Eğer istismar söz konusuysa bu bilgiyi kolaylıkla vermeyebilirler. Eğer primer herpes enfeksiyonu mevcutsa hastanın halsizlik, miyalji, baş ağrısı ve ateş gibi genel semptomları olabilir.

Chloe düzenli bir cinsel ilişki yaşadığı partnerinin olduğunu ve 2 yıldır kontraseptif implantı olduğunu ifade eder. Herhangi bir bariyer yöntemi kullanmamıştır. Cinsel yolla bulaşan hastalık veya kondidiyazis öyküsü yoktur. Ağrı başladığından beri tek kullandığı ilaç parasetamoldur. Son adeti 3 hafta öncedir ve herhangi bir temizleme solüsyonu kullanımı yoktur. Duş jeli kullanmaktadır ve pamuklu iç çamaşırı giymektedir.

Fizik muayenede nelere dikkat edilmelidir?

Genel Muayene

Genel muayenede genellikle bulgu elde edilemez veya muayene çok az bilgi verir. Genellikle sistemik enfeksiyon bulguları yoktur. Eğer ilaç alımı ya da Behçet hastalığından şüphe ediliyorsa ülserasyon varlığı için oral mukoza değerlendirilmelidir. Bartholin absesi veya herpes enfeksiyonu mevcutsa inguinal lenfadenopati varlığına dikkat edilmelidir.

Pelvik Muayene

Vulva inspeksiyonu yapılmalı ve hastaya ne yapılacağı konusunda bilgi verilmelidir. Bazı durumlarda inspeksiyon dışında bir şey yapmak mümkün olmayabilir. Bu durumda yeterli bir ışık kaynağı ile lezyonun değerlendirilmesi sizi tanıya yönlendirebilir. Bu aşamada internal inceleme için endikasyon bulunmamaktadır ve zaten hasta bunu tolere edemeyebilir.

Obstetrics and Gynaecology: Clinical Cases Uncovered.
By. M. Cruickshand and A. Shetty. Published 2009 by Blackwell Publishing. ISBN: 978-1-4051-8671-1

Kutu 3.1 Bartholin bezleri

Posterior forşetin her iki yanına yerleşen iki Bartholin bezi bulunur. Kanalları vajen alt bölümünde himen kalıntıları ve forşet arasına açılır. Drenajın olmaması müköz retansiyon kistlerine neden olabilir. Bu da vulvada şişlik ve 3-5 cm çapındaki lezyonlar şeklinde kendini gösterebilir. Enfeksiyonları ise ağrı ile kendini gösteren abse oluşumu ile sonuçlanır. Bu, kistlerden daha sık görülür.

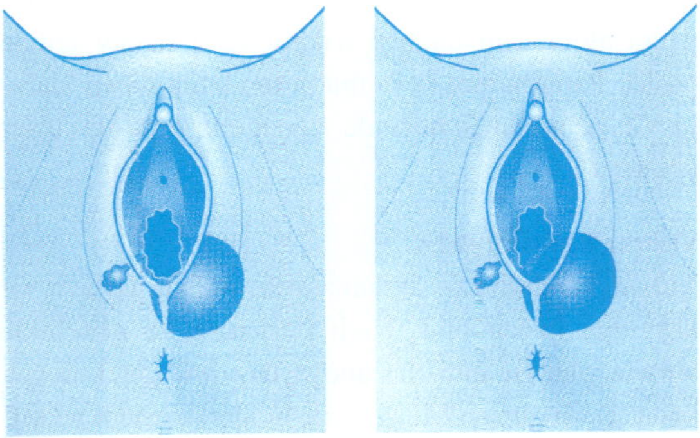

Figür 3.1 (a) Bartholin bezi ve kanalının yeri (b) Bartholin absesinin marsupializasyonu.

Bulguları özetlemek gerekirse 23 yaşında, para 0+0 olan Chloe 48 saat öncesinde başlayan vulvada büyüyen lezyon ve ağrı ile başvurur. Muayenede sol posterior forşette eritematöz, hassas, şişlik mevcuttur. Çevresinde endürasyon izlenir ve hastanın sol inguinal bölgesinde ağrılı lenfadenopatisi vardır.

Bundan sonra ne yapılmalı?

Bu aşamada herhangi bir ileri tetkik gerekmemektedir. Hastada Bartholin absesi mevcut olup hasta anestezi ve acil cerrahi randevusu için değerlendirilmelidir (Kutu 3.1, Figür 3.1 ve Figür 3.2).

Hangi cerrahi prosedürler gereklidir?

Bartholin absesinin marsupializasyonu

Altta yatan patoloji bartholin bezinin kanalının drenaj bozukluğudur. Basit insizyon ve drenaj kanalın drenajı için yeterli olmayabilir ve marsupializasyon uygulanabilir. Abse duvarı ile birlikte alttaki vajinal mukozanın elips şeklindeki eksizyonu drenaja yardımcı olur. Kenarlar erimeyen sutur materyali ile birleştirilir. Postoperatif dönemde bu yöntem açılmayı azaltır.

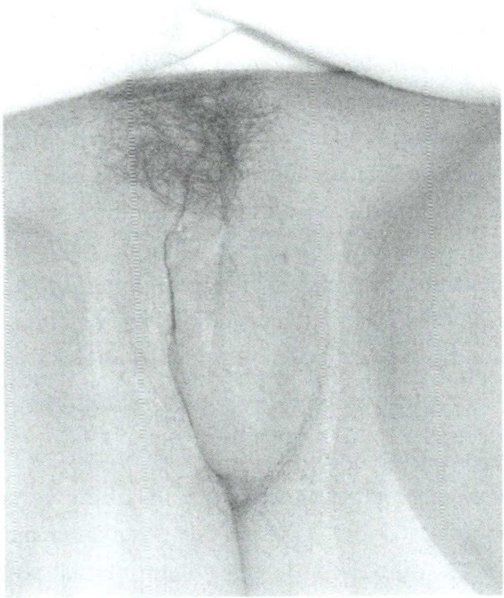

Figür 3.2 Bartholin absesi.

Şimdi ayırıcı tanıları gözden geçirin

Vulvar abse

Muayene bulguları absеyi desteklemekle birlikte anatomik yerleşim tanıyı değiştirebilir. Vulvar abseler genellikle labium major kıllı derisinden ve mons pubisteki kıl folliküllerinden, ter veya yağ bezlerinden kaynaklanır. Cilt abseleri herkeste gelişebilmekle birlikte diabet ile de ilişkili olabilirler. Bunlar insizyon ve drenaj ile tedavi edilir. Hidroadenitis suppurativa ise anogenital veya aksiler bölgede çok sayıda küçük abselerin görüldüğü ter bezlerinin bir bozukluğudur. Bu genellikle gençlerde ve genç erişkinlerde görülür, kadınlarda daha sıktır.

Herpes virüs enfeksiyonu

Primer herpes virüs enfeksiyonu (HSV) aşırı derecede ağrılı olup hastane başvurusu gerektirebilir. Ağrı bilateral ve generalizedir. Chloe bariyer kontrasepsiyon yöntemi kullanmamasına rağmen HSV için ek risk faktörlerine sahip değildir (cinsel partner sayısı ve önceki cinsel yolla bulaşan hastalık sayısı). Genital herpes genellikle cinsel temastan 2-14 gün sonra ortaya çıkar. Kateterizasyon gerektiren sekonder üriner retansiyon vakaları hastane başvurusu gerektirebilir.

Muayenede multipl papül, vezikül, eritem ve ödem ile ilişkili yüzeyel ülserler görülebilir. Tanıyı doğrulamak için örnek alınmalıdır. Eğer herpesten şüpheleniliyorsa ilk epizod için 7-10 gün süre ile günde 3 kere asiklovir 400 mg olacak şekilde hızla antiviral tedavi başlanmalıdır. Ayrıca akut üriner retansiyon var ise abdominal muayenede alt abdomen bölgesinde ciddi ağrı ve ağrılı distansiyone mesane palpe edilebilir. Bu komplikasyon ağrıya bağlı inhibisyona, lokal yayılıma ve sinir köklerinin tutulumuna bağlı olabilir. Bu durumda suprapubik kateter takılmalıdır. Ağrının giderilmesinde topikal anestetik jeller faydalı olabilir. Ayrıca diğer cinsel yolla bulaşan hastalıklar için zührevi hastalıklar kliniğine başvurmalıdır.

Vulvar hematom

Hematom genellikle travma ile ilişkilidir ve sıklıkla doğumu takiben görülür. Aynı zamanda mesane, barsak ve vajina gibi diğer yapılara internal penetran veya kazara olan travmaların dışlanması gerekir. Aynı zamanda pelvik tabanın alt kısmında görülen hematom vajinal cerrahinin bir komplikasyonu olabilir. Burada kan yumuşak doku aracılığı ile vulvada hematom görüntüsü verebilir. Hematomlar hassas şişlik şeklinde kendini gösterebilir. Ve burada travma öyküsü ile ilgili şüphe uyandıran diskolorasyon görülebilir.
Hematomlar genel olarak kendini sınırlarlar. Genellikle ağrı kontrolü, kateterizasyon ve gerekli durumlarda kan transfüzyonu şeklinde konservatif yaklaşımla yönetilirler. Eğer büyüklerse eksplorasyon ve drenaj gerekebilir. Kanamalar genellikle venöz pleksus kaynaklıdır. Hematom boşaltılması sonrasında belirgin kanama olmayabilir, ama yeniden oluşumunu önlemek için dren konulması gerekebilir. Pelvik taban seviyesi üzerindeki travmalar vulvaya yayılmazlar ve gözle görülür bulgu vermezler.

Behçet Hastalığı

Ağızda tekrarlayan ülserler ile seyreden otoimmun bir bozukluktur. Vulvar ülserasyonlarla da ilişkili olabilir. Otoimmun hastalıklar genellikle genç kadınlarda ilk defa ortaya çıkma eğilimindedir ve bu hastalık da genellikle 20-40 yaş arasındaki kadınlarda karşımıza çıkar. Tanı koydurucu bir testi yoktur. Bu yüzden diğer durumların (özellikle HSV enfeksiyonunun) dışlanması ile tanı konur. İlaca bağlı lezyonlar da vulvada çok ağrılı kızarıklık, şişlik ve büller oluşturabilir. ilacın alınmasını takiben dakika veya saatler içinde başlar. Parasetamol veya ibuprofen buna sebep olabilir. Chloe'nin anamnezinde ilaç alımı veya oral ülser yoktur.

Vulvar Kandidiyazis

Vulvar kandidiyazis inflamasyon, pullanma, ağrı ve kaşıntıya neden olur. Hızlı ilerlemez ve genellikle burada olduğu gibi hastaneye başvuru gerektirecek kadar ciddi olmaz. Muayenede bilateral eritem ve inflamasyon görülür. Yanında satellit lezyon görülebilir. Burada topikal antifungal ilaçların uzun süre kullanımı gerekebilir.

Kontakt Dermatit

Chloe kontakt irritanlarla ilgili bir şeyden bahsetmemektedir. Şişlik ve eritem irritan madde ile temasta olan bölgeyi içerecek şekilde ve bilateral olacaktır. Dermatitlerde genelde irritasyona sekonder kaşıntı olur ve kaşımak cildi tahrip eder.

Anestezinin etkisi geçtiğinde Chloe kendini daha iyi hisseder ve aynı günün sonunda taburcu olur. Ameliyatta alınan örnekte mikst anaeroplar ürer. Antibiyotikler sadece ilişkili bir sellülit durumu varsa verilir. İleride Bartholin absesi tekrar gelişebilir fakat rekürrens oranı düşük olduğundan takip gerektirmez.

OLGUNUN DEĞERLENDİRİLMESİ

Ciddi vulvar ağrısı olan kadınlar acil olarak jinekoloji bölümüne başvurabilirler. Bazen bu durumun nedeni sık olmayan dermatolojik durumlar (Behçet hastalığı, ilaca bağlı lezyonlar, pemfigus) ile ilgili olabilir ve dermatoloji bölümü ile çalışmak gerekebilir.

Bu semptomları yapabilen jinekolojik nedenler de vardır. Bartholin absesi sık görülür ancak çoğu zaman Bartholin kisti şeklinde polikliniğe yönlendirilir. Anatomik yeri nedeniyle tanı klinik muayenede şüphelidir. Absenin drenajı ile ağrıda azalma görülür. Ameliyat için beklenirken yeterli analjezinin sağlanması ve sıcak banyo yardımcı olacaktır. Absenin basit insizyonu ve drenajı yerine marsupializasyon yapılması bez kanalının blokajı ile oluşan rekürrens riskini azaltır. En önemli mikroorganizmalar anaeroplar ya da daha spesifik organizmalar olan Gonore veya Chlamydia'dır. Ameliyathanede mutlaka abseden örnek alınmalıdır.

Bu yaş grubunda primer HSV enfeksiyonu da sıktır ve oldukça büyük eritem ve ödem ile ilişkilidir. Bu genellikle bilateral ve jeneralizedir. Üriner retansiyona sebep olabilir ve retansiyon için mesane kateterizasyonu gerekebilir. Ayrıca halsizlik, ateş, miyalji gibi sistemik semptomlar da görülebilir. Rekürrens sıktır ancak ataklar genellikle daha az ciddidir ve atağın ciddiyet ve süresinin azaltılması için prodromal semptomlar görüldüğünde en kısa zamanda asiklovire başlanmalıdır.

Vulvar hematomun oluşumunda vulvanın zengin venöz pleksusunun yaralanması veya vajinaya olan penetran yaralanmaların vulvar bölgeye yayılımı rol oynar. Vajinadaki laserasyonlarda hasta anestezi altında muayene edilmeli, mesane, barsak yaralanması veya peritonun perforasyonu değerlendirilmeli, ve varsa laserasyon suture edilmelidir. Açık bir travma öyküsü yoksa geçici olmayan yaralanmalar akla gelmelidir.

ÖNEMLİ NOKTA

- Akut vulvar ağrı jinekoloji bölümüne acil başvuruların sık nedenlerindendir.
- Hastalar genellikle çok ağrılıdır ve analjezi gerekir.
- Tanı inspeksiyon ile konulabilir ve kadınlar ağrılı olduğu için fizik muayene sınırlıdır.
- Bartholin absesi sıktır ve absenin anatomik lokalizasyonuna göre tanı konulur.
- Bartholin absesinin tedavisinde bezin drenajını sağlamak ve tekrarı önlemek için marsupializasyon gerekir.
- HSV enfeksiyonundan şüpheleniliyorsa alınan örneklerin sonucunu beklemeden tedaviye başlanmalıdır.
- HSV enfeksiyonu doğrulanırsa hasta cinsel yolla bulaşan hastalık taraması ve takipler için zührevi hastalıklar bölümüne yönlendirilmelidir.
- Vulvar hematomlar sıklıkla konservatif olarak yönetilir. Ancak boyutlarında artış olursa veya penetran yaralanma sonucunda meydana gelmişse eksplorasyon gerekebilir.

Olgu 4 Ağır adet kanamaları olan 45 yaşında kadın

Dr Erkin SERTOĞLU
Dr Burcu DİNÇGEZ

Ellen Smith ağır adet kanamaları olan 45 yaşında bir kadındır. Şikayeti 8 ay önce başlar ve kanamaları artmaya devam eder. Şu anda bu problemle ilgili oldukça sıkıntılıdır.

Ayırıcı tanıda ilk akla gelenler nelerdir?

- Disfonksiyonel uterin kanama
- Uterin fibroidler
- Endometriyal polip
- Endometriyal hiperplazi
- Endometriozis
- Adenomyozis
- Endometriyal kanser

Anamnezde sorulması gerekenler nelerdir?

Başvuru şikayeti ve bu şikayetin öyküsü

- Vajinal kanamanın süresi ve sıklığı
- Ara kanama ya da postkoital kanama
- İlişkili ağrı

İlgili semptomlar

- Anemi semptomları:letarji,halsizlik,palpitasyon

Menstrüel siklus öyküsü

- Problem öncesi menstruasyonun süresi, sıklığı ve düzeni
- Menarş yaşı
- Kontrasepsiyon,rahim içi araç(RİA) ya da hormon replasman tedavisi(HRT)
- Servikal smear hikayesi,özellikle de son smearın tarihi ve sonucu

Obstetrics and Gynaecology: Clinical Cases Uncovered.
By. M. Cruickshand and A. Shetty. Published 2009 by Blackwell Publishing. ISBN: 978-1-4051-8671-1

Obstetrik öykü

- Parite,doğum tipleri ve komplikasyonları

Medikal öykü

- Tiroid hastalığı, hipertansiyon, diabet
- Kanama ya da pıhtılaşma bozuklukları

Bu kadının sosyal öyküsünde özellikle hangi özellikler üzerinde durmalısınız?

Ağır menstrüel kanamanın kadınların yaşam kalitesi üzerinde büyük bir etkisi vardır ve bu vajinal kaybın değerlendirilmesine yardımcı olur. Örneğin kanama çok ağır olduğu için işten izin almak,'kaza' korkusuyla evden dışarı çıkmayı istememek ya da kanamanın sebep olabileceği uygunsuz durumlar yüzünden tatile çıkmamak bu problemin hastanın hayatı üzerindeki etkisini göstermektedir.

Ulusal Klinik Uzmanlık Enstitüsü(NICE) ağır mentrüel kanamayı; kadının fiziksel,duygusal, sosyal ve materyal yaşamını etkileyen yoğun menstrüel kan kaybı olarak tariflemektedir. Bu yüzden anamnezde meslek, sigara ya da alkol kullanımının sorgulanması dışında problemin günlük yaşamını nasıl etkilediğinin sorgulanması da yararlıdır.

Bayan Smith size adetlerinin uzun sürdüğünü ve bu yüzden hangisinin adeti hangisinin ara kanama olduğunu anlamanın güç olduğunu söyler. Bu düzensizlik hastayı büyük sıkıntıya sokar ve bisiklet sürmeyi de içeren sosyal yaşamına devam edemeyeceğini düşünür.

Fizik muayenede nelere bakmalısınız?

Genel muaeyene

- Vücut kitle indeksi (VKI)
- Palor ve taşikardi (anemiyi işaret edebilir)
- Siyah kadınlarda rolukluk için mükoz membranları kontrol etmeyi unutmayın.

Abdominal muaeyene

Değerlendirme tamamen normal olabilir. Fibroid uterus vakalarında pelvik kitle palpe edilebilir. Pelvisteki kitlenin boyutu ve durumu, gebe uterusu baz alınarak ölçülür ve belirtilir, örneğin umbilikusa kadar hissedilebilen bir kitle 20-22 haftalık boyutundadır.

Pelvik muaeyene

Spekulum muaeyenesi

Serviks Cusco spekulumuyla her zaman görülmelidir. Ektopi ya da polip varlığına bakılmalıdır. Klinik olarak kanser açısından şüpheli bir serviks acil olarak danışılmalıdır. Eğer enfeksiyondan süpheleniyorsanız sadece endoservikal ya da vajinal örnek alınmalıdır.

Bimanuel muayene

Gebe uterusu baz alınarak uterusun büyüklüğünü ve antevert ya da retrovert olduğunu belirlemelisiniz. Her iki tarafı da adneksiyal kitle açısından muayene edin. Büyük bir uterus fibroid ya da adenomyozisi işaret edebilir.

Şu ana kadar elde ettiğiniz bulguları özetlersek Bayan Smith ,yaşam kalitesini etkileyen 8 aylık irregüler ağır menstrüel kanaması olan 45 yaşında para 2+0 (hepsi sezaryen) bir kadındır. Servikal smear testleri düzenli olarak yapılmış olup önemli bir medikal öyküsü bulunmamaktadır. Muayenede VKI 35'tir ve anormal bulgu yoktur ama kilosu nedeniyle abdominal ve pelvik değerlendirilmesi güç olmuştur.

Bir sonraki adımda ne yaparsınız?

1 *Endometriyal biyopsi* alınmalıdır. 40 yaş altı kadınlarda endometriyal kansere sık rastlanmasa da insidans 40 ve 55 yaş arasında artmaktadır. Risk faktörleri, obezite polikistik over sendromu(PCOS), nulliparite, karşılanmamış östrojen replasman tedavisi, tamoksifen ve tekoma ya da granulosa hücreli tümör gibi feminizan over tümörleridir.

Kutu 4.1 Uterin fibroidler (leiyomyomalar)

- Kadın genital traktının en sık görülen benign tümörleridir.
- Özellikle siyah /Afrikalı/ Afrika-Karayipli kadınlarda görülür.
- Östrojen bağımlıdır
- İntramural, subserozal, submukozal ya da pedinküllü olabilir.

Menorajisi olan kadınlarda endometriyal biyopsi alma kriterleri

- 45 yaş ve üstü
- Persistan ara kanamalar
- Tedavi başarısızlığı

Endometriyal biyopsi, genellikle iyi tolere edilebilen güvenli ve basit bir prosedürdür ve ilk vizitte yapılması gerekir.

2 Kan kaybına sekonder anemi ve demir eksikliğini kontrol etmek için *tam kan sayımı*

3 *Pelvik ultrasonografi taraması*. Bu görüntüleme yapısal anormallikleri, endometriyal polipleri, uterin fibroidleri ve malformasyonları ortaya koyacaktır (Kutu 4.1.) Maligniteyi işaret eden olağan dışı görünümleri ortaya koyabilir.

Yapılan ultrasonografi hafif iri bir uterusu gösterse de fibroid ya da endometriyal polip gözlenmemiştir. Her iki over normal görünümdedir. Tam kan sayımı normalin alt sınırında, 110g/L'dir. Bu vakada da olduğu gibi vajinal doğum yapmayan kadınlarda yaygın bir durum olan pipelle endometriyal biyopsi alımında zorlanılabilir

Bir sonraki adımda ne yaparsınız?

Mümkünse lokal anestezi altında histeroskopi yapılabilir. Alternatif olarak genel anestezi altında diagnostik histeroskopi yapılabilir. Bu hastada VKI yüksek olduğu için yatırılarak genel anestezi yaklaşımı uygulanmalıdır. Histeroskopi uterin kavitenin değerlendirilmesinde altın standarttır, endometriyal polip, submukozal fibroidler, fibroid polipler ve endometriyal kanseri gösterir ve biyopsi alınmasına olanak sağlar. Dilatasyon ve küretaj uterin kavitenin gözlenememesi nedeniyle patolojiler atlanabileceği için önerilen bir yöntem değildir.

Diagnostik histeroskopiyi de içeren araştırmanın sonuçlarını takiben yapısal anomali gözlenmemiştir ve

Kutu 4.2 Disfonksiyonel uterin kanama

- DUK(disfonksiyonel uterin kanama) anormal vajinal kanamanın çok yaygın bir sebebidir.
- Tanı sadece organik ve yapısal anormal vajinal kanama nedenleri dışlandıktan sonra konulmalıdır.
- %90'ı anovulatuar sikluslardır ve %10'u ovülatuar siklusla oluşur.
- Anovulatuar bir siklusta corpus luteum gelişemez ve normal progesteron sekresyonu başarısız olur.
- Devamlı karşılanmamış östrojen nedeniyle progesteron olmadan endometriyumun kalınlaşması devam eder ve sonuçta kendi dolaşım kaynağı yetersiz hale gelerek nekroza sebep olur.
- Ovulatuar DUK da uzamış progesteron sekresyonu endometriyumun dökülmesine sebep olur.
- DUK kadınların reproduktif dönemlerinde yaygındır. Perimenapozal olabilecek bu hastada DUK ovaryan yetmezliğin erken semptomu olabilir.

endometriyal biopside hiperplazi, atipi ve malignite görülmemiştir.

Şimdi bütün ayırıcı tanılarınızı gözden geçirin.

- *Uterin fibroidler:* ultrasonografi ve histeroskopide görülmemiştir.
- *Disfonksiyonel uterin kanama:* yapısal anormallik görülmediği için en olası sebeptir (kutu 4.2).
- *Endometriyal polip:* ultrasonografi ve histeroskopide görülmemiştir.
- *Endometriozis:* bu yaş grubunda görülmesi pek mümkün değildir ve dismenore ile pelvik ağrı eşlik eder.
- *Adenomyozis:* uterus büyümüş olduğu için mümkündür ama histerektomiyi takiben yapılan histopatolojik değerlendirme olmadan kesin tanı konamaz (kutu 4.3).
- *Endometriyal kanser:* endometriyum biyopsisinde gözlenmemiştir.

Kutu 4.3 Adenomyozis

- Adenomyozis endometriyal dokunun normalde bulunmayan uterus kasının (myometrium) içinde bulunmasıdır.
- Menstruel siklusta endometriyal doku kalınlaştığında ve mens olduğunda kan uterin kastan kurtularak normal mensin bir parçası olarak serviksten akar. Kan ve dokunun hapsolması aylık menstruel kramplar şeklinde uterin ağrıya neden olur (dismenore).
- Ayrıca en sonunda kan kastan kurtulduğu zaman anormal bir uterin kanama ve uzamış lekelenme olur.
- Uterus dış hattı uniformdur ve minimal olarak büyümüş olabilir.
- Adenomyozis teşhisi koymak zordur ve genellikle histerektomiyi takiben yapılan histopatolojik incelemede tespit edilir.

Bu hastaya hangi tedavi seçeneklerini önermelisiniz?

Yapılacak olan herhangi bir müdahalenin kan kaybına odaklanmaktan çok kadının yaşam kalitesini arttırmaya odaklanması önemlidir. NICE tedavi ve bakımın kadının ihtiyaçları ve tercihlerini göz önüne alması gerektiğini tavsiye ediyor ve kadının kendi bakımıyla ilgili tercihte bulunabilmesinde iyi bir iletişimin önemli olduğunu belirtiyor (Tablo 4.1 ve 4.2).

Yapılan vizitte Bayan Smith' e Mirena seçeneği tavsiye edilir fakat geçmişte 'uyum sağlamayan' mirenası olduğu için istekli görünmez. Diğer RİA'lardan farklı olarak bunun intrauterin bir sistem (IUS)olduğunu, farklı çalıştığını ve semptomlarını hafifletebileceği söylenebilir. Fakat hasta denemeyi tercih etmez ve ilerleyen detaylı konuşma sonrasında mikrodalga endometriyal ablasyon (MEA) tercih edilir. Hasta bu karardan memnun görünür. MEA' dan 3 ay sonra Bayan Smith değerlendirilir. Vajinal kanaması konusunda daha mutludur ve kanamasının çok azaldığını ifade eder. Arasıra olan kramp ve abdominal ağrılarından şikayetçidir fakat aktif yaşam stiline devam edebildiğini söyler.

Tablo 4.1 Medikal (ilaçla) tedavi

Tedavi	Nasıl çalışıyor	Yan etkileri
LNG-Intrauterin araç sistemi Mirena	Yavaşça progesteron salan ve endometriumun proliferasyonunu engelleyen intrauterin hormonal bir araçtır. Ayrıca servikal mukusu kalınlaştırarak kontraseptif etkinlik gösterir.	İrregüler kanama,ilk 3-6 ay kanama. Göğüste hassasiyet,akne,baş ağrısı. Yerleştirme esnasında ufak uterin perforasyon riski. Uterin kaviteyi bozan geniş fibroidlerde faydalı değildir.
Traneksamik asit	Non-hormonal oral antifibrinolitiktir.	Nadir yan etkiler, genellikle hazımsızlık,baş ağrısı
NSAID	Prostoglandin üretimini düşürür.	Hazımsızlık ishal. Peptik ülserde kullanılmaz.
Kombine oral kontraseptif	Ovulasyonu durdurur endometriumun prolifere olmasını engeller.	Göğüste hassasiyet, bulantı duygudurum değişiklikleri. Nadiren derin ven trombozu. Bu yüzden trombotik olay öyküsü bulunanlarda kullanılmaz.
GNRH analogları	Östrojen ve progesteron salınımını engelleyen aylık enjeksiyon. Cerrahiye bağlı fibroidlerin küçültülmesinde ve perimenopozal olanlarda "zaman kazanmak" için geçici bir önlem.	Sıcak basması,gece terlemesi ve vajinal kuruluk gibi menopoz benzeri semptomlar. Osteoporoza neden olabileceği için 6 aydan fazla kullanılamaz.

GNRH,gonadotropin releasing hormon LNG-IUS,levonorgestrel salınımlı intrauterin sistem; NSAID,non-steroid antiinflamatuar ilaç.

OLGUNUN DEĞERLENDİRİLMESİ

Bu kadın yaygın jinekolojik şikayetlerden biri olan ağır menstrüel kanamayla başvurdu. Menstruel kanamanın miktarını belirlemek, kanama miktarı günlük yaşam kalitesiyle ilişkili olduğu için önemlidir.

Muayenede tespit edilen belirgin bir anormallik yoktu ve ultrasonografi ile histeroskopiyi içeren incelemeler de negatifti. Ağır menstrüel kanama yapısal anomalilerin yokluğunda ortaya çıkan DUK nedeniyle oluşabilir. Yine de 40 yaş üstünde menstruel düzende değişiklik tarif eden kadınlara endometriyal biyopsi yapılması önerilmektedir. Ayrıca endometriyal ablasyondan önce uygulanmalıdır. Sıkça rastlanılabilen obezite pipelle yapılamayan bu vaka da ek bir zorluk oluşturmuştur.

Tüm medikal ve cerrahi tedavi seçenekleri hastayla tamamen tartışılmalı, beklenen sonuç ve yan etkilere göre karar verilmelidir. Bu vakada medikal terapi en iyi seçim değildi ve histerektomi tedavide ilk seçenek olarak uç bir yaklaşım olurdu. Histerektomi en invaziv tedavi formudur ve daha az invaziv olan Mirena intrauterin araç ya da endometriyal ablasyonla karşılaştırıldığında hemoraji, tromboz ve enfeksiyon riskleri daha fazladır. Fakat, kadınların endometriyal ablasyonun kanamayı azaltabileceğinin ama amenore yapmayacağının farkında olması önemlidir.

Tablo 4.2 Cerrahi ve radyolojik tedavi

Tedavi	**Nasıl çalışıyor**	**Yan etkileri**
Bu durumlarda *endometriyal* ablasyon: • Normal ya da küçük uterus(<10hafta) • Gebelik isteği olmayan • Sadece küçük fibroidler(<3cm)	Bunları kullanarak endometriumu yok eder: • Mikrodalga • Balon termal • Radyofrekans • Roller-ball • Transservikal rezeksiyon	• Vajinal akıntı, pelvik ağrı, enfeksiyon,nadiren perforasyon • Amenoreye neden olmaz ,ek cerrahi gerektirebilir.
Bunlara sahip olan kadınlarda fibroidin *histeroskopik* rezeksiyonu: • Submukozal fibroid/fibroid polip • >3cm fibroid • Gebelik isteği	Histeroskop kullanarak fibroidin cerrahi olarak çıkartılması	• Enfeksiyon,fertiliteyi etkileyebilen intrauterin adezyonlar,hemoraji,perforasyon,fibroidlerin tekrarlaması.
Bunlara sahip olan kadınlarda *uterin arter embolizasyonu*: • Uterusunu korumak isteyen • Cerrahi istemeyen • Fibroid boyutu >3cm	Uterusu besleyen kan damarlarına küçük partikuller enjekte ederek fibroidlerinin kan desteğini keser.	• Vajinal akınıt,postembolizasyon sendromu (ağrı,ateş,kusma) • Ek cerrahi gerekebilir • Prematür ovaryan yetmezlik, özellikle de >45 yaşta. • Nadiren hemoraji septisemi
Bunlara sahip olan kadınlarda *myomektomi*: • Büyük fibroidleri olanlar • Fertilitenin korunmasını isteyenler	Fibroidlerin cerrahi olarak çıkartılması	• Adezyonlar,fertiliteyi etkileyebilir, ek cerrahi gerekebilir, fibroid tekrarı, enfeksiyon
Histerektomi: • İlk tedavisi olmayanlar • Diğer tedavileri başarısız olanlar • Fertilite ya da uterusu koruma isteği olmayanlar	Uterusun cerrahi olarak çıkartılması(uygunsa overlerde çıkartılabilir) çeşitleri: • Vajinal • Abdominal • LAVH-obez kadınlarda etkili	• Intraoperatif ya da postoperatif hemoraji,enfeksiyon (İYE),operasyonda barsak ve mesane gibi diğer yapıların zarar görmesi,nadiren derin ven trombozu,pulmoner emboli.

LAVH: Laparoskopi asiste vajinal histerektomi, İYE: İdrar yolu enfeksiyonu.

ÖNEMLİ NOKTA

- Ağır menstrüel kanama bir kadının yaşam tarzını etkileyebilir ve bunun boyutu en iyi tedavi yaklaşımını seçmeye yardımcı olur.
- Diagnostik incelemeler ultrasonografi, endometriyal biyopsi ve histeroskopiyi içerir.
- Uterin fibroidler menorajiye neden olabilir ve tedavi hastanın fertilite durumuna bağlıdır.
- Adenomyozis sadece histerektomi materyalinin histopatolojik incelemesiyle doğrulanabilir.
- Yapısal ve organik nedenler dışlandığında ağır menstruel kanamanın nedeni genellikle DUK'tur.
- Tanıya bağlı olarak medikal ya da cerrahi tedavi önerilmeli ve uygun olan her seçenek hastalara danışılmalıdır.

Olgu 5 Son zamanlarda öfkesini kontrol edemeyen 52 yaşında kadın hasta

Doç. Dr. Ayşe Ender YUMRU
Dr. Erkin SERTOĞLU

Bayan Caroline Britain son birkaç aydır zor toplantılarda öfkesini kontrol edemediğini, kızardığını ve bocaladığını fark eden 52 yaşında bir iş kadınıdır. Bu durum hem potansiyel müşterileri hem de idare için utanç verici bir durum haline gelir. Kendisi için 10 yıldır çalışan sekreteri ofiste bu durumla ilgili dedikodular duyar. Bayan Britain bir müşteriye bağırdıktan sonra çok önemli bir toplantıdan ayrıldığında bu konuyu açması gerektiğini hisseder. Bayan Britain bu davranışı yüzünden sözlü uyarı alır. Bayan Britain bu rahatsız edici olayı sekreteri ile tartıştıktan sonra doktoruna başvurur. Terlemesine bağlı cinsel problemlerin ve uyku problemlerinin evliliğinde sorun yarattığını itiraf eder.

Ayırıcı tanılarınız nelerdir?

- Anksiyete / depresyon
- Menopozal semptomlar
- Tiroid disfonksiyonu

Anamnezde sorulması gerekenler nelerdir?

Şikayetin öyküsü

- Sıcak basması / gece terlemesinin varlığı ve buna bağlı gereklilikler örneğin gece duş yapmak, gece kıyafet ya da çarşaf değiştirmek
- Semptomların süresi
- Amenore ya da irregüler / daha az sıklıkta adetler
- Vajinal kanama ya da akıntı
- Palpitasyon, anksiyete, ishal varlığı
- Uykuya dalmakta güçlük ya da gece uyanıp yeniden uykuya dalamamak
- Disparoni, aparoni gibi seksüel durumları içeren evlilikle ilgili sıkıntıların artması

İlgili semptomlar

- *Üriner semptomlar:* Sıklığı ya da dizüri
- *Barsak semptomları:* İshal ya da abdominal ağrı

Menstrüel siklus öyküsü

- Son menstrüel peryodu ve adet düzeni

Tarama öyküsü

- Mamografi sonuçları
- Smear öyküsü
- Alt ekstremitelerde kayda değer venöz varisler

Obstetrik öyküsü

- Parite,doğum tipleri ve komplikasyonları

Medikal öykü

Hipertansiyon, osteoporoz, iskemik kalp hastalığı, inme, histerektomi, jinekolojik malignite, geçirilmiş endometriozis, geçirilmiş/mevcut meme kanseri, trombotik atak (ör.pulmoner emboli,derin ven trombozu) öyküsü

Aile öyküsü

Hipertansiyon, osteoporoz, iskemik kalp hastalığı, tiroid disfonksiyonu, jinekolojik / meme kanseri ,trombotik atakları sorgulayın.

İlaç Öyküsü

İlaç kullanımı sorgulanmalıdır.

Bayan Britain son adet döneminin 10 ay önce olduğunu ve o zamandan beri sıcak basması ve gece terlemeleri nedeniyle uyumakta güçlük çektiğini belirtir. Bazen serinlemek için gecede 3-4 kez duş alır. Azalmış libidosu ve gece sürekli kalkması nedeniyle evlilik problemleri olur.

Obstetrics and Gynaecology: Clinical Cases Uncovered.
By. M. Cruickshand and A. Shetty. Published 2009 by Blackwell Publishing. ISBN: 978-1-4051-8671-1

İlişkiye girmenin ağrılı olduğunu ve sıcak basmaları ile terlemelerini tetiklediğini ifade eder.

Her ikisi de sorunsuz olarak doğmuş iki erişkin çocuğu vardır ve hiç jinekolojik operasyon geçirmemiştir. Hem smear testleri hem de mamografileri zamanında yapılmış olup sonuçları normaldir. İdrara çıkmasının sıklaştığını ve 'batma' hissettiğini fark eder ama bu durum ara sıra olur ve testlerde üriner enfeksiyon saptanmaz. Bayan Britain bu durumun genellikle ilişkiye girmeye çalıştıktan sonra olduğunu, ilişkinin hem başlangıcında hem de ilişki esnasında ağrılı olduğunu itiraf eder, aldığı bir lubrikanla ilişkisinin daha az acı verici olduğunu söyler. Gece uyku paternini etkilediği için gündüz düzgün fonksiyon görmesini engelleyen gece terlemeleri hayat kalitesini bozan esas problemdir. Yerel bir dükkandan aldığı homeopatik ürünler dener ama işe yaramadığı için 3 ay önce almayı bırakır.

Şu ana kadar elde ettiklerimizi özetlersek; bayan Britain 52 yaşındadır, 10 aydır amenoresi vardır ve sıcak basmaları ile gece terlemeleri olmaktadır. Bu durum hem kişisel yaşamını hem de iş yaşamını etkilemiştir. Kocasıyla birçok soruna neden olan disparonisi vardır ve bu durum duygu durumunu olumsuz etkiler.

Değerlendirmede yorgun görünmektedir. Guatrı yoktur ve 15 dakikalık konsültasyonda sıcak basması olur. Vajeninde atrofik değişiklikler vardır ama provoke olan kanamaları olmamıştır. Pelvik kitle yoktur, uterusu normal boyutta ve mobildir. Yeterli lubrikana rağmen esas rahatsızlık spekulum takılırken ortaya çıkar.

Fizik muayenede nelere bakılmalıdır?

Genel muayene

- Yorgun görünüm
- Konsültasyon esnasında sıcak basması/terleme
- Guatr varlığı

Vajinal muayene

Öncelikle atrofik değişikliğin varlığına bakmalısınız. Vulva etrafında, vajen içinde ya da servikste peteşiyal değişiklikler olabilir. Eğer varsa bilgilendirmelisiniz ve bunlar fizik muayenede kanamaya sebep olabilir. Bazen peteşiyal kanamalar sadece fizik muayene esnasında olur (ne kadar dikkatli olsanız da) ve atrofiyi gösterir. Eğer öncesinde vajinal kanama varsa endometriyal kalınlığı ölçmek için transvajinal ultrasonografi ve endometriyal biyopsi yapmak gerekebilir. Eğer mümkünse pelvik organlardaki genişlemeyi dışlamak için ve çift patoloji olan durumlarda palpasyonda hassasiyet olabileceği için bimanuel pelvik muayene yapılmalıdır. Disparoni varlığı düşünülerek lubrikan kullanımı ve uygun boyutta bir spekulum kullanımı önemlidir. Ek olarak muayene esnasında iletişim becerilerinizi kullanınız ve bayan Britain'a eğer çok ağrısı olursa muayeneyi bırakacağınızı söyleyiniz.

Bir sonraki adımda ne yaparsınız?

Genel ve kadın sağlığı taraması

İlk olarak daha önce yapılmadıysa, genel ve kadın sağlığı taraması yapılmalıdır. Özellikle VKI'si (vücut kitle indeksi) artmış olanlarda, tedavi edilmiş hipertansiyonu olanlarda, hipertansiyon ya da vasküler hastalık ailesinde hikayesi olanlarda kan basıncı ölçümleri yapılmalıdır, servikal smear ya da mammografi gibi genel kadın sağlığı taramalarını desteklemek için ek olarak hastaya meme muayenesi öğretilmelidir. Herhangi bir hormon tedavisi, mevcut tümörlerinin saptanmasını güçleştirebileceği için 50 yaş üzerindeki kadınlarda başlanmamışsa öncelikle mammografik görüntüleme ve değerlendirme yapılmalıdır.

Herhangi bir ek tetkik yapmanız gerekli midir?

FSH gibi serum örneklemeleri menopoz tanısı koymak için her zaman gerekli değildir. Perimenopozal dönemde dalgalanma gösteren FSH seviyesi olduğu için ve kanın alındığı dönemdeki ovaryan aktiviteye bağımlı olduğu için yüksek bir FSH değeri (>35IU/L) menopozu doğrulamaz. Tanıyı kesinleştirmek için östradiol seviyeleriyle birlikte düzenli FSH seviyesi bakılmalıdır. Eğer östradiol seviyeleri sürekli düşükse (<0.11 nmol/L), FSH seviyeleri perimenopozda geniş sınırlarda olabileceği için bu durum daha çok ovaryan aktivitenin azaldığını gösterir.

Her zaman yapılması şart olmasa da perimenopozda tiroid disfonksiyonu olabileceği ve menopoz semptomlarıyla gölgelenebileceği için tiroid fonksiyon testi yapılması da düşünülmelidir.

Şimdi bulgularınızı gözden geçiriniz.
- *VKI 30*
- *Kan basıncı 110/70 mmHg*
- *Servikal smear: normal ve rutin kontrol tavsiye edilmiş*
- *Mamografi: normal ve rutin kontrol tavsiye edilmiş*
- *FSH 90 IU/L ve östradiol <0.11nmol/L*
- *Normal tiroksin ama artmış TSH*

Şimdi bütün ayırıcı tanıları gözden geçirelim

Anksiyete/Depresyon

Tam olarak dışlanamasa da Bayan Britain'in tarif ettiği fiziksel semptomlar adrenalin / noradrenalin sistemiyle ilgili olmaktan çok vazomotor semptomlardır.

Menopozal semptomlar

Vajinal atrofinin varlığı vazomotor semptomlar ve 10 aylık amenore varlığı,yüksek FSH ile düşük östrojen seviyeleri verilmesiyle birleştirildiğinde en muhtemel tanıdır.

Tiroid Disfonksiyonu

Mevcut semptomlarının nedeni olması pek muhtemel değildir. Fakat, ilgili perimenopozal tiroid disfonksiyonunu tespit etmek için daha fazla örnekleme ve araştırma gerektirir (3-6 ay aralıklarla örnek alınması).

Kutu 5.1 Menopozun Etkileri

Menopozun kısa dönem etkileri
- Sıcak basması
- Gece terlemesi
- Genital atrofi

Menopozun uzun dönem etkileri
- Osteoporoz
- Atrofik dokular

Bu hastaya hangi tedaviyi önerirsiniz?

Tedavi seçimi hasta bağımlıdır, bazıları sadece tavsiye ve rahatlatılmaya ihtiyaç duyarken bazıları günlük yaşam aktivitesine (GYA) uyum sağlayabilmektedir ve bu hastalara tedavi önerilmelidir.

GYA bozulmasının seviyesi gerekli olan tedavi konusunda bilgi sağlar. Eğer semptomlar hafifse, semptomlarla karşılaşıldığında tedavi verilmesi yeterlidir ama semptomlar ciddiyse daha medikal bir yaklaşım gereklidir.

Bitkisel ve homeopatik tedavi

Menopozal semptomlarla karşılaşıldığında semptomları hafifletmek için kullanılan birçok preperat vardır. Üreticiler tarafından tavsiye edilen dozun iki katında üretilen kırmızı yaprak (novogen) hariç bu preparatların hiçbiri klinik olarak test edilmemiştir. Kırmızı yaprak henüz NSH reçetelerinde mevcut değildir ve kişisel olarak karşılanmaktadır.

Birçok herbal preparatın koenzim450 başta olmak üzere intrasellüler aktiviteyi etkilediği ve uygulanan tedaviyle etkileşime girdiği (antihipertansif, hormon tedavisi, tamoksifen ve antidepresanlar, Tablo 5.1) bilinir.

Tablo 5.1 Menopoz preparatlarıyla ilgili uyarılar*

Bitkise ürünler	Etki/etkileşim
St John Wort	HRT
	Antidepresan
	Kontraseptif haplar
	Varfarin
Kava	Karaciğer fonksiyonu
	Tamoksifen
Adaçayı	Antihipertansif

HRT Hormon replasman tedavisi
*birçok bilinmeyen olabilir

Tablo 5.2 Hormon replasman tedavisi için mevcut preparatlar

Alım şekli	Yapıtaşı hormon
Oral	Östrojen ve/veya progesteronun ayrı ya da kombine formu
Transdermal	Östrojen ve progesteron kombinasyonu ya da sadece östrojen
Subkutan	Sadece östrojen
	Sadece testosteron
Transvajinal	Sadece östrojen
	Sadece progesteron

ÖNEMLİ NOKTA

Bitkisel ürünlerin kullanımı hastanın kendi tercihi olmalıdır ancak ilaç tedavilerinde mutlaka hastaya yol gösterilmelidir.

Hormon replasman tedavisi

Birçok farklı hormon replasman tedavisi ve uygulanma şekli mevcuttur (tablo 5.2). HRT' de kullanılacak hormonlar hastanın medikal hikayesine bağlıdır. Östrojen vazomotor semptomları kontrol etmede oldukça etkilidir.

ÖNEMLİ NOKTA

Eğer hasta histerektomi geçirdiyse sadece östrojen gereklidir.

Hala uterusu olan bayan Britain vakasında hem östrojen hem progesteron preparatı gereklidir.

Progesteron

Progesteron endometriyumu östrojen etkisinden koruyacak ve büyümesini kontrol edecektir. Progesteron kullanmanın iki yolu vardır: siklik ya da sürekli. Seçim, hastanın yaşına ve amenore süresine bağımlıdır. Hasta en az 54 yaşındaysa ya da en az 1 yıldır amenoresi varsa birçok hastaya sürekli progesteronlu HRT verilebilir. Bu tedavi hastanın amenoresinin devam etmesini sağlar. Bununla birlikte hastaya tedavinin ilk birkaç ayı hafif kanamaları olabileceğini söylenmelidir.

Bayan Britain'in 12 ay amenoresi olmadığı için siklik progesteron içeren HRT kullanmalıdır. Kullanım sonrasında ise çekilme kanaması yaşayacaktır.

ÖNEMLİ NOKTA

Eğer devamlı progesteron verilseydi çalışmayan overlerinden bir miktar endojen östrojen üretileceği için kabul edilemeyecek ölçüde kanaması olabilirdi.

Bayan Britain şimdiye kadar sadece tablet almıştır ve farklı yaklaşımlarla ilgilenmektedir.

HRTnin uygulanabileceği birçok yol vardır. Bunlar hastayla konuşulmalı, oluşabilecek medikal problemler hesaba katılmalıdır. Farklı uygulama yolları farklı hastalar için yararlıdır. Bayan Britain'in herhangi bir absorbsiyon sorunu yoktur ve kolaylıkla farklı uygulamalar önerilebilir.

Transdermal preparatlar karaciğerde ilk geçiş etkisine maruz kalmadığı için tablet alamayan ya da almayı unutabilecek kadınlarda uygundur. İlaçlarını almayı unutabilecek kadınlarda implant gibi onların açısından herhangi bir sorumluluk olmayacak farklı metodlar denenebilir. Lokal vajinal semptomlar için vajinal preparatlar kullanılabilir. Ana belirleyici kişisel tercih ve semptomlar üzerindeki etkinliktir.

ÖNEMLİ NOKTA

HRT için ineffektiftir denilebilmesi için en az 3 ay boyunca düzenli bir şekilde kullanılması gerekir.

Bayan Britain'in özgeçmişinde ve soygeçmişinde HRT kullanımının hastanın sağlığı için daha iyi olabileceğini gösteren bir özellik yoktu.

HRT'nin en sık yan etkileri nelerdir?

HRT göğüste hassasiyet, hafif sıvı retansiyonu ve deride değişikliğe neden olabilir ama normalde bunlar 4 ayda geriler.

Bayan Britain HRT hakkında bir makale okumuştur ve riskleri öğrenmek istemektedir

HRT konsültasyonunun en önemli parçası HRT kullanımındaki potansiyel riskler konusunda bilgi vermektir. Son 10 yılda HRT kullanımı saygın yayınlarda ortaya konulan negatif etkilerin medyaya yansıması sonucu azalmıştır. Bu çalışmalardaki, sonuçlar şu an için yeniden değerlendirilerek düzeltilmektedir. Şu anki anlayış HRT'nin mümkün oldukça kısa sürede ve en düşük dozda kullanılmasıdır. Ancak her kadının durumu farklıdır. Bayan Britain HRT almadan bu semptomlarla başa çıkabilecek hale gelene kadar, belki de uzun yıllar HRT kullanmaya ihtiyaç duyacaktır.

Bayan Britain'la hangi riskleri tartışmalısınız?

- *Meme kanseri:* HRT kullanan kadınların en önemli kaygısı 50 yaşından sonra zaman geçtikçe artan meme kanseridir ama bu durum kullanılan HRT'nin tipine kişisel ve ailesel hikayeye bağlıdır.
- *Tromboembolik sorunlar*: Bayan Britain HRT kullanmayı düşünen her hastada olduğu gibi pıhtılaşma riskinde artış konusunda uyarılmalıdır (1/10000'den 3/10000'e).
- *Hipertansiyon*: Bütün hastalar kan basıncı ve semptomlar için kontrol edilmelidir.

Bayan Britain' in hormon seviyelerinin monitorize edilmesine ihtiyacı var mı?

FSH ve östrojen seviyelerinin ölçümü için daha fazla serum örneklemesine ihtiyaç yoktur ve tedavi semptomlara bağlı olmalıdır. HRT'de kullanılan bazı östrojenler serum örneklerinde ölçülemez. Bayan Britain sağlıklı ve fit olduğu için 3 aylık kan basıncı kontrolü semptom kontrolü için gereken tek ölçümdür.

Bayan Britain oral HRT' ye karar vermiştir ve vajinal disparoni hariç 3.aydaki kontrolünde semptomu yoktur. Muayenede atrofik değişiklikler iyileşmiş, spekulum muayenesinde ağrısı olmamış ve doktorunu ağrı olmadan koit yapabildiği konusunda bilgilendirmiştır.

Doktorunun HRT tedavisinin devamının gerekliliği için belli aralıklarla onu kontrol etmesine ve devam etmesi gerekirse de 55 yaşında HRT'nin kesilmesine karar verilmiştir. Eğer HRT dozunun düşürülmesi kabul edilemeyecek vazomotor semptomlara yol açarsa devam edilecek ve sınır 60 yaş olmak üzere yıllık olarak azaltılacaktır.

OLGUNUN DEĞERLENDİRİLMESİ

52 yaşındaki kadın hastanın, gece terlemelerinin sebep olduğu uyku problemleri yüzünden yaşam kalitesi azalmıştı. Sıcak basmaları işinde sorunlar çıkartmış ve fiziksel semptomları yüzünden iş ve evdeki ilişkileri bozulmuştu. Özgeçmişinde özellik yoktu ve kontrolleri zamanında yapılmıştı. Klinik hikayesi menopozal semptomları göstermekte idi.

Semptomları yaşam kalitesini etkilediği için HRT en uygun yaklaşımdı. Uygulamanın başlangıcında bilinen komplikasyonları engellemek için tarama testleri ve HRT kullanımının riskleri konusunda uygun, bireye özel konsultasyonlar yapıldı.

ÖNEMLİ NOKTALAR

- Karşılanmamış östrojen endometriyal kanser riskini önemli ölçüde arttıracağı için eğer hasta histerektomi olmamışsa progesteron kullanılması önerilir.
- FSH ölçülmesi gerekli değildir ve tek bir ölçüm menopozu doğrulamaz.
- Oral HRT en uygun preparat olmayabilir.
- HRT kullanmayı düşünen hasta medikal ve aile hikayesine bağlı olarak konsülte edilmelidir.
- Menopoz preparatları bazı kadınlar için güvenli olmayabilir ve ilaç etkileşimlerinden korunmak için tam bir ilaç hikayesi alınmalıdır.
- Tiroid fonksiyon testleri östrojen ve progesteron değişikliklerinden etkilenebilir.
- HRT mümkün olan en düşük dozda ve kısa süre kullanılmalıdır.

Olgu 6 58 Yaşında Kadında Postmenopozal Kanama

Dr Burcu Dinçgez

Luisa Riglinski, 58 yaşında, bir okulda aşçıdır. Son adeti 6-7 yıl önce olan hastanın 2 ay önce adetin son günündeki kanamaya benzer az miktarda bir kanaması olduğunu ve o günden beri leke şeklinde devam ettiğini ifade etmektedir. Kanamanın rengi koyu kırmızı veya kahverengidir. Ağrı veya ilişkili başka semptomu yoktur. Kendisi adetlerinin tekrar başladığını düşünür fakat arkadaşı tarafından ona bir jinekoloji polikliniğine gitmesi önerilir. Hastanın hormon replasman tedavisi öyküsü yoktur.

Kanamanın en olası sebepleri nelerdir?

- Endometriyum kanseri
- Atrofik vajinit
- Lokal servikal lezyonlar
- Serviks kanseri
- İyatrojenik
- Chlamydia enfeksiyonu

Tanı koymak için sorulması gereken sorular nelerdir?

Kanamanın Öyküsü

Postmenopozal kanama bir kadının son adetinden 12 ay sonraki süreden sonra olan kanamadır ve araştırma gerektirir. Kanamanın miktarı, süresi ve ilişkili semptomlar sorulmalıdır. Kanamanın vajinadan geldiği, rektal ya da üriner kökenli olmadığı teyit edilmelidir. Bazı kadınlar bu soruyu yanıtlamakta güçlük yaşarlar.

Smear Öyküsü

Daha önce smear taraması yapılıp yapılmadığı ve son smear testinin sonucu kontrol edilmelidir.

Obstetrics and Gynaecology: Clinical Cases Uncovered. By. M. Cruickshand and A. Shetty. Published 2009 by Blackwell Publishing. ISBN: 978-1-4051-8671-1

İlaç Öyküsü

İyatrojenik sebepler önemli olduğundan ilaç öyküsü sorgulanmalıdır. HRT postmenopozal kanamanın sık bir sebebidir ve eğer kadın HRT kullanıyorsa düzensiz kanamalar, siklik preparat kullananlar için zamansız çekilme kanamaları varlığı veya sürekli preparat kullananlar için kanama varlığı sorgulanmalıdır. Hastaya uyumla ilgili bir probleminin olup olmadığı, emilim veya metabolik bir sorun yaşayıp yaşamadığı sorulmalıdır (olgu 8'e bakınız).

Tamoksifen kullanımı olan kadınlarda vajinal kanama sık bir yan etki olsa da endometriyal polip, endometriyum kanseri ve sarkomunda da artış görülür.

Cinsel Öykü

Chlamydia enfeksiyonu yaşlı kadınlarda daha az sıklıkta görülse de bu neden göz ardı edilmemelidir. Ayrıntılı bir cinsel aktivite sorgulaması gerekmese de son 12 ayda partner değişikliği sorgulanmalıdır.

ÖNEMLİ NOKTA

55 yaşından sonra vajinal kanaması olan hasta da postmenopozal kanama olarak değerlendirilmelidir.

Bayan Riglinski HRT veya tamoksifen kullanmadığını söyler (kutu 6.1). Göğüs kanseri öyküsü yoktur. 55 yaşına kadar düzenli olarak smear testini yaptırmış ve malignite lehine bulguya rastlanmamıştır. Son smear kontrolüne ise gitmemiştir. Kocasının 68 yaşında ve geçen yıl geçirdiği inme nedeniyle bakım evinde yaşadığını ifade eder. 2 ay önce eşi tekrar inme geçirmiş ve bu olayın onun

Kutu 6.1 Tamoksifen

Tamoksifen, östrojen reseptör pozitif meme kanserinde adjuvan tedavide geniş bir kullanım alanı olan non-steroid östrojen antagonistidir. Tedavinin ilk 5 yılı boyunca rekürrens riskini azaltıcı etkileri vardır. Ayrıca kanserin diğer memeye yayılımının önlenmesi ve hastalığın progresyonunun azaltılması ile ilişkilidir. Uzun süreli tamoksifen kullanımının endometriyum üzerine olan etkileri ise tartışmalıdır. Meme kanserinde anti-östrojenik etkileri olan ilacın endometriyum, kemik ve kardiyovasküler sistem üzerine hafif östrojenik etkileri vardır.

Uzun süreli kullanımı proliferatif endometriyum ve polip, hiperplazi, karsinomu da içeren benign veya malign durumlarla ilişkilidir. Postmenopozal tamoksifen kullanan kadınlarda endometriyum kanseri sıklığı kullanmayanlara oranla anlamlı oranda yüksektir. Özetle, tamoksifenin meme kanserindeki rekürrensini önleyici yararları endometriyum kanser gelişme riskinden fazladır.

Endometriyal biyopsi ilk seçenek incelemelerden birisidir ancak negatif sonuçların kesin olmadığı unutulmamalıdır. Bu durum histeroskopi ile ileri inceleme gerektirir. Tamoksifen hem endometriyal stromada hem de myometriyumda sonotranslusent bir etki oluşturduğundan transvajinal ultrasonografi görüntüleri yanıltıcı olabilir. Bu durum kistik atrofisi olan olgularda yalancı pozitifliğe neden olur ki burada da kalınlaşmış kistik endometriyum görülür. Histoloji atrofik epitel ile bölünmüş kistik alanları doğrular.

Histeroskopi postmenopozal kanamalı ve tamoksifen kullanım öyküsü olan kadınlarda bir araştırma seçeneğidir. Bu yöntem işlemle eş zamanlı olarak rezektoskop yardımıyla tam kat biyopsi alınabilmesi ve endometriyumun doğrudan görüntülenebilmesine olanak sağlar.

kanamasına yol açtığını ifade eder. O tarihten beri cinsel ilişkisi yoktur.

Muayenede tanıyı destekleyici hangi bulgulara bakılmalıdır?

Abdomen muayenesi

Tanıya yardımcı olacak bulguların tespiti pek mümkün değildir. Endometriyum kanseri genellikle uterusla sınırlı, erken evre hastalık halinde iken karşımıza çıkar. Tümör infiltrasyonuna bağlı omental kek görünümü, peritoneal hastalıklar , büyümüş karaciğer ve ascites gibi ileri evre hastalık bulgularının görülmesi nadirdir.

Genital muayene

Vulvanın incelenmesini de içeren muayenede kanamaya neden olabilecek lokal sebepler olabilir. Vajina veya serviksin değerlendirilmesi için spekulum muayenesi şarttır. Klinik olarak serviks kanserinin varlığının tespiti acil yönlendirmeyi sağlayacaktır. Bimanuel muayene açıklayıcı olmayabilir. Postmenopozal kadınlarda uterus küçüktür. Uterusun büyük olması rastlantısal (örn eski kalsifiye fibroidler) olabilir ve uterus genellikle erken evre endometriyum kanserinde büyümemektedir. Endometriyal hiperplazi ve kanserlere sebep olabilen diğer patolojiler over kistleri, fibrotekomalardır. Bunlarda östrojen üretimi görülebilir. Bu ovaryan tümörler benign ve fibroid ile aynı kıvamda, mobil ve iyi sınırlıdır. Postmenopozal hastada adnekslerin palpasyonunun güç olması ile muayenenin rahatsız edici hale gelmesi ve obezitenin pelvik muayeneyi zorlaştırması gibi nedenler uterusun palpasyonuna engel olabilmektedir.

Muayenede vulva normal, vajen ve servikste hafif atrofik değişiklikler mevcuttur. Vajinal duvarda hafif laksite mevcut olup belirgin prolapsus izlenmemiştir. Küçük, antevert, mobil uterusu vardır. Adneksiyal kitle palpe edilmemiştir.

Şimdi postmenopozal kanamanın olası nedenlerini gözden geçirelim:

- *Endometriyum kanseri*: Endometriyum kanseri öykü ve muayene ile dışlanamaz, ileri araştırma gerekir.
- *Atrofik vajinit:* Atrofik değişiklikler izlense de diğer patolojilerin dışlandıktan sonra semptomlara yönelik yaklaşım uygulanmalıdır. Topikal (intravajinal krem ya da pesser) östrojenlerle tedavi edilebilir.
- *Lokal servikal lezyonlar:* Muayene ile lokal servikal lezyonlar dışlanabilir (örn servikal polip). Ektopi yüksek östrojen seviyeleri ile birliktelik gösterir ve böyle bir bulgu postmenopozal kadınlarda görüldüğünde şüphelenilmelidir.
- *Serviks kanseri:* Son kontrolüne gitmemiş olmasına rağmen önceki smear sonuçlarının negatif olması ve klinik olarak kanser lehine bulgu olmaması önemlidir.

- *İyatrojenik:* Hasta vajinal kanamaya neden olacak ilaç kullanmamıştır.
- *Chlamydia enfeksiyonu:* Hasta cinsel aktif olmadığından bu ihtimal üzerinde fazla durulmaz.
- *Stres:* Stresli olaylar kanama nedeni olabilse de bu postmenopozal kanamaya neden olmaz.

Hangi ileri incelemeler yapılmalı?

Postmenopozal kanaması olan hastalar ayaktan da takip edilebilirler.

Transvajinal ultrasonografi

Transvajinal ultrasonografi endometriyum kanserini dışlamak için doğru bir metoddur. Endometriyal biyopsi için incelenmesi gereken olguların tespitinde görüntüleme bulgularından yararlanılabilir. Endometriyal biyopsi gerektiren görüntüleme bulguları şunlardır:

- Endometriyal kalınlığın 4-5 mm'nın üzerinde olması (gerçek cut-off değeri yerel protokollere bağlıdır)
- Düzensiz endometriyal görüntü
- Uterin kavitede sıvı görüntüsü

Postmenopozal kanama ile araştırılan kadınların %50'sinde düzenli, ince endometriyum mevcuttur. Endometriyum kanserinin dışlanmasında bunun negatif prediktif değeri %100'dür. Böylece ileri girişim için olan gereklilik de azalmış olur.

Bayan Riglinski için ultrasonografi raporu figür 6.1'de gösterilmiştir. Uterusta düzgün, 8 mm kalınlaşma mevcut olup bu görüntü polip ile uyumludur. Overler izlenmemekle birlikte adneksiyal kitle veya serbest sıvı izlenmemektedir.

Bundan sonraki adım ne olmalıdır?

Endometriyum kalınlığı 4 mm'nin üzerinde olduğundan ileri inceleme gerekir. Çoğu zaman postmenopozal normal atrofik overlerin görülmesi mümkün olmamaktadır. Görüntülemenin esas amacı endometriyal kalınlık ve sınırların değerlendirilmesi ve pelvik yapıların yorumlanmasıdır.

1 *Endometriyal biyopsi*: Poliklinik şartlarında endometriyal biyopsi yapmak için birçok araç mevcuttur. Eğer görüntüleme bulguları polip ile uyumlu ise, endometriyal biyopsi ile çıkarılmaları pek mümkün olmayacaktır.

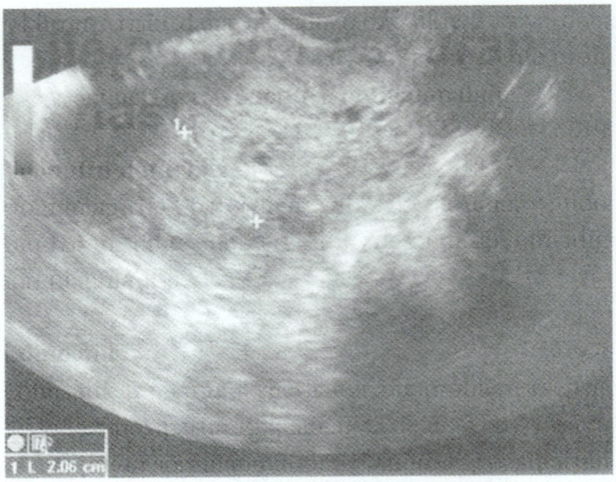

Figür 6.1 Bayan Riglinski için transvajinal ultrasonografi görüntüleme sonucu

2 *Histeroskopi*: Histeroskopi postmenopozal kanamada endometriyumun doğrudan inspeksiyonunu sağladığı için sıklıkla kullanılmaktadır. İntrauterin anomalilerin tespitinde önemlidir. Polip, submuköz makroskopik bulgular için de oldukça duyarlıdır. Paraservikal blokaj ile anestezi sonrasında poliklinik şartlarında uygulanabilir. Ayrıca genel anestezi altında da uygulanabilir.

Bayan rigiinski, paraservikal blokaj ile poliklinik şartlarında yazılacak histereskopiyi kabul eder. Histereskopide servikal kanal normaldir. Uterin kavite furdal bir poip içermekte olup düzgündür. Her iki korn izlenmektedir. Polip biyopsi fersepsi ile çıkarılıp histolojik incelemeye gönderilmiştir.

ÖNEMLİ NOKTA

Histeroskopun uterin kavitede olduğunun doğrulanması için tubal kornlar görülmelidir.

Patoloji raporu hiperplazi ve malignite bulgusu olmayan basit endometriyal poliptir.

Olgunun gelecekteki yönetimi nasıl olmalıdır?

Bayan Riglinski ileri tedaviye ihtiyaç göstermemektedir. Menopoz sonrası polip oluşumu tamoksifen ya da östrojen kullanımıyla ilişkili olabilir. HRT kullanmamasına rağmen bu durum obezitedeki androjenlerin (androstenadron) periferik olarak östrojene dönüşümüne bağlı olabilir. Polipler tekrarlayabilirler

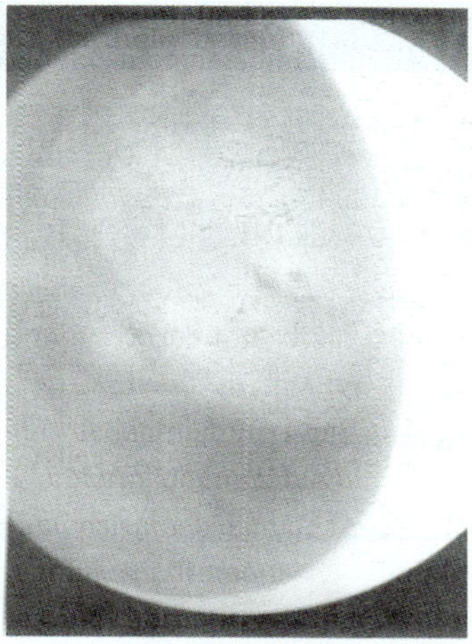

Figür 6.2 Polip olan endometriyal kavitenin histeroskopik bulguları

fakat takibe gerek yoktur. Bayan Riglinski'ye polip çıkarılması için yapılan incelemlerden 6 ay sonra postmenopozal kanama şikayeti devam ederse jinekoloji bölümüne başvurması gerektiği söylenmelidir. Bu sırada Bayan Riglinski polip çıkarılmasını takiben lekelenme veya akıntısının olabileceği konusunda uyarılmalıdır.

Eğer hasta endometriyum kanseri olsaydı yönetimi nasıl olacaktı?

Uterusa sınırlı endometriyum kanserinde genellikle cerrahi ile kür sağlanır. Birçok kadın erken evrede tanı alır. Tedavi total abdominal histerektomi ve bilateral salpingoooferektomi ile peritoneal yıkama sıvısından evreleme için sitolojik örnek alınmasıdır.

Derin myometriyal invazyon varsa veya grade 3 hastalık ise, standart cerrahi ile prognoz zayıftır çünkü lenf nodlarına yayılım ve rekürrens ihtimali artmıştır. Endometriyum kanseri radyosensitiftir ve erken evrede kür sağlanabilir. Radyoterapi cerrahi sonrasında yüksek rekürrens riski olan hastalarda da uygulanabilir. Vajen kubbesine eksternal olarak sezyum ile adjuvan radyoterapi veya kemoterapi uygulanabilir.

Endometriyum kanseri genelde ileri yaşta görülür ve diğer medikal problemlerle birliktelik gösterir. Bu açıdan preoperatif anestezi konsültasyonu ve cerrahi değerlendirme şarttır.

OLGUNUN DEĞERLENDİRİLMESİ

Postmenopozal kanama bir kadının son adetinden 12 ay sonraki süreden sonra olan kanamadır. Ayrıca 55 yaşından sonra adet görmeye devam eden kadınlar, siklik HRT kullanıp düzensiz kanaması olan kadınlar veya sürekli kombine HRT kullanıp 6 aydan uzun süre kanaması olan kadınlar araştırılmalıdır.

Transvajinal ultrasonografi pelvis ve endometriyumu değerlendirmede iyi görüntü verdiğinden birinci basamak inceleme yöntemlerindendir. Transvajinal ultrasonografiyi tolere edemeyen hastalarda ise transabdominal görüntüleme yararlı olabilir. Endometriyum kalınlığı 5 mm' nin üzerinde olan kadınlara endometriyum kanseri riski nedeniyle endometriyal biyopsi gerekir. Eğer materyal histolojik inceleme için uygun değilse kanser dışlanamaz ve histeroskopi ya da inceleme için yeterli biyopsi materyali gerekir. Ayrıca endometriyal polip şüphesi olan hastalara da histeroskopi uygulanabilir.

Özellikle 5 yıldan uzun süre tamoksifen alan hastalarda endometriyal polip, kanser ve sarkom riski artmıştır. Bu hastalarda endometriyum ve myometriyumdaki etkilerin tespiti için ultrasonografi güvenilir değildir, kanserin dışlanmasında histeroskopi veya tam kat biyopsi gerekir. Tamoksifen kullandığı halde asemptomatik olan kadınlarda ise ileri inceleme gerekli değildir.

Endometriyum kanseri dışlandıktan sonra diğer sebepler tedavi edilir. 6 aydan uzun süren postmenopozal kanamalarda takiplerde hasta ileri inceleme yapılması için yönlendirilmelidir.

ÖNEMLİ NOKTA

- Postmenopozal kanaması olan kadınlar endometriyum kanserinin dışlanması için araştırılmalıdır.
- Postmenopozal kanaması olan kadınların %8-10'u endometriyum kanseridir.
- %1-2 kadında serviks, vulva, mesane veya anüste malignite görülebilir.
- Servikal kanserin tespiti için serviksin inspeksiyonu gereklidir.
- Endometriyum kanserinin dışlanması için transvajinal ultrasonografi uygun bir metoddur. Ayrıca ince ve düzenli endometriyum görüntüsü hızlı bir güvence sağlayabilir.
- 5 mm üstü endometriyal kalınlık ve düzensiz kontur ileri inceleme gerektirir ve endometriyal biyopsi veya histeroskopi yapılabilir.
- HRT kullanan kadınlarda düzensiz kanamalar araştırma gerektirir.
- Sürekli kombine HRT kullanımı olan kadınlarda düzensiz kanamalar 6 aydan uzun sürüyorsa inceleme gerektirir.
- Göğüs kanserinde tamoksifen kullanımının yararları risklerden ağır basar ancak tamoksifen kullanımı sırasında oluşan vajinal kanamalar inceleme gerektirir.

Önerilen Kaynaklar

Investigation of Post Menopausal Bleeding. SIGN Guideline Publication 61. ISBN 1899893 13 X. September 2002.

Olgu 7 İnfertil Bir Çift

Doç. Dr. Ayşe Ender YUMRU
Dr. Banu ÖNDEŞ

25 yaşında kuaför olan Mina Blackburn, 28 yaşında açık deniz mühendisi olan kocası Chris ile birlikte, son 12 aydır çocuk sahibi olamadıklarını ifade eder. Mina bir yıl önce depo-medroksiprogesteron asetat (DMPA) enjeksiyonlarını bırakır. Daha önce hiç gebe kalmamıştır. Menstruel siklusları düzensizdir. Kocası evde olduğunda sıklıkla ovulasyon kitlerini kullanmaktadır. Oldukça endişelidir ve kendisiyle ilgili ters giden bir şeyler olduğunu hissetmektedir. Sıkıntısı, geçen hafta, kendisinden küçük olan kız kardeşinin 20 haftalık ikiz gebeliğinin olduğunu öğrenmesiyle artar.

Anamnez alırken neler sorulmalıdır?

Kadın partnerin öyküsü

- Menstruel öykü:
  - Siklusunun süresi ve düzeninin detayları
  - Siklusu DMPA kullanmadan önce nasıldı?
  - Ne kadar süre DMPA kullandı?
  - Dismenore öyküsü var mıdır?
- Daha önceki ilişkisinde hiç gebelik denemesi oldu mu?
- Kilo alıp verme öyküsü
- Geçmişte pelvik inflamatuar hastalık, Chlamydia ya da cinsel yolla bulaşan herhangi bir enfeksiyon öyküsü
- Geçmişte önemli bir medikal veya cerrahi öykü ya da ilaç allerjisi
- Son yapılan servikal smear testinin tarihi ve sonucu

Erkek partnerin öyküsü

- Daha önce bir gebeliğe sebep oldu mu?
- Ne sıklıkla deniz aşırı çalışıyor? Ateşin yanında mı çalışıyor mu (ısıya maruz kalıyor mu?)
- Herhangi bir operasyon öyküsü var mı ? (özellikle testis torsiyonu, orşiopeksi, apendektomi)
- Kabakulak öyküsü

Her iki partnerin öyküsü

- İlişki: sıklık, disparoni, ejakulasyon problemleri
- Sigara ve alkol kullanım öyküsü.

Mina 13 yaşında ilk adetini görür ve o günden beri siklusları düzenlidir. 16 yaşından itibaren 5 yıl kontrasepsiyon amaçlı kombine oral kontraseptif kullanmıştır fakat almayı hatırlamak zorunda olmaması sebebiyle DMPA'ya geçer. Şimdiki partneriyle 22 yaşında tanışır ve çift çocuk sahibi olmaya karar verince Mina DMPA'ya devam etmez. Son iki yılda 12.7 kg almıştır ve bugün klinikte ölçülen vücut kitle indeksi 33'tür. DMPA'yı kullanmayı bıraktığından beri siklusları düzenli değildir.

Chris hiç çocuk sahibi olmamıştır. Kabakulak ve genital cerrahi öyküsü olmadığını söyler. Sağlıklı ve fit bir görünümdedir. 4 hafta deniz aşırı 4 hafta karada çalışmaktadır. Ateş, radyasyon ve kimyasalların yakınında çalışmamaktadır. Annesinin çok hasta olması sebebiyle, Chris'in karada bulunduğu zamanların çoğunu evden uzakta geçirmesi yüzünden, geçen yıl çift için bilhassa stresli geçer. Chris, gelecek aydan itibaren, iş planındaki bir değişiklikle ofis bazlı karada çalışacaktır.

Çift cinsel ilişkiyle ilgili problemlerinin olmadığını belirtir. Her ikisi de sigara içmemektedir ve nadiren şarap içerler.

Bu olguda dikkate alınacak sorunlar nelerdir?

Gebelik denemesi için gereken asıl sürenin uzunluğu

Chris'in zamanının yarısından çoğunu evden uzakta geçirmesi, korunmasız cinsel ilişki süresinin 12 ayı bulmadığını göstermektedir. Subfertilite; 1 yıl düzenli cinsel ilişkiye rağmen gebeliğin gerçekleşmemesi olarak tanımlanır.

BÖLÜM 2: OLGULAR

Obstetrics and Gynaecology: Clinical Cases Uncovered.
By. M. Cruickshand and A. Shetty. Published 2009 by Blackwell Publishing. ISBN: 978-1-4051-8671-1

Mina'nın kilo alımı

Artmış vücut kitle indeksi anovulasyon ya da ovulatuar disfonksiyon ile ilişkilidir.

DMPA kullanımı

DMPA kullanımını bıraktıktan sonra fertilite hemen geri dönmemektedir. Son enjeksiyondan sonra 6-9 ay geçmesi gerekebilir.

Çifte ne gibi bir öneride bulunabilirsiniz?

Güven ve moral verme

Genel popülasyonda herhangi bir kontrasepsiyon yöntemi kullanmayan ve düzenli cinsel ilişkiye rağmen 1 yıl içinde çiftlerin %84'ünde gebelik oluşacaktır. İlk yıl gebelik oluşmayanların yaklaşık yarısında ikinci yıl gebelik meydana gelecektir.

Bu çiftin gebelik denemesi için geçen asıl süre (1 yıldan daha az) hala uygun zaman aralığındadır. Chris'in iş değişikliği çifte spontan gebelik için yüksek şans sağlamaktadır.

Kilo verme üzerine tavsiyede bulunulması

Mina'nın düzensiz periyodları seyrek ovulasyona sebep olmaktadır. Mina'nın son yıllarda aldığı 12.7 kg, ovulatuar disfonksiyonu ve düzensiz siklusları açıklayabilir. Şiddetle kilo vermesi tavsiye edilmelidir. %5-10'luk kilo kaybı bile periyodları düzenler spontan gebelik şansını arttırır ve düşük riskini azaltır. İlaveten kendisini daha iyi hissetmesini sağlar. Sadece öneri yerine, bir diyet ve egzersiz programı grubuna dahil etmek kilo vermeyi arttıracaktır.

İlişki

2-3 günde bir cinsel ilişki gebelik şansını üst seviyeye çıkartır. Ovulasyona göre cinsel ilişki zamanını ayarlamak strese neden olur ve önerilmez. Ovulasyon kitleri, ovulasyon sürecindeki luteinizan hormon(LH) piki bazlıdır.

Folik asid

Gebe kalmayı deneyen Mina'ya, nöral tüp defektlerini önlemek amacıyla, folik asid alımı (0.4mg/gün) tavsiye edilmelidir.

Bundan sonraki araştırmalarınızda neleri düşünmelisiniz?

Erkek partner

Semen analizi

Erkeklerin %40'ından daha fazlası suboptimal semen parametrelerine sahip olduklarından, infertilite araştırmalarında yapılacak ilk test semen analizi olmalıdır (Dünya Sağlık Örgütü referans aralığı, Tablo 7.1).

Kadın partner

Rubella'ya karşı bağışıklık

Rubella taraması önerilmektedir. Şüpheli olanlara da aşı önerilebilir. Kadınlara aşıyı takip eden bir ay boyunca gebe kalmamaları gerektiği söylenmeli ve bağışıklığın teyidi için serum örneği alınmalıdır.

Bazal hormon profili

Eğer siklusu düzensiz ise bazal FSH (follikül stimülan hormon), LH, prolaktin (PRL), tiroid fonksiyon testleri (TFT) ve serum testosteron testi uygulanmalıdır. Bu testlerin yapılma zamanı özellikle menstrual siklusun 1. ve 5. günleri arasında olmalıdır (1. gün adetin başladığı gündür).

Tablo 7.1 WHO (Dünya Sağlık Örgütü) semen analizi referans değerleri 2000

Kriter	Referans Değerler
Volüm	2.0 mL ve üzeri
Sıvılaşma süresi	60 dakika içinde
pH	7.2 ve üzeri
Sperm konsantrasyonu	20 milyon spermatozoa/mL ve üzeri
Total sperm sayısı	40 milyon spermatozoa ve üzeri,ejakulat başına
Motilite	%50 ve üzeri motil(grade a+b) ya da >%25 grade a 60 dk içinde(Motilite a'dan d'ye sınıflandırılır. Grade a,hızlı ileri hareketli; grade b,yavaş ileri hareketli grade c,yerinde hareketli; grade d, hareketsiz)
Morfoloji	%15
Lökosit	<1 milyon/mL

ÖNEMLİ NOKTA

Siklusları düzensiz ve mid-luteal faz belirlenemiyorsa ovulasyonu mid-luteal progesteron ile desteklemek önerilmemektedir.

Transvajinal Ultrasonografi

Polikistik overleri dışlamak ve uterusun bazal değerlendirmesi için kadın partnere transvajinal ultrasonografi önerilmektedir.

İdrarda *Chlamydia* testi

İdrar *Chlamydia* testi infeksiyon taraması için kullanılır. *Chlamydia*, tubal blokaj yaparak infertiliteye sebep olan yaygın nedenlerden biridir. *Chlamydia trachomatis* 19 yaş ve altı seksüel aktif popülasyonun %10'unda mevcuttur. Pelvik inflamatuar hastalığın başlıca nedenidir. Kronik karın ağrısı, ektopik gebelik ve tubal faktör nedenli infertiliteye de sebep olur. Asemptomatik *Chlamydia* infeksiyonları fark edilmeyebilir ve tedavi atlanabilir. İngiltere'de subfertil kadınlarda *Chlamydia* prevalansı sadece %1.9'dur. İnfertilite araştırmalarının rutin bir parçası olan uterin enstrümantasyon *Chlamydia* enfeksiyonunu endoservikal kanaldan yukarıya taşıyarak ya da alevlendirerek, iyatrojenik pelvik inflamatuar hastalığa sebep olur. *Chlamydia* enfeksiyonunun teşhisinde, serviks ve idrar örneklerinde bakılan polimeraz zincir reaksiyonu ve ligaz zincir reaksiyonu gibi DNA teknikleri yüksek sensitivite ve spesifiteye sahiptir.

ÖNEMLİ NOKTA

Servikal enstrümantasyon gereken tüm hastalara *Chlamydia* taraması yapılmalıdır, saptanması halinde enfeksiyon şiddetlenmesi engellenir.

Çift 4 ay sonra tekrar gelir. Chris tam zamanlı karada çalışmaktadır. Mina 3 kg vermeyi başarmıştır. FSH, LH, PRL, TFT ve testosteronu normal seviyelerdedir. Son muayenede yapılan pelvik ultrasonografide polikistik overler izlenir. İdrarda Chlamydia testi negatiftir. Menstural siklusu daha düzenlidir. Siklus düzeni 4-5/30-37 gün şeklindedir. Chris'in semen analizi sonuçları aşağıdaki gibidir:

Volüm:	*2.0 mL*
Sıvılaşma zamanı:	*45 dakika*
pH:	*7.3*
Sperm konsantrasyonu:	*18 milyon/mL*
Total sperm sayısı:	*36 milyon*
Sperm motilitesi:	
grade a	*%10*
grade b	*%15*
grade c	*%35*
grade d	*%40*
Lökosit	*yok*
Morfoloji	*%7*

Chris semen parametrelerinin infertiliteye sebep olduğunu öğrenince çok üzülür.

Bu vizitte çifte önerileriniz neler olacaktır?

Çifte güven telkin edip moral vermelisiniz. Fertiliteyi belirlemede semen analizi çok zayıf bir belirteçtir. Sensitiftir fakat spesifitesi çok düşüktür. Anormal test her zaman gerçek anormallik anlamına gelmez. Semen analizi için Chris'in şunları yapıp yapmadığını kontrol ediniz:

- Örnek toplama kabını unuttu mu?
- Çift son 72 saat cinsel ilişkide bulundu mu?
- Son dönem viral hastalık öyküsü var mı?
- Örnek zamanında laboratuara ulaştı mı?
- Örnek laboratuara ulaşmadan önce soğuk ya da sıcağa maruz kaldı mı?
- Chris'in herhangi bir ilaç kullanımı var mı?

Şimdi ne yapmalısınız?

Son örnekten 3 hafta sonra tekrar sperm analizi önerilir. Tek test erkeklerin %10'unu yanlış olarak anormal değerlendirecektir. Test tekrar edilirse bu oran %2'ye düşer. Buna rağmen ilk semen analizi normalse testi tekrarlamaya gerek yoktur.

Şimdi çiftin durumunu yeniden değerlendirin

Mina'nın artık düzenli bir siklusu vardır ve onun ovulasyonunu kontrol etmelisiniz. Ovulasyon mid-luteal progesteronla kontrol edilir (genel olarak 21. gün progesteronu olarak adlandırılır). Sekretuar fazın uzunluğu sabit olarak 14 gündür. Mid-luteal progesteron siklusun uzunluğuna ve luteal faza bağlıdır. Siklus uzunluğundan 7 çıkarıldığında elde edilen günde, mid-luteal progesteron ovulasyonu tayin etmek için kullanılır. Bu olguda Mina'nın progesteronunu 23. günden takibe başlayıp 7 gün sonra tekrar edebilirsiniz (Mina'nın siklus uzunluğu: 30-37 gün ; 23. gün 30 günlük siklus için ve 30. gün 37 günlük siklus için). Ovulasyon için önerilen en düşük değer aralığı 16-28 nmol/L. Bu arada çifti gebelik denemeleri için cesaretlendiriniz.

Mina'nın mid-luteal progesteronunun en yüksek değeri 10nmol/L'dir. Tekrarlanmış semen analizi aşağıdaki gibidir:

Volüm:	*3.0 mL*
Sıvılaşma zamanı:	*45 dakika*
pH:	*7.3*
Sperm konsantrasyonu:	*25 milyon/mL*
Total sperm sayısı:	*75 milyon*
Sperm motilitesi:	
grade a	*%25*
grade b	*%5*
grade c	*%30*
grade d	*%40*
Lökosit	*yok*
Morfoloji	*%15*

Bu sonuçları tartışmak için çifti tekrar görürsünüz. Çıkan sonuçlara dayanarak onlara nasıl bir açıklamada bulunabilirsiniz?

- Tekrarlanan semen analizi parametreleri normal olarak değerlendirildi.
- Serum progesteron düzeyi anovulasyonu gösterdi.
- Polikistik over sendromu tanısı Rotterdam Kriterlerine göre (uluslararası konsensus) konuldu. Aşağıdaki 3 kriterden 2'sinin varlığı tanı için gereklidir:
  - Oligomenore ya da anovulasyon
  - Klinik ya da biyokimyasal hiperandrojenizm
  - Ultrasonografide polikistik over görünümü (çapı 2-9 mm olan en az 12 follikül ve/veya over hacminin 10 cm^3 den fazla olması)

Bu çift için kliniksel sonuçlar nelerdir?

Bu olguda teşhis oligovulasyon ya da anovulasyondur, yanı sıra ultrasonografide polikistik overler izlenmiştir.

Tedavi aşağıdakileri içerir:

- Hasta gebe kalmayı istediğinde ovulasyon indüksiyonu yapınız.
- Kilo vermeye devam etmesi konusunda hastayı cesaretlendiriniz.
- Anovulasyon tanısıyla hastaya ovulasyon indüksiyonu yapınız (Kutu 7.1).

Kutu 7.1 Ovulasyon indüksiyonu

- Klomifen sitrat anovulasyonu olan kadınlarda ilk tercih edilen ilaçtır.
- Bir anti-östrojendir ve gonadotropin salınımını hipotalamustaki östrojen reseptörlerine bağlanarak indükler, dolayısıyla normal feedback mekanizmasıyla çakışır. Artmış gonadotropinler overleri daha çok follikül üretmeleri için uyarır.
- Sıcak basmaları, ovaryan hiperstimülasyon, abdominal rahatsızlık ve çoğul gebelik ile ilişkilidir.
- Klomifen 50 mg/gün dozunda 5 gün kullanılır.
- Pelvik ultrasonografi ile kaç adet follikülün geliştiğini en azından ilk siklusta gözlemlemek gerekir.
- Eğer 3 veya daha fazla follikül geliştiyse hastaya çoğul gebeliği önlemek amacıyla kontrasepsiyon yöntemi kullanmasını öneriniz.
- Ovülasyonun kanıtı mid-luteal progesteron ölçümü ya da ultrasonografide follikül takibiyle belirlenir.
- Eğer ovulasyon oluşmamışsa bir sonraki siklusta doz arttırılır. Anovulatuar kadınların %70-80'inde 100-150 mg klomifen ile ovulasyon sağlanır. Yine de hastaların sadece %30-40'ında gebelik oluşur.
- Eğer Klomifen ile 3 ovulatuar siklustan sonra gebelik yoksa tubal geçişi değerlendirme endikasyonu vardır.

ÖNEMLİ NOKTA

Ovulasyon indüksiyonundan önce tubal geçişi değerlendirmeye gerek yoktur. Hastanın öyküsünde tubal hasar veya pelvik inflamatuar hastalık yoktu ve Chlamydia testi negatifti.

Mina 4 ay sonra kliniğe tekrar incelenmek üzere gelir. 3 siklus 100 mg dozunda klomifen kullanır ve ovulasyon sağlandığı belgelenir. Yine de gebe kalamaz.

Şimdi ne yapacaksınız?

Aşağıdaki yöntemlerden herhangi birini kullanarak fallop tüplerinden geçişi kontrol edeceksiniz.

Histerosalpingografi

Bu yöntem bir radyoopak boyanın serviksten geçirilerek ve pelvisin X ray'i çekilerek tubanın fimbrial ucundan boyanın geçişinin görülmesini içerir. Ek olarak, kaviteyi göstererek uterin anomaliler hakkında bilgi verir.

Diagnostik laparoskopi ve boya testi

Tubal tıkanıklığın tanısında altın standarttır. Pelvik veya tubal adezyonlar, endometriozis ve myom varlığı hakkında bilgi verir aynı zamanda tubal geçişi de değerlendirir. Buna rağmen laparoskopi genel anestezi altında yapılır ve az da olsa barsak yaralanması riski taşır.

Histerosalpingokontrast sonografi

Kontrast maddenin serviksten geçişi ve tubaların ultrasonografide görülmesine dayanan bir prosedürdür.

Çift laparoskopi ve boya testini yaptırmaya karar verir. Mina'da normal pelvis ve her iki tüpte geçiş gözlenir Daha sonra klomifen sitrat ile 2 siklus daha devam edilmesine karar verilir. Mina'da adet rötarı olur ve idrarda gebelik testi pozitif çıkar. 8 haftalık intrauterin devam etmekte olan gebeliği mevcuttur (tekiz).

OLGUNUN DEĞERLENDİRİLMESİ

Birçok çift infertilite kliniğine geldiğinde çok sıkıntılıdır ve etraflarındaki herkesin problemsiz şekilde gebe kaldığını düşünen bir durum içerisindedir. Sorgulayıcı tavır yerine empatik bir yaklaşıma ihtiyaçları vardır. Bilindiği üzere stres fertiliteyi azaltır; diğer sebepleri araştırırken, kilo kaybını içeren yaşam tarzı değişikliği ve sağlıklı bir hayat tarzını destekleme esas yaklaşım olmalıdır.

Bütün araştırmalar özellikle semen analizi fertilitenin çok zayıf belirteçleridir, çifte referans aralığındaki değerlerle eşleşmeyen sayıların kısırlık anlamına gelmeyeceği konusunda danışmanlık verilmelidir. Sorumlu olan başka faktörler olabilir. Bunun yanında bütün araştırmalar normal (ovulasyonu kanıtlayan mid-luteal progesteron, normal semen analizi ve açık fallop tüpleri) olduğunda güven verebildiği gibi subfertiliteyi açıklayan herhangi bir neden olmadığında da hayal kırıklığı yaratabilir.

İnfertilite kliniklerine gelen çiftlerin %20'si bu kategoride yer alır. Açıklanamayan infertilite için yapılan tedaviler büyük ölçüde ampiriktir ve süper-ovulasyon ve intrauterin inseminasyonu (overleri gonadotropinlerle stimüle edip follikül olgunlaşınca semen inseminasyonu) içerir. Ovulatuar disfonksiyon büyük ölçüde ilaçlarla tedavi edilebilir (klomifen sitrat ve veya gonadotropinler).

Eğer tubal blokaj şüphesi varsa (Chlamydia öyküsü ya da diğer seksüel geçişli hastalıklar) tubaların geçişi ovulasyon indüksiyonuna başlanmadan önce kontrol edilmelidir. Tubalar tıkalıysa tüp bebek (IVF) tubal cerrahiden daha uygun maliyetli bir tedavidir.

ÖNEMLİ NOKTALAR

- Yaklaşımın ilk aşaması yaşam tarzı değişklikleridir.
- Moral ve destek tedavinin önemli unsurlarındandır.
- Araştırmaların amacı infertilitenin nedenini aydınlatmaktır (tubal, anovulatuar, erkek faktörü ya da açıklanamayan).
- Gebe kalmayı planlayan tüm kadınlarda Rubella taraması kontrolü gerekir.
- Mid-luteal progesteron her zaman 21. günde olmaz. Menstrüal siklusun süresine göre değişkenlik gösterebilir.
- Klomifen sitrat ovulatuar disfonksiyon tedavisinde ilk seçenektir.
- IVF tubal blokaj için daha uygun maliyetli bir seçenektir.
- Açıklanamayan infertilite tedavileri büyük oranda ampiriktir.
- Sperm bozukluklarında kanıtlanmış medikal bir tedavi yoktur.

Olgu 8 16 yaşında, acil kontrasepsiyon isteyen hasta: reprodüktif yaşam boyunca kontrasepsiyon seçenekleri

Dr. Banu Öndeş,
Dr. Maviş Özge Özgan

Louise 16 yaşında, yerel cinsel sağlık kliniğine kondom almak için gider. Tom'u beş haftadır tanıyordur ve 2 gece önce korunmasız cinsel ilişkide bulunurlar. Louise kendisinin gebelik riski taşıdığını bilir ve korkmaktadır. Ders notlarını A-seviyesine yükseltmek için çalışmaktadır ve üniversiteye gitmek istemektedir. Gebelik onun için bir felaket olacaktır.

Louise'in gebelik riskini azaltmak için ne yapabilirsiniz?

Acil kontrasepsiyon yapabilirsiniz (EC-emergency contraception). İki seçeneğiniz vardır: oral (levonergestrel (1500 µg)) ya da rahim içi araç (IUD-intrauterine device)

Louise "ertesi gün hapları" konusunda bir şeyler duymuştur fakat nereden alacağını bilememektedir ve kullanmak için geç kaldığını düşünür.

"Ertesi gün hapları" acil kontrasepsiyon için yanlış adlandırılmıştır. Çünkü korunmasız cinsel ilişkiden sonra 72 saat (3 gün) ve bazı olgularda ovulasyondan sonraki 120 saat (5 gün) içinde kullanılabilir.

EC vermek için başka hangi bilgilere ihtiyacınız vardır?

- Son adet tarihi (LMP-last menstrual period). Gebelik riski siklusunun hangi gününde korunmasız ilişkide bulunduğuna bağlıdır:
  - 8.-17. günler arası:%20-30 gebelik riski
  - 1.-7.günler arası ve 17. günden sonrası:%2-3 gebelik riski
- Son adet tarihinden itibaren hangi gün ve saatte korunmasız ilişki olduğu ve kaç saat geçtiği. 72 saat geçip geçmediğini belirlemeniz gerekir.
- *Tıbbi ve ilaç öyküsü:* Karaciğer enzimlerini indükleyen ilaç alımında levonorgestrel dozunu iki katına çıkarmalısınız (Kutu 8.1).Böyle bir durumda IUD daha iyi bir seçenektir.
- *Acil kontrasepsiyonun tıbbi kullanımı:* Kusma ya da alerjik reaksiyonu olup olmadığını sormalısınız.

Louise daha önce hiç EC kullanmamıştır. Konu ile ilgili tıbbi bir öyküsü ya da ilaç kullanımı yoktur. Korunmasız cinsel ilişkisi 28 günlük düzenli siklusunun 11 gününde ve 54 saat önce olmuştur. İlişki isteyerek olur. Normalde Louise ve Tom kondom kullanırlar, fakat bu seferlik unuturlar. Louise'in bu siklusu boyunca başka herhangi bir korunmasız ilişkisi olmamıştır.

Louise seçim yapmadan önce tüm yöntemler hakkında hangi önemli noktaları bilmelidir?

Oral EC: 1500 µg levonorgestrel

- Etkisi alındığı saate bağlıdır:
- Korunmasız ilişkiden sonraki İlk 24 saat içinde: öngörülen gebeliklerde %95 azalma
- Korunmasız ilişkiden sonraki 25-48 saatler içinde: öngörülen gebeliklerde %85 azalma
- Korunmasız ilişkiden sonraki 49-72 saatler içinde: öngörülen gebeliklerde %58 azalma

Bulantı yaygındır (%14) ve EC alan kadınların % 1'inde kusma görülür. İlk 2 saat içinde kusarsa, antiemetik ile birlikte bir doz daha verilmelidir. Adet rötarı

Kutu 8.1 Karaciğer enzimlerini indükleyen ilaçlar

Rifampisin
Rifabutin
St John's bitkisi
Grisefulvin
Antikonvulzan ilaçlar (fenitoin, kerbamozepin, barbiturat, primidon, topiramat, okskarbozepin)
Takrolimus
Antiretroviral (HIV) ilaçlar

Obstetrics and Gynaecology: Clinical Cases Uncovered.
By. M. Cruickshand and A. Shetty. Published 2009 by Blackwell Publishing. ISBN: 978-1-4051-8671-1

olursa idrarda gebelik testi yapmalıdır. Bir sonraki adetine kadar cinsel ilişkide bulunmamasını önermelisiniz.

Bakırlı IUD (intrauterin aracı)

- Öngörülen gebeliklerde >%99 azalma sağlar.
- Acil kontrasepsiyondur.
- Bir sonraki adetinde çıkarılması ya da kullanmaya devam edecekse ipinin kontrolü için gelmelidir.
- IUD korunmasız cinsel ilişkiden 5 gün sonraya ya da beklenen ovulasyondan 120 saat sonraya kadar verilebilir(Louise'in olgusunda 19.gün).

ÖNEMLİ NOKTA

İntrauterin sistem (IUS) acil kontrasepsiyon için kullanılmamalıdır.

Louise IUD fikrine sıcak bakmadı ve oral EC'ı tercih etti.

Ona başka neler söyleyebilirsiniz?

• Kontrasepsiyon kullanımına yönlendirilmelidir.

• Cinsel yolla bulaşan infeksiyonlar (STI-sexually transmitted infection) için riski anlatılmalıdır. Eğer risk altındaysa Chlamydia için tarama +/-antibiyotik (1gr azitromisin) profilaksisi düşünülebilir.

Louise hangi kontraseptif yöntemleri kullanabilir?

Louise tüm yöntemler için uygundur. Tüm seçenekleri anlatan bir broşür de gösterebilirsiniz.

Onun kararına yardımcı olabilmek için neleri bilmelisiniz?

1 *Östrojen kullanımının kontrendikasyonları* :

- Arterial kardiyovasküler hastalıklar (CVD-cardiovascular disease) için multipl risk faktörleri (örnek: sigara, diyabet, hipertansiyon, iskemik kalp hastalığı, inme, komplike kalp hastalığı)
- Kendinde ya da ailesinde venöz tromboembolizm öyküsü
- Auralı migren
- Meme kanseri ya da BRCA(breast cancer) gen mutasyonu taşıyıcılığı
- Safra kesesi ve karaciğer hastalıkları/tümörleri
- BMI'nın(vücut kitle indeksi) ≥ 35 olması
- Sistolik kan basıncının (BP-blood pressure) >140 mmHg ya da diastolik kan basıncının >90 mmHg olması

2 *Menstrual öykü.* Bazı metotlar adetleri daha düzenli, daha az ağrılı hale getirirler ve premenstrual semptomları önlemeye yardımcı olurlar.

3 *Ya□am tarz□.* Bazı uzun etkili geri dönüşümlü kontraseptif metotlar (LARC-long-acting reversibl contraception) çalışma aralıklarına ve değişim zamanlarına uygun olmaktadırlar.

4 *Hangi yöntemleri düşünmemelidir?*

- Kombine oral kontraseptler) ve sadece progesteron içeren haplar (POP-progesterone only pill) eğer hasta tabletleri güçlükle yutuyorsa uygun olmayabilir.
- Depo-medroxyprogesterone acetate (DMPA) ve sadece progesteron içeren implant (POI-progesterone only implant) iğne uygulaması olduğu için iğne fobisi varsa uygun değildir.
- IUD, IUS ve diyafram vajinal muayene zor yapıldıysa uygun değildir.

Hangi muayeneleri yapmalısınız?

- BMI için boy ve kilo
- Kan basıncı

Louise tıbbi aile ve ilaç öyküsü yoktur. BMI: 28kg/m2 ve BP: 120/78 mmHg'dir

Seçenekleri nelerdir?

- DMPA (depo medroksi progesteron asetat)
- IUD (intrauterin araç)
- IUS (intrauterin sistem)
- COC/patch (kombine oral kotroseptif/yama)
- POP veya POI (progesteron içeren implant)
- Bariyer metotlar

Hangi seçenek önerilemez?

Erkek ya da kadın sterilizasyonu geri dönüşümsüz olduğu için uygun değildir.

Louise'in kendisi için en iyi metodu seçmesine yardım etmek için hangi anahtar noktaları açıklamalısınız?

Tablo 8.1

İmplant nasıl yerleştirilir?

Non-dominant kolun üst kısmına cilt altına lokal anestetik eşliğinde yerleştirilir. Kolayca palpe edilebilir.

Tablo 8.1 Uzun etkili geri dönüşümlü kontraseptif metotların avantaj ve dezavantajları

	Avantajlar	Dezavantajlar	
DMPA	Çok kullanışlıdır. Ovulasyonu inhibe eder. 12 haftada 1 yapılır. 3. enjeksiyondan sonra genellikle adet görülmez. Dismenoreyi önler, uterin kanser ve PID'den korur. Koruyuculuğu 14 hafta sonra biter.	Enjeksiyon. İlk aylarda düzensiz kanama. Yılda 2-3 kg alımı. Progesteronun yaygın yan etkileri (akne, şişkinlik, memede hassasiyet ve duygu değişiklikleri). Kemik mineral yoğunluğunun (BMD) düşmesi. Adetler ve fertilitenin geri dönmesi birkaç ay alabilir. STI'lara karşı koruyucu değildir	İngiltere Medikal Uygunluk Kriterleri (MEC) hasta <18 veya >45 ise diğer yöntemleri öneriyor. BMD kullanıldığı sürece düşer, bırakıldığında geri döner. Doruk kemik kütlesine 10 yılda ulaşılır.
POI	3 yıl sonra biter. Çıkarıldığında fertilite hızlıca geri döner. Çok kullanışlıdır. Ovulasyonu inhibe eder . Uterin kanser ve PID'ye karşı koruma ihtimali vardır.	Kanama paterni ön görülemez. %20 amenore, %40 olağandışı patern, %40 düzensiz kanama. Progesteronun yaygın yan etkileri STI'lara karşı koruyu değildir. Nadiren çıkarılması güçtür.	Etonogestral esnek 4 cm x 2 mm çubuk

BMD:Kemik mineral yoğunluğu,DMPA:depo-medroksiprogesteron asetat,PID:pelvik inflamatuar hastalık,POI:yalnız progesteron içeren implant,STI:cinsel yolla bulaşan infeksiyonlar,UK MEC: İngiltere Medikal Uygunluk Kriterleri

Louise'in POI kullanan fakat sürekli kanadığı için çıkarttıran bir arkadaşı vardır.

Louise'e neler önerirsiniz?

Sadece progesteron içeren metotlarda(DMPA, POI, POP ve IUS) kanama problemleri o kadar yaygındır ki tedaviyi kesmeye ve gebeliğe kadar götürebilir. Danışmanlık gerçekçi beklentiler sunmalıdır. Öngörülemeyen kanamalar (çok, damla damla ya da uzamış) oluşabilir fakat genellikle 6 ay içinde düzelir. Siklus kontrolü için tedaviye COC ekleyebilir ya da mefenamik asid gibi non-steroid antiinflamatuar ekleyebilirsiniz.

Louise enjeksiyonu sevmiyor ve haplar hakkında bilgi edinmek istiyor.

Kombine oral kontrasepsiyon (COC) ve sadece progesteron ihtiva eden haplar arasındaki farklar nelerdir?

Tablo 8.2.

Louise'in birçok arkadaşı COC kullanıyor. Ona hangilerini başlarsınız?

- Microgynon 30
- Loestrin

Bunlar levonorgestrel veya norethisterone içerir. COC'lar VTE için yüksek riske sahip iseler de esas risk çok düşüktür. İlk defa reçete ediyorsanız her zaman en düşük risklisini seçmeye çalışınız (Kutu 8.2).

Tablo 8.2 Kombine oral kontraseptiflerin (COC) ve yalnızca progesteron içeren hapların (POP) karşılaştırması

	COC	POP
İçinde ne var?	Etinil östradiol ve bir progesteron	Sacece progesteron.
Avantajları	Düzenli,hafif periyodlar Azalmış adet sancısı Ovulasyon inhibisyonu Over ve uterus kanserine karşı koruyucu Adetleri sürekli kullanım ile birlikte önleme? (ürün lisansı dışında)	Östrojen yok. Ciddi yan etkiler yok. Ovulasyon inhibisyonu(Cerazette).
Dezavantajları	Minör yan etkiler:bulantı,baş ağrısı(Fokal ise COC konrendikedir),kırılma kanaması,akıntı ve duygu değişiklikleri Ciddi yan etkiler:nadirdir fakat VTE,MI,İskemik inme,servikal kanser ve muhtemelen meme kanseri	Minör yan etkiler:progestojenik ve öngörülemeyen kanama. >70 kg düşük etki-günde 2 tablet önerilir. (Cerazette ise tek tablet) En yeni POP olan Cerazette geleneksel OP'lara göre daha avantajlıdır,COC gibidir. 12 saatlik doz aralığı vardır(3 saate kıyasla) ve ovulasyonu inhibe eder.
Nasıl kullanılır?	21 gün,günde 1 tablet,sonra 7 gün ara	Hergün 1 tablet

MI:miyokard infarktüsü
VTE:venöz tromboembolizm

Kutu 8.2 Venöz tromboemboli riski

Non-kombine oral kontraseptif (COC) kullanıcıları	5/100000 kadın yılı
Levonorgestrel ya da norethisteron içeren COC	15/100000 kadın yılı
Desogestrel ya da gestodene içeren COC	25/100000 kadın yıl
Gebelik	60/100000 kadın yılı

Louise'nin ablası patch kullanmaktadır. COC'a kıyasla ne gibi avantajları vardır?

Uyum kolaydır,1 hafta bir patch uygulanır sonra her gün 1 hap alınır. Emilimi kusmadan, diare ve antibiyotiklerden etkilenmez. Bazı kadınlarda cilt reaksiyonları görülebilir.

Bu aşamada Louise'a non-hormonal metotları isteyip istemediğini de sorunuz.

Bu metotlar Louise için gerçekten iyi bir fikir midir?

Erkek kondomları kullanışlıdır ve güvenli sekste önemli rol oynar. Ancak fertilitenin pik yaptığı dönemde gençlerde yüksek başarısızlık riski vardır. Kadın kondomları pahalıdır, rahatsızdır ve seksten önce yerleştirilmelidir. Bu nedenle gençler tarafından tercih edilmezler.

Diyaframlar, başlıklar ve doğal aile planlaması(NFP) önemli ölçüde motivasyon gerektirir ve nadiren bu yaş grubunda tercih edilirler.

Genç yaşta ve daha önce doğum yapmamış olanlarda IUD ve IUS kullanımı önlenmemelidir ancak bu yaş grubunda zaten popüler yöntemler arasında değildir. Takılırken genelde lokal anestetik kullanılır. Takmadan önce STI taraması ve güvenli seks önerilmelidir.

Louise COC kullanmaya karar verir. Ona ücretsiz kondom temin edin ve güvenli seks önerisinde bulunun.

Başka bir şey önerir misiniz?

Chlamydia testi. Yaşı Chlamydia için %10 risk taşır. Chlamydia infeksiyonlarını çoğu asemptomatiktir ve farkedilmeyen infeksiyonlar ektopik gebeliğe,tubal faktörlü infetiliteye ve pelvik ağrıya ilerleyebilen PID'e sebep olurlar.

9 yıl sonra Louise, 25 yaşında ve 2 yıldır DMPA kullanmaktadır. Hormonal kontrasepsiyona ara vermeyi düşünmektedir. İki yıldır partneri Bob ile birliktedir. Ve nullipardır.

ÖNEMLİ NOKTA

İlaç ve sağlık ürünleri düzenleyici ajanslar, DMPA kullanımından 2 yıl sonra, kemik mineral yoğunluğu(BMD) üzerindeki etkisinin tekrar değerlendirilmesi önermektedir.

Louise'in non-hormonal kontrasepsiyon seçenekleri nelerdir?

- IUD
- Kadın ya da erkek kondomu
- Diyafram/spermisidli kepler
- NFP

Uygun yöntem olup olmadığını değerlendirmek için neleri bilmelisiniz?

IUD

STI'lar için riskini belirlemek için geçen yıl partnerleri olup olmadığını sormalısınız. Kontrendikasyonları; gebelik, bakır allerjisi, açıklanamayan vajinal kanama ve uterin anomalilerdir.

Diyafram/kep

Üriner sistem infeksiyon(UTIs) öyküsü var mı? Kepi kendisine yerleştirmek için kendi genital organlarına dokunabilir mi?

Doğal aile planlaması

Adetleri düzenli mi? Adet günlüğü tutuyor mu? Başarısızlık oranını biliyor mu?

Louise IUD ve diyafram kullanımını konusuyla ilgilenir.

Hangi ana önerilerde bulunursunuz? Louise ve Bob 6 aylık bir seyahate çıkmayı planlıyorlar. Bu sizin tavsiyelerinizi etkiler mi?

IUD

- *Avantajları*
  - Yüksek etkinlik
  - Hızlı etki
  - 10 yıl kullanılabilir.
  - Çıkarıldığında fertilite hemen geri döner
  - Hormon içermez.
  - İlaç etkileşimi yoktur.
- *Dezavantajları*
  - Takılması sırasında nadiren perforasyon ve batın içine kaçması.
  - Takıldıktan sonraki 20 gün içinde az da olsa infeksiyon riski.
  - Olguların %5'inde ilk 3 ay içinde düşebilir.
  - Eğer korumaz ise gebelik %20 olasılıkla ektopik olur.
  - Adetler daha uzun, kanamalı ve ağrılı geçer. Ara kanamalar sıktır.
- *Takip*
  - 3-6 haftada ip kontrolünü yapınız.
  - Kadınlara düzenli aralıklarla ya da her adet döneminde ipi kontrol etmelerini öneriniz.
- *Çıkarma*
  - İstediğiniz zaman nazik bir şekilde ipinden tutup çıkarınız. Olası gebelik ihtimaline karşı hastalara bir hafta önce seksten kaçınmalarını ve kondom kullanmalarını anlatınız.

Seyahat eden kadınlar için IUD idealdir, kaybolmaz, unutulabilir. Östrojen içermediği için VTE için artmış bir risk söz konusu değildir.

ÖNEMLİ NOKTA

IUD nullipar kadınlarda da kullanılabilir. 25 yaş altı, son 3 ayda yeni bir partneri olan ve son 1 yılda birden çok partneri olan kadınlarda IUD takılmadan önce STI'lar için sürüntü alınması akla gelmelidir.

Diyafram

- *Avantajları*
  - Doğru kullanıldığında %90 etkinlik
  - Hormon içermez.
  - İlaç etkileşimi yoktur.
  - STI'lara karşı kısmen korur.
- *Dezavantajları*
  - İlişkiden önce takılır.
  - Spermisid dağılabilir.
  - Üriner sistem infeksiyonları.
  - Doğru yerleştirme anlatılmalıdır.
  - Lateks diyafram ve keplere yağ bazlı ürünler tahribat yapar.
- *Nasıl takılır?*
  - Vajinal muayeneden sonra uygun boyut seçilir.
  - Uygun boyut ve modeldeki diyafram denenir ve hastaya takması öğretilir.
  - Hasta 1-2 hafta sonra doğru takıp takmadığını kontrol için çağırılır.

Seyahat eden kadınlara diyafram önerilebilir fakat STI'lara karşı kısmen koruma sağladığı için kondom daha iyi bir seçenek olacaktır. Östrojen içermediği için VTE için artmış bir risk söz konusu değildir. Spermisidlerin ise bu bölgeye ulaşması güç olabilir.

Louise şimdi 35 yaşındadır ve 15 yıldır IUD kullanmaktadır. Üç çocuğu vardır ve artık çocuk istememektedir. En küçük çocuğu 3 aylıktır ve yalnızca anne sütü ile beslenmektedir. Henüz adet görmemiştir. Bob'la ilişkisine zoraki olsa da devam eder. Tayland'da seyahatte iken rüptüre appendisit nedeniyle açık apendektomi geçirdiğini ve zor iyileştiğini ifade eder. Adetleri kanamalı ve ağrılı geçmektedir. Günde 10 sigara içmektedir ve lohusalık depresyonu için St John's Wort almaktadır.

Louise'in şu anda bir kontrasepsiyona ihtiyacı var mıdır?

Hayır. Bebeği 6 aydan küçük olup sadece emzirmektedir. Amenoreiktir. Laktasyonal amenore %98 doğal kontrasepsiyon sağlar. Bu etkinliğin süt azalınca ve sütten kesme başlayınca azalacağı mutlaka anlatılmalıdır.

Öyküsünden yola çıkarak Louise'in kontrasepsiyon seçeneklerinin avantaj ve dezavantajları nelerdir?

Tablo 8.3

ÖNEMLİ NOKTA

Vazektomi protokolleri değişkenlik gösterir. Vazektomiden 8 hafta sonra bir semen kiti gönderilir ve sperm bakılması için hastalardan ejakulasyon örneği vermeleri istenir. İki negatif sonuç operasyonun başarılı olduğu anlamına gelir ve kontrasepsiyon kesilebilir.

Tablo 8.3 Çeşitli kontrasepsiyon yöntemlerinin avantaj ve dezavantajları

	Avantajlar	Dezavantajlar
DMPA	Yüksek etkinlik	2 yıl sonra gözden geçirilmeli
	Amenore	Kilo artışı
	İlaç etkileşimi yok	Beklenmeyen kanama
	Emzirirken güvenli	Progestojenik yan etkiler
	Sigara içenlere uygun	
	Geri dönüşümlü	
POI	Yüksek etkinlik	St Johns Wort gibi LEIs ile azalan etkinlik
	3 yıllık	Beklenmeyen kanama
	Sigara içenlere uygun	Progestojenik yan etkiler

Devamı s. 68'de

Tablo 8.3 *Devamı*

	Avantajlar	Dezavantajlar
IUS (progesteronlu IUD)	Yüksek etkinlik 5 yıllık 3 ayda adetlerde %95 azalma 1 yılda %65 amenore Sigara içenlere ve emzirenlere uygun ilaç etkileşimi yok Geri dönüşümlü	İlk 3-6 ay beklenmeyen kanamalar yaygındır Progestojenik yan etkiler
IUD	Yüksek etkinlik Sigara içenlere ve emzirenlere uygun İlaç etkileşimi yok Geri dönüşümlü	Adetleri daha ağrılı ve kanamalı yapabilirler NSAID ya da traneksamik asit ekleyerek ağrıyı ve kanamayı kontrol altına alabilirsiniz.
Kadın Sterilizasyonu	Sigara içenlere ve emzirenlere uygun İlaç etkileşimi yok IUD'nin çıkarılmasıyla adetler düzelebilir.	Başarısızlık: 1/200> DMPA,POI ve IUS Genellikle laparoskopik yapılır,damar ve yaralanması riski vardır Genel anestezi riski Postoperatif iyileşme Az da olsa ektopik gebelik riski Geri dönüşü NHS tarafından ödenmez
Erkek sterilizasyonu	Genellikle lokal anesteziyle yapılır 1/2000 başarısızlık,bir azospermi bildirilmiş Erektil disfonksiyon,testiküler ve prostatik kanser ve CVD üzerine etkisi yok	Etkinliği için en az 2 ay gerekir Skrotumda morarma, şişlik ve ağrı yaygın Geri dönüşü NHS tarafından ödenmez
COC/ patch		35 yaş üzeri sigara içenlerde artmış CVD riski nedeniyle uygun değildir. St Johns wort gibi LEIs 'dan (karaciğer enzimlerini indükleyen ilaçlar-liver enzyme inducer) olumsuz etkilenir Emzirenler için uygun değildir, süt miktarını etkiler.
POP	Sigara içenlere ve emzirenlere uygun	St Johns wort gibi LEIs 'dan olumsuz etkilenir. Progestojenik yan etkiler Beklenmeyen kanamalar yaygın
Erkek ve kadın kondomu	Önceki bölümde anlatıldı. EC için önlem sağlar.	

BÖLÜM 2: OLGULAR

Tablo 8.3 *Devamı*

	Avantajlar	Dezavantajlar
Diyafram/ kep	Önceki bölümde anlatıldı. EC için önlem sağlar.	
Doğal aile planlaması	Doğru uygulandığında %98'den fazla etkinliği vardır.	Etkinliği kullanıcıya bağlıdır.
	Bir NFP görevlisi tarafından öğretildiğinde daha etkindir.	Öğrenilmesi 6 aydan fazla zaman alır.
	Servikal sekresyonlar,bazal vücut ısısı, servikal değişiklikler(pozisyon ve kıvam) gibi seçenekler mevcuttur.	Günlük kayıt gerekir. Menstrual siklusu etkileyen olaylardan etkilenir(hastalık, stres, emzirme)
	Gebeliğin planlanmasına ve önlenmesine yardım eder.	Doğurganlık testleri eczaneden ya da internetten satın alınabilir ama pahalıdır.
	Hormon içermez.	
	İlaç etkileşimi yoktur.	
	Tüm inanç ve kültürler tarafından kabul görür.	

COC: kombine oral kontraseptif, CVD: kardiyovasküler hastalık, DMPA: depo medroksi- progesteron asetat, EC: acil kontrasepsiyon, IUD: rahim içi araç, IUS: rahim içi sistem NFP: doğal aile planlaması, LEI:karaciğer enzimlerini indükleyen ilaçlar, NSAID: non-steroid antiinflamatuar ilaçlar, POI: yalnızca progesteron içeren implant, POP: yalnızca progesteron içeren haplar

BÖLÜM 2: OLGULAR

Tablo 8.4 Perimenopozal kadınlar için kontrasepsiyon seçenekleri

DMPA	Amenore ve menopozdan önce BMD kaybı
POI	Beklenmedik kanamayı organik nedenli kanamadan ayırt etmek zor olabilir. Örneğin; endometrial polip, DUB veya endometrial kanser
IUS	Beklenmeyen kanama (POI 'deki gibi)
	Adet sancısını azaltmaya yardımcı olabilir.
	HRT'nin progesteron komponenti olarak kullanılabilir (4 yıl kullanım için lisanslıdır) .
	45 yaşında takıldıysa, 7 yıl kalabilir.
IUD	40 yaşında takıldıysa, menopoza kadar kalabilir.
	DUK'a sebep olabilir, diğer patolojileri de araştırmak gerekebilir.
Kadın Sterilizasyonu	Midline kesi fertiliteyi azaltırken cerrahi riskleri artırır.
COC/patch	Sigara içenlerde uygun değildir
	Sigara içmeyenlere kıyasla artmış iskemik inme,MI ve VTE riski vardır.
	Az da olsa meme kanseri riskini artırır.

Devamı s. 70'de

Tablo 8.4 *Devamı*

DMPA	Amenore ve menopozdan önce BMD kaybı
POP	Bu yaş grubunda yüksek etkinliğe sahiptir.
	55 yaşına kadar güvenle kullanılabilir.
	Beklenmeyen kanamalar diğer patolojilerin araştırılmasına sebep olabilir.
Erkek Kondomları	Bu yaş grubunda etkinliği yüksektir ve düşük fertilite de etkinliğini artırır. Yaşlı erkeklerde artmış erektif Diffonksiyon oranı vardır ve kondomlar bunun ortaya çıkmasını arttırabilirler.
Diyafram	Prolapsus kullanımı zorlaştırır.
	Dalgalanan östrojen seviyeleri üretrit ve vajinal rahatsızlığa sebep olabilir.

BMD: kemik mineral yoğunluğu, COC: kombine oral konraseptif, DMPA: depo medroksi -progesteron asetat, DUB: disfonksiyonal uterin kanama, HRT: hormon replasman tedavisi, IUS: rahim içi sistem, IUD: rahim içi araç, MI: miyokard infarktüsü, POI: yalnızca progesteron içeren implant, POP: yalnızca progesteron içeren haplar, VTE:venöz tromboembolizm

Louise DMPA kullanmaya karar verir. Şimdi 45 yaşında ve birkaç yıldır amenoreiktir.4 yıl önce Bob ile ayrılmıştır. Hala sigara içmektedir ve 2 ay önce çölyak hastalığı tanısı konulmuştur. Gece terlemesi ve sıcak basmaları yaşamaya başlar. Ara sıra partneri Jim ile birlikte olur ve ne zaman kontrasepsiyonu bırakabileceğini merak etmektedir.

Louise'e hangi önerilerde bulunabilirsiniz?

İngiltere'de ortalama menopoz yaşı 51'dir. Perimenopozal dönemde beklenmeyen ovulasyon görülebildiği için 50 yaşından önce menopoz tanısı konulmuşsa 2 yıl, 50 yaşın üzerinde ise 1 yıl kontrasepsiyon önerilir. Üçüncü bir alternatif de %96 kadının menopozda ve infertil olduğu 55 yaşına kadar kontrasepsiyona devam etmektir.

Louise'te DMPA'nı sebep olduğu amenore,sigara ve çölyak hastalığı onu osteoporoz rikiyle karşı karşıya getirir. DMPA'yı bırakır ve bazal kemik yoğunluğunu öğrenmek için kemik taraması yaptırır.

Perimenopoz döneminde hangi kontrasepsiyon tercihleri vardır?

Tablo 8.4

OLGUNUN DEĞERLENDİRİLMESİ

Louise farklı yaşlarda ve farklı dönemlerde kontrasepsiyon isteği ile karşımıza çıktı. Kullanılabilecek sınırlı sayıda tedavi yönteminin her biri için, her dönemde avantaj ve dezavantajlar mevcuttur.

Bunlardan 20 yaş altı yaş grubunda fertilite yüksektir ve STI'lar için artmış risk söz konusudur. Kondomlar her yaş grubunda STI'lar için mükemmel koruma sağlar fakat başarısı kullanan kişiye bağlıdır. Oral acil kontrasepsiyona güvenmemek gerekir. Hastanın EC için başvurması onunla gelecekteki kontrasepsiyonları tartışabilmek için iyi bir zamandır. Daha etkin korunma için çift taraflı korunmayı önermelisiniz. Bu yaş grubunda yüksek prevalansı nedeniyle Chlamydia'yı anlatmayı da unutmamalısınız.

Hiçbir yöntem yaş nedeniyle yasaklanamaz, önemli olan dikkatli bir öykü almak, aile , ilaç ve sigara kullanımı, BMI ve kan basıncı hakkında bilgi sahibi olmaktır. CVD'da artmış risk tespit edilirse östrojen içeren metotlardan kaçınmak gerekir. Hiçbir risk faktörü olmayan kadınlarda COC'ların bir çok yararı vardır.

DMPA sadece progesteron içerdiği için amenore ve kemik mineral yoğunluğunda azalmaya neden olur. POI(3 yıl),IUD(10 yıl) ve IUD(5 yıl) gibi diğer LARC metotların kullanıcıya bağlı olmayan yararları vardır ve çıkarıldığında fertilite hemen geri döner.

Yaygın olmayan diğer metotlar olan diyaframlar/kepler ve NFP, tıbbi durumlarından, ilaç kullandıklarından ve yan etkilerinden dolayı hormon almak istemeyen kadınlar tarafından tercih edilir. Etkinlikleri kullanıcı bağımlıdır. Bu nedenle laktasyonal amenore emzirme sırasında çok efektif bir yöntemdir.

Artık çocuk istemeyen çiftler sterilizasyonu tercih ederler. Kalıcı bir yöntemdir ve tüm metotlar intraoperatif ve postoperatif riskler içerir. Modern toplumlarda LARC metotlar fertiliteyi koruyucu seçenekler olduğundan tercih edilirler. Fertilite 35 yaşından itibaren azalır fakat kontrasepsiyon istenmeyen gebelikleri önlemede halen gereklidir.

ÖNEMLİ NOKTA

- EC, korunmasız cinsel ilişkiden sonraki ilk 72 saate(3 gün) kadar, bazı olgularda ovulasyondan sonraki ilk 120 saate(5 gün) kadar verilebilir.
- Oral EC maksimum etkinlik için olabildiğince çabuk alınmalıdır.
- Her zaman bir EC seçeneği olarak IUD sunulmalıdır ve kontrasepsiyon amaçlı kullanılmaya devam edilebilir.
- Düşük VTE riskinde COC verebilirsiniz, gerçek riski çok küçüktür.
- Patch'lerin COC'a karşı avantajı hasta uyumudur.
- IUD takılmasından önce sürüntü ve antibiotik sadece STI'lar için risk varsa önerilmektedir.
- 30 yaş altında sterilizasyonda pişmanlık ve geri dönüş için talep çok yüksektir.
- 50 yaş altı menopozda 2 yıl,50 yaş üstü menopozda 1 yıl kontrasepsiyon önerilmektedir.
- STI'lar için risk varsa kontrasepsiyonla aynı anda test de önerilmelidir.

Önerilen Kaynaklar

The Faculty of Sexual and Reproductive Healthcare has published method specific guidance documents and ones for special groups that can be accessed through their website: http://www.fsrh.org

Royal College of Obstetricians and Gynaecologists. Male and Female sterilisation: Guideline Summary. Evidence based Clinical Guideline No 4, january 2004.(http://www.rcog.org.uk/resources/Public/pdf/Sterilisation_summary.PDF) Accessed 30 March 2008

http://www.ffprhc.org.uk/admin uploads/298 UKMEC 200506/pdf

Olgu 9 22 yaşında vajinal akıntısı olduğunu ifade eden kadın

Dr. Banu Öndeş

Morag 22 yaşında ve markette çalışıyor. Geçen hafta vajinal akıntısı olduğunu fark eder. Daha önceden böyle bir şikayeti olmamıştır ve akıntının kokusu, rengi hakkında endişe duymaktadır. Bu konuda annesine veya en yakın arkadaşına konuşamayacak kadar utangaçtır. Okuduğu favori dergisindeki bir makalede aile hekimine veya yerel cinsel sağlık merkezinde örnek aldırması gerektiği önerilmektedir.

Başka hangi bilgiye ihtiyacınız vardır?

Vajinal akıntı birçok farklı nedeni olan ortak bir semptomdur. Bazıları iyi huylu, bazıları hayatı mahvedici, bazıları da hayatı tehdit edici boyuttadır. Ayırıcı tanıları bilmek sizin sorularınıza odaklanmanıza yardımcı olacaktır.

Ayırıcı tanınız nedir?

- Fizyolojik
- Noninfektif
  - Bakteriyal vajinozis (BV)
  - Vulvovajinal kandidiyazis (VVC)
- Cinsel yolla bulaşan infeksiyonlar (STI)
  - Chlamydia
  - Gonorrhoea
  - Trichomonas vaginalis
- Servikal lezyonlar (ektopi, polip)
- Yabancı cisim

Teşhisi belirlemekte yardımcı olacak sorular nelerdir?

Fizyolojik

Fizyolojik akıntı reprodüktif çağdaki kadınlarda görülen akıntının en sık nedenidir. Fakat önce diğer nedenleri dışlamak gerekir. Anahtar nokta genellikle akıntının siklik olmasıdır.

Obstetrics and Gynaecology: Clinical Cases Uncovered.
By. M. Cruickshand and A. Shetty. Published 2009 by Blackwell Publishing. ISBN: 978-1-4051-8671-1

İyatrojenik

Morag'a kontrasepsiyon hakkında soru sormanız gerekir. Kombine oral kontraseptifler (COC) ya da patch servikal ektopiyi arttırır. Bütün kontraseptif metotlar, akıntıyla karıştırılabilecek, önlenemez bir kanamaya neden olabilir. İntermenstrual kanama rahim içi araç kullanımında yaygındır.

Servikal ektopi

Ektopi östrojene karşı fizyolojik bir yanıttır. Ektopi endoserviksteki glandular epitelin ektoservikse ilerlemesidir (Resim 9.1). Yükselen östrojenle bağlantılıdır (puberte, gebelik ve COC gibi eksojen östrojen alımı). Glandüler epiteldeki mukus vajinal akıntıyı arttırır.

Bakteriyal vajinozis

BV balık gibi kokan gri renkte akıntıyla karakterizedir. Vajinal duş ve deodorant kullanımı, vajenin pH'ını düşürerek BV arttırır.

Vulvovajinal kandidiyazis

VVC vulva, vajina ve anüste kaşıntı kızarıklık ve ağrı ile birlikte kalın beyaz akıntıyla karakterizedir. Gebelik diyabet ve antibiyotik ya da steroid kullanım öyküsü VVC'yi arttırır.

Chlamydia, Gonorrhoea ve *Trichomonas*

Morag'dan, özellikle korunmasız cinsel ilişkisi olup olmadığını sorgulayan, cinsel öykü almalısınız. Geçen 3 aya ait yeni bir seksüel partner hikayesi ya da son bir yıl içinde birden fazla partner, cinsel yolla bulaşan infeksiyon (STI) riskini arttırır. Her 3 STI'da dizüri ve disparoni semptomlarını verir. T. vaginalis vajinal bölgede ağrı ya da kaşınmaya sebep olur. Chlamydia veya gonorede intermenstrual kanama, kontrasepsiyon altında çekilme kanaması ya da postkoital kanama öyküsü sorgulanmalıdır. Üst genital sistem infeksiyonları semptomlarını sorgulamayı unutmamak gerekir (pelvik ağrı, derin disparoni).

Servikal polip

Servikal polipler genellikle asemptomatiktir fakat intermenstrual veya postkoital kanamaya sebep olabilirler.

Yabancı cisim

Kötü kokulu akıntı ile karşımıza gelir. Özellikle tampon kullanımı ve yabancı cisim yerleştirilmesi sorulmalıdır.

Morag oral kontraseptif ve tampon kullandığını anlatır. Ara sıra kondom kullandığını itiraf etti. Geçmişte bir iki defa kandida olduğunu fakat semptomların şu andakinden farklı olduğunu ve kaşıntısının az olduğunu söyler. Son 1 yıl içinde 5 seksüel partneri olduğunu ve bunlardan 3'ünün yeni partner olduğunu söylüyor. Vulvasında ağrı vardır ama şişlik fark etmediğini belirtir. Seks ağrılı değildir ve pelvik ağrı yoktur. Bir yıl kadar önce sonucu negatif olan ilk smear'i vardır.

ÖNEMLİ NOKTA

Özellikle sormadığınız sürece seksüel öyküsünü bilemeyeceksiniz (Kutu 9.1). Sorular utandırıcıdır fakat hassas bir tutum içerisinde sorulabilirler. Hastanın tepkisi sizin seçeceğiniz en uygun test, öneri ve tedaviyi belirleyecektir.

Kutu 9.1 Kadının seksüel öyküsünü ortaya çıkarmak için örnek sorular

Geçmişte büyük bir sağlık problemi yaşadınız mı?

Geçmişte cinsel yolla bulaşan infeksiyon geçirdiniz mi?

Hiç uyuşturucu madde enjekte ettiniz mi?

Şimdi ya da geçmişte uyuşturucu enjekte eden bir seksüel partneriniz oldu mu?

Şimdi ya da geçmişte HIV ya da viral hepatit pozitif olan seksüel partneriniz oldu mu?

Şimdi ya da geçmişte biseksüel seksüel partneriniz oldu mu?

Şimdi ya da geçmişte İngiltere dışından seksüel partneriniz oldu mu? Olduysa hangi ülkeden?

Hiç İngiltere dışından medikal tedavi aldınız mı? Aldıysanız hangi ülke?

Profesyonel olmayan dövme ya da piercing'iniz var mı?

Ticari seks endüstrisiyle herhangi bir kontağınız oldu mu?

Cinsel tacize uğradınız mı?

Hiç HIV testi yaptırdınız mı?

Son 3 ay içerisinde yeni bir seksüel partneriniz oldu mu?

Son 12 ay içerisinde kaç tane seksüel partneriniz oldu? Kaç tanesi yeniydi?

Son 3-6 ay içindeki cinsel ilişkileriyle ilgili sorulması gerekenler

İlişki tarihi

İsim (eğer biliyorsa)

İlişkinin süresi

Seksüel aktivite (örnek oral, vajinal, anal, seks oyuncakları)

Kondom kullanımları (hiç, bazen, her zaman)

Uyruk

Hastanın muayene edilmesine gerek var mıdır?

Eğer Morag aşağıdaki gibi bir klinik ve seksüel öykü verirse, muayene edilmeden VVC veya BV için ampirik tedavi edilebilir:

- Akıntısı sürekli ve bulaşıcı olmayan nedenlere bağlıysa
- STI için düşük riskliyse
- Üst genital sistem infeksiyonu semptomları yoksa
- Eğer semptomları düzelmezse takip için geri gelebilecekse

Semptomları gerilemezse ya da yeniden oluşursa örnek için randevu alması gerektiğini söyleyerek onu güvence altına almalısınız. Bu olguda, öyküsü tipik bir VVC ya da BV olmadığı ve de artmış bir STI riski olduğu için, muayene yapılmalıdır.

Muayenede nelere bakmalısınız?

Vulva, perine ve anüste şişlik kızarıklık ya da fissür olup olmadığına bakmalısınız. Eğer balık kokusu ya da kötü koku varsa not etmelisiniz.

Spekulum muayenesi

Servikal ektopi ve polip varsa görürsünüz. İçeride kalmış kondom tampon ya da başka yabancı cisim olabilir. Akıntıyı görebilir ve kıvamını ve rengini değerlendirebilirsiniz. Morag'da üst genital sistem semptomları yoktur. Bu nedenle bimanual muayeneye gerek yoktur.

Morag'da büyümüş lenf nodları yoktur. Vulvası biraz kızarık ve şişmiş, introitusta küçük siğiller izlenir. Kesinlikle balık kokusu vardır. Spekulum muayenesinde servikal ektopi vardır. Kremsi bir akıntı ve serviks inflame görünümdedir.

Olası tanıları ayırt etmeye yardımcı ne gibi araştırmalar yapabilirsiniz?

- Mikroskop yoksa turnusol kağıdı ile vajinal pH(pH 4-7) değerlendirilmesi hem ucuz hem de tanıya yardımcıdır. Test örneği lateral vajinal duvardan alınmalıdır. pH≥4.5 ise BV ya da T.vaginalis olma ihtimali VVC'den daha yüksektir, fakat ikisi arasında ayrım yapamaz.
- Lateral ve posterior vajinal fornikslerden alınan yüksek vajinal sürüntü(HVS),kuru ve ıslak mikroskopi ve direkt bakteriyel inceleme için kullanılabilir. Bu yöntem BV, T.vaginalis ve mayalar içindir.
- Gonoreye yönelik endoservikal sürüntü
- Chlamydia' ya yönelik endoservikal sürüntü. Genellikle nükleik asit amplifikasyon testidir (NAAT).
- Bazı mikrobiyoloji laboratuarları Chlamydia ve gonore testlerini aynı örnekten yapabilirler. O yüzden yerel laboratuarlarınızla irtibata geçin.
- Siğiller klinik tanıdır ve biyopsi nadiren gereklidir.

ÖNEMLİ NOKTA

Akıntıyı incelemeye gönderirken önce gonore örneği alın. İsterseniz intraselüler bir organizma olan Chlamydia için daha sonra sürüntü alın.

Morag'ın test sonuçları Şekil 9.1'de gösterilmiştir.

ÖNEMLİ NOKTA

Bir test yapıyorsanız,testin sonuçlarının pozitif gelmesi halinde hastaya ulaşabilmek için,izin ve onam almanız şarttır.

Şimdi bir teşhis koyabiliyor musunuz?

Morag'ın muayenesinde sevikal ektopi ve vulvar siğiller mevcuttur. 2 gün sonra rapor edilen mikrobiyolojik testler Chlamydia ve BV birlikteliğini doğrulamaktadır.

Bu sonuçlar bekleniyor muydu?

Kombine oral kontraseptif kullananlarda servikal ektopi yaygındır. Genital siğiller ve Chlamydia Morag'ın yaş grubunda yaygın olan STI'dır. Morag,seksüel partnerlerini değiştirerek ve güvenli seks yapmayarak, kendini STI'lar için riske atmıştır.

Genital Örnek Araştırma:
Mikroskopi
İltihap hücreleri
Gram negatif basiller+++
Gram pozitif basiller++
Epitel hücreleri++
T.vaginalis trofozoiti yok.
Bakteriyal vaginozis düşündüren tabaka
Kültür
Birçok Mixt Anaeroplar

Chlamydia DNA test POZİTİF
Lütfen tedavi ve takip için kliğinizle irtibata geçin

Sayfa: u/k= Bilinmiyor — Örnek Saati:9:30
Laboratuar Numarası:103456 — Rapor Saati:12:19
Örnek:Endoservikal sürüntü

Şekil 9.1 Morag'ın test sonuçları

Birçok genç kadın muayeneden utanıyor ya da korkuyorlar. Eğer Morag muayeneyi reddederse, tanıya yardımcı olmak için ne yapabilirsiniz?

Morag'a BV,T.Vaginalis ve mayalar için kendi sürüntüsünü almasını söyleyin. Bu ayrıca gonoreyi de yakalayabilir ancak endoservikal sürüntü daha hassastır. Chlamydia için kendi kendine yapılan alt vajinal sürüntü (SOLVS) ya da ilk akım idrarı(FVU) yapabilir. FVU örneği DNA amplifikasyonu için en yüksek bakteri sağlayan vulvar yıkama içerir. Hastalar sonuç belirsiz gelirse testin tekrarlanabileceği konusunda uyarılmalıdır.

ÖNEMLİ NOKTA

Noninvaziv testler hasta asemptomatikse ve muayene olmayı istemiyorsa özellikle yararlıdır.

Servikal ektopi, genital siğil, BV ve Chlamydia teşhislerine hangi tedaviyi önereceksiniz?

Sonuçların çıkması birkaç günü alır. Eğer öyküde ve muayenede spesifik bir teşhis varsa ampirik tedavi vermek yararlıdır. Laboratuar sonuçlarını beklemek asendan yolla üst genital sisteme infeksiyonu taşıyacak ise bu tedavi bilhassa uygundur. Üst genital sistem infeksiyonları pelvik inflamatuar hastalık olarak adlandırılır(PID) ve tubal hasara, ektopik gebeliğe, tubal nedenli infertiliteye ve kronik pelvik ağrıya sebep olabilir.

ÖNEMLİ NOKTA

STI riski olan hastalarda ampirik tedaviden kaçınmalısınız.

Servikal ektopi

Servikal ektopi, glandular epitelin metaplazi ile zamanla skuamoz epitele dönüşmesi olduğundan tedavi gerektirmez. Morag'ın olgusunda konservatif tedavi uygundur. Eğer akıntısı devam ederse, kriyokoter ya da yalnızca progesteron içeren bir kontrasepsiyon veya bariyer metot önerebilirsiniz. Ancak değişiklik yapmayabilir ve plansız bir gebelik için riske girebilir.

Genital siğilller

Genellikle tesadüfen saptanırlar. Tedavi kozmetik nedenlerdendir ve siğilleri tahrip edip, hastanın bağışıklık sistemini yenilerini üretmeme konusunda desteklemeye dayanır. Siğillerin tedavi seçenekleri şunları içerir:

1 Sıvı nitrojen ile dondurma

2 Podofilotoksin krem ya da solüsyon, haftada 3 kez 2 günde bir uygulanır.

3 Bir non spesifik immun sistem modülatörü olan İmiquimod. Tercihen geceleri 16 hafta boyunca uygulanır. Pahalıdır ve anal siğillere uygulanmaz, önceki tedaviler işe yaramaz ise üçüncü basamak tedavi olarak kullanılır.

Bakteriyel vajinozis

Bir infeksiyon değildir fakat vajende normal olarak bulunan bakterilerin aşırı çoğalmasıdır. Bu nedenle 'vajinitis' yerine 'vajinozis' tir. Yalnızca semptomatik ve gebe olan hastalarda tedavi gerektirir. Tedavi genellikle tek doz (2 gr) ya da günde 2 defa (400 mg) 5 günlük metranidazoldür. Hastalar tedavi boyunca alkol almamalıdır ve 24 saat sonra alkolle etkileşir. BV bir STI değildir ve partner tedavisine gerek yoktur. Rekürrens yaygındır.

Chlamydia

Chlamydia bir STI'dır ve tedavi tek doz azitromisindir (1 gr). Morag'a 1 hafta ya da partnerinin tedavisinden sonra 1 hafta kadar seks yasağı konulacak. Chlamydia infeksiyonları erkeklerin ve kadınların %50 ve %70'inde asemptomatiktir. Chlamydia en sık 25 yaş altı ve kondom kullanmayanlarda yaygındır.

Tedaviniz Morag'a üst genital sistem infeksiyonu tanısı koyduğunuzda değişecek mi?

Eğer üst genital sistem semptomları varsa (pelvik ağrı ve veya disparoni) teşhis PID'dir ve farklı antibiyotiklerle tedavi edilir.

- Doksisiklin 100 mg günde 2 defa 14 gün boyunca ve metronidazol 400 mg günde 2 defa 10 gün
- Gonoreden şüpheleniliyorsa ya da mevcutsa buna seftriakson 250 mg İM tek doz eklenir

Morag'ı doksisiklinin yan etkileri konusunda uyarınız - boş midede bulantı ve fotosensitivite (güneşlenmeyin) - ve alkolle metronidazol arasındaki etkileşim.

Morag iki tane STI olduğu anlatıldığında şok olur ve ağlamaya başlar. Erkek arkadaşı onu aldattı diye yıkılır.

Ona ne söyleyebilirsiniz?

Hastaların çoğu STI teşhisini duyduğunda endişelenir fakat tedavi edilebildiğini ve potansiyel hayatı etkileyecek sekellerinin önlenebildiğini bilmek önemlidir. Bu teşhisler onun şimdiki ilişkisinde aldatıldığı anlamını taşımaz. Seksüel aktif popülasyonun %70'i hayatlarının bir döneminde genital human papilloma virüse (HPV) sahip olacaktır fakat 5'te 1'inde siğile sebep olacaktır. Asemptomatik doğasından dolayı Morag Chlamydia'yı bir önceki partnerinden ya da şimdiki partnerinin bir önceki ilişkisinden taşıması yoluyla kapmıştır.

Morag'ı sakinleştirmeyi başardınız. Onunla tartışacağınız başka bir konu var mıdır?

- Partner bilgilendirme ve sağlık danışmanı desteği (Kutu 9.2)
- Bilgilendirme broşürleri
- Güvenli seks
- Chlamydia için tekrar testi

Morag partnerine yerel genitoüriner sağlık (GUM) kliniğine ya da kendi aile hekimine test ve tedavi amaçlı gitmesi önerilmelidir.

ÖNEMLİ NOKTA

Reinfeksiyonu önlemek için, şimdiki partnere test yapılmalı ve tedavi edilmelidir.

Kutu 9.2 Sağlık danışmanı

Sağlık danışmanı partner bilgilendirilmesi konusunda özel eğitimlidir. Onların işi potansiyel infekte bireyleri ortaya çıkarmak ve infeksiyon zincirini kırmaktır. Eğer hasta bunu yapamayacağını hissediyorsa sağlık danışmanları taşıyıcıları isimsiz olarak takip ederler. İdeal olanı Morag ve partner/lerini bireysel olarak görmek ve son 3-6 aydaki başka seksüel partnerleri olup olmadığını aydınlatmaktır. Pozitif hastaların isimleri vermelerinden utanmaları ya da seksüel ilişkiye girdikleri kişilerin isimlerini bilmediklerinden dolayı bu iş zor olabilir.

GUM kliniğinde Morag'ın partnerinin seksüel öyküsü alınacak ve üretral sürüntüde Chlamydia ve gonore ya da FVU'da Chlamydia bakılacaktır. %70 ihtimalle Chlamydia pozitif çıkacak ve GUM kliniklerinde ampirik olarak azitromisinle (1 gr) tedavi edilecektir. Çifte 1 hafta seks yasağı getirilecektir. Daha sonra sağlık danışmanı tarafından Morag'a bilgi verilecek, gerekirse danışma ve destek sağlanacaktır.

Hangi güvenli seks önerilerinde bulunabilirsiniz?

STI'leri önlemenin en iyi yolu güvenli sekstir. Bu da demektir ki test edilmemiş tüm partnerlerle kondom kullanılmalıdır. Kondom oral, anal ve vajinal sekste kullanılmalıdır. Penetrasyon olmayan seksler (masaj, mastürbasyon) daha güvenlidir. Bütün GUM ve aile planlaması klinikleri ücretsiz kondom verirler.

Tekrar test hakkındaki düşünceleriniz?

Morag tedavi başarısız olursa ya da tekrar infekte olursa 3-6 ay içerisinde tekrar Chlamydia testi yaptırmalıdır. Noninvazif olup hasta asemptomatikse SOLVS kullanılabilir.

ÖNEMLİ NOKTA

3 haftadan önce test yaptırmak, amplifikasyon yöntemleri ölü Chlamydia bakterilerini de çoğaltacağından, yalancı pozitif sonuçlara sebep olur.

Morag, hiçbir alakası kalmayan geçmiş diğer partnerleriyle görüşmeyi kabul eden sağlık danışmanıyla telefonda konuşmaya karar verdi.

Cinsel yolla bulaşan hastalıklar çoğunlukla birlikte oluşur. Gonore ve T. vaginalis dışlandığında başka STI'lar Morag'da oluşabilir.

Başka hangi STI testleri önerilebilir?

- HIV
- Sifiliz
- Hepatit B
- Hepatit C

Morag'ın seksüel öyküsü önerilecek olan test kararını belirleyecektir (Şekil 9.1).

Morag, kendisini yüksek riskli grupta düşünmediği için, HIV testini yaptırmakta hevesli değildir.

HIV

İngilteredeki HIV ile infekte hastaların üçte birinin pozitif olduklarından haberi olmadığı tahmin edilmektedir. HIV İngiltede'de artış eğilimindedir ve teşhisler genellikle heteroseksüelllere aittir. Heteroseksüellerin çoğu İngiltere dışından, çoğunlukla Afrika'dan infeksiyonu alırlar. İngiltere'deki infeksiyonların çoğu erkek ile ilişkiye giren erkeklerde bulunur. HIV testi HIV'e karşı antikorlara bakılan bir kan testidir. 3 aya kadar olabilen bir pencere periyodu mevcuttur, genellikle antikorlar 6 hafta sonra pozitifleşir. Bu nedenle hastalar genellikle test tekrarı için geri gelmelidir.

Sifiliz

Sifilizli olguların çoğu erkekle ilişkiye giren (bu nedenle hastalara biseksüel partnerleri olup olmadığı sorulmalıdır) ya da Avrupa dışından biriyle ilişkiye giren erkeklerde izlenir. İkinci ve üçüncü safhasında oldukça bulaşıcıdır. Üçüncü safha ya da latent faz gummatöz sifilize sebep olur, ciddi kalp, beyin, kemik ve merkezi sinir sistemi hasarına neden olabilen kardiyovasküler ve nörosifiliz izlenir. Rutin testler antenatal yapılmalıdır çünkü fetusa ciddi etkileri olur. Test, ülserden sürüntü ile sıvı alarak ya da yaygın olarak kanda yapılır.

Hepatit B

Hepatit B, HIV'den 100 kat daha fazla bulaşıcı bir infeksiyondur Morag, hepatit B için risk altındadır çünkü korunmasız cinsel ilişkisi olmuştur. Hepatit B riskini artıran faktörleri sorgulamalısınız(Kutu 9.3). Hepatit B taşıyıcılarının dörtte biri ciddi karaciğer hastalığına giden kronik hepatit, siroz ve kansere ilerler. Hepatit B'ye kanda antikorla bakılarak tanı konur ve istek formunda hepatit B core antikoruna bakılması unutulmamalıdır.

Kutu 9.3 Hepatit B için risk faktörleri

- İntravenöz ilaç kullanımı
- Geçmişte ya da şimdi Hepatit B'li partner
- Geçmişte ya da şimdi biseksüel partner
- Hepatit B'li akrabalar
- Sağlık çalışanı olması
- Hapishanede bulunma öyküsü(kendisi ya da partneri)
- Virüsün endemik olduğu Güneydoğu Asya, Orta ve Uzak Doğu, güney Avrupa ve Afrika gibi ülkelere yolculuk

Hepatit C

Hepatit C nadiren cinsel ilişki ile bulaşır. Asıl risk faktörü intravenöz ilaç kullanımıdır, geçmişteki ve şimdiki kullanıcıların %50-80'inin infekte olduğu tahmin edilmektedir.

Morag'a korunma için önerebileceğiniz bir şey var mı?

Güvenli seks ve kondom kullanımı Morag'a anlatılmalıdır. Bir diğer öneri de hepatit B aşısıdır.

Morag'ın geçen yıl multipl seks partneri öyküsü mevcuttur ancak hepsi İngiltere'dendir. Yüksek riskli seks partneri ve intravenöz ilaç kullanım öyküsü yoktur. Hiç İngiltere dışından bulunmamıştır, hiç cinsel saldırıya uğramamıştır, dövme ve piercingi yoktur. Morag, kanla bulaşan virüs infeksiyonları için düşük riskli sayılır fakat HIV ve hepatit B testi önerilir. Test sonuçları negatif gelir.

OLGUNUN DEĞERLENDİRİLMESİ

22 yaşındaki hasta yaygın vajinal akıntı şikayetini ifade ediyor. Dikkatli öykü ve hedefe yönelik sorular ayırıcı tanıya yardımcı olacaktır. Bu yaş grubundaki kadınlar seksüel olarak aktif olacaklarından, iyatrojenik kontraseptif nedenler ve STI'lar tanı listenizin en başında yer almalıdır. Chlamydia seksüel aktif 25 yaş grubunda % 10 sıklıkta izlenir.

BV vajinal akıntının çok yaygın görülen noninfektif nedenlerindendir. Morag'ın semptomları çok tipik bakteriyal vajinozis olduğundan ve sadece öyküye dayanarak tedavi verebilirsiniz. Normalde vajinal muayene yapılmasa da olabilir. Bu olguda, vajinal sürüntü almak Chlamydia pozitifliği açısından faydalı oldu. Genital siğiller ve herpes hariç bütün STI'lar için partnerin bildirimi, test ve tedavisi faydalıdır.

Mantar, BV ve T.vaginalis için posterior ve lateral forniksierden alınan HVS (yüksek vajinal sürüntü) rutin takip için faydalıdır. Daha sonra gonore için endoservikal sürüntü ve Chlamydia için endoservikal NAAT alınmalıdır. Morag'ı riskli seksüel davranışları nedeniyle güvenli seks, hepatit B testi ve aşısı, ücretsiz kondom temini konularında bilgilendirin.

ÖNEMLİ NOKTA

- 25 yaş altı kadınlar sıklıkla seksüel aktiftirler ve bu onlara kontrasepsiyonu ve STI'ları anlatmak için iyi bir fırsattır.
- Seksüel öykü hangi testlerin yapılması ve örneklerin nereden alınması gerektiği, bu konuda partneri bilgilendirme süreci, eğitim ve korunma stratejileri konusunda önemli anahtar bilgilendirme verebilir.
- Semptomları varsa vajinal muayene yapmayabilirsiniz.
- Her muayenede mutlaka yanınıza yardımcı bir personel alınız.
- Muayenede örnekleme için bir HVS ve iki endoservikal sürüntü alınmalıdır.
- Eğer bir test yapıyorsanız hastanın onamını almalı ve eğer sonuçlar pozitif çıkarsa hastaya ulaşılabilmelisiniz .
- BV ve VVC sadece hasta semptomatikse tedavi edilmelidir. Partner tedavisi rutin olarak önerilmemektedir.
- Genital siğiller ve herpes dışında tüm STI'larda partner bildirimi önerilir.
- Korunmasız cinsel ilişki HIV, sifiliz, hepatit B ve C kanla bulaşan virüslerin riskini arttırır.
- Eğitim, kondom kullanımı ve hepatit B aşısı STI riskini düşürür.

BÖLÜM 2: OLGULAR

Önerilen kaynaklar

Faculty of Family Planning and Reproductive Health Care Clinical Effectiveness Unit. FFPRHC and BASHH Guidance. The management of women of reproductive age attending non-genitourinary medicine settings complaining of vaginal discharge, January 2006 (http://www.fsrh.org/admin/uploads/326_VaginalDischargeGuidance.PDF) Accessed April 2, 2008

The British Association For Sexual Health website (www.bashh.org) has a comprehensive list of clinical effectiveness guidelines on all sexually transmitted infections, common presentations and other aspects of sexual health.

Olgu 10 29 Yaşında Anormal Smear Testi Olan Kadın Hasta

Dr Burcu Dinçgez

Christie Thomson, 29 yaşında, ev hanımı, 4 ay önce oğlu Caleb'i normal doğum ile dünyaya getirir, başlangıçta emziren Thomson son 2 haftadır bebeğine hazır mama vermektedir. Smear testini 10 ay önce yaptırması gerekirken, gebe olduğu için bunu erteler. Gebelik sırasında ve doğuma kadar gayet iyi olan hasta hala adet görmemektedir.

3 hafta önce smear testini unuttuğu hatırlar ve kendisine postnatal kontrolünde smear testi yapılır. Bu sırada serviksinin normal göründüğü söylenen Thomson'ın patoloji sonucunda anormal smear sonucu olduğu ve kolposkopi yaptırması gerektiği yazar. Christie o anda serviks kanseri olabileceğini düşünür. Anneannesi 48 yaşında serviks kanseri nedeniyle ölmüştür. Bu nedenle annesi de Christie'yi randevu alması konusunda teşvik eder.

Bundan sonra Christie ne yapmalıdır?

Smear alan kişi hastayı smear alırken şu konularda bilgilendirmelidir:

- Servikal taramanın amacı
- Anormal sonuç gelme olasılığı
- Anormal sonuç gelmesi durumunda ne yapılacağı

Kadınlar genellikle anormal smear sonucuyla karşılaştıklarında telaşlıdır. Bazı kadınlar smear tarama testini kanser testi ile karıştırır (Kutu 10.1). Eğer hasta olabilecekler konusunda bilgilendirilmediyse yanlış düşüncelere kapılabilir. Bu yüzden hastanın sonucu hastaya açıklanmalıdır.

Obstetrics and Gynaecology: Clinical Cases Uncovered.
By. M. Cruickshand and A. Shetty. Published 2009 by Blackwell Publishing. ISBN: 978-1-4051-8671-1

Christie doktorunu arayarak sonucunu söyler. Kendisine doktoru tarafından bunun hafif bir anormallik olduğu, 6 ay sonra tekrar smear kontrolü yaptırması gerektiği ve bunların çoğunun kendiliğinden gerileyebileceği, kolposkopi yaparak prekanseröz değişikliklerin değerlendirileceği anlatıldı. Hastaya 8 hafta sonrası için randevu verilir. Christie telaşlı ve bu gecikmeden tedirgindir. Gebeliği sırasında smeer yapılmadığından ve anneannesinin serviks kanserinden öldüğünden dolayı endişelidir.

ÖNEMLİ NOKTA

Gebelik sırasınca smear alınmasının ertelenmesi güvenli ve önerilen bir durumdur. Çünkü gebelikteki değişimler ile sonuçların yorumlanması ve sitoloji için uygun spesmenin alınması zor olabilir.

Christie kolposkopi için randevu almıştır ve kendisine ne yapılacağını anlatan bir broşür verilmiştir. Christie'nin smear sonuçlarının evreleri konusunda kafası karışmıştır.

Christie smear sonucuyla ilgili ne bilmelidir?

Diskaryozisin farklı evreleri altta yatan yüksek grade servikal intraepitelyal neoplazi (CIN) ile ilişkili olabilir (kutu 10.2 ve kutu 10.3). Sınırda nükleer anormalikler belirgin diskaryozis göstermez ve genellikle regrese olurlar. Genellikle 6 ay sonra smear kontrolü önerilir. Hasta eğer 3 sınırda smear sonucu varsa hasta kolposkopi için yönlendirilmelidir. Persiste eden sınırda nükleer anormaliklerin %10'unun altında CIN vardır.

Christie'nin smear sonucunda hafif diskaryozis

Kutu 10.1 Human papillomavirüs ve serviksin hastalıkları

Serviks kanseri ailesel değildir ve onkojenik bir virüs olan HPV en önemli sebebidir. HPV'nin 100'ü aşan genotipi vardır.

Yüksek riskli HPV tipleri (16 ve 18) onkojeniktir. HPV DNA serviks kanserli olguların %99.7'sinde bulunur. HPV enfeksiyonu sıktır ve hayat boyunca sıklığı %70-80'dir.

Kadınlar cinsel hayatları başladıktan sonra HPV enfeksiyonu olma eğilimindedir. Birçok olguda HPV enfeksiyonu geçicidir ve klinik semptom göstermez. Düşük grade sitolojik değişiklikler sıklıkla HPV enfeksiyonuna bağlıdır. Kadınların çok az bir kısmında persistan HPV enfeksiyonu yüksek grade CIN ile sonuçlanır. Yüksek grade CIN 10-20 yıl içerisinde invaziv kansere dönüşebilir.

NHS tarafından İngiltere'de HPV 16 ve 18' e karşı 12-13 yaşındaki kızlara HPV aşısı yapılması önerilmektedir.

Kutu 10.2 Diskaryozis

Bu sitolojik terim smear testindeki eksfolyatif hücrelerin nükleer değişikliklerini tanımlamak için kullanılır. Nükleer genişlemeyi ve sınır düzensizliklerini ifade eder. Bu değişimlerin ciddiyeti diskaryozis gradeini belirler. Ayrıca nukleus/sitoplazma oranı artışı da hücrelerdeki maturasyon kaybını gösterir. Diskaryozisin derecesi herzaman alttaki epiteldeki CIN'in derecesini göstermez (Resim 10.2 ve 10.2).

mevcuttur. Bunların %20'sinde kolposkopi ve biyopside CIN 2/3 bulunur. Düşük grade anormal smear sonucunda farklı yaklaşımlar mevcuttur. Günümüzde bazı merkezler kolposkopi önerirken bazıları 6 ay sonra smear kontrolü önerirler. Tekrar smearde anormallik olan hastalar kolposkopi için yönlendirilir. Bu bazı kadınlara gereksiz girişim yapılmasını önler.

Orta ve ciddi diskaryoziste (smearların % 1.5'unda mevcuttur) %65-95 yüksek grade CIN olma riski vardır. Burada invazif kanserin önlenmesi için tedavi gerekir, izlem önerilmez (gebelik hariç).

Kutu 10.3 Servikal İntraepitelya Neoplazi

Serviksin transformasyon zonundaki skuamoz epitelin anormal proliferasyonunu tanımlayan histopatolojik bir terimdir.

CIN' de grade displaziye uğrayan epitelin kalınlığına bağlıdır. CIN 3 te epitelin 3/3'ünde tutulum vardır, sadece epitel tutulmuştur ve bazal membran intakttır. Bazal membran tutulumu varsa bu invaziv kanserdir (Resim 10.3).

Kolposkopi kliniğinde Christie'den öğrenilmesi gereken bilgiler nelerdir?

Servikal taramanın amacı serviks kanserinden ölümlerin azaltılması ve CIN' lerin saptanması ve tedavi edilmesidir. CIN asemptomatiktir ancak servikal kanser ile ilişkili semptomlar sorgulanmalıdır. Bunlar ara kanama, postkoital kanama ve anormal vajinal akıntıdır.

Gebelik sırasında müdahale ve tedaviyi önlemek için hastanın son adet tarihi ve kontrasepsiyon yöntemi sorgulanmalıdır.

Ayrıca Christie'nin bu merkeze neden yönlendirildiğini bilip bilmediğinin sorgulanması da önemlidir.

Christie'nin Caleb'in doğumundan 2-3 hafta sonrasında pembe- kahverengi akıntısı olmuş ve o tarihten sonra kanaması olmamıştır. Kontrasepsiyon yöntemi kullanmıyor ancak çok yorgun olduğundan cinsel aktivitesinin olmadığını ifade ediyor.

Muayenede nelere bakılmalıdır?

Serviksi görmek için spekulum muayenesi yapılır. Tüm transformasyon zonu görülmelidir. İlk inceleme kolposkopide şüpheli kanser bulgularını dışlama şansı sunar. Zayıf asetik asit (%3-5) servikse uygulanır. Burada anormal olan alanlar beyaz boyanır ve yüksek grade CIN'de kapiller kan damarları görünebilir. Asetowhite alanlar transformasyon zonunun aktif metaplazisi ve HPV enfeksiyonu ile ilişkili olabilir. Bunu takiben Lugol uygulanabilir. Normal skuamoz epitel kahverengi boyanırken CIN olan alanlar boyanmaz.

Christie'nin serviksi normal görünüyordu. Kolposkopide transformasyon zonu tamamıyla görüldü. %5 asetik asit uygulandı ve kapiller damarların da görüldüğü şüpheli mozaik patern ve yoğun beyazlaşma görüldü. İnvaziv hastalığı düşündürecek anormal vaskularizasyon yoktu. Bu bulgular CIN 3 ile uyumlu idi.

Şimdi tanı koyabilir misiniz?

Kolposkopi herhangi bir alandaki anormallikleri tespit etmede kullanılır. Servikal hastalıkların tanısında histolojik tanı altın standarttır. Tanısal biyopsiler genellikle punch ile alınan küçük biyopsilerdir (1-3 mm) ve kolposkopi en anormal alandan biyopsi alınmasına olanak sağlar. Ayrıca tedavide eksizyon yapılması da histoloji için spesimen sağlar.

Bundan sonra ne yapılmalıdır?

Christie'nin smear sonucunda hafif anormallik olmasına rağmen başlangıçta transformasyon zonunun eksizyonu gereksiz tedavi olarak nitelendirilebilir. Tanının doğrulanması için punch biyopsiler alınmalıdır.

Punch biyopsinin patoloji raporu CIN 3 idi. 3 hafta sonra Christie kolposkopi kliniği tarafından arandı ve durumu anlatıldı. Tedavi için randevu verildi.

Tedavi

Servikal tedaviler reprodüktif fonksiyonların korunmasını sağlar. Bu 27-33 yaş gibi CIN'in en sık olduğu yaşlarda önemlidir. Ablatif ve destrüktif tedaviler transformasyon zonunu tahrip eder, bu yüzden tedavi öncesinde CIN varlığını doğrulamak için histolojik inceleme yapılmalıdır. LLETZ (large loop excision of transformation zone) en sık kullanılan tedavi yöntemidir. Bu prosedür diyatermi loopu ile anormal transformasyon zonunun eksizyonunu içerir ve genellikle lokal anestezi ile uygulanır. Kısa dönem yan etkileri sık değildir , kanama ve enfeksiyon bunların en sık görülenleridir. Konizasyon daha nadir yapılır ancak mikroinvaziv kanserin konservatif yaklaşımında önemlidir (FİGO Evre 1a1).

Christie'nin kolposkopi sonucu yüksek grade CIN'i doğruladı. Yüksek grade CIN invaziv kansere progresyon göstermeden tedavi edilmelidir. Hastanın biyopsi sonuçlarında invaziv kanser lehine bulgu olmadığından hasta ablatif ya da eksizyonel yöntemlerle tedavi edilebilir.

Christie' ye lokal anestetik ile paraservikal blok ve kanamayı azaltmak için adrenalin yapılarak LLETZ uygulandı. Tedaviyi takiben o gün krampları oldu ve 3 hafta boyunca az miktarda vajinal kanaması devam etti. 6 ay sonra smear kontrolü için kolposkopi kliniğine gelmesi önerildi.

Takip

CIN'ın konservatif tedavisi sonrasında yapılan takipler tedavi eksikliğinin tespitinde ve rekürren CIN tanısında önemlidir.

Yüksek grade CIN için tedavi edilen kadınlarda serviks kanseri olma riski normal popülasyondan 8 kat fazladır. İngiltere ve Galler'de yüksek grade CIN tedavisi sonrası 10 yıl, İskoçya'da ise 5 yıl smear takibi önerilmektedir. Düşük grade CIN'de ise İngiltere'de takip süresi 2 yıldır. Tedaviden sonraki ilk vizitte kolposkopi uygulanabilir ancak bu şart değildir. Takip süresi tamamlandığında kadınlar 3 yılda bir çağrılır. Günümüzde İngiltere'nin bazı bölgelerinde HPV testleri yapılarak takip süresi azaltılmaya çalışılmaktadır.

OLGUNUN DEĞERLENDİRİLMESİ

Servikal tarama programları serviks kanserinin mortalite ve sıklığında başarılı bir azaltma yaratmıştır. Ilımlı diskaryozis tüm smear sonuçlarının %2'sinde görülür ve genellikle yüksek gradeli CIN ile ilişkilidir. Kolposkopi servikal epitelin inspeksiyonu, CIN olan alanların belirlenmesi ve kanserin şüpheli değişikliklerinin tespiti için uygulanır.

Düşük grade CIN konservatif olarak yönetilebilir ancak persiste ediyorsa, hastanın tedavi isteğine bağlı olarak ve fertilitesini tamamlamış ise yüksek grade CIN gibi tedavi edilebilir. Yüksek grade CIN tedavisi ablatif veya eksizyonel metodlarla yapılabilir ve tedavi başarısı %95 civarındadır.

CIN nedeniyle tedavi edilen hastalar genel popülasyonla karşılaştırıldığında serviks kanseri için risk altındadır ve sitolojik takip gerektirir (bazı vakalarda HPV testi gereklidir).

HPV 16/18 için 12 yaşındaki kızlara uygulanan aşı programlarının HPV enfeksiyonu, CIN ve serviks kanseri üzerine olan etkisinin görülmesi yıllar alacaktır.

ÖNEMLİ NOKTA

- Servikal smear taraması sitolojik anormalliklerin (diskaryozis) saptanmasını amaçlar.
- Düzenli tarama programları servikal kanser sıklığını azaltır.
- Servikal örnek plastik bir çubukla alınır ve sıvı bazlı sitolojik ortama konulur.
- Kadınlar sıklıkla anormal smear sonucuyla karşılaştıklarında kaygılanırlar veya kolposkopi yaptırmak isterler. Yeterli bilgi ve desteğin verilmesi çok önemlidir.
- Kolposkopi ile bu değişimlerin araştırılması premalign hastalıkları açığa çıkarabilir (CIN).
- CIN asemptomatiktir.
- Tanı biyopsi ve tedavi spemenlerinin histolojik incelemesi ile konur.
- Bu premalign evrede erken tanıyı sağlar ve kanserden ölümleri önler.
- Tedavi genellikle LLETZ'dir ancak ablatif yöntemler de kullanılabilir.
- Kadınlar smear sonuçları konusunda uygun şekilde bilgilendirilmeli ve uzun süreli takip ve araştırmalar için cesaretlendirilmelidir.

Önerilen Kaynaklar

NHS CSP document 20. *Programme management*. Sheffield, 2003.

Olgu 11 Emekli bir öğretmen 'bir şey sarkıyor' hissini ifade ederek müracaat etmiştir.

Doç. Dr. Ayşe Ender YUMRU
Dr. Banu ÖNDEŞ

Bayan Milne, 63 yaşında emekli öğretmen, 'bir şey sarkıyor' hissini ifade etmektedir. Bu durumun bazen daha belirgin olduğunu fark eder ve bazen vajinasında, özellikle de kabız olduğu dönemlerde, ağrı hisseder. Vajinasında büyümekte olan şişlikten dolayı endişe duymakta ve bunun sonucunda kocasıyla cinsel ilişkide bulunmaktan kaçınmaktadır. Bayan Milne bir arkadaşında da benzer semptomların olduğunu bilir fakat bu kişisel sorununu onunla tartışmak istemez. Rutin servikal smear kontrolünde hemşireye bir önerisi olup olmadığını sorar. Hemşire jinekoloğundan bir randevu almasını tavsiye eder.

Ayırıcı tanı nedir?

- Mesane, uterus ya da barsak prolapsusu
- Vajinada ya da uterus duvarında subkutanöz kist
- Vajina içinde abse

Öyküsünden neler çıkarabilirsiniz?

Şikayeti

- Sarkma şikayetinin süresi, rahatlatan ya da artıran faktörler
- Üriner semptomlar ve süresi
  - dizüri
  - idrar sıklığı
  - boşaltmanın tamamlanamaması
  - mesanesini boşaltmak için yaptığı manevralar
  - noktüri
- Barsak semptomları ve süresi
  - konstipasyon
  - diare
  - rektumu boşaltmak için vajene manuel kompresyon
- Vajinal akıntı
- Seksüel fonksiyon
  - ilişki sırasında ağrı
  - ilişki sırasında obstrüksiyon

Medikal öykü

- Geçmiş jinekolojik cerrahi
- Bağ dokusu hastalıkları
- Solunumsal hastalıklar

Menstrual öykü

Menopoz yaşı

Obstetrik öykü

- Parite
- Doğum şekli
- Gebelik ve doğum komplikasyonları

Aile Öyküsü

Bağ dokusu hastalıklarının varlığı

Sosyal

- Pelvik tabanda basınç artışına sebep olan ağır kaldırmak gibi iş ve aktiviteler
- Sigara kullanımı

İlaç öyküsü

- Steroidler
- Pıhtılaşmayı önleyici ilaçlar(aspirin,klopidogrel,warfarin vs)

Bayan Milne son adetini 9 yıl önce gördüğünü ve o günden beri kanamasının olmadığını ifade eder. Makul beslenmesine rağmen, her zaman kabızlık eğilimindedir. Üriner inkontinansı yoktur, fakat özellikle bütün gün ayakta olduğu günlerde idrar kesesini tamamen boşaltabilmek için işedikten sonra ayağa kalkıp tekrar

Obstetrics and Gynaecology: Clinical Cases Uncovered.
By. M. Cruickshand and A. Shetty. Published 2009 by Blackwell Publishing. ISBN: 978-1-4051-8671-1

BÖLÜM 2: OLGULAR

tuvalete oturduğunu ifade eder. Emekli olduğundan beri dağ yürüyüşünden hoşlanmaktadır fakat semptompları onu yürüyüş grubuyla gitmekten alıkoymaktadır. Çünkü şişlik çok ayakta kaldığında rahatsızlığa neden olur. Daha önceden ameliyat geçirmemiş ve bağ dokusu hastalığı yoktur (ailesinde de yoktur). Herhangi bir ilaç kullanımı yoktur. Ancak 41 yıl önce, forsepsle doğmuş bir çocuğu vardır ki Milne'nin bu doğumda birçok sütür atılmasını gerektiren büyük bir yırtığı olmuştur.

Fizik muayenede nelere bakmalısınız?

Genel

Vücut kitle endeksi (BMI) ; obezite intraabdominal basıncı arttırır ve prolapsusu hızlandırır. Sigara içmeye bağlı nikotinden bozulmuş parmaklar ve saç solunum problemlerini işaret eder.

Göğüs muayenesi

Özellikle öksürük nöbetlerine sebep olan uzun süreli ve inatçı solunumsal hastalıklar prolapsusu hızlandırır ve dikkate alınmalıdır. Tedavi edilmemiş durumlar ve sigara içimi değerlendirilmeli ve ifade edilen şikayetlere eklenmelidir.

Abdominal muayene

Pelvik kitle (benign ya da malign) intraabdominal basıncı arttırır ve pelvik tabanın çökmesine sebep olmaktadır. Saptanan herhangi bir kitle en uygun şekilde yönetilmelidir (olgu 12'ye bakınız).

Pelvik muayene

Prolapsusa neden olan pelvik kitle bimanuel muayeneyle tespit edilecektir (Şekil 11.1).

Spekulum muayenesi prolapsusun derecesini (anatomik şiddetini) tespit etmeye olanak sağlar. Birçok tip evrelendirme vardır. Bazıları vajinal introitusu içine alır, bazıları referans nokta olarak himenal ringi kullanır. Sims spekulumunu kullanmak sarkmış olan vajen duvarını geri çekerek, değerlendirilecek olan duvarın tamamen görünmesine imkan tanır. Sarkmanın derecesini doğru belirleyebilmek için hastaya öksürmesini söylemelisiniz. Bazen hem ön hem de arka duvar sarkabilir ve 2 Sims spekulumu kullanılabilir ya da vajenin tepesini görebilmek için ovum forsepsi kullanılabilir. Uterin ya da vajen kubbesi sarkmasının olup olmadığına bakmalısınız (orta kompartman).

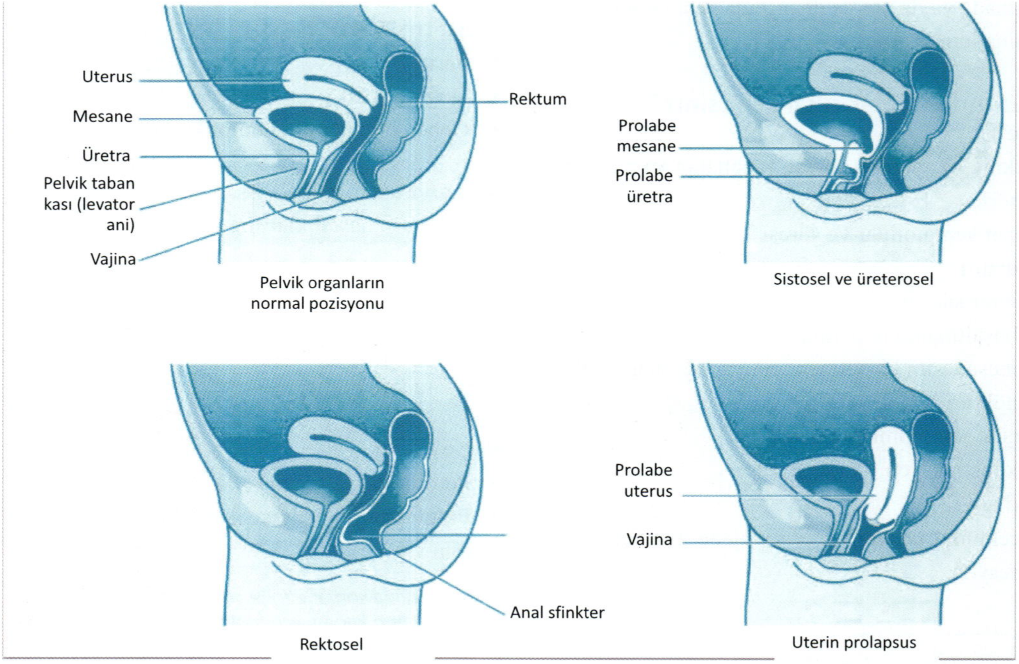

Figür 11.1 Prolapsus

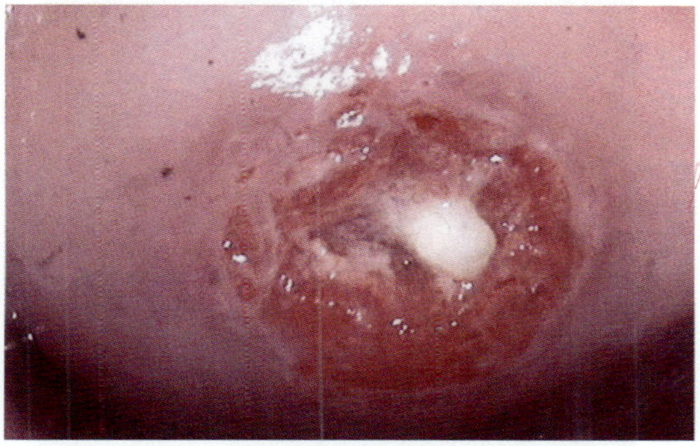

Resim 9.1 Servikal ektopi - mukus şeklinde akıntı

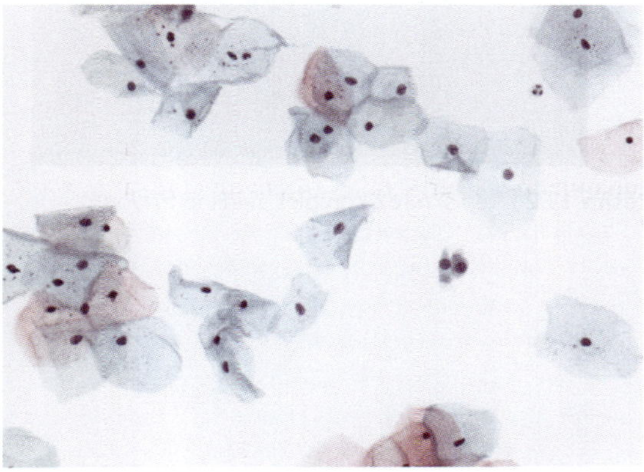

Resim 10.1 Normal hücreler içeren servikal sitoloji

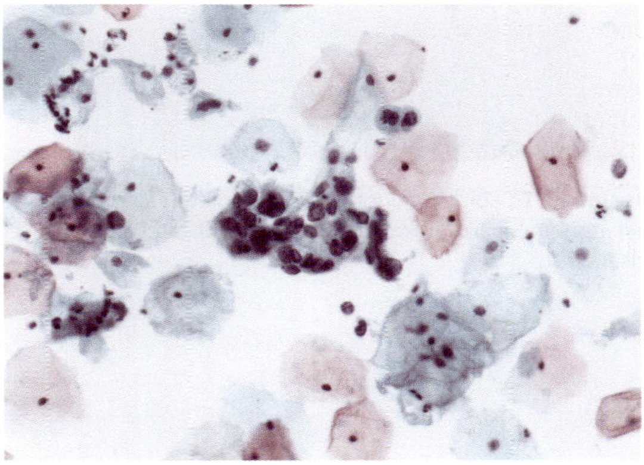

Resim 10.2 Normal hücreler içeren servikal sitoloji

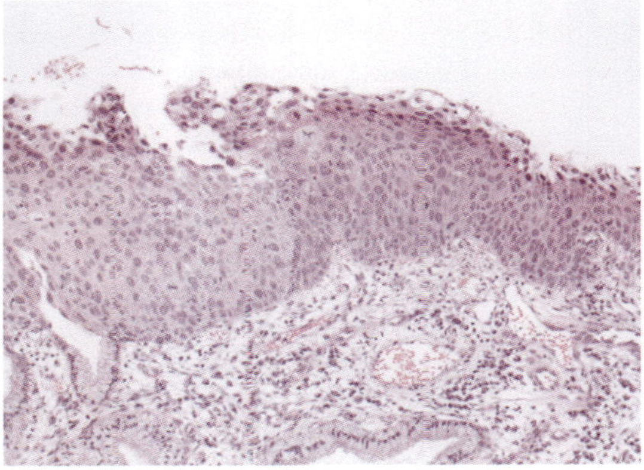

Resim 10.3 Servikal intraepitelyal neoplazi 3 (CIN 3)

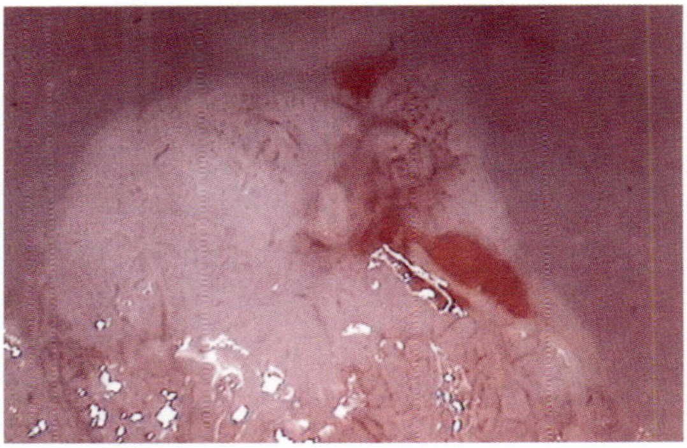

Resim 10.4 %5 asetik asid uygulamasından sonra kolposkopik bulgular; aseto-beyazlaşma, mozaik ve punktasyon kapiller damarları göstermekte.

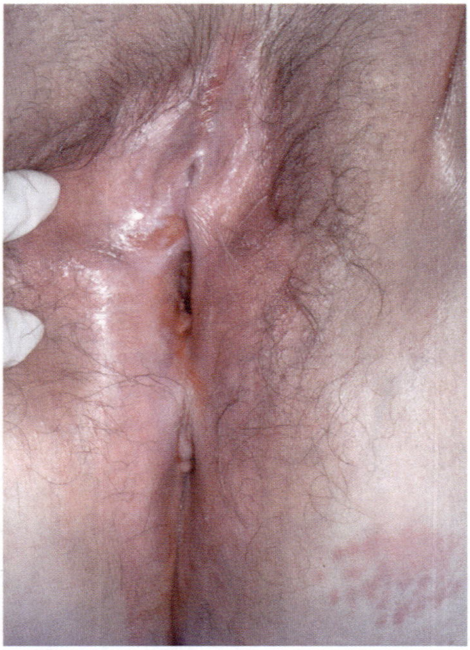

Resim 13.1 Labium minor kaybıyla birlikte vulvar ve perianal eritem ve likenifikasyon Forşetin sağ tarafında yüzeyel ülserasyon

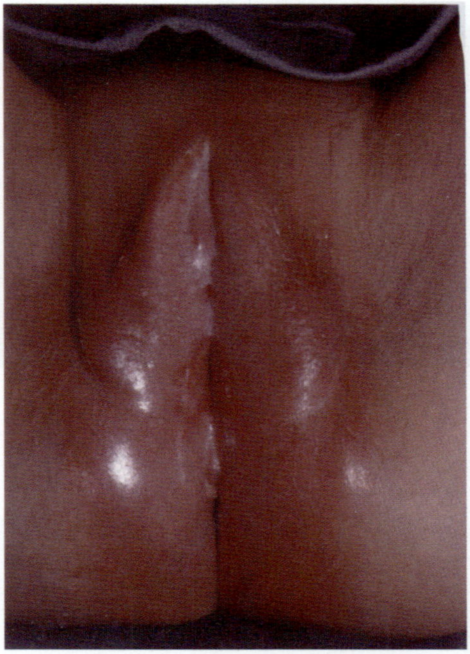

Resim 13.2 Liken skreroz-komplet midline füzyon

Uzun süre ayakta duran hastalardaki prolapsuslarda, prolapsus yerinde travma oluşur ve bazen ülser formuna dönüşebilir (dekübit ülserleri). Kanamayla kendini gösterebilir ve vajina dışına çıkmış olan serviks muayenede apaçık gözükecektir. İdrar ya da gaita inkontinansını kontrol etmek önemlidir. Bazen öksürmekle muayenede idrar spontan olarak kaçabilir (stres inkontinans). Bazen de prolapsusun redüksiyonu inkontinansa sebep olur. Prolabe olan mesanenin distansiyonuna bağlı taşma inkontinansına işaret eder. Eğer fekal inkontinans mevcutsa ya da öyküsünde varsa anal sfinkteri rektal tuşeyle muayene etmek uygun olacaktır.

Şimdi bu ana kadar ki bulgularınızı gözden geçiriniz.

63 yaşında kadın hasta 12 aydır sarkma hissinin olduğunu ifade etmektedir. En sevdiği hobisinden "aşağıdaki ağırlık" yüzünden ve bazen idrar kesesini boşaltmakta güçlük yaşadığı için vazgeçer. Hafif kilolu, BMI 28, sigara içmeyen ve hiçbir medikal problemi olmayan bir kadındır. Abdominal muayenede kitle gözlenmez fakat spekulum muayenesinde anterior vajinal duvar öksürmekle himenal ringi 2 cm geçmekte ve fakat parmakla kolayca itilmektedir. İdrar ve gaita inkontinansı ya da vajende travma izi yoktur.

Başka hangi araştırmaları önerirsiniz?

- *Orta akım idrarı* (MSSU). Üriner semptomlar varsa idrar mikroskopisi ve kültürü yapılmalıdır.
- *Ürodinamik araştırmalar.* Stres üriner inkontinans düşünülüyorsa yapılmalıdır.
- *Cerrahiye sevk.* Fekal inkontinans varsa, kolorektal cerraha, endoanal ultrason ve anorektal manometri gereken durumlarda sevk edilebilir.

Bundan sonra ne yapacaksınız?

En önemli olay hastanın kabul edilebilir bir tedavi planı hakkında ne düşündüğü ve prolapsusun onun yaşantısını nasıl etkilediğidir. Prolapsusların hepsi tedavi gerektirmez, ileriye dönük sorgulamalar da hayat tarzı üzerindeki etkiler için gerekebilir ve ileride tıbbı müdahale gerektirmeyen hayat tarzı değişiklikleri yapılabilir.

Şimdi ayırıcı tanınızı gözden geçiriniz.

Mesane, uterus ya da barsak prolapsusu

Spekulum muayenesinde prolapsus sadece anterior duvardan lokalize izlenebildiği gibi, eşzamanlı herhangi bir yerde de desensus izlenebilir.

Vajen duvarında kist ya da apse

Bimanual muayenede ve spekulum muayenesinde vajen duvarında kist ya da apse olabilir, bunlar palpasyonla ağrılıdırlar ve akıntı eşlik edebilir.

Hangi tedavi seçeneklerini sunacaksınız?

1 *Konservatif tedavi.* Eğer prolapsus hayatı tehdit eden bir durumda değilse, gerekli tedavi planını belirlemek için ileriye dönük bilgilendirme yapılmalıdır. Bazen bütün gereken sadece moral vererek bu şişliğin kanser olmadığını anlatmaktır; ancak Bayan Milne'nin olgusunda hayat kalitesi etkilenmiştir. Ve bu durum ileri tedavi için sizi harekete geçirmelidir.

2 *Yaşam tarzı faktörleri.* Öyküde intraabdominal basıncı arttıran nedenleri tanımlamalısınız. Buna değinmeli ve gerekirse kilo verme ve sigarayı bırakma konusunda tavsiyelerde bulunmalısınız.

3 *Pelvik yer egzersizleri.* Egzersizler başarılı bir şekilde prolapsus semptomlarını iyileştirebilir ve ayrıca mümkün olduğunca operasyon öncesi uygulandığınca cerrahi başarıyı arttırabilir. Bu egzersizler evde günlük düzenli olarak bir fizyoterapistin gözetiminde veya hasta bilgi broşürü yardımıyla uygulanabilir. Ancak bu tarz tedaviyi üstlenmek ve uzun süreli uygulamak hastanın kararlılığına bağlıdır.

4 *Pesser.* Acil bir düzelmeyi tercih eden fakat operasyona gerek olmayan hastalara, prolapsusu ortadan kaldırmak için bir alternatif olabilir. Fakat uygun pesser boyunu tespit edebilmek için vajinal girişi ve posterior forniksten symphysis pubise kadar olan boyutu değerlendirmek önemlidir.Değişik şekillerde pesserler mevcuttur ve prolapsusun yerine göre klinisyen tarafından seçilir. Fakat bazen pesser yerinde kalmaz ve intraabdominal basınç varlığında (örnek: defekasyon sırasında) kendiliğinden dışarı çıkar.

5 *Cerrahi.* Pesseri tercih etmeyen ve de yeterli derecede prolapsusu olan hastalar tarafından tercih edilen bir seçenektir. Operasyonun tipi prolapsusun yerine bağlıdır, naylon meş gibi prostetik materyaller ve biyolo-

jik greft içerebilir. Operasyon çoğunlukla vajinal olarak yapılır. Ancak bazı teknikler abdominal girişimler gerektirir (minimal girişim ya da açık prosedür). Eğer ameliyata karar verildiyse preoperatif böbrek ve karaciğer testleri ve hematolojik değerlendirme yapılmalıdır. Anestezi için yaşlı, hipertansif, respiratuar ve kardiyak problemi olan hastalara akciğer grafisi ve elektrokardiogram (EKG) yapılmalıdır. Prolapsus cerrahisi spinal ya da epidural anestezi gibi rejyonal blok ile yapılabilir.

ÖNEMLİ NOKTA

Ameliyattan 10 gün önce pıhtılaşmayı önleyici ilaçları, operasyon sırasında pelvik kanamayı ve rejyonal anestezi uygulanan hastalarda intratekal kanamayı önlemek için kesmeyi unutmayınız. Bunu kompanse etmek için hangi anestezi tipi olursa olsun hastalara pre ve post operatif subkutan heparin verilir.

Bayan Milne ring pesser kullanmaya karar verir.Durumu değerlendirilir ve 71 mm çapında ring pesser kolayca yerleştirilir. 4 gün sonra barsak hareketleri sırasında pesseri tuvalete düşer. Kliniğe tekrar giden Bayan Milne'ye bir boy büyük 81 mm'lik pesser yerleştirilir. 6 ay sonra tekrar görülür. Pesser yerindedir, vajinal akıntısı olduğunu ve 6 ayda bir pesserin değişiminden mutsuz olduğunu ifade eder. Kesin çözümün ameliyat olduğunu düşünerek operasyon talebinde bulunur. Anestezi ve operasyon için herhangi bir risk faktörü yoktur. Operasyon mesane ve vajinal duvardaki dokunun tamirini kapsar. Uterin prolapsusu olmadığı için histerektomiye gerek yoktur.

Bayan Milne yeterli iyileşme sürecinden sonra hobisi olan dağ yürüyüşüne geri döner ve prolapsusa dair bir semptomu olmaz.Bu aktivitelerin, %30 başarısızlık riski olan prolapsus tamiri sonrası zararlı olduğunu anlar. Bayan Milne postoperatif başarıyı arttırmak için pelvik taban egzersizlerini yapar.

OLGUNUN DEĞERLENDİRİLMESİ

Bu olgudaki postmenopozal kadın, bir şey sarkıyor hissiyle ve yaşam kalitesini etkileyen mesaneyi tam boşaltamamasıyla ilgili üriner semptomlarını ifade etti. Travmatik bir doğum sonrası sahip olduğu tek bir çocuğu vardı, pelvik tabanı etkileyecek başka bir risk faktörü yoktu. Hafif kilolu ve sınırda BMI'ya sahipti ve sigara içmiyordu. Spekulum muayenesinde kolayca redükte edilebilen intraabdominal basınçla himenal ringin dışına çıkan sistoseli mevcuttu.

İlk tedavi seçeneği uygun ölçünün bulunmasından sonra başarılı olan ring pesserdi. Fakat Bayan Milne cerrahi tedaviyi tercih etti ve aktivitelerine dikkat edip ve pelvik taban egzersizlerini yapıp başarısını destekledi.

ÖNEMLİ NOKTA

- Abdominal basıncı arttıran herhangi bir faktör prolapsusla bağlantılı olarak değerlendirilmelidir.
- Prolapsusun anatomik yeri, barsak ve mesane gibi pelvik organların aktivitesini etkileyebilir.
- Prolapsusa maruz kalan vajende ve servikste travma meydana gelebilir.
- Pelvik taban egzersizleri semptomları başarılı bir şekilde geriletir ve efektif olması için düzenli bir şekilde yapılmaları gerekir.
- Başarılı bir prolapsus redüksiyonu için pesserin tipi ve boyutu uygun bir şekilde seçilmelidir.
- Ameliyatın %30 başarısızlık şansı vardır.
- Cerrahi prosedürün şekli prolapsusun türüne bağlıdır ve bireyselleştirilmelidir.

Olgu 12 57 Yaşında Abdominal Şişlik ve Şüpheli Alt Abdominal Ağrısı olan Kadın Hasta

Dr Burcu DİNÇGEZ

Bayan Rachel Simpson, 57 yaşında kadın hasta, abdominal şişlik ve şüpheli alt abdominal ağrı şikayeti ile başvurur. Son zamanlarda kilo alır ve kıyafetleri beline dar gelmeye başlamıştır. Yılbaşından beri bu durum hastaya tuhaf gelmez ve diyet yapar ancak şişkinlik partneri ve en yakın arkadaşı tarafından da fark edilebilir hale gelir.

Hasta endişelidir ve artık rahatsız olduğu için yemek yiyememektedir. Aynı arkadaşı kendisinde uzun zamandır irritable barsak sendromu olduğunu ve Simpson'un bulgularının da buna benzediğini söyler. Bayan Simpson telaşlanır çünkü erkek kardeşi barsak kanseri nedeniyle 10 yıl önce ölmüştür.

Akla gelen ayırıcı tanılar nelerdir?

- Over kisti
- Over kanseri
- Barsak kanseri
- Ascites

Anamnezde sorulması gerekenler nelerdir?

Başvuru şikayetleri

- Abdominal ağrının detayları
- Konstipasyon, barsak alışkanlıklarındaki değişiklikleri ve rektal kanamayı içeren gastrointestinal semptomlar distansiyon
- Kilo kaybı

İlişkili Semptomlar

- Mesane basısına bağlı semptomlar (sıklık / inkontinans)
- Gastrointestinal traktus basısına bağlı semptomlar (erken doyma hissi, reflu, göğüste yanma)
- Anemi semptomları (yorgunluk)

Menstrüel Öykü

Menopoz yaşı

Obstetrik öykü

Parite, doğum yöntemi ve komplikasyonları

Aile öyküsü

Kanser öyküsü (özellikle endometriyum, meme ve kolon)

Bayan Simpson son adet tarihinin 7 yıl önce olduğunu ve sonrasında kanaması olmadığını söylemektedir. 20'li yaşlarda infertilite nedeniyle araştırılan ve herhangi bir neden bulunamayan hastanın çocuğu yoktur. Son günlerde konstipasyon şikayeti olan hasta rektal kanama tariflememektedir ve laksatif kullanmaktadır. Buna rağmen alt abdominal bölgede rahatsızlık hissi duyar. Endometriyum ve meme kanseri ile ilişkili ailesel öyküsü olmayan hastanın 62 yaşında barsak kanseri tanısı konulan erkek kardeşi vardır.

Fizik muayenede nelere dikkat edilmelidir?

Genel muayene

Solukluk ve kaşeksi nadirdir ve ilerleyen hastalıklarda bile genel muayenede çok az bulgu mevcuttur.

Abdominal muayene

Symphysis pubis üzerinde abdominal kitle palpe edilebilir. Pelvik kitlenin büyüklüğü ölçülür ve gebe uterusuna göre ifade edilir. Benign kitleler genelde iyi sınırlı, yumuşak, düzenli ve mobildir. Malign kitleler ise düzensiz sınırlı ve fikse olabilir. Ayrıca üst veya orta abdomende düzensiz kitlelerin varlığı abdominal veya omental yayılımı düşündürür. Distansiyona neden olan ascites varlığında hareket eden sıvı hissi olabilir.

Obstetrics and Gynaecology: Clinical Cases Uncovered.
By. M. Cruickshand and A. Shetty. Published 2009 by Blackwell Publishing. ISBN: 978-1-4051-3671-1

Pelvik muayene

Bimanuel muayene: Postmenopozal kadınlarda uterus küçük olma eğilimindedir ve ayrı olarak hissedilebildiği gibi malign kitleleri de içerebilir. Adneksiyal kitleler için uterusun her iki yanı hissedilmelidir. Malign kitleler ayrı olarak hissedilebilir veya kalınlaşma ve endürasyon hissi veren pelvisi dolduran şüpheli bir imaj da verebilir.

Bulguları özetlemek gerekirse, Bayan Simpson 57 yaşında, para 0+0, 6 aydır artan abdominal şişkinliği ve şüpheli alt abdominal ağrısı olan hastadır. Muayenede VKI 28, batında jeneralize şişkinlik ve yer değiştiren sıvı hissi, üst abdomende irregüler şişlik ve alt abdomende nodüler fikse kitlesi vardır. Hasta nullipar ve postmenopozal olduğundan pelvik muayene zordur. Hasta spekulum muayenesini tolere edemez ve tek parmakla vajinal muayene yapılır. Burada da orjini ayırt edilemeyen fikse kitle palpe edilir.

Bundan sonra ne yapılmalıdır?

CA 125 için serum örneği

Serum CA125 seviyeleri genel olarak pelvik kitlesi olan kadınlarda over kanserinin tespitinde kullanılır.

Abdominal ve pelvik ultrasonografi

Abdominal ve pelvik ultrasonografi ile kitle tespit edilebilir. Maligniteyi destekleyen önemli bulgular kullanılarak malignite risk skoru (aşağıya bakınız) hesaplanabilir. Bu kistin solid mi kistik mi olduğunu, asit varlığını ve pelvisi aşan hastalığın varlığını içerir.

Diğer önerilecek tetkikler nelerdir?

- Demir eksikliği anemisi için tam kan sayımı
- Renal fonksiyonlar için üre ve elektrolitler
- Karaciğer tutulumu için karaciğer fonksiyon testleri. Düşük albumin ascites varlığında görülebilir.

Hastanın CA 125 seviyesi 437 IU/ml'dir (normal üst limit 30 IU/ml) (kutu 12.1).

Ultrasonografi raporunda uterus hafifçe büyümüş ve ince, düzenli endometriyum vardır. Büyük kompleks pelvisi dolduran kitle nedeniyle her iki over de net görülememektedir. Abdomende serbest sıvı ve multiple loküller ile solid alanlar mevcuttur.
Tam kan sayımı, üre-elektrolit değerleri ve karaciğer fonksiyon testleri normal sınırlardadır.

Kutu 12.1 CA 125

- Glikoprotein antijen
- Over kanserli kadınların %80'inde yüksektir ancak bunların %50'si evre 1 hastalıktır.
- Epitelyal ovaryan tümörlerin tespit ve izlenmesinde kullanılır.
- Diğer malignitelerde de artabilir (kolon, pankreas, meme, akciğer).
- Benign durumlarda da artabilir (menstruasyon, endometriozis, pelvik inflamatuar hastalık, karaciğer hastalığı, geçirilmiş cerrahi, efüzyon).

Tablo 12.1 Malignite Risk İndeksi (RMI) skorlama sistemi

Özellik	RMI 2 skoru
Ultrasonografi bulguları	
• Multiloküle kist	0 = hiç
• Solid alan içerme	1 = sadece 1 özellik mevcut
• İki overi içerme	4 = 2 veya daha fazla özellik
• Ascites varlığı	
• İntraabdominal yayılım tespiti	
Menopozal durum	Premenopozal = 1 Postmenopozal = 4
CA 125	IU/ml

Bundan sonra ne istenmelidir ?

Malignite Risk İndeksi (RMI) skorlama sistemi

Malignite risk indeksi CA125 seviyesi, menopozal durum ve ultrasonografik özelliklere bağlı olarak hesaplanır. Skorlama ovaryan kitlenin malign olma olasılığını gösterme ve yönetim için uygun yönlendirme yapılması amacıyla kullanılır (tablo 12.1).

$$\text{RMI} = \text{ultrason skoru} \times \text{menopozal skor} \times \text{CA125 (IU/ml)}$$

ÖNEMLİ NOKTA

RMI değeri > 200 olan kadınlar jinekolojik onkoloji servisine yönlendirilmelidir.

Kutu 12.2 Over kanseri ve yüksek risk grupları

Over kanserlerinin sadece %5-10'u aileseldir. Ailesel risk faktörü olan over kanserleri:

- İki veya daha fazla birinci derece akrabasında over kanseri olması
- 50 yaş öncesi bir akrabasında over kanseri, birinde ise meme kanseri olması
- 60 yaş öncesi bir akrabasında over kanseri, birinde ise meme kanseri olması
- Bilinen BRCA 1 veya BRCA 2 taşıyıcılığı
- Kolon kanseri olan 3 veya daha fazla aile üyesi veya 2 nesilde 2 kolon 1 mide, over, endometriyum, üriner traktus ve ince barsak kanseri
- Hem primer over hem de meme kanseri varlığı

Şimdi Bayan Simpson için RMI'yı (RMI 2 skorunu kullanarak) hesaplayınız.

RMI Hesaplanması = ultrason skoru x menopoz skoru x CA 125 (IU/ml)
4x4x37
6992

Şimdi ayırıcı tanıları gözden geçirelim

1 *Over kisti*: RMI skoru > 200 olduğu pek mümkün değildir.

2. *Endometrioma*: Solid alan içeren kompleks yapıya sahiptir. Peritoneal tutuluma bağlı CA125 yüksekliğine sebep olabilir. Premenopozal dönemde olabilir fakar postmenopozal dönemde yeni bulgu vermesi çok beklenmez.

3 *Over kanseri*: Hastanın sonuçlarına ve RMI skoruna göre en olası tanıdır. Omentum veya periton metastazı ve hastalığın yayılımı açısından abdomen ve pelvisi değerlendirmek için BT gerekebilir.

4 *Barsak kanseri*: Başlangıçta uygun bir tanı gibi görünse de over kanserinin yüksek riskini vermesi çok olası değildir. Metastatik hastalıklarda over kanseri ile karışabilir ve ayırt etmek için histolojik doğrulama gerekebilir. Hastanın birinci derece yakınında barsak kanseri öyküsü vardır ancak bu durum hastayı genetik nedenle yüksek risk grubuna sokmamaktadır (kutu 12.2).

5 *Ascites*: Araştırmalarda tespit edilebilir ve bu da hastada benign bir durum olmadığını ve ileri evre over kanseri olma ihtimalinin olduğunu gösterir. Nadir vakalarda ascites örneği alınarak sitolojik ve biyokimyasal tetkik yapılır.

Bu hastaya tedavi seçenekleri olarak neler önerirsiniz ?

Malignite olasılığı ve tedavi yönetimi Bayan Simpson ile paylaşılmalıdır. Bu evrede hastanın multidisipliner takımın olduğu jinekolojik onkoloji kliniğine yönlendirilmesi gerekebilir. Ana tedavi cerrahi ve kemoterapidir.

Cerrahi

Over kanseri olan birçok hastada tanıyı doğrulamak, hastalığın yayılımını tespit etmek ve tümör yükünü azaltmak için laparotomi uygulanır (tablo 12.2). Birçok kadın ileri evre (FIGO evre 3 veya 4) hastalıkla başvurur ve tümörün tamamen temizlenmesi mümkün olmaz. Yine de tümör yükünün mümkün olabildiğince azaltılması kemoterapiye yanıtı arttırmada ve surviyi uzatmada etkilidir.

Laparotomi serbest sıvı ve yıkama sıvısından peritoneal sitoloji için örnek alınmasını, histerektomi ve bilateral salpingo-ooferektomiyi, omentektomiyi içermelidir. Periton, karaciğer, dalak, appendiks, retroperitoneal lenf nodları, diyafragma yüzeyi incelenmeli ve yayılım olup olmadığının tespiti için palpe edilmelidir.

Bayan Simpson'a laparotomi uygulanır. Hastada uterusa yapışık bilateral kompleks adneksiyal kitle tespit edilir, batındaki serbest sıvı aspire edilir ve sitolojiye gönderilir. Omentumda tümör nodülleri, pelvik ve abdominal peritonda tümör infiltrasyonu izlenir. Dalak ve karaciğeri normal görünümde olup, pelvik ve paraaortik lenf nodlarında nodal genişleme palpe edilmemiştir. Total abdominal histerektomi, bilateral salpingo-ooferektomi ve infrakolik omentektomi uygulanır. Operasyon sonunda tek rezidüel yapı peritondaki sago ekilmeleridir.

Histoloji overin omentuma yayılımını içeren orta differansiye seröz kistadenokarsinomdur. Bu FIGO evre 3c hastalıktır.

Kemoterapi

FIGO evrelemesine göre evre 1a olan hastaların dışındaki hastalar cerrahiye ek olarak kemoterapiye ihtiyaç duyarlar (adjuvan kemoterapi). Kemoterapi platinlerin paklitaksel ile kombinasyonunu veya hasta uygun değilse ve kombinasyon tedavisi istemiyorsa tek ajan paklitaksel kullanımını içerir. Bayan Simpson kemo-

Tablo 12.2 Over kanseri FIGO (Uluslararası Jinekoloji ve Obstetri Federasyonu) evrelemesi ve 5 yıllık survisi

Evre	Bulgular	5 yıllık survi
I	Bir veya her iki overe sınırlı	
1a	Bir overe sınırlı	%90
1b	Her iki overe sınırlı	%85
1c	Bir veya iki overe sınırlı yüzeyel tümör veya rüptüre kapsül; malign ascites veya yıkama	%80
II	Diğer pelvik yapılara yayılım	
2a	Uterus ve tubaya yayılım	%70
2b	Diğer pelvik dokulara yayılım	%64
2c	2a gibi veya ancak yüzeyel tümör veya rüptüre kapsül; malign ascites veya yıkama	
III	Pelvis dışı peritoneal implantlar veya pozitif retroperitoneal lenf nodları	
3a	Peritona mikroskopik yayılım	%59
3b	<2 cm peritoneal implantlar	%40
3c	>2 cm peritoneal implantlar veya pozitif retroperitoneal lenf nodları	%29
IV	Karaciğer ve plevral sıvıyı içeren metastaz	%17

terapiye yanıtın ne olacağı ve tedaviye karar vermesi halinde olası yan etkiler konusunda bilgi almak ister. Kür sağlanması mümkün olmamakla beraber hastalığın remisyonunun sağlanması amaçtır.

Bayan Simpson karboplatin ve paklitaksel kombinasyon kemoterapisini almaya karar verir. Bu tedaviyi 6 kür alır, profilaktik antiemetiklerle yan etkiler olan bulantı ve kusmanın üstesinden gelebilmektedir. Tedavi sırasında saçlarını kaybeder ve tedavi sonunda hastalığın hiçbir klinik bulgusu olmamasının yanında CA125 seviyesi 10 IU/L'ye düşer.

Bu tamamen klinik ve biyokimyasal yanıttır. Buna rağmen hastada6-36 ay içinde rekürrens gelişebilir. Bu nedenle hasta multidisipliner bir klinikte takip edilir. Takipler güven sağlar ve rekürrensin tespitine olanak tanır. Rekürrens durumunda kemoterapi palyasyon amacıyla kullanılabilir.

OLGUNUN DEĞERLENDİRİLMESİ

Postmenopozal hasta artan abdominal şişkinlik ve müphem alt abdominal ağrı ile başvurdu. Over kanserinin başvuru semptomları nonspesifiktir ve tipik bir semptomu yoktur. Buna rağmen hastanın yaşı, nullipar olması, ascitesin klinik bulgularının varlığı ve düzensiz pelvik kitle varlığı over kanserini destekledi. Over kanseri 30 yaş altında nadirdir. İnsidansı yaşla artar ve 50'li yaşlarda pik seviyeye ulaşır. Hastada birinci derece yakınında barsak kanseri öyküsü olmasına rağmen bu hastada yüksek riskli ailesel öykü yoktur.

RMI'nın kullanımı uygun yönlendirme için yararlıdır ve menopozal durum, CA 125 tümör markeri seviyeleri ve ultrasonografi bulgularına dayanır. Bu evrede abdominal veya pelvik ultrasonografi en yararlı görüntüleme yöntemidir. Over kanseri hasta semptomatik olduğunda genellikle ileri evrededir. Epitelyal kanserler over kanserinin %90'ını oluşturur ve genellikle evre 1 hastalık nadir olmasına rağmen artmış CA125 seviyeleri ile ilişkilidir. Peritoneal kaviteye yayılım sıktır ve peritoneal/omental hastalık ile ascites varlığı muayenede tespit edilebilir.

Birinci basamak tedavi tümörün tamamen veya mümkün olduğunca çıkarılmasını içeren sitoredüktif cerrahiyi ve kemoterapiyi içerir. Optimal cerrahi total abdominal histerektomi, bilateral salpingo-ooferektomi ve omentektomiyi içerir. Birinci basamak kemoterapide taksanlar ve karboplatin kombinasyonları kullanılır. Survi hastalığın başvuru anındaki evresine bağlıdır. Buna rağmen birçok kadın 5 yıllık survinin sadece %10-15 olduğu ileri evre hastalıkla başvurur ve yine kadınların çoğunda 2 yıl içinde rekürren hastalık görülür.

ÖNEMLİ NOKTA

- Pelvik kitlesi olan genç kadınlarda gebelik dışlanmalıdır.
- Premenopozal kadınlarda genellikle benign pelvik kitleler (örn ovaryan kistler, fibroidler) saptanır.
- Pelvik kitlesi olan postmenopozal hastalarda over kanseri tanıda düşünülmelidir.
- CA125 seviyesi ve ultrasonografi en yararlı tetkiklerdir.
- Cerrahinin amacı tanı konulması, hastalığın evrelenmesi ve mümkün olduğunca tümör yükünün azaltılması amacıyla yapılır.
- FIGO evrelemesine göre evre 1a olan hastaların dışındaki hastalar cerrahiye ek olarak kemoterapiye ihtiyaç duyacaktır.

Olgu 13 68 yaşında uzun süren vulvar kaşıntısı olan hasta

Dr. Banu ÖNDEŞ

Edith Catchpole 68 yaşında emekli sekreterdir. Son 8 yıldır vulvar kaşıntı yüzünden acı çekmektedir. Kaşıntı bazen iyileşmekte sonra yeniden alevlenmektedir. Kaşıntıyı tetikleyecek herhangi bir neden tanımlayamaz. Yerel eczaneden aldığı çok sayıda krem dener. Bunlar genelde mantar tedavileridir. Doktoruna gitmekten çok utanmaktadır. Artık kaşıntı ile başa çıkamaz, gece kaşıntıyla uykudan uyanır ve cildi ağrılı bir hal alır. Hiçbir şeyin ona yardım edemeyeceğini düşünmektedir.

Bu hastada kaşıntının olası nedenleri nelerdir?

Pruritus vulva olarak bilinen vulvar kaşıntı, vulvada lokalize ya da birçok cilt hastalığının bir parçası olabilen yaygın bir semptomdur. Uzun sürmesi ve kaşıntının seyri bu yaş grubunda şu nedenleri akla getirmelidir:

- Liken sklerozis
- Liken planus
- Liken simpleks
- Vulvar intraepitelial neoplazi(VIN)
- Vulvar kandidiyazis

Bu tanıları kesinleştirmek için hangi soruları sormalısınız?

Standart bir jinekolojik anamnez alarak cilt hastalıklarını ve ilgili diğer faktörleri sorgulayınız. Aşağıdaki soruları sormalısınız:

1 Geçmişte başka cilt hastalığı geçirmiş mi? Anogenital bölgenin sıcak ve nemli olması görüntünün atipik olmasına ve değişmesine neden olabilir. Vulvadaki psorizis nemli bölgede,tipik gümüş rengi pulların aksine düzgün sınırlı koyu pembe lezyonlar olarak izlenir.

2 Ailesinde ve kendisinde atopi ve allerji öyküsü

3 Ailesinde ve kendisinde otoimmun hastalık öyküsü(liken sklerozis ve liken planus). Tiroid hastalıkları, alopesi, vitiligo, diyabet ve pernisiyöz anemiyi sorgulayınız.

4 Daha öceki tedavi ve etkilerini sorgulayınız. Özellikle reçetesiz ilaç kullanımı olup olmadığını sorunuz. Aile fertlerinden, arkadaşlarından ya da yurt dışından aldığı preparatları kullanmış olabilir. Topikal tedaviler altta yatan hastalığı alevlendirebilir ya da allerjik dermatite sebep olabilir.

5 Vulvar cilde temas eden çamaşırlar, yıkama (kendisi ve çamaşırları için) ve temizlik ürünleri potansiyel irritanlardır.

Bayan Catchpole aile hekimi tarafından reçete edilen ve semptomlarını biraz iyileştiren %1 lik hidokortizon krem kullanmakta olduğunu söyler. Daha önce İspanya'dan aldığı bir krem kullanmış fakat bitirmiştir. Vulvasını sadece su ile yıkar ve temizlik için bebek mendillerinden kullanır. Beyaz pamuklu iç çamaşırı giyer ve banyosu ile uyumlu mavi tuvalet kağıdı kullanır. Bazen dışarı çıkarken hafif stres inkontinansı olduğu için astarlı külotlardan giyer. Hipotiroidisi vardır, 10 yıldır tiroksin kullanır ve problemi yoktur. Başka ilaç kullanım, allerji ve cilt problemi öyküsü yoktur.

Şimdi olası tanılarınızı gözden geçiriniz

Liken sklerozis

Liken sklerozis her yaş grubunda görülebilir fakat postmenopozal kadınlarda yaygındır. Genellikle ciddi kaşıntı ve ağrıya sebep olur, en yaygın etkileri vulvar

Obstetrics and Gynaecology: Clinical Cases Uncovered.
By. M. Cruickshand and A. Shetty. Published 2009 by Blackwell Publishing. ISBN: 978-1-4051-8671-1

ciltte olsa da diğer non-genital bölgelerde de bulunabilir. Kontrol edilemeyen kaşıntı kanamaya ve cilt yarıklarına sebep olur. Cilt ağrılı ve hassas bir hale gelir. Liken sklerozis hormon değişiklikleri, kontraseptifler, hormon replasman tedavisi ya da menopozla ilişkili değildir. Otoimmun gibi gözükmektedir, liken sklerozlu kadınların %40'ında diğer otoimmun durumlar mevcuttur.

Kaşıntı, vulvar ciltte inflamasyon, ödem ve keratinizasyonla ilişkilidir. Kalınlaşmış beyaz ciltte hiperkeratoz görülebilir. Cilt frajil bir hal alır, klasik subepitelyal hemorajiler (peteşi) görülür ve cilt kolayca ayrılır. Liken sklerozis tipik olarak introitus, perine, labium minör, klitoral bölge ve perianal ciltte görülür. Devam eden inflamasyon, inflamatuar adezyonlara sebep olur. Çoğu kez labium minörlerde lateral füzyona ve yapışıklığa neden olur ve labium minörler görünmez bir hal alır. Klitorisin tepesi ve lateral bölgeleri kaynaşır ve klitoris gömülebilir. Orta hat füzyonları forşette cilt köprülerine sebep olur ve introitusu daraltır. Bazen labium minörler medial olarak kaynaşır ve işeme güçlüğü ve üriner retansiyon yapabilen vajinal açıklığın daralmasına neden olabilir (Fotoğraf 13.1). Şiddeti değişebilmekle beraber özellikleri genelde bellidir ve yaygındır. Bazı alanlar inflame ve kırmızı, bazıları soluk ve kıvrımlı, bazıları kalınlaşmış ve beyaz olabilir. Liken sklerozis vajinal ya da anal mukozaya yayılmaz.

Liken planus

Liken planus vücudun herhangi bir yerini tutabilen yaygın bir cilt hastalığıdır. Liken planus çoğunlukla mukozal bölgeleri etkiler ve sıklıkla oral mukozada görülür. Tipik olarak ince beyaz retiküler özellikte kabarık morumsu plaklarla karakterizedir. (Wickham çizgileri) Ayrıca ağız ve genital bölgede kaşıntıdan ziyade ağrılı ve erozif olabilir. Erozif liken planus introitus civarında parlak eritem şeklindedir. Etiyolojisi bilinmemekle birlikte otoimmun olabilir. Bütün yaş gruplarını etkiler ve hormonal değişikliklerle alakalı değildir.

Liken simpleks

Hassas cilde sahip kadınlarda, yaygın inflamatuar bir cilt hastalığı olan liken simpleks dermatit ve ekzema

Kutu 13.1 Vulvar kaşıntı için faydalı önlemler

Bu önlemler vulvar şikayetleri ve tahrişi azaltır;

- Sabun yerine geçen temizleme ürünleri kullanınız. Kendi içindeki su cildin kuru kalmasına neden olacaktır.
- Vulvar bölgeyi yıkama ve temizleme yerine günde bir kez duş alınız. Sürekli temizlemek vulvar semptomları artırır.
- Bol, pamuklu ya da ipek iç çamaşırları giyiniz.
- İç çamaşırı ile uyumayınız.
- Yumuşatıcı ve biyolojik yıkama tozları kullanmayınız.
- Sabun, duş jeli, duş köpüğü, deodorant, bebek mendili ve antiseptik solüsyon kullanmaktan kaçınınız.
- Reçetesiz satılan bazı kremler, pişik kremi, bitkisel kremler(çay ağacı yağı ve aloe vera) ve mantar tedavileri tahrişe neden olabilir.
- Astarlı külot giymekten ve hijyenik pedlerin sürekli kullanımından kaçınınız.
- Vulvar bölgede antiseptik kullanımından kaçınınız(krem ya da yıkama suyu).
- Beyaz ya da açık renkli iç çamaşırı giyiniz. Koyu renkli tekstil boyaları(siyah,lacivert) cildi tahriş eder.
- Beyaz tuvalet kağıdı kullanınız.

gibi vulva semptomlarıyla karşımıza gelebilir. Özellikle geceleri artan kaşıntıya sebep olur ve uzamış inflamasyon ve kaşıma ciltte kalınlaştırır. Kimyasallarla tetiklenebilir, bazen de stres ve düşük demir depoları ile ilgili olabilir.

Parfüm, topikal tedavilerdeki koruyucular, kauçuk ve tekstilde kullanılan boyalar vulvada allerjik reaksiyonlara sebep olabilir. Yıkama tozları, çamaşır yumuşatıcıları, hijyenik pedler, astarlı külotlar ve sentetik iç çamaşırları tahrişe neden olabilir. Vulva yakınmasıyla gelen hastalara vulvanın genel bakımını ve potansiyel tahriş yapabilen maddelerden uzak durmalarını önermelisiniz.(Kutu 13.1)

Vulvar intraepitelyal neoplazi

VIN;servikal intraepitelyal neoplazilere (CIN) benzer davranış sergileyen, vulvar cildin nadir görülen bir premalign lezyonudur. CIN'lı hastaları %6 sında VIN da bulunur. (Olgu 10) Özellikle yaşlı kadınlar başta olmak üzere bütün VIN'lar human papilloma virüs(HPV) ile ilişkili değildir. HPV ile ilişkili VIN gençlerde daha yaygındır. Tedavi edilmezse yaklaşık % 40-60 oranında kansere dönüşür. İnatçı bir kaşıntı mevcuttur. Siğil benzeri kabarık papül ve plaklar gözlenir. Eritemli, beyaz/keratotik ya da pigmente olabilirler. Yaygın görüldüğü yerler periklitoral bölge, labium minörler ve perinedir. Perianal cilde sıçrayabilir ve vajinal intraepitelyal neoplazi ile birliktelik gösterebilir.

Vulvar kandidiyazis

Kalın, beyaz akıntı ile karakterize vajinal kandida, vulvar kandidadan daha yaygındır. Anogenital infeksiyon, vulva ve anüste tahriş ve ağrı ile ilişkili olabilir fakat postmenopozal kadınlardaki kronik kaşıntıyla ilişkisi yoktur. Diabet, obezite ve antibiyotik kullanımıyla ilişkili olabilir. Vulvar kandidiazis kronik bir hal alabilir, labium majuslardan başlayıp uyluğun iç kısımlarına kadar uzanan intertrigo benzeri inflamasyona sebep olabilir. Uzun bir antifungal tedavi gerekebilir ve vulvanın genel bakımı konusundaki öneriler bu duruma eğilimi azaltır.

Başka sorular sormanız gerekiyor mu?

Hastalar seksüel fonksiyonlarını anlatmak konusunda gönüllü olmayabilirler, bu da vulvar hastalıkların tanısında sıkıntı yaratabilir.

Sorulduğunda Bayan Catchpole 79 yaşındaki kocası ile birlikte yaşadığını söyler. Son iki yıldır ilişki esnasında vajinasına girişte şiddetli acı, cilt yarıkları ve kanamadan dolayı penetrasyon gerçekleşememiştir. Anlattığına göre kocası çok hastadır, kendisi cinsel ilişkiyi özlemiştir ve kocasının da tekrar aktif cinsel hayata dönmeyi istediğini bilmektedir.

ÖNEMLİ NOKTA

Vulvanın durumu seksüel fonksiyonları etkilemektedir. Bu konuyu özellikle yaşlı kadınlarda bilhassa sorgulamalısınız.

Muayenede nelere bakarsınız?

Genel muayene

Vulva semptomları, yaygın cilt hastalıklarında da görülebilir. Eksema, psorizis, dermatit ve intertigonun en sık görüldüğü yerler olan eller,eklemlerin fleksör ve ekstansör yüzleri, kulak arkası saçlı bölge, meme altı ve bel bölgesine bakmalısınız.

Genital muayene

Vulvar kaşıntının birçok nedeni, dış genital muayene ile anlaşılabilir. Yeterli ışık altında, sistematik bir muayene yapılmalıdır. İyi ışık altında, litotomi pozisyonunda muayene idealdir. Kolposkopi gerekli değildir. Labium majusları, labia minör ve klitorisin her iki tarafı, forşet, perine, perianal cilt ve natal kleft kontrol edilmelidir. İyi bir inspeksiyon için 2 adet pamuklu çubuk cilt katlantılarını itmek için kullanılabilir.

Eğer bariz bir anomali yoksa hastadan semptomatik bölgeyi belirlemesini isteyebilirsiniz. Litotomi pozisyonundayken hastaların bir kısmı gayet rahat bir biçimde bu bölgeyi gösterirken, bazıları vulva anatomilerine yabancıdır ve kendilerine dokunamazlar.

Spekulum muayenesi

Vajinal semptomu yoksa spekulum muayenesi yapmaya gerek yoktur. VIN açısından özellik varsa vajen ve serviksi içeren alt genital muayenesi önem kazanır.

Olası teşhisleri doğrulamak için hangi araştırmalar yardımcı olabilir?

Tanıyı biyopsiyle koymak isteyebilirsiniz. Histolojik olarak tanı konulması gereken VIN'dan ya da invazif bir hastalıktan şüphelenmediğiniz sürece biyopsi gerekli değildir. Teşhis tam konulamadı ise ya da daha sonra hasta tedaviye cevap vermez ise biyopsi seçeneği tekrar düşünülebilir.

Muayene bulgularını tekrar gözden geçirelim

Muayenede non-genital bölgelerde cilt hastalığı bulgusuna rastlanmadı. Perianal bölgeye uzanan eritemli, soluk ve kıvrımlı cilt lezyonları mevcuttu. Her iki labium minörler yokmuş gibi gözükmekte ve klitoris silinmişti. Ülserli küçük bir alan ve birkaç telanjiektazi vardı (fotoğraf 13.2).

Biyopsi almalı mısınız?

Öykü ve muayene bulguları liken sklerozis tanısını doğrulamaktadır. Ancak ülserli alandan şüpheleniyorsanız biyopsi alabilirsiniz (Kutu 13.2).

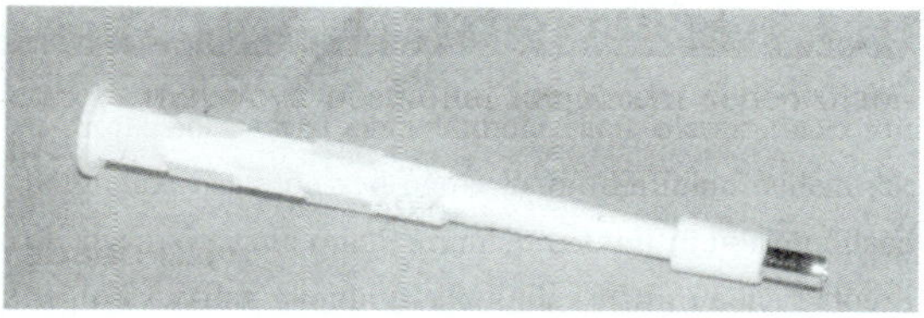

Şekil 13.1 Keyes punch aleti

Kutu 13.2 Vulvar cilt biyopsisi

Lokal anestezi altında küçük tanı koydurucu biyopsiler klinikte alınabilir. Bir Keyes punch aleti (şekil 13.1) iyi bir örnek alınmasını sağlayacak ve dokunun zarar görmesini engelleyecektir. Kanamayı basınçla, gümüş nitrat kalemle ya da eriyen sütürlerle kontrol altına alabilirsiniz.

Biyopsi epidermal incelme, bazal hücrelerde hidropik dejenerasyon, dermiste hyalinizasyon ve subdermal lenfosit infiltrasyonunu göstermektedir. Cildin bütün bölgelerinde inflamatuar değişiklikler gözlenmektedir. Özellikle dermiste bant şeklinde inflamasyon mevcuttur. Bu özellikler liken sklerozis ile uyumludur.

Şimdi tanınız nedir?

Bu bulgular, anamnezi ve muayene bulgularını desteklemektedir.

Tedavi

Esas tedavi uzun süreli ultra-potent steroid kremdir. Bu krem bir ay boyunca etkilenmiş alana günde bir kez sürülür sonra yavaş yavaş azaltılır. Liken skleroziste topikal steroidler kaşıntıyı hızlıca iyileştirir ve cilt yarıkları kapanmaya başlar. Vulvar yapının kaybı ve cilt rengi değişiklikleri normale dönmeyebilir. Liken sklerozis hayat boyu sürer fakat tedavi ve yaşam tarzı değişiklikleri semptomları kontrol altına alabilir.

ÖNEMLİ NOKTA

Steroidlerin yan etkileri hatırlanmalıdır. Oral steroidlerde yan etkiler problem olmasına rağmen, aşırı kullanımı engellemek için azalan rejim protokolü kullanıldığında cilt incelmesi nadir olarak görülür.

Tedavinin önemli bir parçası da vulvar cilt bakımı ve potansiyel irritanların tahrişini önlemektir (Kutu 13.1).

4. ayda Edith'i tekrar gördünüz. Topikal steroid kremleri azalan rejimi uygulayarak kullanmış, şu anda haftada bir kullanıyor. Kaşıntısının ve tahrişin tamamen geçtiğini ifade ediyor. Yumuşatıcı kremi ve yıkamak için sabun yerine geçen özel ürünleri kullanmaya devam ediyor. Yine de cildini hala gergin hissediyor ve cinsel ilişkiye giremiyor.

Muayenede vulva cildi eritem ve hiperkeretozdan arınmış, iyi görünümdeydi. Fakat introitusun darlığı ve labium minörün görünümü hala değişmemişti.

Aparonisi için ne yapabilirsiniz?

Liken sklerozis vajinal açıklığın daralmasına ve işemenin ya da penetrasyonun engellenmesine neden oluyorsa ameliyat önerilebilir. Operasyon Z-plasti ya da lokal cilt flebi uygulanabilir. Cerrahinin kendisi liken sklerozisi tedavi etmeyecektir ve cerrahiden önce aktif inflamasyonu kontrol altına almak önemlidir.

Edith cerrahi işlem geçirmemeye ve yumuşatıcı kremleri kullanmaya devam etmeye karar verir. Semtompların tekrarı durumunda da steroid kremler kullanacaktır.

İleride ek bir değerlendirme gerekir mi?

Liken sklerozisten etkilenmiş cildin hayat boyunca %4 skuamöz hücreli kansere dönüşme riski vardır. Edith bu risk konusunda ve topikal steroidlere yanıt vermeyen herhangi bir ülser veya şişlik olması durumunda bildirmesi konusunda bilgilendirilmelidir.

OLGUNUN DEĞERLENDİRİLMESİ

Vulvar kaşıntı çok yaygın bir şikayettir ve hastalar genellikle kendi kendilerini tedavi ederler. Sıklıkla kendini sınırlar, fakat kronik vulvar kaşıntı, vulvar dermatozlara ve vulvanın aşırı temizlenmesine ya da irritanlara sekonder dermatite işaret eder. Ayrıntılı öykü ve muayene teşhisin temelini oluşturur. Eğer vulvar kandida ya da eklenmiş bir infeksiyon şüphesi varsa sürüntü alınmalıdır. VIN, invazif bir hastalık ya da tedaviye cevap vermeyen durumlarda biyopsi alınabilir. Vulvanın genel bakımı ve potansiyel irritanlarla tahrişi önleme en önemli durumlardır.

Liken skerozis sıklıkla postmenopozal kadınlarda görülen kronik inflamatuar bir cilt hastalığıdır. İnsidansı yetişkin ve çocuklarda 1/300-1/1000 arasındadır. Ortaya çıkmasında otoimmun nedenler olabilir. Liken sklerozisli kadınların % 20'sinde otoimmun bir hastalığa sahip bir ya da daha fazla akraba mevcuttur. En sık alopesi ve vitiligo görülür. Fakat tiroid hastalıkları, pernisiyöz anemi ve diyabet de görülür.

Esas semptom ,rahatsızlık veren,ağrı ve disparoniye sebep olan ciddi kaşıntıdır. Çoğu kez normal vulvar yapı bozulur, labium minörlerde ve klitoral füzyon oluşur ve introitus daralır. Cilt kolaylıkla ayrılır ve yarıklar oluşur. Birçok kadın semptomlardan utanç ve üzüntü duyarlar, seksüel fonksiyonları konusunda endişelenirler.

Tipik klinik görüntü soluk, atrofik, buruşuk bir cilt, lökoplaki, telanjiektazi ve erozyonlar şeklindedir. Vulvar ve anal bölgede sekiz biçiminde şekillenirler. Semptomlar zaman zaman alevlenen dalgalı bir seyir izler.

Tedavinin esas amacı ultra-potent topikal steroidler kullanarak semptomları kontrol altına almak ve vulvanın genel bakımıdır. Anatomik bozulmalar geri dönmeyebilir. Cerrahi, labial füzyon ve introital daralma semptomlarını rahatlatmada kısıtlıdır. Skuamöz hücreli kanser riski % 4'tür.

ÖNEMLİ NOKTA

- Vulvar kaşıntı çok yaygın bir şikayettir.
- Öykü, standard jinekolojik öyküden farklı olarak cilt hastalıklarını ve ilişkili faktörleri içermelidir.
- Doğru bir muayene için, iyi bir ışık ve pozisyon ile anogenital bölgeye sistemik yaklaşım şarttır.
- Malign bir hastalık şüphesi ya da tedaviye yanıtsız bir durum varsa biyopsi yapılmalıdır.
- Vulvar cilt hastalıklarına sahip hastalara, vulvar cildin genel bakımı ve irritanların tahrişinden kaçınmayı önermelisiniz.
- Liken sklerozis hayat boyu devam etse de; ultra-potent topikal steroidlerle semptomlar kontrol altına alınır ve doku hasarı önlenir.
- Liken sklerozis % 4 skuamöz hücreli kansere dönüşebilir, hastaların dikkat etmesi gereken belirti ve bulguları bilmesi gerekir.
- Cerrahi nadiren, aparoni ve üriner retansiyon gibi skar hasarlarını düzeltmek amaçlı gereklidir.

Olgu 14 30 yaşında miad aşımı gebeliği olan kadın

Dr. Erkin SERTOĞLU
Dr. Burcu DİNÇGEZ

Bayan Timmons ilk gebeliği olan, 30 yaşında bir kadındır. Sorunsuz bir gebelik geçirmiştir ama 7 gün önce doğması gereken bebeğiyle ilgili konuşmak için antenatal kliniğe gelir.

Klinikte ne yapılmalıdır?

- Rutin antenatal değerlendirme kan basıncı (TA) ve idrar analizi
- Symphysis-fundus mesefasi ölçümünü fetusun prezentasyonu ve fetal kalp dinlemesini içeren abdominal muayene
- Genel durumun ve fetal hareketlerin sorulması

Kendini yorgun hissettiğini ancak iyi olduğunu söyler. Bebeğinin birçok normal hareketini hisseder. Kan basıncı normal sınırlarda olan 140/80 mmHg'dır ve idrar analizi negatiftir. Bebeği iyi büyümüş (SFH-Symphysiofundal height, Symphysis-fundus mesafesi 39cm), baş gelişi durumunda ve fetal kalp atışı net bir şekilde duyulmaktadır. Size ne zaman indükleyeceğinizi sormaktadır.

Ne söylersiniz?

Düşük riskli bir doğum olması nedeniyle ulusal rehberler indiksiyonunun 41-42 haftalar arası olmasını tavsiye eder. Bu sancıların arka arkaya gelmesi oranını maksimize eder, postmaturite sonucu olan perinatal mortalite oranını azaltır ve indüksiyon hatasından olan sezeryan oranını arttırmaz.

Vajinal muayene ve gün aşımı gebeliklerde ardışık kontraksiyon oranını arttırdığı konusunda iyi kanıtlar olan membranların sıyrılması önerilebilir. Membranların sıyrılması incelemenin rahatsız olmasına ve genelde az miktarda kanamaya sebep olabilir.

Obstetrics and Gynaecology: Clinical Cases Uncovered.
By. M. Cruickshand and A. Shetty. Published 2009 by Blackwell Publishing. ISBN: 978-1-4051-8671-1

Hastaya vajinal muayene bulgularınız hakkında ne söyleceksiniz?

Sancılardan önce vajinal inceleme yapıldığı zaman bulgular şunlardır: serviks uygunluğunun ağrı ile ilişkisi hakkında bilgi veren Bishop skorunun tayin edilmesi (Tablo 14.1)

Vajinal muayeneyi ve membranların sıyrılmasını kabul eder. Bishop skoru 5'dir ve term +10 olduğunda indükleme için gün ayarlanır. Size indüksiyon sırasında neler olacağını sorar.

Hastayla hangi bilgiler hakkında konuşursunuz?

Hasta antenatal servise kabul edilir ve bebeğin iyi olduğundan emin olmak için kalp atışları kardiotokografi (CTG) kullanılarak takip edilecektir. Hastaya vajinal inceleme yapılacaktır ve prostagladin(PGE2) tableti intravajinal yolla uygulanacaktır. Bu tabletler kontraksiyon hazırlığındaki serviksi kısaltıp yumuşatacaktır.

Eğer hala kontraksiyon oluşmadıysa 6-8 saat sonra yeniden prostaglandin verilir. Maksimum 6 mg'lık PGE2 tabletleri kullanılır. Eğer hala kontraksiyon oluşmazsa su kesesi açılır (amniotomi) ve kontraksiyon uyarılması için oksitosine başlanır.

Hasta anlatılanları anlar ve bu plandan memnundur. Gece 23:30 da servisi arayarak kontraksiyonlarının başladığını söyler.

Hangi soruları sorarsınız?

- Kontraksiyonlar ne zaman başladı?
- Hangi sıklıkta gelip ne kadar sürüyorlar?
- Vajinal kanama ya da akıntı var mı?
- Suyunun geldiğini düşünüyor mu?
- Bebeğin hareket ettiğini hissediyor mu?
- Ağrı için tedavi aldı mı ve bu süreçte hala evde miydi?

Timmons, antenatal klinikten eve gittiğinden beri yaklaşık 10 dakikada bir olan kontraksiyonlarının şimdi 5 dakikada bire düştüğünü ve kontraksiyonlarının 1 dakika sürdüğünü söylemektedir. Daha önce parasetamol almıştır ancak şimdi ağrılara dayanamadığını söylemektedir. Herhangi bir vajinal kanama veya akıntısı yoktur ve bebek normal hareket etmektedir. Hastaneye gelmek ister hasta doğum kliniğine yönlendirilir.

Geldiğinde ne yaparsınız?

- KTG (kardiyotokografi) uygulanmalıdır.
- Kontraksiyonların sıklığı ve süresi değerlendirilmelidir.
- Abdominal ve vajinal muayene yapılmalıdır.

Saat 00:30'da hastaneye gelir. Ağrı çektiği bellidir. Kasılma sıklığı 10 dakikada üçtür. KTG normaldir. Yapılan muayene sonucunda bebeğin sefalik prezantasyonda olduğu anlaşılır. Vajinal muayenede , servikal açıklığın 5 cm ve tamamen incedir. Fetal başın tepe noktası spina iskiadika'nın 1 cm üzerinde (Vx 0-1) ve fetal başın pozisyonunun occipito-posterior olduğu düşünülmektedir.

Timmons'un doğumu için hangi plan uygulanmalıdır?

- Yeterli analjezi
- Fetal kalbin düzenli aralıklarla oskültasyonu
- İlerlemeyi takip etmek için 4 saatte bir vajinal muayene

Ağrısını gidermek için Timmons'a intramusküler morfin verilir. Fetal kalp atımı normal seyrinde devam eder ve 4 saat sonra kadının durumu yeniden değerlendirilir. Ne yazık ki serviks açıklığı hala 5 cm'dir. Morfin verildikten sonra kasılma sıklığı 10 dakikada 1'e düşer (Kutu 14.1).

Tablo 14.1 Bishop Skoru. <7'lik bir Bishop Skoru istenmeyen bir durum kabul edilir ve indukleme sürecinin daha zor olacağına işaret eder. ≥7'lik bir skor ise istenen serviks durumuna işaret eder.

Serviks özelliği	Skor			
	0	1	2	3
Açıklık (cm)	<1	1-2	2-4	>4
Uzunluk (cm)	>4	2-4	1-2	<1
Kıvam	Sert	Ortalama	Yumuşak	-
Yeri	-3	-2 -1/10	+1	+2
Pozisyon	Posterior	Mid/Anterior	-	-

Kutu 14.1 Partogram

Partogram doğum sürecinin ve maternal ile fetal gözlemlerin grafiksel anlatımıdır. Şekil 14.1'deki alıntı sadece servikal açıklığı göstermektedir ancak gerçek uygulamalarda 15 dakikada bir maternal nabzı, kan basıncını ve vücut sıcaklığını gösterir. Fetal kalp atışı da her 15 dakikada bir kaydedilmektedir. Uterus aktivitelerinin sıklığı ve gücü, aynı zamanda sıvı akıntıların rengi ve verilen ilaçlar da 30 dakikada bir kaydedilir. Her vajinal muayeneden sonra serviks açıklığı ile fetal başın inişi ve pozisyonu işaretlenir.

Partogram bu sayede doğum süreci ile maternal ve fetal durum hakkında bir bakışta görülebilecek bilgi sağlar.

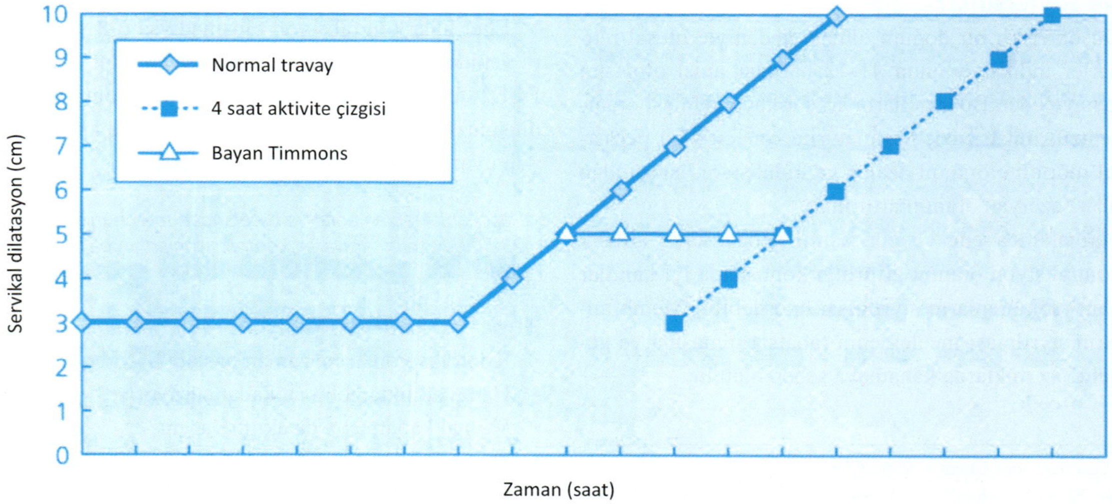

Figür 14.1 Travayın ilerlemesini değerlendirmek için partogram.

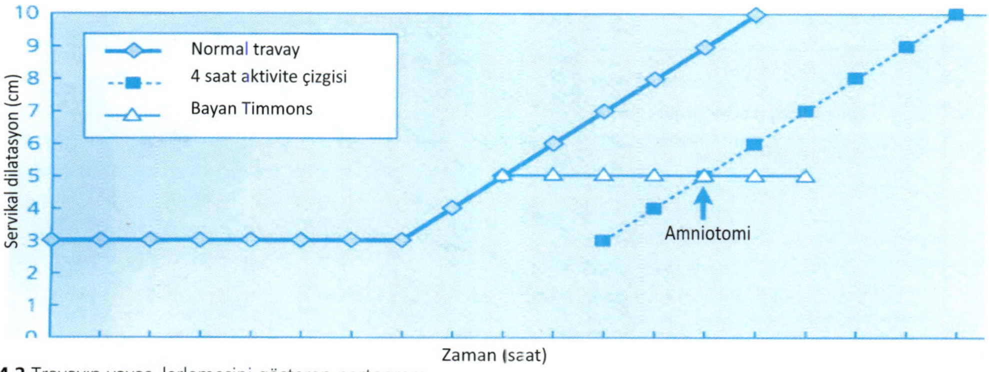

Figür 14.2 Travayın yavaş ilerlemesini gösteren partogram.

Şimdiki plan nedir?

Uterin aktiviteyi geliştirmek için amniotomi yapınız. Gelişimi gözlemek için iki saat sonra tekrar değerlendiriniz. Bayan Timmons' a ne diyeceksiniz?

Amniotomi yapılmıştır ve sıvı temizdir. Bayan Timmons'un kontraksiyonları 1:10 dakikadır ve sonraki 2 saat içinde aralıklarla uyuyabilmiştir. Saat 6.30' da yeniden değerlendirilmiştir, 5 cm dilatedir ve bebek hala oksipitoposteriordur (fig 14.2).

Bayan Timmons' a ne diyeceksiniz?

Gözlemdeki ilerlemesi beklenenden daha yavaştır. Muhtemelen kontraksiyonları suboptimal olduğu içindir (10 dakika içinde orta-şiddetli 4-5 kontraksiyon hedefleriz)

Bebeğin kafası malpozisyondadır (oksipito-posterior) ve bu gözlemi daha az etkili hale getirmektedir (kutu 14.2).

Hangi müdahaleyi tavsiye edersiniz?

Şu an uterin aktivitesi olmadığı için oksitosin uygulanarak gözlenmesi ve 4 saat sonra iyi kontraksiyonları takiben servikal ilerlemenin yeniden değerlendirilmesi gerekmektedir.

Travayın ilerletilmesini kabul eder. KTG yapılır ve oksitosin uygulanır. Oksitosin giderek arttırılır ve 90 dakika sonra 10 dakikada 4 kere olacak şekilde iyi kontraksiyonları oluşur. Çok acı çeker ve epidural ister.

Hangi bilgiyi vermelisiniz?

Anestezist prosedürü açıklayacak ve anladığından emin olacaktır. Daha sonra ya uzanacak ya da sırtını dışarı kavisleştirecektir. Anestezist deri ve kaslara biraz lokal anestetik enjekte edecek ve epidural aralığı bulmak için bir iğne ve esnek bir tüp sokulur ve daha sonra iğne çıkartılır. Kateter olarak bilinen tüpten ilaçlar verilir (lokal anestetik ve aneljezik).

Epidural genelde 10-20 dakikada etki gösterir. Bebeği doğurana kadar yerinde kalır. Her saat kateterden belirli miktarda ilaç verilebilir. Nadiren epidurale iyi ağrı hafiflemesi oluşturmazlar. Eğer bu olursa epidural kateter pozisyonu ayarlanmalı ve farklı ilaç

Kutu 14.2 Normal travayda ilerleme

Ağrılı düzenli uterin aktivite varlığında serviks 4 cm dilate olduğunda ve tamamen efase olduğunda aktif travay başlar. 1955' te Freidman 200 kadın üzerinde çalışmış ve en yavaş %10' un aktif travayda saatte 1 cm ilerlediğini belirtmiştir.

Bu çalışma çok uzun zaman önce yapılmıştı ve anneler ile bebekler geçen sürede oldukça değişmiştir. Ek olarak bu bilgiler diğer çalışmalarda tekrarlanmamış ve NICE intrapartum bakım kuralları 2cm / 4 saatin aktif travayın ilk fazında minimum ilerleme olarak kabul edilmesini önermektedir. NICE bu tanımlamayı primipar kadınlar için kullanmaktadır. Multipar kadınların primiparlardan daha hızlı ilerlediği ve multipar bir kadında daha yavaş ilerliyorsa bunun bir sorun olabileceği düşünülmelidir. WHO partogramda 4 saatlik hareket çizgisinin travayın beklenenden 4 saat yavaş ilerlediğini gösterdiğini belirtmektedir. Eğer bu çizgi çaprazsa anne ve bebeğin riskini minimale indirmek için önlem alınmalı ya da travay durdurulmalıdır.

BÖLÜM 2: OLGULAR

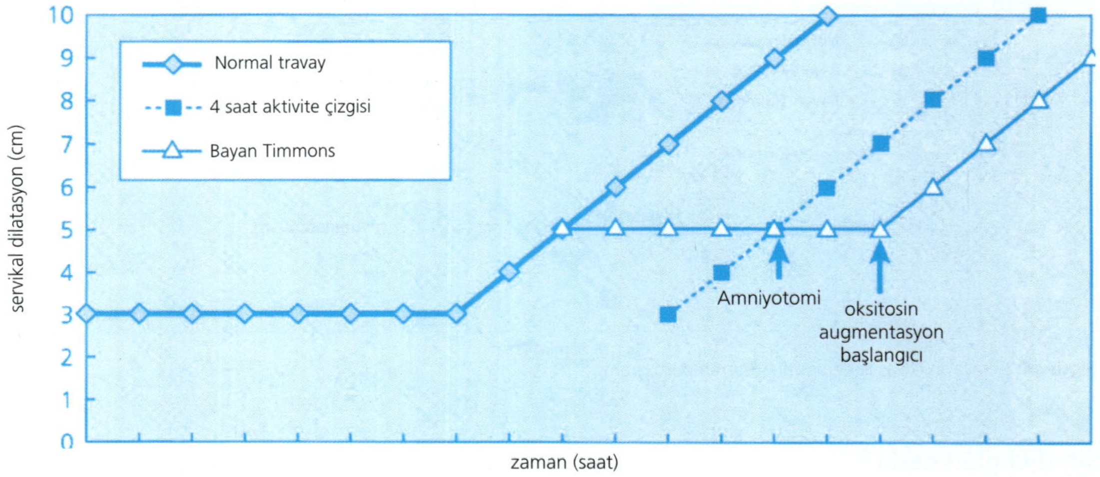

Figür 14.3 Oksitosin augmentasyonu ile iyi progresyon gösteren partogram.

kombinasyonları denenmeli gerekirse de yeniden yerleştirilmelidir.

Epiduralin avantajları

- Genelde iyi ağrı kesici etkileri vardır
- İlaçlar epidural aralığa verildiği için çok az miktarda bebeğe geçer.

Epiduralin dezavantajları

- Kadının kan basıncı düşebilir. Eğer olursa yan dönmesi istenir ,sıvı verilebilir vekan basıncını arttırmak için enjeksiyon yapılabilir.
- Hareketliliği kısıtlanmıştır.
- İdrar yapamayabilir. Bu durumda kateter yerleştirilerek mesane boşaltılır.
- Kaşıntı hissedebilir; bunu hafifletmek için bazı ilaç kombinasyonları uygulanabilir.
- Çok az sayıda kadın epidurali takiben şiddetli baş ağrısı çeker (dural delinme ağrısı). Genelde hızlı bir şekilde tedavi edilebilir ama bazen haftalarca sürebilir.
- Hastanın bebeğin kalp atımında anormalliğe sebep olabilecek bir ateşi olabilir. Bu durumda kendisi ve bebeğe antibiyotik başlanarak enfeksiyon yönünden takip edilmelidir.
- Bebeğin forsepsle veya vakumla doğurtulması riskinde artış vardır.

Hasta anestezist tarafından görülür ve epidural kateteri yerleştirilir. İyi çalışmaktadır ve şu ana kadar bir sorun yaşanmayıp serviksi 9 cm dilatedir ve bebek daha çok occipito-anterior pozisyona dönmüştür, pelvisten daha da aşağıya iner ve fetal baş şu an spina iskiadikadan 1 cm aşağıdadır.

Şimdiki plan nedir?

Oksitosin uygulandığı için travayda iyi bir ilerleme olur. Artık normal ilerlemeye izin verilmelidir. Oksitosine devam edilmeli ve 1 saat içinde yeniden değerlendirilmelidir.

Bir saat sonra yeniden değerlendirilir ve tam dilatedir. Şu andaki plan fetal başın inmesi ve sonrasında aktif ıkınmaya olanak vermek için birkaç saat daha beklemektir. Bayan Timmons bu plandan memnundur.

2 saat sonra,1 saattir ıkınmasına rağmen doğuramadığı için çağrıldınız (kutu 14.3).

Yapılacaklara karar vermekte hangi faktörler önemlidir?

- İyi mi? Tansiyon, nabız ateş normal mi?
- Epiduralle rahat mı?
- Kontraksiyonlar iyi mi ve iyi ıkınıyor mu?
- Ne yapmak istiyor?

Kutu 14.3 Doğumun ikinci evresi

NICE ikinci aşamayı aktif ve pasif faz olarak ikiye bölmüştür. Pasif ikinci aşama kontraksiyonların yokluğunda ya da öncesinde serviksin tam dilatasyonu olarak tanımlanır. Aktif ikinci aşama bebek görülebilir olduğunda tam dilatasyon olması, ekspulsif kontraksiyonlar olması olarak, tam dilatasyonun farklı bulgularının görülmesi ya da kontraksiyon olmadan tam maternal efor olması (genelde epidural aneljezi varlığında) tanımlanır. Doğum primiparlarda genelde aktif ikinci fazdan 3 saat sonra, kadınlarda 2 saat sonra gerçekleşir. Doğumun bu zaman aralığında gerçekleştirilebilmesi için primiparlarda 2 saat multiparlarda 1 saat sonra medikal personele gönderilmesi önerilmektedir.

Fetal Faktörler

- KTG güvenli mi?
- Verteks ilerliyor mu?
- Vajinal muaynede bulgular nelerdir?

Bayan Timmons' un görünüşü normaldir, rahattır ve kontraksiyonlarla iyi ıkınmaktadır ama yorulmuştur ve bebeğin doğumu için aceleci davranmaktadır. KTG birkaç deselerasyon göstermektedir ama bunun dışında ikinci faz için güven vericidir. Verteks ilerliyor ve kontraksiyonlar esnasında görülebiliyor ama 20 dakikada çok fazla ilerlememiştir.

Maternal abdomende palpe edilebilen baş yoktur ve vajinal muayene serviksin tam dilate olduğunu doğrulamaktadır, fetal baş oksipitoanterior pozisyonda ve spina iskiadika 2 cm ilerdedir. (Vx0+2)

Şimdi ona ne diyeceksiniz?

Seçenekler asiste vajinal doğum ya da spontan verteks doğum için aktif ıkınmaya devam etmektir. Eğer isterse bebeği forseps ya da vakum kullanarak doğurmak oldukça güvenlidir.

Bayan Timmons asiste vajinal doğumu kabul eder..

Bebeğin doğumu için hangi hazırlıklar gereklidir?

Epiduralinin kapatılması için anestezist çağırılmalıdır. Bayan Timmons bacaklarını litotomi pozisyonunda yerleştirmelidir. Vulvası temizlenmeli ve mesanesi kateter kullanılarak boşaltılmalıdır.

Forseps ya da vakum kontraksiyonlarla yerleştirilmeli ve pozisyonu kontrol edilmelidir. Kontraksiyonlarla birlikte traksiyon uygulanmalı ve üçüncü ya da dördüncü derece perine yırtıklarından korunmak için medio-lateral epizyotomi açılmalıdır.

Baş geldiği zaman bebeğin vücudunun doğumundan önce aletler çekilmelidir. Bebek doğduğunda plasenta traksiyonla çıkartılır ve epizyotomi tamir edilir.

Vakum ile 3.45 kg sağlıklı erkek bebek doğar. Epizyotomi tamir edilmiştir ve tahmini kan kaybı 350 ml'dir. Bayan Timmons sonuçtan oldukça memnundur ve bir iki gün sonra taburcu edilecektir.

OLGUNUN DEĞERLENDİRİLMESİ

Bayan Timmons komplike olmayan antenatal süreci, T+10. günde indüklenecek olan 30 yaşında bir primipardı. Planlanmış indüksiyondan önce membranlar sıyrılmış ve travaya spontan olarak girmişti. Travaydaki ilerleme yavaştı ve hızlandırmak için oksitosin uygulanmıştı. Ağrısı için morfini takiben epidural uygulanmıştır. Tam servikal dilatasyona ulaşmış ve başın inişi için süre geçtikten sonra aktif ıkınmaya başlamıştır. Fakat doğum spontan gerçekleşmemiş ve maternal yorgunluk ile uzamış aktif faz nedeniyle müdahaleli doğum başarıyla gerçekleştirilmiştir.

Travayda yavaş ilerleme özellikle primiparlarda yaygındır. Grand multiparlar ve daha önceden sezaryeni olanlar hariç travayın ilerletilmesi rölatif olarak kontrendikedir, maternal ya da fetal iyiliği sağlamak amacıyla vajinal doğum yapılması için oksitosin benzeri bileşikler kullanılarak travay hızlandırılabilir. Travayın bu şekilde hızlandırılması ilerlemedeki güçlüğe bağlı sezaryenlerin sayısını azaltacaktır. Oksitosinle hızlandırmak hem anne hem bebek için bazı riskler de doğurabileceği için travay ve sonrasında her ikisi de dikkatlice monitorize edilmelidir. Devamlı fetal kalp hızı monitorizasyonu (CTG) uterin hiperstimulasyonuna bağlı fetal distres olabileceği için gereklidir.

Asiste vajinal doğum fetal baş maternal pelviste aşağıdayken eğitimli kişilerce yapıldığında güvenlidir ve sezaryenin oluşturabileceği riskleri engeller.

ÖNEMLİ NOKTA

- İndüksiyon 41-42 haftalık düşük riskli gebelere önerilir.
- Membran sıyrılması term gebelere spontan travay şansını arttırmak için önerilmelidir.
- Bishop skoru genellikle serviksin olgunluk ve uygunluğunu tespit etmeyi sağlar,6 yada aşağısındaki bir skora sahip serviks uygun değildir.
- Uygun olmayan bir servikste prostoglandinlerle indüksiyon tavsiye edilir.
- Yavaş ilerleme olduğunda membranların sıyrılması ve oksitosin infuzyonuyla travay hızlandırılabilir. Uterin kontraksiyonlarının sıklığı ve fetal kalp oksitosin infüzyonu sırasında dikkatlice monitorize edilmelidir.
- Transkutanöz elektrik sinir stimulasyonu (TENS), entonox, morfin ve epidural ağrı kesici seçenekleridir.
- Müdahaleli doğum yapılmadan önce başın pozisyonu ve vajinal yerleşiminden emin olunmalı, başın beşte birinden daha fazlası abdominal olarak palpe edilmemelidir. Oksipito-anterior dışında baş pozisyonlarında (ör. oksipito-posterior,transvers) oksipito anteriora rotasyon manuel olarak ya da forseps,vakum kullanılarak yapılır ve doğum tamamlanır.

Önerilen Kaynaklar

NICE clinical Guideline, Intrapartum care: management and devivery of care to women in labour. CG55, September 2007.

Olgu 15 37 yaşında, forsepsle doğumdan sonra ağır vajinal kanaması olan hasta

Dr. Banu ÖNDEŞ

Bayan Brown,37 yaşında, parite 5, rotasyonel forseps yardımıyla doğurduktan bir buçuk saat sonra, lohusa takip odasında sürekli devam eden şiddetli vajinal kanaması başlar. Onu değerlendirmek için çağrılırsınız.

Postpartum hemorajinin (PPH) ayırıcı tanısında neleri düşünürsünüz?

- Uterin atoni
- Travmatik nedenler- vajinal ve servikal yırtıklar
- Plasenta veya plasental doku retansiyonu
- Disemine intravasküler koagülasyon
- Uterin rüptür
- Uterin inversiyon

ÖNEMLİ NOKTA

Primer postpartum hemoraji (PPH), doğumdan sonraki ilk 24 saat içinde genital traktustan 500 mL'den fazla kan kaybı olarak tanımlanır. Sekonder PPH, doğumdan 24 saat sonra başlayıp 6 hafta devam eden süre içinde 500 mL'den fazla kan kaybıdır. Masif PPH 1.5 L'den fazla kan kaybıdır.

Hangi soruları sormalısınız?

- Doğumdan itibaren ne kadar kan kaybı oldu?
- Şimdiye kadar hangi uterotonikler uygulandı?
- Nabız ve kan basıncı(BP) kayıtları nasıl?

Bayan Brown'un lohusa takip odasında 400 ml civarında sürekli, damla damla devam eden kan kaybı oldu. Doğumdan sonra toplam kan kaybı 850 mL olarak tahmin edilmektedir. Nabzı 96 atım/dakika ve kan basıncı 121/78 mmHg ölçüldü. Doğumun 3. aşamasında sintometrin uygulandı.

Obstetrics and Gynaecology: Clinical Cases Uncovered.
By. M. Cruickshand and A. Shetty. Published 2009 by Blackwell Publishing. ISBN: 978-1-4051-8671-1

ÖNEMLİ NOKTA

Doğumun 3. aşamasının iyi yönetimi atonik PPH'ların riskini azaltır. 500µg ergometrin ve 5 ünite oksitosin intramusküler enjeksiyonla bebek çıktıktan sonra hemen uygulanır. Alternatif olarak, eğer ergotaminin uygun olmadığı preeklampsi ve kardiyak hastalık varlığında, 10 un te oksitosin tek başına intramusküler enjeksiyonla uygulanabilir.

Konu ile ilgili hangi başka neleri bilmek istersiniz?

- Plasenta tam mıydı?
- Bebeğin kilosu neydi?
- Travay uzadı mı?

Bayan Brown'un daha önce beş spontan vajinal doğumu vardı. Önceki gebeliklerinde ve doğumlarında bir komplikasyon olmadı.

Bu gebeliğinde de antenatal bir problem yaşamadı, doğum 40 hafta+12 günlük iken indüklendi. İlk aşamanın yavaş ilerlemesi nedeniyle oksitosin kullanıldı, oksipito-transvers fetal pozisyon ve uzamış ikinci aşama nedeniyle ameliyathanede rotasyonel forseps ile doğum gerçekleştirildi. Bebeğin kilosu 4.17 kg idi. Plasenta ve membranları tam ayrıldı ve epizyotomi kat kat dikildi. Buraya kadar toplam kan kaybı 450 mL idi.

Muayenede nelere bakmalısınız?

- Solukluk bulguları, nabız ve BP
- Abdominal muayenede-uterusun umbilikusa göre seviyesi, sertliği (atonik mi kontrakte mi)
- Vajinal kanamanın değerlendirilmes.

Bayan Brown iyi görünüyordu. Belirgin solukluk yoktu, nabız; 96 atım/dakika ve BP 121/78 mmHg idi. Uterus umbilikusa kadar palpe ediliyor ve iyi kontrakte gözükmüyordu. Bir vajinal ped tamamen doldu ve halen damla damla kanama devam ediyordu.

İlk yönetiminiz ne olacaktır?

- 2 büyük kanülle (14G) damar yolu açınız.
- Tam kan sayımı(FBC), üre ve elektrolitler (U&E), koagülasyon taraması, kan grubu ve 2 ünite kan için cross kanı alınız.
- Kristalloidleri takiben kolloid replasmanı yapınız.
- 8-10 L/dakika nazal oksijen veriniz.
- Mesaneye sonda takınız.
- Uterus masajı ve bimanuel kompresyon yapınız (Şekil15.1).
- Erken aşamadan itibaren kıdemli ebe, anestezist ve obstetrisyen bulunmasını sağlayınız.

500µg bolus ergometrin IV uygulanmalıdır. Atoni devam ederse total 1 gr ergometrin verilebilir.

IV bolus 5-10 unite oksitosin verin ve oksitosin infüzyonu (40 ünite, 500 mL serum fizyolojik içinde, 125 mL/saatten) IV başlayınız.

Kutu 15.1 Postpartum hemoraji için predispozan faktörler

- Uterusun aşırı gerilmesi-çoğul gebelik, polihidramnios, iri bebek
- Uzamış travay
- Antepartum hemoraji-plasenta previa, ablasyo
- Grand multiparite
- Genel anestezi

Yukarıdaki önlemlere rağmen atoni devam ederse, 250µg carboprost IM yapılıp 15 dakika sonra tekrarlanabilir. Önerilen maksimum doz 2 gr'dır (8 doz).

Ergometrin uygulamasının ardından bolus oksitosin ve oksitosin infüzyonuna başlayınız.

Bayan Brown'un uterusu iyi kontrakte olur fakat vajinal kanaması halen devam ediyordur. Plasenta tam görülmektedir. Şimdiye kadar 1.6 L kan kaybetmiştir. Nabız 112 atım/dakika, BP 96/50 mmHg ve soluk görünmektedir. Hemoglobin 9.6 gr/dL ve koagülasyon parametreleri normaldir.

Yönetimin bir sonraki aşaması nedir?

- Hastayı baş aşağı pozisyona getiriniz.
- 8-10 L/dakika maske ile oksijen veriniz.
- 2 L Hartman solüsyonu(ringer laktat) IV, Gelofusin 1.5 L IV uygulayınız
- 6 ünite kan için cross-match yapın, hazır değilse O-negatif kan bulundurunuz.

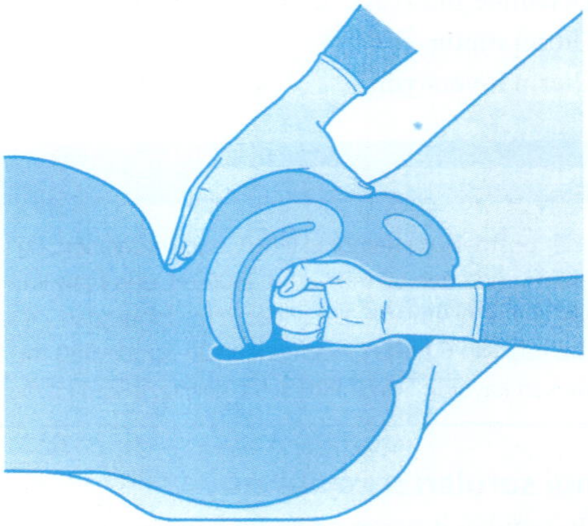

Şekil 13.1 Bimanuel kompresyon.

Tablo 15.1 Obstetrik hemorajinin klinik bulguları

Kan kaybı	Sistolik kan basıncı	Semptomlar ve bulgular	Şokun derecesi
500-1000 mL(%10-15)	Normal	Çarpıntı,taşikardi,baş dönmesi	Kompanse
1000-1500mL(%15-25)	Hafif düşüş (80-100mmHg)	Halsizlik,taşikardi,terleme	Hafif
1500-2000mL(%25-35)	Orta derecede düşüş (70-80 mmHg)	Huzursuzluk,solukluk,oligüri	Orta
2000-3000mL(%35-50)	Anlamlı düşüş (50-70 mmHg)	Kollaps,hava açlığı,anüri	Ciddi

ACOG eğitim bülteninden sonra. Haemorrhagic shock.Int J Gynaecol Obtet (1997)57:219-226.

• Kıdemli ebeyle, anestezist ve obstetrisyenle, hematolog ve kan merkezi ile irtibata geçiniz.
• Devamlı kan basıncı, pulse oksimetre monitorizasyonu sağlayınız.
• Ameliyathanede anestezi altında muayene(EUA) yapınız. Servikal, vajinal laserasyon ve plasenta retansiyonu var mı bakınız (Kutu 15.2 ve 15.3).

Bayan Brown genel anestezi altında muayene edilir Servikal ve vajinal laserasyonlar izlenir. Uterus kontrakte görünümde ve plasenta kalıntısı yoktur. Anestezist tarafından santral venöz kateter yerleştirilir. Servikal ve vajinal laserasyonlar sütüre edilir, hemostaz sağlanır. Genel anestezi altında muayene sonunda total kan kaybı 3.2 L olarak belirlenir. 4 ünite kan ve 1 ünite taze donmuş plazma verilir. Proflaktik intravenöz Augmentin uygulanır. (Şekil 15.2 ve 15.3, Kutu 15.4)

Postoperatif yönetiminiz ne olacaktır?

• Nabız,BP, solunum sayısı, oksijen saturasyonu ve ateş 15 dakikada bir bakılmalıdır.
• İdrar çıkışına bakılmalıdır.
• Vajinal kanamayı takip edin.
• Kanama ve pıhtılaşma parametreleri normalse varis çorabı giydirin ve deltaparin yapın.
• Tam kan sayımını, pıhtılaşma parametrelerini ve U&E'i tekrar edin.

Kutu 15.2 Plasenta retansiyonunun yönetimi

Eğer plasenta PPH başlamadan önce ayrılmamışsa traksiyonla çıkarılmalıdır. Dikkat edilmezse, uterus inversiyonu riski eğer uterus zayıf kontrakte ise daha yüksektir. Kordon koparsa genel anestezi altında elle halas yapılmalıdır. Plasenta çıktıktan sonra, uterotoniklere ve bimanuel kompresyona rağmen uterus hala kontrakte olmamışsa, uterus eksplorasyonu endikedir.

Uterus inversiyonu

Uterus inversiyonu, plasentanın çıkışı sırasında uterusun içinin dışarı çıkmasıdır. Hemen uterus eski pozisyonuna çevirilmelidir.

Kutu 15.3 Genital traktus travmalarında yönetim

İyi kontrakte olmuş bir uterusa rağmen kanama sebat ederse genital travma olma olasılığı yüksektir. Genel anestezi altında vajinal ve servikal laserasyonların emilebilen sütürlerle dikilmesi gerekir.

Alt genital traktus hematomlarında; lezyon büyümüyorsa izlenebilmesine rağmen sıklıkla insizyon ve drenaj gereklidir. Kanayan damarlar bağlanır ve sızma olup olmadığı kontrol edilir.

Hasta stabilse ve lezyon genişlemiyorsa, broad ligament ve retroperitoneal hematomlar izlenebilir. Ultrason, CT ve MRI hematomun büyüklüğünü tespit etmek ve ilerlemesini takip etmek için kullanılabilir. Selektif arteriyel embolizasyon bu hastalarda bir tedavi seçeneği olabilir.

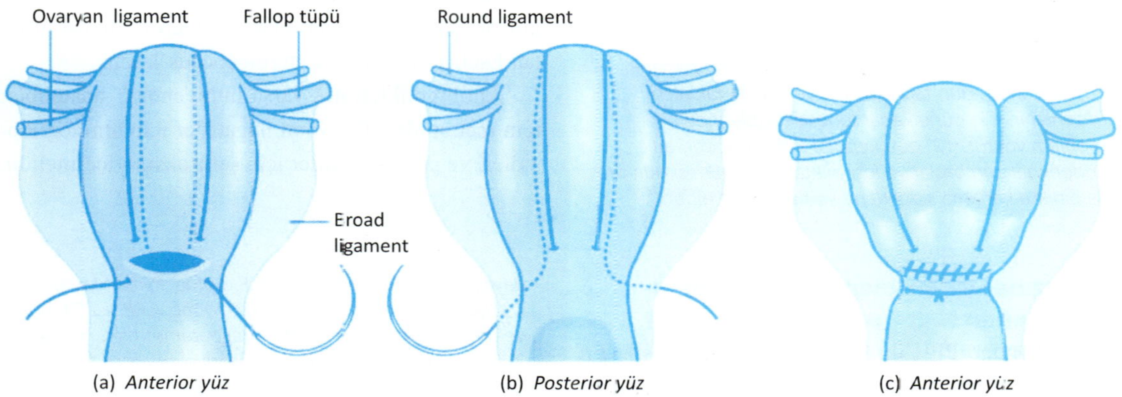

Şekil 15.2 B-Lynch sütür konulması (a) ve(b) uterusun anterior ve posteriordan B-Lynch sütür konulurken gösteriyor. (c) Sütür bittiğinde tüm anatomi görülüyor.

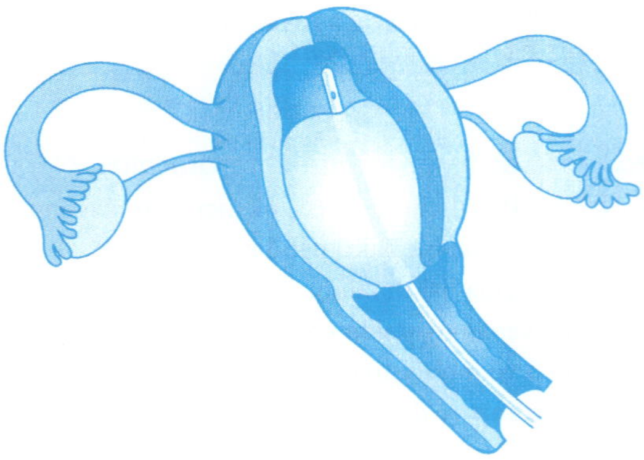

Şekil 15.3 İntrauterin Bakri balon

Kutu 15.4 Koagulopati yönetimi

Eksplorasyonda genital traktus travmaları ve plasenta retansiyonu dışlandığında, iyi kontrakte olmuş bir uterusa rağmen kanam devam ediyorsa hemostazda bir sorun var demektir. Koagulasyon taraması bunu aydınlatır. Genelde kan ürünleri replasmanı gereklidir. Belirgin düşük fibrinojen seviyelerinde kriyopresipitat ile birlikte taze donmuş plazma kullanımı faydalı olacaktır. Kriyopresipitat daha yüksek konsantrasyonda fibrinojen ve diğer pıhtılaşma faktörlerini(faktör 8,13 ve Von Willebrand faktör) içerir.

Bayan Brown'un genel durumu iyileşir. Minimal loşi ve iyi idrar çıkışı mevcuttur. Hemoglobin tekrarı 8.8 gr/dL, trombosit 187000/mL, pıhtılaşma parametreleri ve U&E normaldir. Günde iki kez 200 mg ferröz sülfat ve tamamen mobilize olana kadar deltaparin başlanır. Postpartum 4. gün taburcu olur ve ebe ile takipleri düzenlenir. 12. güne kadar lohusa takiplerinde bir problem yoktur. 12. gün kendini kötü hisseder, alt abdominal ağrı başlar ve loşi miktarı artar. Ertesi gün ateş ile birlikte kanama şiddetlenir ve hastaneye gider.

Tanınız nedir? Problemin olası nedenleri neler olabilir?

Tanı sekonder PPH'dır (postpartum hemoraji). En yaygın iki nedeni intrauterin infeksiyonlar (endometrit) ve konsepsiyon ürünlerinin retansiyonudur.

Öykü ve muayenede önemli özellikler nelerdir?

Hastane ve doğum kayıtlarından plasenta ve eklerinin tam olup olmadığı araştırılmalıdır. Solukluk, nabız, ateş ve kan basıncı kontrol edilmelidir.

Abdominal muayenede uterusun umblikusa göre seviyesine, uterin hassasiyete ve peritonit bulgularına bakılmalıdır. Vajinal loşi değerlendirilmeli ve spekulum muayenesinde servikal os'ın açık olup olmadığına bakılmalıdır.

Bayan Brown'un nabzı 88 atım/dakika, kan basıncı 100/70 mmHg, ateşi 38.1°C ve orta miktarda kanaması mevcuttur. Uterus involüsyonu iyi, hassas ve serviks kapalıdır.

Bu PPH'nin olası nedeni nedir ve ne gibi araştırmalar yapılmalıdır?

Tanı endometrittir. Uterus involüsyonu iyidir fakat hassastır ve serviks kapalıdır, plasenta retansiyonu ihtimali yoktur.

Tam kan sayımı, pıhtılaşma parametreleri, U&E, CRP, kan grubu ve 2 ünite kan cross-match'i için kan alınmalıdır.

Endosevikal, yüksek vajinal kültür ve kan kültürleri alınmalıdır.

Sekonder PPH'a en sık neden olan organizmalar nelerdir ve hangi antibiyotikler verilmelidir?

En sık organizmalar bakterioidleri ve peptostreptokokları kapsayan anaeroblar ve enterofaringeal gruptan Escherichia coli ve streptococcus'lardır.

Antibiyotikler(ateş varsa intravenöz); anaeroblar için metranidazolü, Gram negatifler için aminoglikozidleri ve gram pozitifler için sefuroksimi içermelidir.

Bayan Brown'un hemoglobini 8.8 g/dL, lökosit sayısı 19200/mL, trombosit sayısı 332000/mL, CRP'si 253 mg/dL ve üre ve elektrolitleri, pıhtılaşma parametreleri normaldir. Vajinal kültürde augmentine duyarlı streptococcus viridans üremiştir. Bayan Brown antibiyotiklere iyi cevap verir, kanaması azalır ve genel durumu düzelir.

Kutu 15.5 Atonik postpartum hemoraji yönetiminde cerrahi metotlar

Agresif medikal tedaviye rağmen devam eden kanama varsa, cerrahi düşünülmelidir.

Konservatif yöntemler

- *Uterin packing:* Uterin kavitenin steril gazla doldurulmasıdır. İşlemin bitiminde serviksten vajene doğru görünür biçimde yerleştirilir.
- *Balon tamponad*: Bakri SOS balon, Sangstaken-Blakemore özafagus kateteri ve Rusch ürolojik hidrostatik balon, tamponad seçenek eridir. Balon 100-300 mL ılık serum fizyolojikle yeterli kompresyon sağlanana kadar şişirilerek uterin sinüslerden kanama durdurulur. Kan transfüzyonu ve koagükopatinin düzeltilene kadar 6-8 saat balon yerinde bırakılır. Vital bulgular düzelince balon ki aşamada çıkarılır. Önce serumun yarısı çekilir,30 dakika eğer kanama devam etmezse tamamı çekilir ve balon çıkarılır.

Laparotomi

- *B-Lynch sütür*: Alt segmenti açıp uterusun posterioruna geçen ve sonra fundusu geçerek anteriorunda bağlanan bir sütür tekniğidir.
- *Uterin arter ligasyonu*
- *İnternal ilik arter ligasyonu*
- *Histerektomi:* Uterus ya da serviksten kaynaklı kanamalar için tedavi edicidir. Uterin atoniden kaynaklanan kanamalar için subtotal histerektomi hızlı ve etkindir. Alt segment serviks ve vajinadan kaynaklanan kanamaları durduramaz.

Uterin arter embolizasyonu

Cerrahi tedavilerin yetersiz olduğu durumlarda, hematomlarda ve histerektomiye rağmen devam eden kanamalarda, PPH yönetiminde girişimsel radyoloji akla gelmelidir.

OLGUNUN DEĞERLENDİRİLMESİ

Bayan Brown'un grand multipar olması, atonik PPH ve forsepsle doğurması da travmatik PPH açısından onu riskli gruba dahil eder. Uterin atoniyi kontrol altına alabilmek için dolaşım desteği, oksijenasyon ve uterotonikler (ergometrin ve oksitosin) kullanıldı. Kanaması devam etti ve ameliyathanede vajen, serviks ve uterusta laserasyonu ve plasenta retansiyonu olup olmadığına bakıldı. Genel aneztezi altında yapılan bu muayene sonucunda serviks ve vajinada laserasyonlar izlendi ve sütüre edildi, hemostaz sağlandı.

Bir süre sonra klinik ve laboratuar bulguları endometriti düşündüren sekonder PPH ile tekrar geldi. Antibiyotik tedavisine iyi yanıt verdi. Grand multipar olması dolayısıyla sonraki gebeliklerinde de yüksek risk taşıyordu.

Obstetrik hemorajiler önemli bir maternal mortalite ve ciddi morbidite nedenidir. Doğumda ciddi kanama insidansı 5/1000'dir. Kanamayı değerlendirmek ve müdahale etmek obstetrisyen, anestezist, hematolog, vasküler cerrah ve radyologların dahil olabileceği bir ekip çalışmasını gerektirir. Olabildiğince kısa sürede kıdemli personeller çağırılmalıdır.

Maternal taşikardi, ciddi abdominal ağrı ve hassasiyet genital traktus sepsinin önemli bulgularıdır. Yüksek doz geniş spektrumlu antibiyotikler, sepsisten şüphelenildiğinde mikrobiyolojik sonuçları beklemeden hemen başlanmalıdır. Dissemine intravasküler koagulasyon ve uterin atoni genital traktus sepsisinde yaygındır ve sıklıkla hayatı tehdit eder.

ÖNEMLİ NOKTALAR

- Primer PPH uterin atoni, genital traktus travması, koagulasyon problemleri ya da tüm bunların kombinasyonundan kaynaklanır. Sekonder PPH endometrit ve/veya plasenta retansiyonundan kaynaklanır.
- Ciddi PPH'de anneye resusitasyon, destek tedavisi, anestezi ve hematoloji gibi diğer branşlarla iyi iletişim, ayrıntılı araştırma ve yoğun monitorizasyon gereklidir.
- Uterin atonide plasentanın tam olup olmadığı kontrol edilmeli ve uterotonikler kullanılmalı ve bimanuel uterin masaj yapılmalıdır.
- Agresif ilaç tedavisine rağmen kanama devam ederse cerrahi tedavi düşünülmelidir. Genel anestezi altında plasenta retansiyonu ve genital traktus travmaları dışlandıktan sonra diğer yöntemlere başvurulur. Bu yöntemler balon tamponat, laparotomi ve B-Lynch sütürleridir.
- Sekonder PPH yönetimi, gerekli resusitasyon, antibiyotik tedavisi ve gerekirse uterusun tahliyesini içerir.

Olgu 16 16 yaşında yüksek kan basıncı olan 32 haftalık gebe

Doç. Dr. Ayşe Ender YUMRU
Dr. Berker KAVŞİ

Bayan Jones, 16 yaşında 32 haftalık gebeliği olan primipar gebedir. Rutin antenatal kontrolleri sırasında ebesi tarafından tansiyonun 160/100 mmHg olduğu tespit edilir (Ortalama arteriyal basınç (OAB)120mmHg) ve yeniden değerlendirilmek üzere polikliniğe yönlendirilir.

Ayırıcı tanıda ilk akla gelenler nelerdir?

- Esansiyel hipertansiyon
- Sekonder hipertansiyon
- Gebeliğin indüklediği hipertansiyon
- Preeklampsi (Kutu16.1)

Anamnezde sorulması gerekenler nelerdir?

- Yüksek kan basıncı ile ilişkili olabilecek semptomları var mı? Özellikle baş ağrısı,görme bozukluğu,epigastrik ağrı,bulantı ve kusma.
- Vücudunda ödem var mı? Yüzüğü parmağını sıkıyor mu? Yüzündeki şişliği hissediyor mu?
- Bebeğin hareketlerini hissediyor mu? Karın ağrısı ya da vajinal kanaması var mı?
- Bu zamana kadar gebelikle ilgili bir sorunu olmuş mu?
- Daha önceki takiplerinde kan basıncı nedir?
- Tıbbi özgeçmişinde herhangi bir özellik var mı? Özellikle böbrek hastalığı, diyabet gibi önemli bir medikal öyküsü var mı?
- Gebenin 1.derece yakınlarından herhangi birinde gebeliğinde yüksek tansiyon problemi olan var mı?

Bayan Jones nişan yüzüğünü çıkarmasına ve nişanlısının yüzünün şiş göründüğünü söylemesine rağmen kendini iyi hissettiğini ifade ediyor. Bu zamana kadar gebeliğinde herhangi bir sorun yaşamadığını, kanamasının veya karın ağrısının olmadığını ve bebek hareketlerini hissettiğini söylüyor.

Hastanın geçmiş medikal ve aile öyküsünde önemli bir özellik yoktur. Önceki kan basınçlarını hatırlamıyor fakat elindeki notlardan 100/60 mmHg olduğu görülüyor.

Risk Faktörleri Nelerdir

- İlk gebelik ya da yeni partnerle ilk gebelik
- Multiparite ile birlikte :
  - Daha önceki gebeliklerinde preeklampsi öyküsü
  - Son gebeliğinden sonra 10 yıl ya da daha fazla süre sonrası gebelik
- Aşırı küçük ya da büyük maternal yaş
- Vücut Kitle İndeksinin (VKI) 35 ya da üstünde olması
- Kızkardeş ya da annede preeklampsi öyküsü
- Ölçümlerinde diyastolik basıncın 80 mmHg, ya da daha yüksek olması
- Proteinüri (1 veya daha fazla, 1 durumdan fazla veya 0.3 gr/24saat veya daha fazla)
- Çoğul gebelik
- Altta yatan medikal durumlar
  - Önceden var olan hipertansiyon
  - Önceden var olan böbrek hastalığı
  - Önceden var olan diyabet
  - Antifosfolipid antikorları

Muayenede hangi bulgulara bakılmalıdır?

Genel Muayene

- Belirgin ödemi var mı? Gebe kadınların % 50 sinde hafif periferal ödem vardır.
- Şimdiki nabız ve kan basıncı nedir?

Nörolojik Muayene;

- Alt ve üst ekstremite refleksleri normal mi?
- Klonus var mı? (2 den fazla ise önemli)
- Fundoskopide papillar ödeme dair bulgu var mı?

Obstetrics and Gynaecology: Clinical Cases Uncovered.
By. M. Cruickshand and A. Shetty. Published 2009 by Blackwell Publishing. ISBN: 978-1-4051-8671-1

Kutu 16. 2 Tanımlamalar

Önceden var olan hipertansiyon: Gebelik öncesinde veya 20. haftadan önce sistolik kan basıncının ≥140 mmHg ve/veya diyastolik basıncının ≤90 mmHg olmasıdır.

Gebeliğin İndüklediği Hipertansiyon: 20. Gebelik haftasından sonra gelişir. Kronik hipertansiyon ailesel etkileşimi yansıtabilecegi gibi preeklampsinin erken belirtisini de yansıtabilir.

Preeklampsi: Ödem olsun veya olmasın , 24 saatlik idrarda ≥0.3 gr dan fazla proteüniri ile ilişkili gebeliğin indüklediği hipertansiyon

Kutu 16. 2 Ortalama Arteriyal Kan Basıncı

- Tam bir kalp siklusunda ovaryan arterdeki ortalama basınç:

  OAB=1/3 sistolik basınç+2/3 diastolik basınç
- Koroner arter, beyin, böbrekler gibi organların perfüzyonu için OAB (ortalama arteriyal basıncın) en az 60 mmHg olması gerekir.
- OAB=genel değeri:70-110 mmHg

Abdominal Muayene

Abdominal palpasyon :

- Sağ hipokondriyumda hassasiyet var mı?(karaciğer üzerinde)
- Bebeğin gelişimi iyi mi?
- Bebeğin prezentasyonu ve konumu
- Fetal kalp kontrol Doppler'i

Başlangıçta hangi tetkikler istenmelidir?

Protein için idrar analizi

Bayan Jones' un genel durumu iyidir. VKI 36 olan hastanın orta derecede tibial ödemi mevcuttur. Nabzı 86 atım/dk ve uygun manşon kullanılarak yapılan üçten fazla ölçümde kan basıncı 155/95mmHg'dır (OAB 115,Kutu16.2). Refleksleri ve fundoskopik muayenesi normal olan hastanın klonusu yoktur. Symphysis-fundus mesafesi 29 cm olan hastanın bebeği gebelik haftasına göre biraz küçüktür. Baş prezentasyonda, longitudinal duruşta ve fetal kardiyak aktivite normaldir. Tam idrar tetkikinde (++) proteinürisi mevcuttur.

Anamnez ve muayeneye göre en olası tanı nedir?

Preeklampsi

Kutu 16. 3 Preeklampsideki kan testleri

Preeklampsi birçok organ ve sistemi etkileyebilir ancak bazı tetkikler uç organ hasarını göstermede özellikle yararlıdır.

Ürat

Serum ürat seviyesindeki artış genellikle preeklampside erken uyarıcı kan testidir ve üre/elektrolit seviyeleri değişmeden renal fonksiyon bozukluğunu gösterebilir.

Üre ve Elektrolitler

Renal bozukluğun göstergesidir. Üre ve kreatininin gebelikte düştüğü unutulmamalıdır. Kendi laboratuarınızdan da referans aralıklarını öğrenmelisiniz.

Karaciğer Fonksiyon Testleri

Özellikle HELLP (hemolitik anemi, yüksek karaciğer enzimi ve düşük platelet) sendromu gibi karaciğeri de içeren preeklampsi varyantlarında önemlidir.

Tam Kan Sayımı

HELLP sendromunda düşük platelet sayısı ve hemolize sekonder olarak düşük hemoglobin seviyeleri görülebilir.

Koagülasyon Testleri

Rutinde gerekli değildir. Ancak ciddi preeklampside ve platelet sayısı anormal ise istenmelidir.

Bundan sonra ne yapılmalı?

- Hastayı antenatal bölüme kabul ediniz.
- 4 saatlik kan basıncı monitorizasyonu uygulayınız.
- Aldığı-çıkardığı takibi yapınız.
- Proteinüri için 24 saatlik idrar toplayınız.
- Tam kan sayımı, serum üre ve elektrolitleri, karaciğer fonksiyon testleri ve serum ürat seviyelerini kontrol ediniz (Kutu16.3).
- Fetal büyüklük ve iyilik hali için ultrasonografi yapınız. (Kutu16.4,fig16.1ve16.2).
- Durumun kötüleşmesi ve 36 haftadan önce doğumun gerekmesi durumunda fetal akciğer matüritesi için kortikosteroid uygulayınız.

Bayan Jones' ın kan basıncı 160-100 mmHg'nin altındadır ve tedavi gerekmemektedir. İdrar çıkışı iyidir ve tüm kan testleri normaldir. Ultrasonografi bebeğin 5.persantilin üzerinde olduğunu ve normal amnion mayi hacmini doğrular, steroidin ilk dozu verilir.

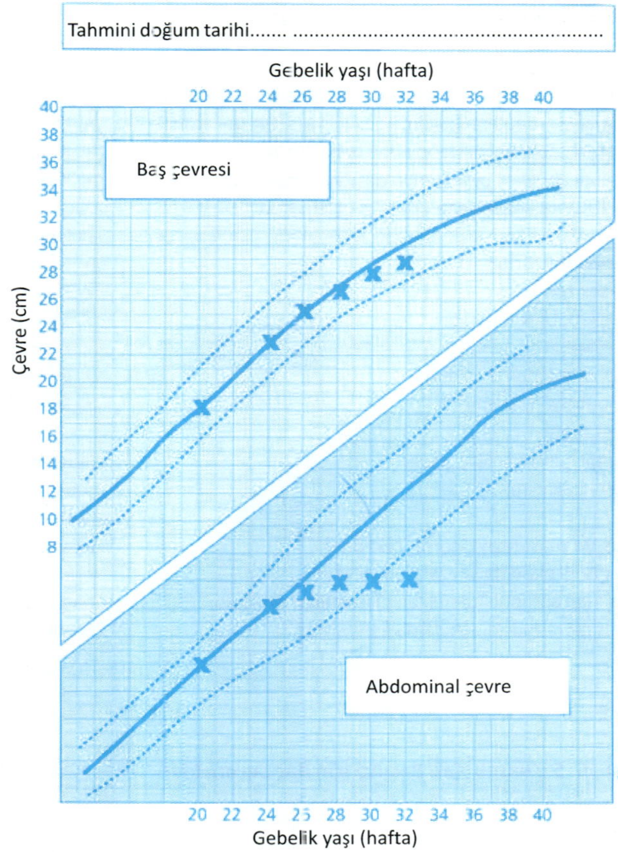

Figür 16.1 Fetal Büyüme Eğrisi Örneği

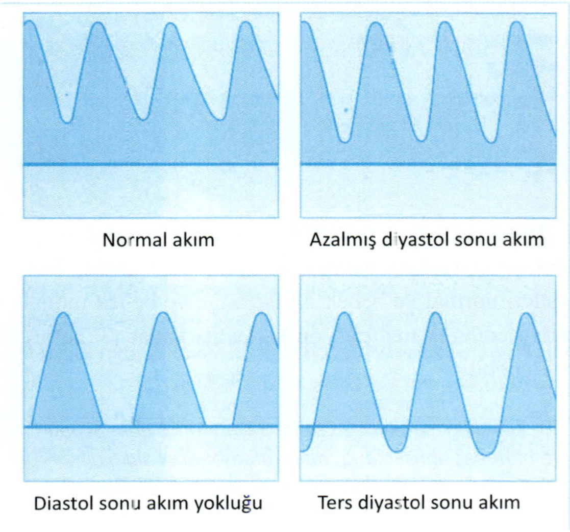

Figür 16.2. Umbilikal Arter Doppler Dalga Formları

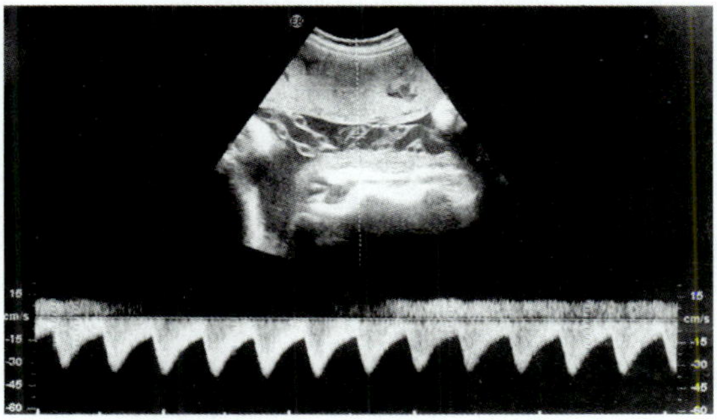

Figür 16.3 Normal Umbilikal Arter Doppler

Kutu 16. 4 İntrauterin Büyüme Geriliği

Preeklampside anormal plasentasyon ve hipertansiyon kombinasyonu plasental kan akımında ve fetal beslenmede azalmaya ve intrauterin büyüme geriliğine (IUGR) yol açar. IUGR terimi, tahmini gestasyondan daha küçük ve genellikle 5 persantil altındaki bebekleri ifade eder. Preeklampsiye ek olarak IUGR ile sonuçlanan birçok problem vardır.

Maternal faktörler
- Yüksek kan basıncı
- Kronik böbrek hastalığı
- İleri diyabet
- Kalp ve solunum hastalıkları
- Malnütrisyon, anemi
- Enfeksiyon
- Madde kullanımı (ilaç, alkol)
- Sigara kullanımı

Uterus ve plasentayı içeren faktörler
- Uterus ve plasentada azalmış kan akımı
- Plasental abruptio (uterustan plasentanın ayrılması)
- Fetüs çevresindeki dokularda enfeksiyon

Gelişen fetüs ile ilişkili faktörler
- Çoğul gebelikler (ikiz,üçüz)
- Enfeksiyon
- Doğum defektleri
- Kromozomal anomaliler

IUGR olan bebeklerde doğumda şunlar için artmış risk bulunmaktadır:
- Hipoksi/hipoksemi
- Düşük APGAR skoru
- Mekonyum aspirasyonu
- Hipoglisemi
- Hipotermi
- Polisitemi

Buna ek olarak, ciddi IUGR fetal ölümle sonuçlanabilir. Ayrıca bebeklerde ve çocuklarda uzun dönem büyüme problemlerine sebep olur. Eğer fetüs 5. persantilin altında bulunursa, amnion sıvı hacmini, umbilikal arter Doppler çalışmalarını (umbilikal arteriyel kan akımı anormalliği plasental yetmezlikte görülür), biyofizik profilini içeren ileri ultrasonografi görüntüleri küçük ama iyi bebekleri erken doğumdan yarar görecek premature bebeklerden ayırmada önemlidir (fig 16.2 ve 16.3).

Kutu 16. 5 Yüksek Kan Basıncı İçin İlaç Seçenekleri

Tüm dünyada gebelik sırasında hafif-orta hipertansiyonda kullanılacak antihipertansif ilaç tedavisi net değildir. Antihipertansif tedavi sistolik kan basıncı >160mmHg, diastolik kan basıncı>110mmHg, OAB 125mmHg olduğunda başlanmalıdır.

Potansiyel ciddi hastalığı olan kadınlarda tedavi hipertansiyonun daha düşük seviyelerinde düşünülebilir.

Labetolol (oral veya intravenöz),oral nifedipin veya intravenöz hidralazin ciddi hipertansiyonun akut yönetiminde kullanılabilir. Hem labetolol hem de hidralazin infüzyonlu veya infüzyonsuz i.v. bolus şeklinde verilebilir.

ACE inhibitörleri, anjiotensin reseptör blokerleri ve diüretiklerden kaçınılmalıdır.

Bayan Jones'in durumu ile ilgili ne söyleyeceksiniz?

Hastanın durumu preeklampsidir ve bu durum yüksek kan basıncı ve idrarda proteinin kombinasyonudur. Anne ve bebeğin sağlığını etkileyebileceği için önemlidir. Kadınların %25 i ilk gebeliklerinde yüksek kan basıncına sahiptir ve 5/1000 kadında ciddi preeklampsi gelişir. Bu durumun tek tedavisi bebek ve plasentanın doğurtulmasıdır.

Buna rağmen bebek preterm ise, hasta kendini iyi hissediyorsa, kan basıncı seviyeleri güvenilir, kan testleri normal ve bebek iyi ise anne ve bebek monitörize edilerek matürasyon haftasına kadar (37hafta) beklenebilir.

Bir sonraki gece saat 02.00' de Bayan Jones ebesini arar ve hafif baş ağrısı olduğunu ve parasetamol aldığını söyler. Ebesinin yaptığı kan basıncı ölçümünde kan basıncı 170/110 mmHg (OAB 130) olarak bulunur ve doktoru aranır.

Bu Durumda Ne yapacaksınız?

Olabildiğince çabuk hazırlanınız. Ciddi preeklampsisi olan kadınların %1'inde eklamptik nöbet gelişecektir ki bu durumun mortalitesi %1.8 ve ciddi morbiditesi %35'tir.

Damar yolu açılması, acil kan grubu, kan ayrılması, koagülasyon testleri bu vakada gereklidir.

Uzmanınızı bilgilendiriniz ve mümkün olabildiğince çabuk doğum alanına transferi sağlayınız.

Bayan Jones'ın başağrısı şu anda ciddidir (ağrı skoru9/10).Görme bozukluğu ve epigastrik ağrısı yoktur ancak hiperrefleksi ve klonusu vardır. Tansiyonu 170/110 mmHg'dir ve idrarda ++++ proteini mevcuttur.

Kutu 16.6 Nöbet Proflaksisi

Eklampsi riski olan hastalarda magnezyum sülfat akılda tutulmalıdır. Daha az ciddi hastalığı olan kadınlarda karar çok açık değildir ve olguya bağlıdır.

Magnezyum sülfat nöbet kontrolündeki tedavi seçeneğidir. Yükleme dozu olan 4 gr'ın infüzyon pompası ile 5-10 dk da verilmesini takiben son nöbetten sonra 24 saat boyunca 1gr/saat olacak şekilde infüzyona devam edilir.

Tekrarlayan nöbetler bolus 2 gr magnezyum sülfat veya infüzyon hızının 1.5-2 gr/saate çıkarılması ile tedavi edilir.

Uygulama sırasında flushing ve palpitasyona sebep olabilir. Bu nedenle tedaviye başlamadan önce hasta bu konuda uyarılmalıdır.

Kutu 16.7 Sıvı Dengesi

- İntrapartum ve postpartum dönemlerde sıvı yüklenmesi riskini azaltmak için sıvı kısıtlaması önerilir. Toplam sıvı 80 ml/saat veya 1ml/kg/saat şeklinde sınırlandırılmalıdır.
- İdrar volümü>0.5ml/kg/saat olmalıdır, genellikle 30 ml/saat değeri kabul edilebilir.
- Oligüri başlangıçta sıktır ve persiste ederse sıvı yüklenmesi pulmoner ve serebral ödemler gibi problemler açısından anestezi uzmanı ve obstetrisyen ile invaziv santral venöz basıncı içeren yönetim gerekebilir.

Öncelikleriniz Neler Olmalıdır?

- Kan basıncının düşürülmesi
- Nöbet profilaksisi (Kutu16.6)
- Kan basıncının kontrolü ve idrar analizi için katater takılması ve saatlik idrar volümünün yeniden incelenmesidir
- 80ml/saate sınırlı sıvı dengesinin sağlanmasıdır (Kutu16.7).

Öncelikle anne stabilize edilir, kardiotokografi uygulanır ve acil doğum gerçekleştirilir (Kutu16.8).

ÖNEMLİ NOKTA

Magnezyum toksisitesi respiratuar ve kardiyak depresyon ile ölüme sebep olabileceğinden önemlidir. Toksisitenin erken dönem bulguları olan derin tendon refleksi kaybı ve patella tendon refleksleri (epidural veya spinal anestezili olgularda biseps tendon refleksi) tedavi süresince saatlik kontrol edilmelidir.

Solunum sayısı monitorize edilmelidir. Magnezyum idrarla atıldığından eğer saatlik idrar volümü düşerse infüzyon hızı azaltılmalıdır. Magnezyum seviyeleri rutinde monitörize edilmez ancak infüzyonu stoplayacak toksisite bulguları mevcutsa serum seviyeleri karar vermede yardımcıdır.

Antidotu kalsiyum glukonattır, respiratuar ya da kardiyak depresyonu olan olgularda acilen uygulanmalıdır.

Kutu 16.8 Doğum Şeklinin Seçimi

Doğum şekli hasta stabil iken ve uygun uzman personelin varlığında yapılmalıdır.

Eğer fetüs 34 haftanın altında ve doğum ertelenebilirse kortikosteroidler verilmelidir ve 24 saat sonra konservatif yaklaşımın yararları değerlendirilmelidir. Konservatif yaklaşım çok erken gebeliklerde olumlu perinatal sonuçlar sağlayabilmektedir ancak anne sağlığı ile birlikte dikkatlice değerlendirilmiş olması gerekir.

Doğumun şekli, fetüsün prezentasyonu, fetal durum ile beraber, indüksiyon için serviksin değerlendirilmesi sonrasında belirlenebilir.

Üçüncü aşama sintokinonun 5 ünite i.m. veya yavaş i.v. şekilde verilmesiyle yönetilir. Ergometrin ve sintometrin kan basıncını arttırabileceğinden kanamanın önlenmesinde kullanılmamalıdır.

Bayan Jones'un kan basıncı 5 mg hidralazine rağmen 145/90 mmHg'dır. Bu tedavi ile hastanın baş ağrısı geriler. Hastaya nöbet profilaksisi için magnezyum sülfat verilir. Kardiyotokografi güven vericidir, serviks indüksiyon için uygun değildir (Bishop skoru 3, olgu 1'e bakınız) ve acil sezaryen yapılması için koagülasyon ve platelet sayıları normaldir.

Sezaryende komplikasyon gelişmez ve sağlıklı erkek bebek doğurtulur. Eklamptik nöbetlerin %44'ü postnatal dönemde geliştiğinde tedbir amaçlı Bayan Jones yüksek riskli gebe bölümüne alınır.

Postnatal bakım için planınız ne olmalıdır?

Nabız, kan basıncı ve oksijen saturasyonunun başlangıçta 15 dakikada, sonrasında saatlik takibi hasta stabil oluncaya kadar yapılmalıdır. Ayrıca saatlik idrar hacmi ölçülmelidir. Doğumu takip eden 24 saat süresince magnezyum sülfat uygulanmalıdır ve tedavi sırasında saatlik refleks bakılmalıdır. Kan testleri hasta iyileşene kadar günlük takip edilmelidir. Eğer koagülasyon ve platelet seviyeleri normalse derin ven trombozu profilaksisinde düşük molekül ağırlıklı heparin kullanılmalıdır.

Bayan Jones postnatal 24. saatini tamamladığında kan basıncı stabil ve günlük kan testleri normaldir. Taburcu olmadan 4 gün postnatal bölümde incelenir. 2 gün kan basıncı hafif yüksektir ve antihipertansif tedavi alır. Bebeği neonatal bölümde ve iyidir. Bayan Jones antihipertansiflerini hep kullanıp kullanmayacağını ve sonraki gebeliğinde preeklampsi riskinin ne olduğunu sorar. Taburcu olmadan ebesi tarafından bu konularda size hastayı bilgilendirmeniz gerektiği söylenir.

Hastaya ne söyleyeceksiniz?

Preeklampsi gelişen kadınların çoğu gün ya da haftalar içinde tamamen iyileşirken bazı kadınlar daha uzun tedaviye ihtiyaç duyarlar. Doktoru kan basıncını kontrol edecek ve artık ihtiyacı kalmadığında ilaçlarını bıraktıracaktır. Eğer 6. Haftada kan basıncı yüksekse bunun için detaylı inceleme yapılacaktır.

Preeklampsisi olan kadınların çoğu ileri hayatında yüksek kan basıncına sahip olurlar. İlk gebelikte preeklampsisi olan kadınların ileriki gebeliğinde preeklampsi gelişme oranı %7-10'dur.

Bayan Jones açıklama karşısında mutludur ve randevu verilerek taburcu edilir. 6 hafta sonra postnatal kontrolü vardır.

BÖLÜM 2: OLGULAR

OLGUNUN DEĞERLENDİRİLMESİ

16 yaşında olan Bayan Jones'un ilk gebeliğinde preeklampsi için risk faktörleri vardı. Çoğu vakada preeklampsi antenatal vizitte değerlendirilen kan basıncı ve idrar protein kontrolleri sonucunda ortaya çıkar. Hastada preeklampsinin komplikasyonları olan küçük bebek ve eklampsiye neden olacak risk faktörleri mevcuttu. Eklampsi için magnezyum sülfatla profilaksi yapıldı ve kan basıncı kontrolü için IV hidralazin uygulandı. Preeklampsinin tek tedavisi doğum olduğundan ve anne stabilize edildikten sonra doğum planlandı. Bishop skoru uygun olmadığından acil sezaryen uygulandı. Postnatal ciddi preeklampsi riski için postpartum dönemde de monitorizasyona devam edildi.

Preeklampsi sık ve ciddi bir gebelik komplikasyonudur. Kadınlarda preeklampsi riskini arttıran spesifik faktörler olmakla birlikte herkeste görülebilir. Ciddi preeklampsi maternal organ ve sistemleri etkileyebilir ve IUGR ile plasenta abruptioya neden olabilir.

1000 kadından 5'inde ciddi preeklampsi ve 10000 kadından 5'inde eklamptik nöbet görülür. Bu nöbetlerin %38'i antenatal dönemde, %18'i intrapartum ve %44'ü postnatal dönemde görülür.

Düşük doz aspirin profilaksisi IUGR olan veya olmayan erken başlangıçlı ciddi hastalık geçirmiş olanlarda preeklampsi rekürrensini önlemede yararlı olabilir.

Kan basıncının uygun yönetimi bazen gebeliği uzatabilir ancak preeklampsinin tek tedavisi doğumdur ve bazen fetal risklere rağmen erken gebelikte de yapılabilir.

ÖNEMLİ NOKTALAR

- Çok genç ya da ileri anne yaşı, ilk gebelik (veya yeni partnerle ilk gebelik) ve çoğul gebelik preeklampsi için risk faktörlerinden bazılarıdır.
- Preeklampsinin maternal komplikasyonları HELLP, renal yetmezlik, dissemine intravasküler koagülasyon, pulmoner ödem, intraserebral kanama ve eklampsidir. Eklampsilerin %40'tan fazlası postpartum dönemde görülür.
- Fetal komplikasyonlar IUGR, artmış perinatal ve neonatal morbidite ve mortalitedir (çoğunlukla prematurite ve IUGR ye bağlıdır, bazen iyatrojenik de olabilir).
- Baş ağrısı, görme bozukluğu, epigastrik ve/veya hipokondrial ağrı, hiperrefleksi preeklampsinin kötüleştiğini ve eklampsi olabileceğini gösterir. Magnezyum sülfat eklampsi ve eklampsi profilaksisinde bir tedavi seçeneği olabilir.
- Antihipertansif tedavi sistolik kan basıncı >160mmHg, diastolik kan basıncı>110mmHg ,OAB 125mmHg olduğunda başlanmalıdır.
- Kan basıncının sık monitorizasyonu, aldığı çıkardığı takibi, kan tetkikleri (hemoglobin ve platelet sayılarını, üre ve elektrolitleri, karaciğer fonksiyon testlerini içerir) ciddi preeklampside endikedir.
- Oligüri varlığında sıvı dengesini takip, aşırı yüklenmeye bağlı pulmoner ve serebral ödemi önlemek için santral venöz basınç monitorizasyonu yapılmalıdır.

Önerilen Kaynaklar

The management of severe preeclampsia/eclampsia. RCOG Green Topped Guideline No 10 (A), March 2006.

Olgu 17 34 yaşında, gebeliğinin 33. haftasında ağrısız vajinal kanaması olan hasta

Dr. Banu ÖNDEŞ
Dr. Burcu DİNÇGEZ

Bayan Chou, 34 yaşında, 3. gebeliği. Bir saat önce başlayan vajinal (PV) kanama şikayetiyle doğum kliniğine başvurur. 33 haftalık gebeliği mevcuttur.

Ayırıcı tanıda antepartum kanama nedenlerinden hangilerini düşünmelisiniz?

- Plasenta previa
- Ablasyo plasenta
- Lokal nedenler (servikal, vajinal)
- Preterm eylem

ÖNEMLİ NOKTA

Antepartum kanama (APH) gebeliğin 24.haftasından sonra genital traktusta görülen kanamadır ve gebeliklerin %3-5'inde görülür. Tüm araştırma ve muayenelere rağmen yukarıdaki listede belirtilen nedenler dışlandığında, olguların yaklaşık yarısında kanamanın kaynağı bulunamaz.

Hastanın semptomları hakkında hangi soruları sormalısınız?

- Abdominal ağrı var mıydı?
- Ne kadar kanadı? Taze kanama mıydı? Pıhtı var mıydı? Suyu geldi mi?
- Bebek hareketlerini hissediyor mu?
- İlk kez mi kanıyordu?
- Cinsel ilişkide bulundu mu?

Bayan Chou ağrısının olmadığını söyler. İlk kanamasıdır.

Obstetrics and Gynaecology: Clinical Cases Uncovered. By. M. Cruickshand and A. Shetty. Published 2009 by Blackwell Publishing. ISBN: 978-1-4051-8671-1

Kanama taze kanamadır fakat azdır, iki çorba kaşığı kadardır. Bebek hareketlerini iyi hissetmektedir ve henüz bebek hareketlerinde bir değişiklik olmamıştır. Geçen haftadan beri cinsel ilişki öyküsü yoktur.

Konu ile ilgili neleri bilmelisiniz?

- Önceki iki gebeliğiyle ilgili detaylı obstetrik bilgi
  - Gebelik haftası (term ya da preterm)
  - Doğum şekli (vajinal doğum ya da sezaryen)
  - Komplikasyonlar (APH, erken membran rüptürü)
- Bu güne kadar servikal smear aldırmış mıdır?
- Kan grubu nedir?

Bayan Chou'nun ilk doğumu makat geliş nedeniyle 39 haftalıkken elektif sezaryenle 4 yıl önce oldu. Başka antenatal komplikasyon yoktu. 3250 gr kız bebek dünyaya getirdi.

2. doğumu 2 yıl önce 41 haftalıkken ilerlemeyen travay endikasyonu ile acil sezaryenle oldu. Antenatal bir problemi olmadı ve spontan travaya girdi. 3500 gr erkek bebek dünyaya getirdi. Her iki sezaryeninden sonra da postoperatif iyi bir iyileşme süreci oldu.

Bu zamana kadar servikal smear aldırmıştı ve en sonuncusu geçen seneydi. Tüm smear sonuçları negatifti.

Kan grubu 0 Rh negatiftir. Her iki gebeliğinde de antenatal ve postnatal anti-D immunglobulin yaptırdı. Bu gebeliğinde de 28. Haftada profilaktik anti-D immunglobulin yaptırdı.

Muayenede nelere bakmalısınız?

- Huzursuz ya da ağrılı görünüyor mu?
- Solukluk bulgusu var mı? Nabız ve kan basıncı kayıtlarına bakınız

- Abdominal palpasyon
  - Hassasiyet
  - Uterin tonus ve kontraksiyonları kontrol ediniz
- Bebeğin prezantasyonu ve duruşu
- Doppler ile bebeğin kalp atımını kontrol ediniz
- Pedindeki ve iç çamaşırındaki kanamayı kontrol ediniz, bacaklarından aşağı doğru gözüken kanama var mı bakınız.

Bayan Chou rahat gözükmektedir. Belirgin solukluk yok, nabız 86 atım/dakika, kan basıncı 130/76 mmHg. Abdominal muayenede hassasiyet yoktur, uterus yumuşak ve kontraksiyon yoktur. Bebek transvers pozisyondadır. Fetal kalp atımı 140 atım/dakika ve düzenlidir. Pedi az miktarda taze kan ile lekelenmiş haldedir.

Öykü ve muayeneniz hangi tanıyı destekliyor?

Plasenta previa

ÖNEMLİ NOKTA

Ağrısız APH'larda plasenta previa akla gelmelidir. Plasenta previaya neden olabilecek diğer risk faktörleri şunlardır:

- Eski sezaryen (özellikle mükerrer sezaryen)
- Özellikle 3. trimesterde fetal malprezantasyon ya da anormal duruş
- Eki plasenta previa öyküsü
- Çoğul gebelik
- İleri anne yaşı ve parite
- Midtrimester fetal anomali taraması sırasında plasentanın internal os'un üstünde olduğu rutin olarak not edilmelidir.

Bundan sonra ne yapmalısınız?

- Fetal iyilik halini değerlendirmek için kardiyotokografi (CTG).
- Ultrasonografide plasentanın lokalizasyonunu belirlemek.
- Kleihauer testi ve gerekirse anti-D immunglobulin.
- Vajinal muayeneden kaçınınız.

Kardiyotokografi güven vericidir. Ultrasonografide anterior plasenta previa izlenir.(grade-3 plasenta internal servikal os'un üzerine uzanmış ; Kutu 17.1, Şekil 17.1,17.2)

Kutu 17.1 Ultrasonografi ile plasenta previanın derecelendirilmesi

Grade 1	Plasenta alt uterin segmente uzanıyor (internal os'a 5 cm).
Grade 2	Plasenta alt ucu internal os'a ulaşıyor fakat tamamen kapatmıyor.
Grade 3	Plasenta internal os'u parsiyel olarak kapatıyor.
Grade 4	Plasenta intenal os'un üzerinde santralde lokalize.

Grade 1 ve 2 "minör" ,Grade 3 ve 4 "majör" grade'ler olarak sınıflandırılır. Plasentanın grade'i arttıkça mortalite ve morbidite insidansı artar.

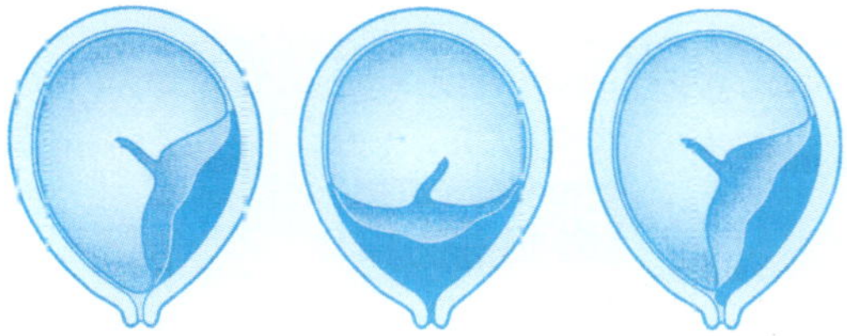

Şekil 17.1 Plasenta previanın dereceleri

ÇOK ÖNEMLİ NOKTA

Ultrasonografide plasentanın aşağı yerleşimli olmadığını görene kadar vajinal muayeneden kaçının. Eğer plasenta previa doğrulanırsa, vajinal muayene abondan vajinal kanamayı tetikleyebilir.

APH ile birlikte ağrı olması klinisyeni ablasyo plasenta ve preterm doğum açısından uyarmalıdır. (olgu 18 ve 19) % 10 kadar kadında ablasyo ve aşağı yerleşimli plasenta birlikte olabilir, her iki durum birliktelik gösterebilir.

Eğer ultrasonografide plasenta previa dışlanırsa, servikal lezyonlara bakmak için spekulum ile muayene yapılmalıdır(ektropion, polip ve nadiren malignite).

Plasenta posterior duvar yerleşimli ise, transabdominal ultrasonografi ile plasenta previayı tam anlamıyla değerlendirmek zor olabilir. Özellikle obez hastalarda ve mesane dolu ise daha da zordur.Bu ol-

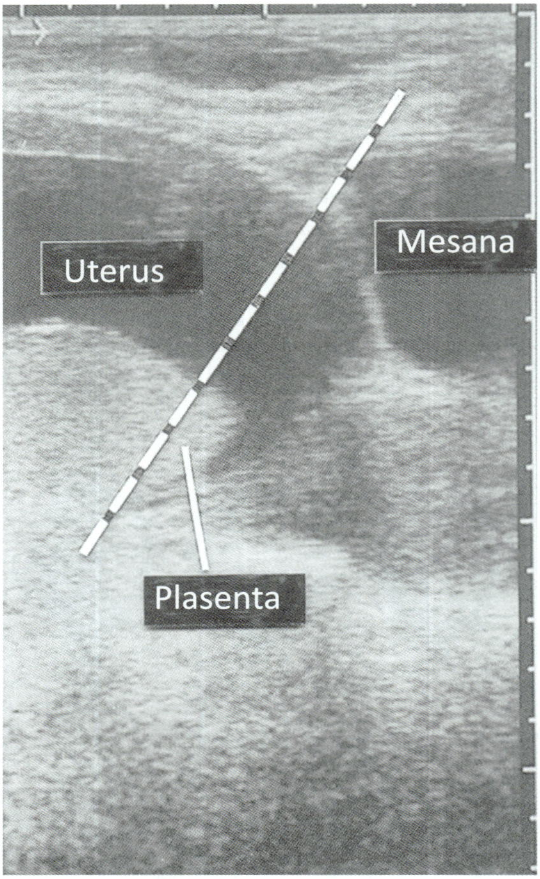

Şekil 17.2 Transvajinal ultrasonografide posterior plasenta previa

gulara transvajinal ultrasonografi yapılması önerilir. Nazikçe yapılan transvajinal utrasonun vajinal kanamayı tetiklediğine dair kanıt yoktur.

Eğer plasenta previa eski sezaryen öyküsü olan bir hastada saptanırsa, plasenta akreata veya perkreata açısından da değerlendirmek gerekir. Uterus duvarı ile plasental yatak arasındaki düzgün sınırın izlenmesi gerekir. Tanıyı kolaylaştırmak için MRI yapılabilir.

Tedavi planı yaparken neleri dikkate almalısınız?

- Devam eden kanama var mı? Varsa çok mu?
- Anneyi ve bebeği tehlikeye sokan bir durum var mı?
- Kaçıncı gebelik haftasında?

Devam eden bir kanama yoktur. Annenin vital bulguları stabil ve fetal kardiyotokografi normaldir.

Şimdi tedavi planınız ne olmalıdır?

Fetal matürite sağlanana kadar beklenmelidir. Sonra, plasenta hala aşağı yerleşimli ise 37-38. Haftalarda elektif sezaryen planlanmalıdır.

Anne ve bebeğin tehlikede olduğu ağır kanamalarda, fetal akciğer matürasyonu için steroid yapılması ve doğumun 36 haftadan önce planlanması düşünülmelidir. 2-4 haftada bir ultrasonografi ile, uterusun büyümesiyle ve alt segmentin yükselmesiyle plasenta previanın gerileyip gerilemediği değerlendirilmelidir. Kan merkezinde her zaman kan grubu ve kan örneği hazır bulunmalıdır.(mümkünse cross-match'li kan) Kanama ağırlaşırsa kan transfüzyonu yapılacağını hasta ile konuşunuz. Hemoglobin değerini normale getirebilmek için antianemik başlayınız.

Bayan Chou 2 kez küçük APH yaşayıp hastaneye başvurur. 35 ve 37. Haftada yapılan değerlendirmede plasenta hala grade 3 anteriorda izlenir ve hastaneye yatırılır. 38.haftada elektif sezaryen planlanır. Ultrasonografide plasenta akreata veya perkreata lehine bulgu yoktur.

Plasenta kenarının internal os'a uzaklığı ≥2 cm ve fetal baş plasental kenarın altında görülürse, vajinal doğum düşünülebilir.

RCOG (2005) majör plasenta previalı ve kana geçiren hastaların yatarak tedavi edilmesini ve semptomatik majör plasenta previalı hastaların ise taburcu edilmeden önce ayrıntılı değerlendirilmesini öneriyor. Evde bakım alan hastaların evinin hastaneye yakın olması (20 dakika içinde hastaneye gelebilmesi), sürekli refakatçi bulundurması ve aydınlatılmış onam alınması önerilir.

Minör plasenta previalarda ise, tekrarlayan aralıklarla kanama görülüyorsa yatarak tedavi edilmesi önerilir.

Hastaya sezaryen konusunda neler anlatmalısınız?

Plasenta previaların sezaryeninde artmış kanama riski vardır. Kan transfüzyonu gerekebilir. Eski iki sezaryenli hastada plasenta önde, eski skar boyunca yerleşmişse, ultrasonografide görünmese bile plasentanın yapışma anomalilerinin görülme riski vardır. Yapışma anomalisi olan plasentada artmış PPH riski vardır ve kanama konservatif yöntemler ile kontrol altına alınamaz ise histerektomi gerekebilir.

Rejyonel anestezi kan basıncını düşürüp, aktif kanama varsa durumu daha da kötüleştirebilir. Kanama öngörülen hastalarda genel anestezi uygun anestezi seçeneğidir.

ÖNEMLİ NOKTA

Aşağı yerleşimli plasentanın çıkarılması sırasında, alt segmentin efektif kontrakte olamaması ve vasküler sinüslerden kanamanın durmaması nedeniyle postpartum hemoraji meydana gelebilir.

Anne ölümleri araştırma merkezi, sezaryen sırasında kıdemli bir anestezist ve kadın doğum uzmanının bulunmasını önermektedir. Cross-match'li kan da hazır olarak bulunmalıdır.

Bayan Chou'a 38. haftada elektif alt segment sezaryen sectio uygulanır. Uterin insizyon yapılınca plasenta ile karşılaşılır ve bebeği çıkarmak uterus duvarından uzaklaştırılır. Bebek halen transvers pozisyonda olduğu için ayağa çevrilir ve doğurtulur. Plasenta tam olarak çıkartılır. Alt segment plasental yataktan artmış kanama olduğu izlenir. Hemen bolus oksitosin uygulanıp, uterus kontraksiyonu artırmak için infüzyon halinde devam edilir. Alt segmentteki büyük vasküler alanlardaki kanamalara hemostatik sütürler konulur. Kanama kontrol altına alınır ve operasyon başarıyla tamamlanır. Ameliyat sırasında 2000 mL kanama olur.

Postoperatif 1.gün hemoglobin kontrolü 9.8gr/dL'dir. (preoperatif 12.1 gr/dL) Tam mobilize olana kadar, tromboembolivi önleme amaçlı 5 gün deltaparin verilir.(tromboz için risk faktörleri; gebelik, cerrahi, mobilizasyonun gecikmesine neden olan artmış kan kaybı ve hastanede kalış süresinin uzaması) 4-6 hafta sonraki hemoglobin kontrolüne kadar, antianemik ilaçlarına devam etmesi önerilir.

OLGUNUN DEĞERLENDİRİLMESİ

Bayan Chou, 33. Gebelik haftasında vajinal kanama ve malpozisyon (transvers duruş) ile geldi, majör plasenta previa tanısı konuldu. Eski iki sezaryeni aşağı yerleşimli plasenta için riskini artırmıştı. Fetal akciğer gelişimi sağlanana dek konservatif tedavi planlandı. Ancak tekrarlayan APH'lerinin olması nedeniyle hastaneye yatırıldı.

Tekrarlayan görüntülemeler ile majör plasenta previa tanısı kesinleşti ve 38. Haftada elektif sezaryen planlandı. PPH risklerinin olması nedeniyle operasyonda kıdemli obstetrisyen ve anestezist bulundu, cross-match'li kanlar hazırlandı. 2000 mL kanama olmasına rağmen operasyon başarı ile tamamlandı ve postoperatif iyileşme sürecinde sorun çıkmadı.

Hastaya üçüncü sezaryeni olması nedeniyle, diğer gebeliklerinde elektif sezaryen önerisi yapıldı. Histerektomi ile sonuçlanabilecek kontrol edilemeyen PPH'lar, plasenta yapışma anomalileri ve aşağı yerleşimli plasenta konusunda artmış riskleri konusunda bilgilendirildi.

Blastosist uterin kavitede aşağı yerleşirse plasenta previa oluşabilir. Uterin kavitede skar (eski sezaryen) ve büyük plasenta (çoğul gebelik) alt segment yerleşimini artırır.

İkinci trimester taramalarında plasentaların %25'i aşağı yerleşimli izlenir 32. Gebelik haftasında bu oran % 5'e, termde >%0.5'e geriler. Plasenta previanın tekrar etme olasılığı %2'dir.

Üçüncü trimesterde kanama olduğunda aşağı yerleşimli plasenta akla gelmelidir, vakaların üçte birinde fetal malpozisyon da beraberinde görülür. Olguların % 2'sinden azında sadece doğumda kanama gözlenir.

Antepartum ya da postpartum kanamalar; maternal mortalite,morbidite, preterm doğum ve fetal problemlerin başlıca nedenidir. APH'ların çoğu kendiliğinden geriler. Konservatif tedavi, fetal matüritenin sağlanması için 36. hafta civarına ulaşmayı, kanamalar ağırlaştığında kan transfüzyonu yapılmasını, anne ve bebeğin dikkatli izlenmesini gerektirir.

ÖNEMLİ NOKTALAR

- Ağrısız vajinal kanamalarda plasenta previa düşünülmelidir.
- Plasenta previa ile ilgili risk faktörleri eski sezaryen (özellikle mükerrer sezaryen), ve fetusun malpozisyonudur.
- Plesanta previa şüphesi varsa, ultrasonografi ile bu tanı dışlanana kadar vajinal muayene yapılmamalıdır.
- Posterior yerleşimli plasenta previalarda, transabdominal yerine transvajinal ultrasonografi daha iyi görüntüleme sağlar.
- Eğer kanama durmuşsa, anne ve bebek için tehlike yoksa, fetal matürite sağlanana kadar beklenilebilir.
- Doğum şekli olarak grade 2, 3, 4 plasenta previalarda elektif sezaryen önerilir. Aşağı yerleşimli plasentanın alt kenarı, internal os'un 2 cm ve uzağında ise vajinal doğum düşünülebilir.
- Aşağı yerleşimli plasentalarda, plasenta ayrıldıktan sonra alt segmentin üst segment kadar yeterli kasılamaması nedeniyle PPH riski vardır.

Önerilen kaynaklar

Bhide A, Prefumo F, Moore J, Hollis B, Thilaganathan B. Placental edge to internal os distance in the late 3rd trimester and mode of delivery in placenta previa. Br J Obste Gynaecol 2003; 110: 860-864

Royal College of Obstetricians and Gynaecologists Guideline (Green Top) no 27 Placenta praevia and placenta praevia accrete: diagnosis and management. RCOG Press, London, October 2005

Olgu 18 37. Gebelik haftasında ağrılı vajinal kanaması olan 39 yaşındaki kadın

Dr. Maviş Özge ÖZGAN

Bayan O'Neill 39 yaşında olup 37. gebelik haftasında bir ambulansla doğumhaneye getirilir. Bu onun dördüncü gebeliğidir. Karın ağrısının ve vajinal kanamasının aniden kötüleşmesi konusunda kısa bir öykü vermiştir.

Hangi ayırıcı tanıları düşünürsünüz?

- Plasenta abruptio
- Plasenta previa (bakınız olgu 17)
- Erken doğum eylemi
- Diğer nedenler (örn. servikal ve vajinal polipler,
- servikal ektopi)
- Açıklanamayan nedenler

Tanıyı doğrulamak için hastanın öyküsünde nelere dikkat edersiniz?

Başvuru şikayetleri

- Ağrının yeri ve özelliği – sürekli ya da intermittent?
- Kanamanın miktarı ve natürü – taze mı yoksa pıhtılı mı? Mayi gelişi dışlanmalıdır.
- Fetal hareketler – fetal hareket mevcut mu?
- Bu gebeliğinde oluşan sorunların öyküsü (örn. preeklampsi)

Geçmiş obstetrik öykü

Daha önceki gebeliklerinde ve doğum eyleminde meydana gelen plasental abrubsiyon, plasenta previa veya intrauterin gelişme geriliği gibi komplikasyonların ayrıntılarının sorgulanması gereklidir.

Geçmiş kişisel, medikal ve sosyal öykü

- Servikal smear öyküsü
- Hipertansiyon öyküsü
- Sigara veya kokain kullanımı

Obstetrics and Gynaecology: Clinical Cases Uncovered. By. M. Cruickshand and A. Shetty. Published 2009 by Blackwell Publishing. ISBN: 978-1-4051-8671-1

Bayan O'Neill gebeliğinin sorunsuz geçmesine rağmen geçen gün kendini biraz renksiz hissettiğini ifade etmektedir. Bugün erken saatlerde başlayan az miktarda koyu kırmızı vajinal kanama ile kötüleşen karın ağrısı mevcuttur. Ağrı hissettiğini ve bu ağrının kalıcı olup diğer doğum eylemlerindeki uterin kontraksiyonlara benzemediğini belirtmektedir. Ağrı başladığından beri bebek hareketlerini hissetmemektedir.

Daha önce sorunsuz geçen ve hepsi termde vajinal doğumla sonuçlanmış üç gebeliği olmuştur. Şimdiki gebeliğinde 18.haftada ebe tarafından görülmüş olup bilgiler portatif notlar şeklinde dökümente edilmiştir. Her gün 25-30 sigara içmekte olup madde bağımlısı olmadığını söylemektedir. Sosyal bir konutta 3 çocuğuyla birlikte yaşamaktadır.

Fizik muayenede anahtar olabilecek hangi bulguları ararsınız?

Genel muayene

Solgunluk kontrol edilir. Nabız ve tansiyon alınır.

Abdominal muayene

Symphysis-fundus yüksekliği, fetal pozisyon ve prezentasyon kontrol edilmelidir. Eğer uterin kontraksiyonlar mevcut ise bu kontraksiyonların gücü, frekansı ve süresi nedir ve uterus kontraksiyonlar arasında iyi relakse oluyor mu değerlendirilmelidir.

Abdominal muayenede hassasiyet kontrol edilir. Kontraksiyonlar arasında uterus tonusu ne durumdadır? (yumuşak/hipertonik/sert/odunsu)

Fetal kalp hızı değerlendirilir.

Bayan O'Neill soluk ve belirgin ağrı içindedir. Nabzı 132 atım/dakika ve kan basıncı 90/60 mmHg'dır. Uterus yüksekliği gestasyonu ile uyumlu olmasına rağmen fetal pozisyonu anlamak güçtür. Uterus odunsu sertlikte olup dokunmakla hassastır. Ebe fetal kalp atımını Doppler ultrason ve kardiyotokografi (CTG) ile alamamaktadır. Vajinadan minimal koyu kırmızı kanama vardır.

Elde ettiğimiz bulgularla ayırıcı tanıları yeniden gözden geçirelim.

Bayan O'Neill'in muayene ve öyküsü yüksek oranda mikst tip plasental abrupsiyonu desteklemektedir. Bu şok ve intrauterin fetal ölüme antepartum hemoraji ile yol açmaktadır. (Kutu 18.1 ve 18.2; Şekil 18.1). antepartum kanamanın diğer önemli bir nedeni plasenta previadır ve ağrısız kanama ile ilişkilidir. Şok gelişimi eksternal kanama miktarıyla orantılıdır. Ayrıca kanama maternal ise fetus genellikle iyi durumdadır. Bu nedenle bu Bayan Smith olgusunda ihtimal dahilinde olmayan bir tanıdır.

Kutu 18.1 Plasental abrupsiyon

Yaklaşık 80 doğumdan birinde görülmektedir.

Tanımı

Bebeğin doğumundan önce plasentanın parsiyel veya komplet olarak ayrılmasıdır.

Risk faktörleri

- Artmış anne yaşı ve/veya paritesi
- Düşük sosyoekonomik gruba dahil olmak
- Sigara ve kokain kullanımı
- Hipertansif durumlar
- Ani uterin dekompresyon (örn. polihidramniosla membran rüptürü)
- Ciddi eksternal travma
- Uterin anomali, kısa kordon
- Önceki abrupsiyon öyküsü. Rekürrens oranı %7-9'dur.

Semptomlar

- Karın ağrısı – genellikle sırt ağrısıyla birlikte devamlı ve ciddidir.
- Vajinal kanama – taze ya da eski kanama olabilir.
- Azalmış veya kaybolmuş fetal hareketler.

Bulgular

- Kan kaybından bağımsız şok
- Uterus spazmı – odunsu olarak tariflenir – hipertonik kontraksiyonlar nedeniyledir
- Yumuşak uterus
- Fetal bölümlerin hissedilmesi güçtür.
- Çoğu kez fetal kalp atımı yoktur.
- Nadiren idiyopatik erken doğum olarak başlayabilir.

Sınıflandırma

- ***Gizli:*** kan uterus duvarı ve plasenta arasında sıkışmıştır ve vajinal kanama yoktur.
- ***Belirgin:*** kan membranlar ve uterus duvarı arasındaki yolu izleyerek eksternal görülür kanamaya neden olmaktadır.
- ***Mikst:*** iki tipin kombinasyonudur.

Plasental abrupsiyon ile ilişkili komplikasyonlar nelerdir?

Plasental abrupsiyon ciddi maternal morbidite ve fetal morbidite ve mortalite ile ilişkili bir durumdur. (Kutu 18.3)

Annenin yönetiminde bir sonraki adım nedir?

Annenin resüsitasyonu

- Kıdemli obstetrisyen, anestezist ve kıdemli ebeden yardım istenir.
- Havayolu, solunum ve dolaşım (ABC) kontrol edilir. Oksijen verilir. Damaryolu açılır ve intravenöz sıvı replasmanına kristaloid ve kolloidlerle başlanır (Kutu 18.4).
- Hasta kan grubu tayin edilir 4 – 6 ünite kan cross-match'lenir.
- Laboratuarlar ve kan merkezi alarma geçirilir.
- Tam kan sayımı, biyokimya (üre ve elektrolitler, serum kreatinin ve ürat, karaciğer fonksiyon testleri) ve koagülasyon parametreleri için kan alınır.

Kutu 18.2 Plasental abrupsiyonun patofizyolojisi

- Plasenta abrupsiyonu plasentanın desidua basalisinden olan kanamadır.
- Vajinal kanama ile birlikte veya değil, fetal distres veya ölüme yol açabilen genişleyen hematom mevcuttur ve bu bitişik plasentanın ayrılmasına yol açmaktadır.
- Kanama tamamen gizli olabilir.
- Amniyotik sak içine kanama kanlı mayiye yol açar.
- Kanama serozayı takip ederek miyometriumu infiltre edebilir ve Couvelaire uterus oluşmasıyla sonuçlanır.
- İşe yaramayan uterin kontraksiyonların intramiyometrial kanamanın ve prostaglandin salınımının sonucu olduğu düşünülmektedir.

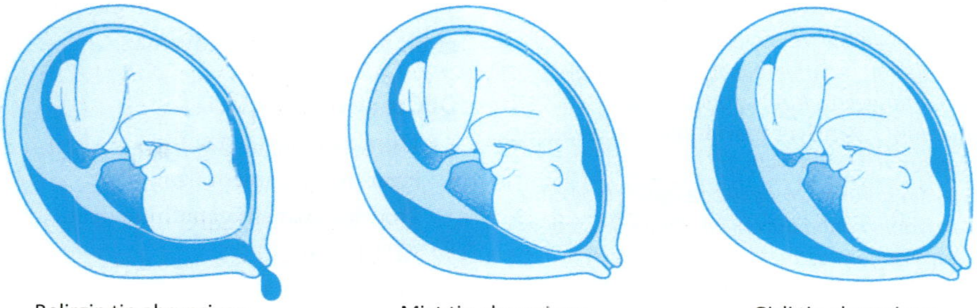

Figür 18.1 Gizli, belirgin ve mikst plasental abrupsiyon tipleri

Kutu 18.3 Plasental abrupsiyonun komplikasyonları

- Hipovolemik şok
- Dissemine intravasküler koagülopati
- Postpartum kanama
- Renal yetmezlik

Fetal komplikasyonlar

- Fetal distress
- İntrauterin fetal ölüm
- Preterm doğum
- Perinatal mortalite 300/1000

Kutu 18.4 Obstetrik acillerin genel yönetim prensipleri

- Havayolu, solunum ve dolaşım değerlendirmesi
- Unutulmaması gereken şey iki hasta olduğudur – anne ve fetus (bu durumda intrauterin fetal ölüm olmasına rağmen)
- Fetus maternal hipoksiye karşı savunmasızdır

- İnvaziv monitorizasyon düşünülür (santral ve arteriyal)
- İdrar çıkışını monitorize etmek ve proteinüriyi saptamak için üriner kateter yerleştirilir
- Gerekli kan ve kan ürünleri replase edilir.

Fetal sağlığın değerlendirilmesi

Ultrason ve CTG ile fetus canlılığı değerlendirilmelidir. Fetal kalbi ve pozisyonu kontrol edip devamlı CTG'ye başlanmalıdır. Aynı zamanda retroplasental koagulum varlığı araştırılmalıdır ama her zaman taramada görülmeyebilir. Ve plasentanın aşağı yerleşimli olmadığı teyit edilmelidir.

Fetusun doğurtulması

Eğer fetus canlıysa doğum şeklinin kararı fetal distres varlığına ve kanama miktarına bağlıdır. Fetal ya da maternal nedenlerle sezaryen section endike olabilir (örn. maternal durumun kötüleşmesi veya CTG ile doğrulanmış fetal distress). Fetus distreste değilse oksitosinle veya oksitosin olmadan artifisyal membran rüptürü ile eylem indüksiyon ve augmentasyonu yapılarak vajinal doğum denenebilir. Ama fetus CTG ile yakından ve sürekli takip edilmelidir. Fetus ölü ise maternal durum izin veriyorsa eylem indüksiyonu yapılabilir.

Ciddi abrupsiyonu olan kadınlarda doğum eylemi genellikle spontan başlar ve genellikle kısa sürmektedir.

ÖNEMLİ NOKTA

Tedavi şok tedavisini ve dissemine intravasküler koagulopati (DIK) gelişiminin önlenmesini amaçlamaktadır.

Bayan O'Neill doğum eylemi kısmında obstetrik bir acil olarak yönetilmektedir. Acil yardım çağrılmıştır ve fasyal oksijen ve sıvı uygulaması için 14 gauge kanül ile resüsitasyona başlanmıştır. Cross-match ve uygun araştırmalar için kan örnekleri alınıp, idrar çıkışı monitorizasyonu için üriner kateterizasyon yapılmıştır.

Yerinde muayene ile intrauterin fetal ölüm teyit edilmiştir. Muayenede aynı zamanda anterior yerleşimli plasentada parsiyel ayrılma ve geniş retroplasental koagulum izlenmiştir.

Bayan O'Neill'in doğum eyleminde olduğunu gösteren vajinal muayene yapılmıştır ve serviksi 4 cm dilate saptanmıştır. Doğumu hızlandırmak için amniyotomi (membranların artifisyel rüptürü) uygulanıp intravenöz oksitosin başlanmıştır. Amniyos mayi kanlıdır ve plasental abrupsiyon tanısını desteklemektedir.

Bayan O'Neill'in durumu 20.dakikada daha stabil olup uterin kontraksiyonları daha düzenlidir. Sonra 3320 gr taze ölü bir fetus doğurmuştur. Yaklaşık 950 gr eski koagulum boşaldıktan sonra plasenta ayrılmış olup plasental abrupsiyon tanısını doğrulamaktadır.

Doğumdan sonra nelerden kaçınılmalıdır?

Plasenta abrupsiyonu postpartum hemoraji (PPH) ve uterin atoni riskini arttırmaktadır. PPH, DIK'e neden olabilmekte veya kötüleştirebilmektedir.

Doğumun üçüncü evresinin ardından acil bir durum kendini göstermiştir. Ciddi atonik postpartum hemoraji vardır. Yardım çağrılıp kanama bimanuel uterin kompresyon ve oksitosin ile kontrol altına alınmıştır. Resüsitasyon devam ederken anestezist tansiyon aletinin manşonu olan kolda belirgin ekimoz ve hematüri olduğunu saptamıştır. Anestezist DIK'in başladığı konusundaki şüphesi ile resüsitasyon ekibini uyarmıştır. Talep üzerine hematolojist DIK tanısını doğrulamıştır.

Uluslararası Tromboz ve Hemostaz Derneği DIK "şu şekilde tanımlar: İntravasküler koagülasyonun farklı nedenelrle oluşan aktivasyonu sonucu oluşan sonrada kazanılan bir sendromdur" Plesanta abrupsiyon ile desidval fragmanlar koagülasyon faktörlerini aktive ederek maternal dolaşıma sokarlar.

DIK'in tanı testleri nelerdir?

DIK primer olarak klinik bir tanıdır; laboratuar testleri DIK tanısını doğrulamak ve replasman tedavisinin sonuçlarını izlemek amacıyla yapılmaktadır. Herhangi bir test DIK tanısı koyamaz.

DIK'te test sonuçları

- Trombosit sayısı azalır.
- Protrombin zamanı uzar.
- Trombin zamanı genellikle uzar.
- APTT uzar.
- Fibrinojen azalır.
- Fibrinojen yıkım ürünleri
- Periferal kanda mikroanjiopatik değişiklikler

Plasental abrupsiyona sekonder DIK gelişen Bayan O'Neill için ne yaparsınız?

- ABC yönetimine devam edilir.
- Yönetimin dayanak noktası altta yatan nedeni tedavi etmektir (örn.hala doğum olmadıysa hızlandırılmalıdır).
- Hematolojist ile konsülte edilmelidir.
- Laboratuar testleri kan gereksinimini gösterir (taze donmuş plazma, pıhtılaşma faktörleri, trombosit transfüzyonu).

Bayan O'Neill konsultan obstetrisyen, konsultan anestezist ve konsultan hematolojisti içeren multidisipliner bir takımla değerlendirilmiştir. Sıvı replasmanına invaziv monitorizasyon ve idrar çıkışı kılavuzluk etmiştir ve uterin kontraksiyonların devamı için oksitosin kullanılmıştır.

Eritrosit süspansiyonu, taze donmuş plazma ve kriyopresipitat uygunlanmıştır ve sonraki birkaç saat içinde klinik durumu stabilize olup koagulasyon parametrelerinde düzelme olmuştur. Hasta 24 saat yoğun olarak monitorize edilmiştir.

Gebelik kayıpları olan hastalarla beraber postnatal bölümde tekli bir odaya transfer edilmiştir. Doğumdan sonra dördüncü günde eve taburcu edilmiştir ve postnatal takip kliniğinde doğumdan 6 hafta sonraya kontrol için randevu verilmiştir.

OLGUNUN DEĞERLENDİRİLMESİ

Bu 39 yaşındaki multipar kadın 37. gebelik haftasında ağrılı antepartum hemoraji ve fetal hareket kaybı öyküsüyle şok içinde başvurmuştur. Yaşı, paritesi, sigara öyküsü ve sosyoekonomik düzeyi plasental abrupsiyon için onu yüksek riskli bölgeye almıştır. Sürekli abdominal ağrı, vajinal kanama öyküsü ve odunsu uterus ile fetal ölüm bulguları bu tanıyı yüksek oranda desteklemektedir.

Yönetimin temel dayanağı annenin uygun resüsitasyonudur. Major obstetrik kanamalar için kılavuzlar 14 gauge kanülle iki damaryolu açılmasını ve 6 ünite kan cross-matchlenmesini önermektedir. Kolloidlerle plazma ekspansiyonu desteklenmelidir.

Sonraki adım fetusun doğumunu hızlandırmaktır. Doğum tipi maternal durum ve fetal iyilik haline bağlı olarak değişebilir. Eğer anne stabil ise ve fetus iyi durumda ise eylem indüksiyonu denenebilir, ki abrupsiyonda genellikle kısa eylem zamanı vardır.

Doğum sonrası PPH ve DIK major komplikasyonlardır ve bunlar için dikkatli olunmalıdır.

ÖNEMLİ NOKTALAR

- Plasental abrupsiyon maternal ve perinatal morbidite ve mortalitenin önemli nedenlerindendir.
- Ayırıcı tanıda temel olarak plasenta previa ve doğum düşünülmelidir.
- Antepartum kanamada ağrılı uterus kontraksiyonlarının olması ve hassas uterus ile fetal distress veya ölüm olması tek tanıya yönlendirmelidir.
- Multidisipliner yaklaşım önerilmektedir
- Yönetimin temeli annenin resüsitasyonu ve fetusun olabildiğince erken doğurtulmasıdır.
- Postpartum kanama ve DIK dikkatli olunması gereken ciddi komplikasyonlarıdır.

Önerilen kaynaklar

Baskett TF, Arulkumaran S. Antepartum haemorrhage. *Intrapartum Care for the MRCOG and Beyond.* RCOG Press. 2002;133-141

HI-adky K, Yankowitz J, Hansen WF. Placental abruption. *Obstet Gynecol Surv* 2002; 57: 299-305.

Olgu 19 29 yaşında, vajinal sıvı gelişi olan 31 haftalık gebe

Dr. Maviş Özge ÖZGAN

Bayan McRoberts, 29 yaşında olup paritesi 3'tür. Doğum eylemi bölümüne 31.gebelik haftasında sabahın erken saatlerinde vajinadan sıvı akışı ile başvurmaktadır. Sıvının bacaklarından aşağı sızdığını fark ettiğinde tuvalete gitmektedir. Ebe tarafından 7. gün önce rutin bir kontrolden geçirilmiştir ve gebelikle ilgili her şeyin yolunda gittiğini söylemiştir.

Ayırıcı tanılar nelerdir?

- Preterm prematür membran rüptürü (PPROM)
- Üriner inkontinans
- Vajinal akıntı

ÖNEMLİ NOKTA

PPROM, 37. gebelik haftasından önce membranların eylem başlamadan prematür rüptürü olarak tanımlanır. Gebeliklerin %2'sini etkiler fakat bunların %40'ı preterm doğumla ilişkilidir.

Tanıyı açığa kavuşturmak için size yardımcı olacak hangi spesifik bilgilere ihtiyacınız vardır?

Başvuru şikayetleri

- Sıvının rengi ve miktarı
- İlişkili karın ağrısı veya kontraksiyon varlığı
- Bebek hareketini hissediyor mu?
- Üriner bir semptomu var mı? (örn. dizüri ve sık idrara çıkma)
- Grip benzeri semptomu var mı?
- Bu gebeliğinde bir problem oluştu mu?

Obstetrics and Gynaecology: Clinical Cases Uncovered.
By. M. Cruickshand and A. Shetty. Published 2009 by Blackwell Publishing. ISBN: 978-1-4051-8671-1

Geçmiş obstetrik öykü

Geçmiş gebelik ve doğumlarına ait detaylar:

- Doğumdaki gebelik zamanı (term veya preterm)
- PPROM öyküsü
- Spontan veya indüklenmiş eylem
- Doğum şekli (vajinal veya sezaryen section)
- Komplikasyon varlığı

Allerjiyi de içeren geçmiş medikal öykü

Geçmiş medikal öyküsünde herhangi ilişkili bir şey var mı ve herhangi bir allerjisi var mı?

Bayan McRoberts'ın bu akşama kadar sorunsuz bir gebeliği olmuştur. Karın ağrısı veya kontraksiyonun olmadığını ve normal fetal hareketlerin olduğunu söylemektedir. Tuvalete giderke ani berrak bir sıvı akışı olduğunu fark etmiştir. Sıvı bacaklarından akıp banyo zeminini ıslatmıştır. Dizüri öyküsü yoktur fakat son 1 – 2 haftadır idrar frekansında artış mevcuttur. Bu zamana kadar iyi hissettiğini ve major bir medikal probleminin veya allerjisinin olmadığını söylemektedir. Günde 20 sigara kullandığını kabul etmiştir. Daha önce üç gebeliği olmuştur. Önceki iki gebeliği termde spontan sorunsuz bir vajinal doğum ile sonuçlanmıştır. Üçüncü gebeliğinde 33.gebelik haftasında PPROM ve arkasından preterm eylemle preterm vajinal doğum olmuştur. Postnatal bir problem olmadığını ifade etmektedir.

Fizik muayenede hangi anahtar bulgulara bakarsınız?

Genel muayene

Eylem bulguları – ağrılı görünüyor mu? Nabız, kan basıncı ve ateş ölçümü ve takibi yapılmalıdır. Ateş yüksekliği infeksiyonu gösterebilir.

Abdominal muayene

- Uterin kontraksiyonlar
- Symphysis-fundus yüksekliği ve fetusun pozisyon ve prezentasyonu

- Palpasyonla hassasiyet (infeksiyon bulgusudur)
- Doppler ve kardiyotokografi (CTG) ile fetal kalp atımı kontrolü
- Sıvının rengi için ped kontrolü

Bayan McRoberts anksiyeteli gözükmektedir fakat ağrısı yoktur. Nabzı 90 atım/dk, kan basıncı 110/70 mmHg ve vücut ısısı 36.8 °C'dir. Palpasyonla uterus relaks ve ağrılı değil, fetus prezentasyonu baş geliştir. Fundus yüksekliği gebeliği ile uyumludur. CTG akselerasyonlar içeren yaklaşık 140 atım/dk normal reaktif olarak görülmektedir.

Sonraki adımınız ne olur?

Spekulum muayenesi

Bir sonraki adım steril spekulum muayenesi olmalıdır. Spontan membran rüptürünü teyit etmek için posterior vajinal fornixte sıvı göllenmesine bakılır. Posterior vajinal fornixteki sıvının görülmesi oldukça anlamlıdır ve membran rüptürü için ileri diagnostik testler gerekli değildir. Üst vajenden örnekleme kültür ve duyarlılık için eş zamanlı yapılır.

İkili kuşkulu bulgular olursa PPROM tanısı doğrulamak veya dışlamak için ileri diagnotik testler yapılır.

Ek olarak hangi diagnostik testleri kullanırsınız?

1. *Nitrazin testi:* Membran rüptürünü doğrulamak için çok sayıda test yapılmıştır; en çok kullanılanı ise nitrazin testi olmuştur.

- PH değişikliğini saptar.
- Duyarlılığı % 90' dır, ve yanlış pozitiflik oranı %17' dir.
- Normal vajen pH' sı 4.5-6.0 (nitrazin kağıdında renk değişikliği olmaz) dır. Membran rüptüründe vajinal pH 7.1-7.3' tür (kağıdın rengi maviye döner.).
- Yanlış pozitif test (nitrazin pozitif , pH>7) kan, sperm, antiseptik solüsyonlar veya bakteriyel vaginozis durumlarında görülebilir.

Son zamanlarda, diğer testlerde (örn. vajinal veya servikal sekresyonlarda fetal fibronektin ve artmış insulin like growth faktör bağlayıcı protein-1) retrospektif olarak %94 duyarlılık ve %97 özgüllük bildirilmiştir.

2. *Amniyotik sıvı volümünün ultrasonografi ile değerlendirilmesi.* PPROM tanısı teyit etmede ultrasonografi bazı açılardan kullanışlıdır. Oligohidramniyosu (azalmış sıvı volümü) göstererek yardımcı olmaktadır.

3. *Orta akım idrar örneği.* Eğer diğer testler negatifse üriner sistem enfeksiyonunu ortaya koymak amacıyla yapılır.

Steril spekulum muayenesi yapılmıştır. Ve posterior vajinal fornikste sıvı göllenmesi saptanmıştır.

31. gebelik haftasında membran rüptürü öyküsünü kanıtlamak için yapılan spekulum muayenesinde sıvı göllenmesinin görülmesi PPROM tanısı koydurmaktadır.

ÖNEMLİ NOKTA

PPROM'dan şüphelenildiğinde elle vajinal muayeneden kaçınılmalıdır.

KUTU 19.1 Membranların preterm rüptürü

- PPROM neonatal mortalite ve morbiditede ciddi artışa yol açar
- Neonatal mortalite ve morbiditeyi artıran üç neden; prematürite, sepsis ve pulmoner hipoplazidir.
- Maternal riskler koryoamniyonit ile ilişkilidir.
- İntrauterin enfeksiyonu olan kadınlar enfekte olmayanlardan daha erken doğururlar ve bu infantlar sepsisle doğarlar. İnfantların sepsis olmayanlara göre dört kez artmış mortalite oranları vardır.

PPROM ile ilişkili risk faktörleri

- Önceki gebeliklerde PPROM öyküsü
- Tütün kullanım
- Mevcut gebelikte amniyosentez veya servikal serklaj öyküsü
- Servikal konizasyon öyküsü
- Polihidramniyos ve çoğul gebelik nedeniyle oluşan uterin distansiyon
- Servikal veya vajinal infeksiyon (örn. bakteriyel vaginozis, grup B streptokok, Ureoplasma, Chlamydia)

- **Doğumdan önce izlenen yol**
- *Term PROM:* %70 olguda doğum eylemi 24 saatte başlamaktadır.
- *28–34 haftalar arasında PPROM:* %50 olguda doğum eylemi 24 saat içinde, %80'inde ise bir hafta içinde başlamaktadır.
- *24–26. haftalar arasında PPROM:* >%50'sinde eylem bir haftada başlarken, %22 olguda 4 hafta ertelenir.

Hastanın eylemde olduğuna dair güçlü şüpheniz yoksa elle vajinal muayeneden kaçınılmalıdır. Bunu nedeni mikroorganizmaların vajenden servikse transporte olarak intrauterin enfeksiyon, prostaglandin salınımı ve preterm eyleme yol açabilmesidir.

Yönetimdeki planınız ne olmalıdır?

1. *Fetal iyilik halinin değerlendirilmesi.* Bunun için fetal CTG ve ultrasonografi kullanılır. Ultrasonografide fetal gelişim, pozisyon ve amniyotik sıvı volümüne bakılır.

2. *Maternal infeksiyonun saptanması:*

- Rutin değerlendirme – nabız, vücut ısısı, uterin aktivite ve hassasiyet
- Kan testleri – tam kan sayımı, CRP
- Üst vajinal örnekleme – koryoamniyonit assendan bir enfeksiyondur.

ÖNEMLİ NOKTA

Klinik koryoamniyonit tanı kriterleri maternal ateş (>37.8°C), taşikardi, lökositoz, uterin hassasiyet, vajinal akıntı ve fetal taşikardiyi (>160 atım/dk) içermektedir.

Hastanede yatış sırasında yapılan gözlemde hasta düzenli olarak intrauterin enfeksiyon açısından muayene edilmelidir. İntauterin enfeksiyon için anormal bir parametre veya kombinasyonları değerlendirilmelidir. (Kutu 19.2)

KUTU 19.2 İntrauterin enfeksiyon için Royal College of Obstetricians and Gynaecologists (RCOG) önerileri

- En az 12 saatte bir koryoamniyonit klinik bulguları açısından gözlemlenmelidir.
- Haftada bir üst vajen örneklemesi ve en az haftada bir tam kan sayımı yapılmalıdır.
- Fetal gözetim için CTG ile monitorizasyon önerilmektedir.
- Temel fetal izlem veye fetal enfeksiyon tanısı için biyofizik profil ve Doppler ölçümleri dikkate alınmamaktadır.

Bayan McRoberts'ın bebeğinin ultrasonografi taramasında prezantasyonun baş olduğu, gelişiminin güzel ve fetusun iyi durumda olduğu ama amniotik sıvı miktarının ise azalmış olduğu görülmektedir. Normal lökosit sayısı ile beraber ateşi olmamaktadır. CRP <10'dur. Üst vajen örneklemesinin sonucu negatif gelmiştir.

Sonraki adımınız ne olur?

Profilaktik antibiyotikler

PPROM'da sonra antibiyotiklerin kullanımı istatiksel olarak koryoamniyonit gelişiminde gözle görülür azalma saptanmıştır. 48 saat ve 7 gün arasında doğan bebeklerde ciddi azalma saptanmıştır. Annesi antibiyotik kullanan bebeklerde neonatal infeksiyon belirgin azalma vardır. Eritromisin (250 mg/6 saatte bir – oral) PPROM tanısından sonra 10 gün verilmelidir. Nekrotizan enterokolit ile ilgili endişelerden dolayı ko-amoksilav önerilmemektedir.

Kortikosteroidler

Steroidler respiratuar distress sendromu, intraventriküler hemoraji ve nekrotizan enterokolit riskinde azalmaya neden olduklarından antenatal kortikosteroidler PPROM'lu hastalara verilmelidir. Anne ya da fetusta infeksiyon riskinde artışa neden olmamaktadırlar.

ÖNEMLİ NOKTA

- Akciğer matürasyonunu artırmak için steroid olarak Betametazon tercih edilmektedir. Önerilen tedavi 12 mg betametazonun intramusküler olarak 24 saat arayla iki doz olarak verilmesidir.

Optimal tedavi – doğum intervali kortikosteroid tedavisine başlanmasından sonra en az 24 saat en fazla 7 gün olmalıdır.

Bayan McRoberts kortikosteroid etkinliğini tamamlayana kadar eylem başlangıcını önleyen ilaçların olup olmadığını merak etmektedir.

Tokolitik ajanlar kullanılabilir mi?

Uterin aktivitesi olmayan PPROM'lu kadınlarda profilaktik tokolitik ajan kullanılmaması gerektiğini kanıtlanmıştır. Tokolitiklerin kısa dönem kullanım için tek endikasyon steroidlerin fetal akciğer matürasyonu için etkinliğini tamamlaması veya preterm yenidoğanın yenidoğan ünitesine anne ile beraber *in utero* transferinin sağlanmasıdır.

Bayan McRoberts ne zaman doğum yapabileceğini sormaktadır

Doğum 34. gebelik haftasında düşünülmelidir.

34. gebelik haftasında doğum şeklinde düşünülen yönetimde hastaya artmış koryoamniyonit riskine karşın yenidoğanda azalmış respiratuar problemler, azalmış yoğun bakım ihtiyacı ve sezaryen section oranı konusunda bilgi verilmelidir. Yönetimde standart 34. gebelik haftasına kadar beklemektir.

Bayan McRoberts'a protokolde olduğu gibi eritromisin başlanıp aynı zamanda ilk betametazon injeksiyonu yapılmıştır. Yenidoğan ünitesinde yer olup olmadığı sorgulanmıştır. Doğum için yönetim planı 34. gebelik haftasında indüksiyon uygulamasıdır. Hasta kendini iyi hissetmekte olup hastane dışından takip edilip edilemeyeceğini merak etmektedir. Hastaneye yakın bir yerde ikamet eden hasta düzenli kontroller ve kan testleri için gelebileceğini ifade etmektedir.

Bayan McRoberts hospitalizasyon olmadan takip edilebilir mi?

Evde ve hastanede yönetim ile ilgili randomize bir çalışmanın sonuçlarına göre her iki grup benzer latent periyod ve benzer doğum gestasyonel yaşı ile karşılaştırılabilmektedir. Koryoamniyonit, respiratuar distres sendromu veya neonatal sepsis sıklığında belirgin fark yoktur. (Kutu 19.3)

Bayan McRoberts için 72 saat boyunca hastaneden monitorizasyon sonrası eğer iyi seyrederse eve taburcu olması şeklinde bir yönetim planı yapılmıştır. Bununla birlikte o günün sonuna doğru karında rahatsızlık ve düzensiz uterin aktivite gelişmiştir. CTG değerlendirmesi normaldir. Her 15 dakikada bir palpasyonla bir veya iki kontraksiyon dikkatini çekmektedir. Steril vajinal muayene yapılmıştır ve serviks 1-2 cm dilate ve kısalmış olarak saptanmıştır. Tanı preterm eylem tehditidir.

Bayan McRoberts bebeğinin sağlığı açısından çok endişelidir. Kortikosteroid uygulaması bitmemiştir ve eylemi durduracak bir ajanın olup olmadığını sormaktadır.

Kutu 19.3 Hastane dışı PPROM yönetiminde RCOG önerileri

- Hastane dışında takip edilecek PPROM'lu kadınlar bireysel olarak özenle seçilmelidir.
- Hastane dışı gözlem yalnızca 24-48 saat hospitalizasyonla gözlem sonrası düşünülmelidir.
- Evde takip edilen PPROM'lu kadınlar günde iki kez vücut ısısı ölçümü yapmalıdır ve koryoamniyonitle ilişkili semptomlar (örn. karın ağrısı, ateş, vajenden gelen sıvıda renk,koku değişikliği) ve ne zaman uzman yardımı araması gerektiği konusunda eğitilmelidir.
- Hastane dışı takipte takip sıklıkları ayarlanmalı ve hasta açıkça bilgilendirilmelidir.

Kutu 19.4 Tokolitik ajanlar

Karşılaştırmalı etkinliği olan çok çeşit preparat vardır falat yan etki profilleri farklıdır.

- *Atosiban:* oksitosin antagonisti.
- *Nifedipin:* kalsiyum kanal antagonisti.
- *Ritodrin (beta agonist):* maternal yan etkileri nedeniyle tercih edilmemektedir.
- *İndometazin (antiprostaglandın):* fetus ve yenidoğanda güvenirliliği konusunda şüpheler vardır.
- *Nitrik oksit donörleri temel olarak gliseril trinitrat:* deneme aşamasındadır, beta agonistlerle efektivitesi kıyaslanabilir ama maternal yan etkileri daha azdır.
- *Magnezyum sülfat:* ABD'de popülerdir. Ritodrinle efektivitesi kıyaslanabilirken daha iyi tolere edilir.

Tokolizin gebelik sonuçlarını iyileştirdiğine dair kesin kanıtlar yoktur. Tokoliz sadece kullanılan kortikosteroidin etkinliğinin tamamlanması veya in utero transfer için birkaç gün kazanılması gerektiğinde düşünülmelidir.

Tokolitik bir ajan kullanılmasına karar verildiğinde en iyi tercih hangi ajandır?

Atosiban veya nifedipin beta agonist olan ritodrine karşı tercih edilebilir görünmektedir. Daha az yan etkileri vardır ve efektiviteleri karşılaştırılabilir görünmektedir. (Kutu 19.4). Atosiban (oksitosin antagonisti) UK 'de tokoliz için lisans almıştır fakat nifedipin (kalsiyum kanal blokeri) henüz almamıştır. Ritodrin en kıymetlisi olmasına rağmen bütün beta agonistler gibi istenmeyen ve yan etkileri sıktır. (Kutu 19.5)

Kutu 19.5 Tokolitik ajanların yan etkileri

Maternal yan etkiler

- *Genel:* mide bulantısı, baş ağrısı, baş dönmesi, taşikardi, çarpıntı, göğüs ağrısı
- *Nadir:* hipotansiyon, hiperglisemi, pulmoner ödem (beta agonistler)
- Atosiban, beta agonistlere göre daha az maternal yan etkiye sahiptir.

Fetal yan etkiler

- Fetal ve neonatal taşikardi
- Ductus arteriozusun erken kapanması, renal ve serebral vazokonstriksiyon, nekrotizan enterokolit (indometazin)

Görüşmeden sonra Bayan McRoberts'a tokolitik ilaç olan atosiban başlanmıştır ve departman kılavuzlarına uygun monitorizasyon uygulanmaktadır. Birkaç saat sonra daha rahat hissetmektedir, kontraksiyonları durmuştur ve gece rahat uyuyabilmiştir. Gözlemlerinde infüzyonla stabil olduğu görülmektedir. Sabahın ertesinde betametazonun ikinci dozunu im olarak almıştır. Ve gözlem için antenatal bölüme transfer edilmiştir. Yönetim planı daha önce bahsedildiği gibi eğer hasta doğum eyleminde değilse eylemin 34 hafta civarında indüksiyonu şeklindedir.

Bayan McRoberts 72 saat sonra hastaneden taburcu edilmiştir ve takip planı oluşturularak koryoamniyonit için alarm semptomlar konusunda bilgilendirilmiştir. Doğum eylemi bir hafta sonra spontan olarak başlamıştır, hastaneye gelir ve iyi durumda 1956 gr erkek bebek doğurmuştur. Prematürite takibi için bebek yenidoğan ünitesine transfer edilmiştir. Postnatal periyodu olaysız geçmektedir ve 2 gün sonra eve taburcu edilmiştir. İlerleyen birkaç haftada bebek iyi gelişim göstermiş olup yenidoğan ünitesinde minimal solunum desteği almaktadır ve 4 hafta sonra taburcu edilmiştir.

OLGUNUN DEĞERLENDİRİLMESİ

Bayan McRoberts doğum eylemine ait bulgu olmadan PPROM 'u destekleyici öyküyle başvurmuştur. Ağır sigara içicisi olup daha önce geçirilmiş preterm eylem ve PPROM öyküsü mevcuttur. Bütün bunlar durumun tekrarı açısından hastayı yüksek riskli kılmaktadır.

Tanı spekulum muayenesi ile doğrulanmıştır. Normal kayıtlar ve yapılan araştırmalar maternal ve fetal sağlığın iyi olduğunu göstermektedir. Proflaktik antibiyotik başlanmış ve fetal akciğer matürasyonu için steroid uygulanmıştır. Ve koryoamniyonit gelişmediği sürece 34. gebelik haftasına kadar konservatif yönetim planı oluşturulmuştur. Buna rağmen steroid etkinliğinden önce doğum eylemi bulguları ortaya çıkmıştır. Steroid etkinliği için hastaya tokolitik amaçla atosiban infüzyonu başlanmıştır. Uterin kontraksiyonların durmasının ardından koryoamniyonit bulguları mevcut değilken hasta taburcu edilmiştir ve hastane dışından takip edilmektedir.

Prematür eylem bir hafta içinde başlamış olup spontan vajinal doğum gerçekleşmiştir. Taburcu olmadan önce hastaya PPROM ve preterm eylem için sonraki gebeliklerinde yüksek riskli olduğu anlatılmıştır. Bu kadın ikinci trimestr ve üçüncü trimestr erken dönemlerinde (ortalama 28-29 hafta) asemptomatik infeksiyonların (örn bakteriyel vaginozis) tanı ve tedavisi için ve üst vajenden infeksiyon için örnekleme ve profilaktik steroidler için adaydır.

ÖNEMLİ NOKTALAR

- İnfant için tek ve en önemli belirleyici, kötü sonuç preterm eylemdir. Ve mortalite ve morbidite 34. haftadan önce doğan bebeklerde en sıktır.
- *Tanım:* doğum eyleminin 37. gestasyon haftasından önce başlamasıdır.
- *İnsidans:* doğumların %6-15'i.
- *Risk faktörleri (preterm eylem için)*
  - Düşük sosyoekonomik seviye
  - Maternal yaşın uç noktaları
  - Tütün kullanımı veya madde kullanımı
  - Önceki preterm doğum veya ikinci trimesterde abortus
  - Afrikan-Amerikan ırkı
  - Uterin anomali (örn. unikornat veya bikornat uterus)
  - Genitoüriner enfeksiyon
  - Uterin distansiyon (ikiz gebelik veya polihidramniyos nedeniyle olabilir)
  - Servikal konizasyon öyküsü
- *Preterm eylemi öngörme:* çeşitli skorlama sistemleri vardır. şunları içermektedir:
  - Preterm doğum öyküsü
  - Servikal uzunluğun değerlendirilmesi: transvajinal ultrasonografi en duyarlı yöntemdir.
  - Fetal fibronektin: yüksek negatif prediktif değeri vardır
  - Araştıma gereçleri: tükrük östriolü, evde monitorizasyon
- *Önleme*
  - Servikal yetmezlikten şüphe ediliyorsa servikal serklaj
  - Yüksek riskli kadınlarda asemptomatik infeksiyonların taranması ve tedavisi (örn. bakteriyel vaginozis, asemptomatik bakteriüri)
- *Tedavi*
  - Acil serklaj / kurtarıcı servikal sütür (yetersiz kanıt)
  - Tokoliz: sonuçları iyileştirdiğine dair net veri yoktur. Kortikosteroid etkinliği veya in utero transport için birkaç gün kazanmak gerektiğinde düşünülmelidir. İntakt membranları olan kadınlarda antibiyotik kullanımının yararı gösterilmemiştir.

Önerilen kaynaklar

Royal College of Obstetricians and Gynaecologists. *Tocolytic drugs for women in preterm labour.* Green-top Guideline No.1 (B). RCOG, London, 2002.

Royal College of Obstetricians and Gynaecologists. *Antenatal corticosteroids to prevent respiratory distress syndrome.* . Green-top Guideline No.7. RCOG, London,2004.

Royal College of Obstetricians and Gynaecologists. *Preterm prelabour rupture of membranes.* Green-top Guideline No.44. RCOG, London,2006.

Olgu 20 35 yaşında antenatal bakım için başvuran gebe

Dr Burcu DİNÇGEZ

Bayan Todd, 3.gebeliği olup 35 yaşındadır. Son adet tarihi 12 hafta öncedir ve o zamana kadar gebeliğinde bir sorun yaşamamıştır. Gebe, ilk antenatal vizitine gider.

Antenatal tarama komplikasyon riski olan gebelikleri tespit etmek için yapılır. Anamnezi, ultrasonografiyi, kan testlerini ve diğer incelemeleri içerir. Maliyet ve klinik etkinliği gereği diğer tarama testleri bazı gebeliklerde endike olmasına rağmen burada NICE tarafından önerilen tarama testlerinden bahsedilmektedir.

Anamnezde sorulması gerekenler nelerdir?

1 Önceki obstetrik öykü
- Önceki gebeliklerin sayısı ve sonuçları
- Gebelikte şunları içeren herhangi bir problem:
  - Preeklamsi, abruptio vb
  - Doğum şekli
  - Doğumdaki gebelik haftası
  - Doğum ağırlığı
  - Postnatal problem

2 Geçmiş medikal öykü

3 İlaç öyküsü (allerjiyi içeren)

4 Sosyal öykü
- Etnik köken
- Meslek
- Sosyal destek
- Sigara
- Alkol alımı
- İlaç kullanımı

5 Aile öyküsü, partner ve ailesini içeren

Obstetrics and Gynaecology: Clinical Cases Uncovered. By. M. Cruickshand and A. Shetty. Published 2009 by Blackwell Publishing. ISBN: 978-1-4051-8671-1

Bayan Todd, daha önceki iki gebeliğinin komplikasyonsuz, normal ağırlıklı bebeklerle vajinal doğumla sonlandığını söyler. Tıbbi öyküsünde özelliği bilinen allerjisi ve ilaç kullanımı yoktur. Alkol ve madde kullanmadığını ancak günde 30 tane sigara içtiğini belirtir. Eşinin ailesi ile ilgili bir problem olmadığını fakat kendi ailesiyle ilgili bilgisi olmadığını ifade eder.

Bu aşamada hastaya ne önerirsiniz?

Hasta sigarayı bırakmalıdır (eğer partneri de içiyorsa beraber bırakabilirler). Sigara bırakma önerisi, destek grubu veya nikotin replasman tedavisi gebelikte yapılmak üzere hasta yönlendirilebilir.

Hasta bebeğinin ve kendisinin sağlığı için tehlikeli olacağını fark ederek sigarayı bırakmak için yönlendirilmeyi kabul eder.

Hasta, hastane tarafından yollanan gebelikte tarama broşürünü okur ve bilgileri tam olarak anlayamadığını ve açıklama istediğini söyler.

Hastayla neler konuşulmalıdır?

Tarama, anne ve bebek üzerine olumsuz etkileri olabilecek ancak semptom vermeyen durumları saptamak için yapılır. Genellikle kan ve idrar testi ile ultrasonografiyi içerir. Bunlar enfeksiyonları, fetal anomalileri ve maternal kandaki anomalileri saptamayı hedefler (Kutu 20.1 ve 20.2). Tarama aynı zamanda gebeliği etkileyecek bazı medikal durumlarda da uygulanabilir.

Bayan Todd hematolojik durumlar ve enfeksiyon için olan taramaları kabul eder. Komşusunun tarama testi düşük riskli olduğu halde Down sendromlu bebeği olduğunu ve kendisinin de bu gebeliğinde Down sendromu riskinden çok korktuğunu ifade eder. Ultrasonografi ile bebeğinde Down sendromunun kesin olarak olup olmadığını söyleyip söyleyemeyeceğinizi öğrenmek ister.

Kutu 20.1 Hematolojik durumlar için tarama

Anemi

Yeterli hemoglobin konsantrasyonlar postnatal transfüzyon oranını azaltır ve semptomları önler. Gebelikte en sık anemi neden demir eksikliğidir. Anemi taraması başvuruda ve 28. haftada yapılır. Bu durum anemi saptanmışsa tedavi için zaman tanır.

Hb < 11 g/dL başvuruda ve < 10.5 g/dL 28 haftada olan hastalarda serum ferritini bakılmalıdır. < 30 μg/L yetersiz demir deposunu gösterir ve destek tedavisi gerekir.

Kan grubu ve eritrosit alloantikorları

Kan grubu ve Rh tayini ile eritrosit antikorlarının belirlenmesi yenidoğanın hemolitik hastalığını önlemede ve potansiyel transfüzyon reaksiyonlarının tespitinde önemlidir. Ayrıca Rh negatif gebelerin belirlenmesi uygun antenatal ve postnatal immunprofilaksinin önerilmesi (sonraki gebeliklerindeki Rh alloimmunizasyonunu önler) için fırsat verir.

Şu andaki öneriler ABO, Rh tiplemesi, başvuru ve 28. haftada anormal antikorların taranması yönündedir.

Orak hücre bozukluğu ve talasemi

Hemoglobin bozuklukları otozomal resesiftir ancak birden fazla kalıtım da olabilir. Farklı ciddiyette hastalığa neden olabilir. Tarama testinin amacı erken gebelikte riski belirlemek, genetik danışmanlık sağlamak, invaziv tanı testi ve gebeliğin devamı ile ilgili karar verilmesini sağlamaktır.

Tarama yüksek riskli kadınları belirlemek için etnik kökenin sorgulanması sonrasında hemoglobin anomalileri için yüksek risk grubun araştırılmasına veya tüm gebelere laboratuar taramasının önerilmesine dayanır.

Hastaya ne söyleyeceksiniz?

Ultrasonografi birçok fetal anomalinin saptanmasında yararlıdır ancak Down sendromu için iyi bir test değildir ki birçok Down sendromlu çocuk ultrasonografi ile normal görünmektedir.

Down sendromu ve diğer kromozomal anomaliler için tarama testleri vardır ancak etkilenmiş gebeliğin riskini gösterir. Bu demek oluyor ki düşük risk sonuçları bebeğin tam olarak etkilenmediğini göstermez (yalancı negatif). Zıt olarak yüksek riskli sonuçlar da bebeğin kesin olarak etkilendiğini göstermez (yalancı pozitif). Risk için en basit test anne yaşına bağlıdır. 20 yaşta risk 1/1440 iken bu oran 45 yaşta 1/32'ye çıkar. Bayan Todd'un yaşa bağlı riski 1/338'dir. Diğer tarama testleri kan testleri, ultrasonografi ve anamnezdeki bazı bilgileri içerir.

Eğer tarama testinde yüksek risk varsa (genellikle >1/250) aile tanı testine (amniyosentez, koryon villüs örneklemesi) kesin tanı konulması için yönlendirilir.

Bayan Todd ne anlatmak istediğinizi anlamıştır ve amniyosentez yaptırmayı düşünmemektedir, ancak tarama testi sonuçlarından rahatsız olmuştur. Diğer testlerle ilgili daha fazla bilgi almak istediğini söyler.

Hastayla yöntemleri, zamanlamayı ve taramanın olası sonuçlarını ve hatta terminasyon olasılığı ile karşılaşabileceğini tartışmalısınız. Ayrıca hastanenizdeki yapılabilen tarama yöntemlerinden bahsetmelisiniz. Down sendromu taraması diğer kromozomal anomali taramasını da içerir (örn trizomi 13 ve 18, kutu 20.3 &20.4, fig 20.1). Hastaya her an fikrini değiştirebileceğini ve taramayı bırakabileceğini de söylemelisiniz.

Hasta kombine testi kabul eder. 12 haftalık normal aralıkta nöral tüpü olan, tekiz, devam eden gebeliği tespit edilir. PAPP-A ve HCG için kanları alınır. Ultrasonografi ile NT ölçülür (kutu 20.5).

20.haftada detaylı ultrasonografi için hastaneye gelir. Kombine test Down sendromu riskini 1/1775 olarak belirlemiştir ve Bayan Todd bu durumda rahatlar. Hasta detaylı incelemenin gerekli olup olmadığını sorar.

Kutu 20.2 Enfeksiyon için tarama

Asemptomatik bakteriüri

Üriner traktusun persiste bakteriyel kolonizasyonu İngiltere'de gebelerin %2-5'inde görülür. Asemptomatik bakteriürisi olan gebelerde pyelonefrit ve preterm doğum riski artmıştır. Antibiyoterapi ise riski azaltır.

Bu nedenledir ki tüm gebelerde orta akım idrar kültürü erken gebelikte yapılmalı ve eğer bakteriüri saptanırsa antibiyoterapi başlanmalıdır.

Hepatit B virüs enfeksiyonu

Hepatit B enfeksiyonu genelde asemptomatiktir ve yüksek oranda enfeksiyöz olabilir. Anneden fetüse bulaş bebekte önemli oranda kronik taşıyıcılığa ve o da hepatosellüler karsinom veya siroz riskine neden olabilir. %95 oranında bu geçiş bebeğe doğum sırasında aşı ve immunglobulin uygulanmasıyla önlenebilir.

Bu nedenle tüm gebelere etkili postnatal girişime olanak sağlamak için hepatit B enfeksiyonu taraması yapılmalıdır. Enfekte anne bebeklerine aşı ve immunglobulin uygulaması anneden bebeğe geçiş riskini azaltır.

HIV

Reprodüktif yaş grubunda HIV enfeksiyonu sıklığı İngiltere'de her geçen gün artmaktadır. Hiçbir müdahale yapılmadığında anneden bebeğe geçiş doğumların %25'inde görülür. Uygun müdahale (olgu 26'ya bakınız) ile bu oran %1'in altına düşer.

Tüm gebelerde HIV antikor taraması erken gebelik döneminde önerilmelidir. Böylece uygun müdahale ile vertikal geçiş önlenebilir.

Rubella

Erken gebelikte rubella enfeksiyonu katastrofik sonuçlara neden olabilir. Mevcut gebelikte rubella enfeksiyonunun anneden bebeğe geçişini önleyen veya azaltan bir tedavi yoktur. Gelecekteki gebeliklerde koruma sağlaması amacıyla postnatal dönemde aşılama yapılmalıdır.

Sifiliz

Sifiliz günümüzde İngiliz populasyonunda nadirdir ancak göçmen kesimde daha sık görülür.

Gebelerde erken tedavi edilmemiş sifilizde bebek %70-100 oranında enfekte olur ve 1/3'ünde ölü doğum görülür. Anneden çocuğa geçiş neonatal ölüm, konjenital sifiliz (uzun dönem sakatlığa neden olabilir), ölü doğum ve prematüriteye sebep olabilir.

Erken tespit ve annenin penisilinle parenteral tedavisi anneden çocuğa bulaşı önler. Tedavi edilmiş sifilizli gebenin sonuçları ile hiç sifiliz olmamış gebelerin sonuçları benzerdir. Tarama aynı zamanda annenin uygun bölüme yönlendirilmesi ve tedavi edilmesi için de yararlıdır. Bu nedenle nadir bir durum olmasına rağmen, tedavi ile etkili sonuçlarının olması ve tedavi olmayanlardaki ciddi komplikasyonlar nedeniyle tarama devam etmektedir.

Kutu 20.3 Down sendromu (trizomi 21) ve diğer kromozomal anomaliler için tarama

Antenatal tarama ilk ya da ikinci trimesterde yapılabilir. Uygulanan testin saptama oranının >%75 ve yalancı negatiflik oranının %3'ün altında olması gerekir (NICE antenatal tarama kılavuzu, önerilen kaynaklara bakınız). Zamanlamaya bağlı olarak testin avantaj ve dezavantajları ile yukarıdaki kriterleri sağlayacak şekilde yalancı negatiflik ve pozitiflik oranı vardır.

11-14 hafta – kombine test

Nukal kalınlık ölçümü, cilt ve servikal vertebra arasındaki subkutan alanın erken gebelikte ölçümüdür. Artmış kalınlık artmış riskle ilişkilidir (fig 20.1). Bu ölçüm maternal serum human koryonik gonadotropini ve gebelikle ilişkili plazma protein A ölçümünün kombinasyonunda kullanılır. Ayrıca hastanın rutin takibinde de genellikle ölçülür.

14-20 hafta – dörtlü test

HCG, AFP, unkonjuge östriol ve inhibin A için maternal serumdan ölçüm yapılır.

11-14 hafta ve 14-20 hafta

Entegre test : NT, PAPP-A+HCG,AFP,uE3, inhibin A

+

Serum entegre test : PAPP-A+HCG,AFP,Ue3, İnhibin A

Kutu 20.4 Nöral tüp defektleri

Maternal serum AFP düzeyleri 15-21. haftalar arasında nöral tüp defekti (NTD) için yüksek riski gösterebilir. Medyanın >2 ortalama üstü değerler yüksek risk olarak tanımlanır ve yükselen AFP'nin nedenlerinin araştırılması için detaylı ultrasonografi önerilmelidir.

NTD dışında AFP yüksekliğine sebep olabilecek durumlar şunlardır:

- Gebelik haftasının doğru olmaması
- Erken gebelikte kanama
- Çoğul gebelik
- Fetal ölüm
- Gastroşizis ve ekzomfalos gibi karın duvar defektleri

Bazen yüksek AFP seviyeleri açıklanamaz ve bu gebeliklerde intrauterin büyüme geriliği, preterm doğum ve preeklampsi riski arttığından daha yakın takip gerekir.

Eğer tüm kadınlara 20. gebelik haftasında detaylı ultrasonografi öneriliyorsa bu yolla maternal serum AFP yüksekliği yapan çoğu anomali saptanabildiğinden ultrasonografiye ek olarak bu testin önerilmesi gerekli olmayabilir.

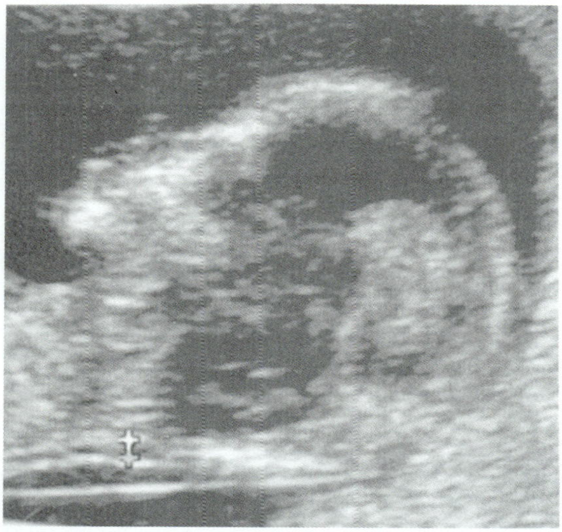

Figür 20.1 Nukal kalınlık

Kutu 20.5 Tanı testleri

Eğer gebede kromozomal anomali açısından yüksek risk saptanırsa fetüsün karyotipinin saptanması için invaziv diagnostik testler yapılabilir.

Koryon villüs örneklemesi 10-14. gebelik haftalarında uygulanabilir. Plasentadan ince bir doku parçası alınır ve %2 düşük riski taşır (fig 20.2).

Amniyosentez 15. gebelik haftasında uygulanabilir. Fetüs çevresindeki amnion sıvısı alınır ve sıvıdaki fetal fibroblast kültüründen fetal karyotip bulunur. %1 düşük riski taşır (fig 20.3). Kesin olmayan sonuç genellikle 24-72 saat sonra çıkar (kantitatif floresan polimeraz zincir reaksiyonu ile), tüm karyotip ise birkaç haftada sonuçlanır.

Düşük riskine ek olarak, %1 mozaisizm, kültür yetersizliği ve test tekrarı gerektiren durumlar olabilir.

Mid-trimester anomali taraması ile ilgili hastaya ne söylersiniz?

Hastaya yapılmış olan test en sık trizomiler içindir. Detaylı ultrasonografi bebekteki yapısal anomalileri saptamayı amaçlar fakat tüm anomalileri saptayamaz. Eğer burada bir anomali saptanırsa daha detaylı inceleme gerekir. Bebekte major bir anomali varsa gebeliğin devamı konusunda karar verilmelidir. Ayrıca pediatri servisi gerektirecek bir problemin varlığının saptanmasında ve bilinen anomalisi olan bebeğin doğurtulacağı yer hakkında fikir verir (kutu 20.6, fig. 20.4, tablo 20.1).

Bayan Todd detaylı ultrasonografisini yaptırdığı ve bebeğinde herhangi bir yapısal anomali görünmediği için mutludur. Gebeliğinin kalan kısmını daha güvenli ve rahat geçirecektir.

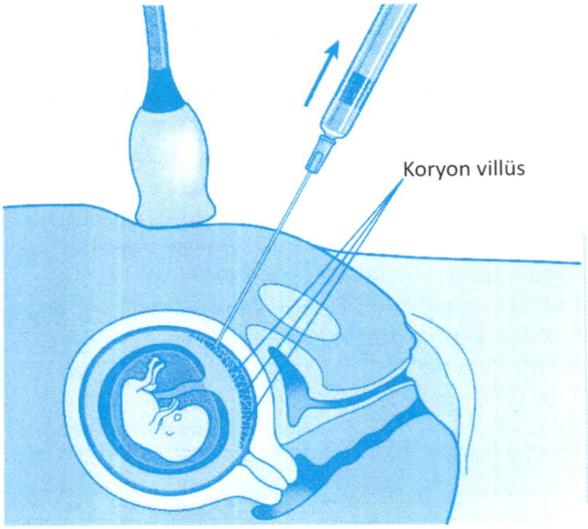

Figür 20.2 Koryon villüs örneklemesi

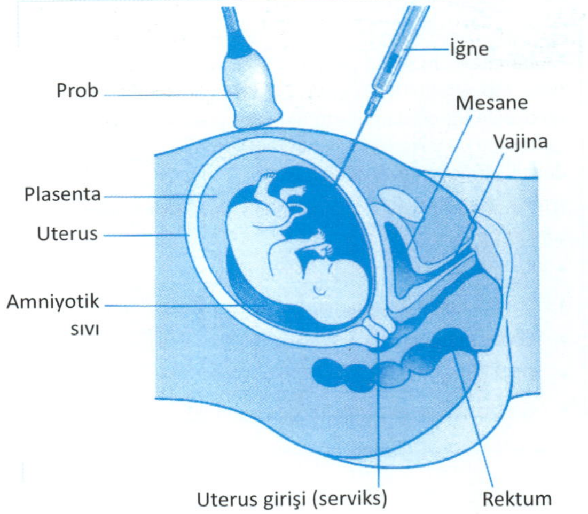

Figür 20.3 Amniyosentez

Kutu 20.6 Detaylı ultrasonografi görüntüleri

Mid-trimesterdeki ultrasonografi ile birçok anomali saptanabilir:

- Yarık dudak
- Ventriküler ve atriyal septal defekt
- Diyafragmatik herni
- Anormal böbrek ve agenezi.
- Gastroşizis ve ekzomfalos (fig 20.4)
- Spina bifida
- Ekstremite anomalileri

Saptanma oranları şunlarla değişir:

- Taranan anomali tipi
- Tarama anındaki gestasyonel yaş
- Operatörün yeteneği
- Ekipmanların kalitesi
- Tarama için ayrılan zaman

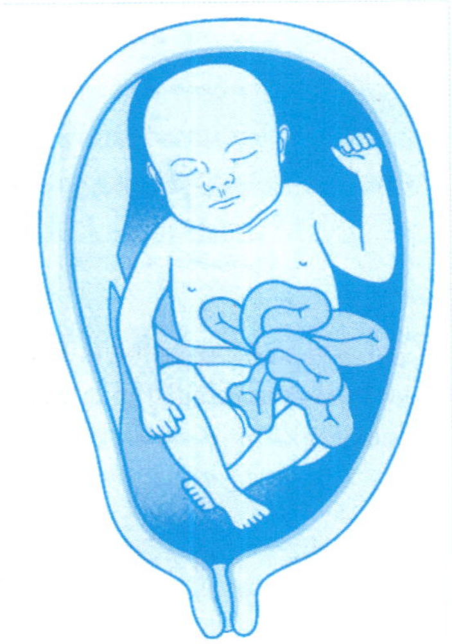

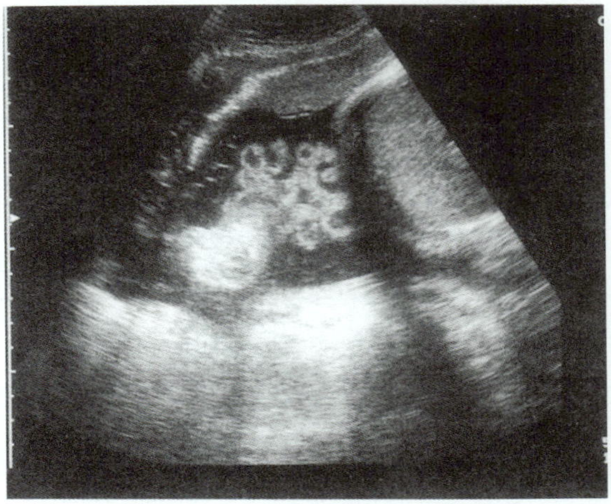

Figür 20.4 Gastroşisiz

Tablo 20.1 İkinci trimesterde rutin ultrasonografide saptanan anomali yüzdesi (kanıt düzeyi 2a). Saptanma oranları değiştiğinden tarama yapan her merkez kendi sonuçlarını bilmeli ve hastanın detaylı ultrasonografi taramasını yaptırma kararını etkileyebilmek için lokal saptama oranlarını göstermelidir.

Anatomik sistem	Saptanma yüzdesi (%)
Santral sinir sistemi	76
Üriner trakt	67
Pulmoner	50
Gastrointestinal	42
İskelet	24
Kardiyak	17

OLGUNUN DEĞERLENDİRİLMESİ

Gebelikte tarama zararlı olabilecek asemptomatik durumların tespitini hedefler. Genellikle, hematolojik durumlar ve enfeksiyon için tarama kolaydır ancak tahmin edilmeyen pozitif sonuçları olan hastalarda konsultasyon gerekebilir.

Fetal anomali taraması kısmen zordur. Kadınların risk kavramını anlamak ile ilgili birçok problemi vardır. Buna ek olarak, anlamak için birçok ileri teste gerek duyulabilir. Hastanın taramanın gerekliliğini anlaması önemlidir. Taramaya başlamadan önce herhangi bir fetal anomalide gebelik terminasyonu ihtimalinin de olduğundan bahsedilmelidir.

ÖNEMLİ NOKTA

- Fetal kromozomal anöploidi ve anomaliler için yapılan tüm tarama testlerinin yalancı pozitif ve negatif sonuçları vardır. Hasta, taramanın neden gerekli olduğu, düşük ve yüksek riskli sonuçlar konusunda tam olarak bilgilendirilmelidir.
- Down sendromu için tarama testi ilk ve/veya ikinci trimesterde uygulanabilir. Maternal yaş+kan testleri veya yaş+NT ölçümü veya yaş+kan testleri+NT ölçümü kombinasyonlarına bağlı olarak hesaplanan riski içerir.
- Tarama testinde yüksek risk saptandığında, tanı testi (koryon villüs örneklemesi veya amniyosentez) ile fetal karyotip doğrulanır. Bu işlemlerin işlem ilişkili fetal kayıp riski vardır.
- Enfeksiyonlar için rutin antenatal tarama hepatit B, HIV ve sifilizi içerir. Bu enfeksiyonlarda maternal enfeksiyonun fetal etkilerini azaltmak için önlem alınabilir. Rubella için immunizasyon yoksa rubella aşısı sonraki gebelikleri korumak için postnatal dönemde endikedir.
- Diğer tarama testleri yüksek riskli grupta endike olabilir (örn orak hücre anemisi Afrika'da, talasemi Akdeniz'de).

Önerilen Kaynak

Antenatal care: routine care for the healthy pregnant woman. NICE Clinical Guideline CG62, March 2008.

Olgu 21 24 yaşında, insülin bağımlı diyabeti olup gebelik planlayan hasta

Dr. Banu ÖNDEŞ

Bayan Kumar, 15 yaşından beri tip 1 insülin bağımlı diyabeti olduğunu bilmektedir. İyi giden bir ilişkisi vardır ve aile kurmak istemektedir.

Bayan Kumar'a gebelik öncesi danışmanlık ve bakım konusunda neler önerebilirsiniz?

Gebelik öncesi danışmanlık ve bakım multidisipliner bir takım çalışmasıdır(obstetrik ve diyabet kliniği). İyi bir diyabet kontrolü ve düşük HbA1c düzeyi sağlayarak, fetusun konjenital malformasyon riskini azaltmayı ve gebelik sonuçlarını iyileştirmeyi amaçlar.

İlaçları gözden geçirip hipoglisemik tedaviyi yoğunlaştırarak HbA1c düzeyini %6.1'in altında tutunuz.

İyi glisemik kontrol sağlanana dek (HbA1c<%6.1) kontrasepsiyona devam etmesini ya da kullanmıyorsa başlamasını tavsiye ediniz. HbA1c düzeyinin >%10 olması, %25 olması kadar yüksek konjenital malformasyon riski taşır. Her ay HbA1c düzeylerini ölçünüz ve kendi kendine kan glikoz ölçümünün sıklığını artırınız. Hedef kan glikozu seviyesi gebelik öncesi ve gebelik boyunca 72-126 mg/dL'dir.

Gebelik öncesi 5mg/gün folik asit başlayınız ve 12. gebelik haftasına kadar devam ediniz. Rubella'ya karşı bağışıklığını kontrol ediniz.

Diyet önerilerinde bulununuz. Kompleks karbonhidrat, lif ve vitamin içeriği yüksek, doymuş yağ oranı düşük beslenmesini tavsiye ediniz. BMI>27 kg/m^2 ise nasıl kilo vermesi gerektiğini anlatınız, sigarayı bırakma ve alkol tüketimini azaltma gibi genel tavsiyelerde bulununuz.

Fundoskopi, idrarda mikroalbuminüri ve böbrek fonksiyon testleri ile retinal ve renal değerlendirme yapınız. Mikroalbuminüri ya da proteinüri varlığı preeklampsi riskini artırır.

Obstetrics and Gynaecology: Clinical Cases Uncovered. By. M. Cruickshand and A. Shetty. Published 2009 by Blackwell Publishing. ISBN: 978-1-4051-8671-1

Gebelikte diyabet yönetimi için çaba harcaması ve zaman ayırması gerektiğini, bu konuda uzman kişilerle daha sık irtibata geçmesini öneriniz. Çocuğunda diyabet riskinin %2-3 olduğunu anlatınız.

Bayan Kumar'ın HbA1c düzeyi % 13, açlık ve tokluk glikozları yüksektir. İdrarın da keton ya da protein yoktur. Böbrek fonksiyon testleri normal ve rubellaya karşı bağışıktır. Retinopatiye dair bulgu yoktur. Hipertansiyon için enalapril kullanmaktadır ve metildopa ile değiştirilir. HbA1c düzeyi %6.1'in altına düşene ve kan glikozu normale dönene kadar sadece progesteron içeren haplardan kullanması önerilir. 3. ayındaki takipte HbA1c düzeyi normaldir ve glisemik kontrol sağlanmıştır. Kontrasepsiyonu bırakır ve en kısa zamanda gebe kalmayı ümit eder. 5 mg folik asit almaya devam eder.

Anjiyotensin converting enzim(ACE) inhibitörleri gebelik öncesi ya da gebelik tespitinden hemen sonra kesilmelidir. Çünkü oligohidramnios, fetusta böbrek yetmezliği ve hipotansiyon yapabilirler. Retinopati gebelik öncesi tedavi edilmelidir.

Glomerular filtrasyon oranı < 45mL/dakika ve / veya proteinüri>5 gr/gün olan hastalar gebelik boyunca bir nefrolog ile konsulte edilmelidir. Ciddi nefropatisi olan hastalar, hem anne hem de bebek için kötü sonuçlara sebep olduğundan dolayı gebelikten vazgeçirilmelidir.

Bayan Kumar diyabetin gebeliğe ve fetusa olan etkilerini ve ayrıca gebeliğin diyabet üzerindeki etkilerini merak etmektedir.

Bayan Kumar'a bu konuda nasıl yardımcı olabilirsiniz?

Gebeliğin diyabet üzerindeki etkileri

Plasentadan insülin karşıtı hormonların salgılanmasının sonucu olarak gebelikte fizyolojik insülin direnci ve düşük glikoz toleransı oluşur. Bu nedenle gebelik ilerledikçe insülin dozlarının artırılması önerilmektedir.

Gebelik boyunca hipoglisemik ataklar ve ciddi hipoglisemiler sıktır, diyabetik ketoasidoz daha çabuk oluşabilir. Diyabetik renal ve retinal hastalıklar gebelik boyunca kötüleşebilir.

Hem yeni başlamış hem de aşikar nefropatisi olan hastalarda, kronik hipertansiyon ya da gebeliğin indüklediği hipertansiyonun kötüleşmesi ve/veya preeklampsi yüksek oranda (bazı serilerde% 40 ile %73 arasında değişir) görülür.

Diyabetin gebelik üzerine olan etkileri

- Preeklampsi
- Makrozomi, polihidramnios ve omuz distozisi
- Sezaryen, operatif vajinal doğum
- Nefropatinin ve üzerine eklenen preeklampsinin kötüleşmesi ile artmış iyatrojenik preterm doğum olasılığı
- İnfeksiyon gibi durumların ihtimali artar.

Kutu 21.1 Gebelikte diyabet sınıflaması

- Pregestasyonel
- Tip 1 (insülin bağımlı)
- Tip 2 (insülin bağımlı olmayan)
- Gestasyonel diyabet

Kutu 21.2 Tip 1 diyabette White sınıflaması

Sınıf	Başlangıç yaşı (yıl)	Süre (yıl)	Vasküler hastalık	Tedavi
A	herhangi	herhangi	Yok	A1-sadece diyet
B	20 yaş üstü	<10	Yok	İnsülin
C	10-19	10-19	Yok	İnsülin
D	10 yaş öncesi	>20	Benign retinopati	İnsülin
E	herhangi	herhangi	Nefropati	İnsülin
F	herhangi	herhangi	Proliferatif retinopati	İnsülin
G	herhangi	herhangi	Kalp hastalığı	İnsülin

Kutu 21.3 Gestasyonel diyabetes mellitus

Tanım

Gebeliğin başlangıcında ya da gebelik sırasında ilk kez tanı konulan, değişken şiddetteki karbonhidrat intoleransıdır. Bu tanım anormal glikoz toleransı doğumdan sonra normale dönem kadınlar ile, tip 1 ve 2 diyabeti olup tanı konulmamış az sayıdaki hastaları da kapsar.

Aşağıdaki risk faktörü olan kadınlarda gestasyonel diyabet için tarama önerilir;

- BMI>30 kg/m^2
- Makrozomik bebek öyküsü>4.5 kg
- Gestasyonel diyabet öyküsü
- Ailede diyabet öyküsü (1.derece akrabalarında tip 1 ve 2 diyabet)
- Yüksek riskli etnik grup- Güney Asya, Çin, Afro-Caribbean

Gestasyonel diyabet(GDM) tanısı

Risk faktörü olan kadınlara, 2 saatlik 75 gr oral glikoz tolerans testi, 24-28. gebelik haftasında GDM taraması uygulanır. Daha önce GDM öyküsü varsa OGTT 16-18. haftalarda yapılmalı, normalse 28. haftada tekrarlanmalıdır. Önerilen tanı kriteri, açlık plazma glikozu >99 mg/dL ya da OGTT'den 2 saat sonra >162mg/dL olmasıdır.

GDM tanısı konulması, hastanın gelecekte tip 2 diyabet için artmış riski olduğu gösterir.

Diyabetin fetüs ve yenidoğan üzerine olan etkileri

- Konjenital malformasyon- risk, konsepsiyon sırasındaki glisemik kontrol ve direkt olarak HbA1c düzeyleriyle ilişkilidir. Sakral agenezi diyabete özgü bir konjenital anomalidir. Konjenital kalp hastalıkları, iskelet anomaliler ve nöral tüp defektleri de görülebilir.
- Spontan düşükler
- Açıklanamayan in utero fetal ölüm, hiperglisemi ve laktik asidoza bağlı hipoksi nedeniyle en çok 36. haftada görülür.
- Perinatal ve neonatal mortalite (5-10 kat artar)
- Makrozomi,doğum kilosunun >4.5 kg veya gebelik haftasına göre >90.persantil olması (özellikle kötü diyabetik kontrolü olanlarda görülür)
- Yenidoğanda;
- Respiratuar distres sendrom
- Hipoglisemi
- Polisitemi ve sarılık
- Hipokalsemi ve hipomagnezemi
- Hipertrofik kardiyomiyopati gibi durumların ihtimali artar.

ÖNEMLİ NOKTA

GDM artmış perinatal mortalite ve morbidite ile ilişkilidir fakat daha önceden diyabeti olanlardan daha düşük derecededir.

İlk trimesterde hiperglisemisi olan ya da gebelik öncesi bilinmeyen diyabeti olan hastalar haricinde konjenital anomali riskinde belirgin artış yoktur.

GDM artmış makrozomi ve preeklampsi riski ile ilişkilidir.

Bayan Kumar gebelikteki hedef kan glikoz aralıklarını öğrenmek ister.

Gebelik boyunca hedef kan glikozu aralığı 63-106.2 mg/dL'dir, postprandiyal kan glikozu <140.4mg/dL olmalıdır.

Bayan Kumar'a özellikle ilk trimesterde hipoglisemi riskini ve bu durumun zorluklarını anlatınız. Glukagon enjeksiyonlarının teminini sağlatın ve kendisini, partnerini ve ailesini kullanımı konusunda bilgilendiriniz. Keton stripleri ve hiperglisemikse ketonüri ve ketonemi testlerini öneriniz.

Kutu 21.4 Gastasyonal Diyabetin Medikal Yönetimi

- Diyet ile yönetim, azaltılmış yağ alımı artmış alımı ve karbonhidrat alımının regülasyonu ile sağlanır.
- Eğer diyet önerileri ile Pre ve poit prandiyal glikoz seviyeleri normal ise aşırı fetal büyüme üzerine etki eden bir kanıt yoktur, normal gebelik gibi yürütülmelidir.
- Yoğun Diyet ve/veya insülin yönetimi makrozomiden şüphelenilirse ya da kan glikoz seviyeleri diyabeti desteklerse yapılmalıdır.
- GDM'de yeni sülfanilüreler ve metfarmin insülin yerine kullanılabilir.

Günde 2 defa kısa etkili ve orta etkili insülin kullanımı, günde 4 defa bazal bolus rejimi ile değiştirilmelidir. (3 defa yemek öncesi hızlı etkili insülin ve gece orta etkili insülin). Bu, gebeliğin artmış gereksinimlerini karşılamak için insülin dozlarını ayarlamada maksimum esnekliğe müsaade eder, neonatal ve maternal hipoglisemileri azaltır.

Oral antidiyabetiklerle tedavi edilen iyi kontrollü tip 2 diyabette de insüline geçilmelidir. Değişim gebelik öncesi ya da erken gebelikte yapılmalıdır. Oral antidiyabetikler (sülfonilüreler ve biguanidler), plasentayı geçip teorikte fetal hipoglisemi yaptıkları için genel olarak önerilmezler. Buna rağmen gebelikte metformine devam edilmesinin faydalı olabileceğine dair bazı kanıtlar da vardır.

Gebe olan diyabetli kadınlar bir ortak antenatal bakım ve diyabet kliniğine yönlendirilmelidir.(kutu 21.4)

Bayan Kumar aile hekimini 9 haftalık amenoresi mevcutken gördü ve gebelik testi pozitif geldi. Aile hekimi ayrıntılı inceleme için kombine diyabet ve obstetri kliniğine yönlendirdi.

Ayrıntılı değerlendirmeyi nasıl yapmalısınız?

- Gebelik haftasını ve fetusun canlılığını ultrasonla doğrulayınız.
- Optimum glikoz kontrolü için bilgi verin, önerilerde bulununuz.

- Diyabetle ilişkili uzun dönem komplikasyonları saptamak için klinik öykü alınız.
- Kullanılan ilaçları ve komplikasyonlarını değerlendiriniz..
- 12 haftadan önce yapılmamışsa, renal ve retinal değerlendirme yaptırınız
- Antenatal tarama testlerini anlatınız.

Bayan Kumar'ın ayrıntılı değerlendirmesinde intrauterin 9 haftalık, tekiz, canlı gebeliği tespit edilir. Mid-trimester Down sendromu taramasını yaptırmayı istemektedir. Glisemik kontrolü iyidir ve HbA1c düzeyi normaldir. Retinal inceleme ve böbrek fonksiyon testleri normaldir. Günde 2 defa 250mg metildopa ile kan basıncı 130/80 mmHg'dır. Proteinüri ve ketonürisi yoktur.

28 haftaya kadar 4 hafta aralıklarla, makrozomi ve polihidramnios açısından düzenli takip yapılması önerildi. Erken gebelikte ayrıntılı retinal muayene ve her trimesterin sonunda birer kez retinopatinin ciddiyetini değerlendirmek açısından muayene önerildi.

Nefropatisi olan hastalarda düzenli böbrek fonksiyon testleri(serum üre ve kreatinin) ve proteinüri miktarına(24 saatlik idrarda protein miktarı, protein: kreatinin oranı) bakılması gereklidir.

Down sendromu için yapılan tarama düşük risk sınırlarındadır. Anomali yoktur ve fetal kardiyak tarama normaldir. 29. Haftada her 3-4 dakikada bir olan ağrılı kasılmalar ile başvurur. Abdominal muayenede fetüs baş gelişi, uterusta hassasiyet yok ancak 1-3 dakikada bir şiddetli uterin kontraksiyonlar mevcuttur. Kardiyotokogram(CTG) normaldir. Vajinal muayenede serviks 1 cm uzunluğunda, 1 cm dilate ve yumuşamıştır. Üriner sistem infeksiyonu bulgusu yoktur ve idrar tahlili normaldir.

Tanınız nedir? Yönetiminiz ne olmalıdır?

Tanı preterm doğumdur. Kültür ve hassas test için orta akım idrarı (MSSU), yüksek vajinal sürüntü (HVS), tam kan sayımı (FBC), C-reaktif protein(CRP), üre ve elektrolitler (U&E) için örnek alınmalıdır.

Fetal akciğer gelişimi için steroid(12mg betametazon,24 saat arayla) yapılmalıdır. Steroidlerin etkisi tamamlanana kadar Atosiban(olgu 19) ile tokoliz düşünülmelidir. Steroidler ve atosiban glisemik kontrolü bozacağından insülin sliding scale(kaydırma ölçeği)'ne ya da kabul edilmiş protokole uygun ek insülin dozu gereklidir.

Bayan Kumar iki doz İM betametazon tedavisi alır. Tüm tetkikleri normaldir. Kontraksiyonlar geriler ve 3 gün hastanede yattıktan sonra taburcu olur. İstirahati boyunca glisemi kontrolü iyi gider ve metildopa ile tansiyonu normal sınırlardadır. 38 hafta 5 gün gebelik haftasında indüksiyonla doğum planlanır.

ÖNEMLİ NOKTA

Doğumu 38-39. haftalar arasında indüksiyonla ya da sezaryenle plan ayın. Buna rağmen makrozomi ya da hipertansiyon yoksa, iyi kontrollü diyabette 40 haftaya kadar gebeliğin ilerlemesine izin verilebilir. Önceden var olan diyabet varlığında gebeliğin 40 haftaya kadar ilerlemesine müsaade edilmemelidir.

Bebeğin kilosu normalse, iyi kontrollü GDM'de spontan doğum beklenebilir.

Bayan Kumar vajinal prostoglandin E2 ile indüklenir. Syntocinon uygulamasını takiben amniyotomi ile membranları açılır. Fetüs CTG ile devamlı izlenir.

Doğumu nasıl yönetmelisiniz?

Doğumun başlangıcından itibaren insülin kaydırma ölçeğine başlayınız. Her saat başı kapiller kan glikozu bakın ve değerin 72-126 mg/dL arasında olmasını hedefleyiniz.

ÖNEMLİ NOKTA

Spontan doğumun başlangıcında, ya da sezaryenden önce ya da glisemik kontrolü sağlamak zor ise (atosiban ya da steroid uygulamalarında) insülin kaydırma ölçeği (insülin sliding scale) kullanınız.

500 mL %10 glikoz içine 10mmol KCL, 100 mL/saatten kontrollü infüzyon pompası ile başlanır. İntravenöz insülin infüzyonu, 40 ünite Humulin insülinin serum fizyolojik ile 50 mL'ye tamamlanıp 2 ünite/saatten enjektör pompası ile başlanır.

Kan glikozu düzenli olarak ölçülmeli, 72-126 mg/dL aralığında olacak şekilde infüzyon ayarlanmalıdır.

Bayan Kumar, 7 cm'den sonra ilerlememesi üzerine acil sezaryene alınır. Bebek 4.2 kg ve Apgar skoru iyidir. 470 mL kan kaybı ile operasyon başarı ile tamamlanır.

Postpartum yönetim nasıl olmalıdır?

Plasentanın çıkımından sonra, postpartum insülin gereksinimi düşeceğinden, insülin infüzyonu yarıya düşürülmelidir. Normal yemek yemeğe başladığında subkutan insülin gebelik öncesi dozdan tekrar başlanmalıdır.

Doğumdan sonra (30 dakika içinde) bebek en kısa sürede beslenmelidir. Sonra sık aralıklarla (2-3 saatte) kan glikoz değerleri >36 mg/dL olacak şekilde beslenmelidir. Neonatal hipoglisemiyi dışlamak için bebeğin kan glikozları beslenme sonrası kontrol edilmelidir.

ÖNEMLİ NOKTA

İnsülin kullanan GDM'li hastalarda plasenta çıktıktan sonra insülin kesilmelidir. Doğumdan 6 hafta sonra diyabetin gebelik sonrasında da devam edip etmediğine bakmak için 75 gram oral glikoz tolerans testi yapılmalıdır. Gelecekte diyabet riski, yaşam tarzı değişiklikleri, diyet, egzersiz ve yağ alımının azaltılması konularında danışmanlık verilmelidir.

Bayan Kumar'ın postnatal iyileşme sürecinde sorun çıkmaz. Gebelik öncesi dozlarda insülin başlanır ve kan şekerleri normal sınırlardadır. Anne ve bebek postoperatif 5. günde taburcu edilir ve takipleri bir diyabet kliniğinde yapılır. Taburcu olmadan önce kontrasepsiyon için Depo-Provera yapılır.

OLGUNUN DEĞERLENDİRİLMESİ

İnsülin bağımlı diyabeti olan Bayan Kumar, glisemik kontrolünü düzeltmek, glisemik kontrolün önemini vurgulamak, diyabetin gebelik ve fetus üzerindeki etkilerini anlatmaya yönelik hizmet veren bir gebelik öncesi danışmanlık ve bakım merkezine gitti. Antihipertansif enalapril kesildi ve metildopaya geçildi. Folik asit 5 mg başlandı. Gebelik öncesi retinal ve renal değerlendirme yapıldı. Kontrasepsiyonu bıraktı ve HbA1c normale gelince gebe kaldı.

Antenatal bakımı; diyabet uzmanı, obsterisyen, diyetisyen, diyabet hemşiresi ve ebeden oluşan bir ekip tarafından değerlendirilerek yapıldı. Antenatal insülin dozları artırıldı ve iyi bir glisemik kontrol sağlandı. Düzenli fetal büyüme takibi yapıldı ve polihidramniosla birlikte fetusun ağırlığı 95.persantilde saptandı.

38+ haftada doğum indüklendi. Kan şekerlerini düzenlemek için insülin kaydırma ölçeğine başlandı. Doğumun ilerlememesi üzerine acil alt segment sezaryene alındı. Sezaryenden sonra yemek yiyebilene kadar insülin kaydırma ölçeğine devam edildi, daha sonra gebelik öncesi dozlara geri dönüldü.

ÖNEMLİ NOKTALAR

- Kapsamlı antenatal bakım, kadın doğum uzmanı liderliğinde multidisipliner bir takım tarafından sağlanır.
- Gebelik planlanmalıdır, iyi kontrasepsiyon önerileri ve gebelik öncesi danışmanlık esastır.
- Diyet önerilerinde bulunulmalıdır. Kompleks karbonhidratlardan, lif ve vitaminden zengin, doymuş yağlardan fakir bir diyet sağlanmalıdır.
- Diyabeti olan tüm kadınlara gebelik öncesi folik asit(5 mg) desteği verilmeli ve gebeliğin 12. Haftasına kadar devam edilmelidir. Gebelik öncesi ve sonrası hedef kan glikozu 4-7 mmol/L olmalıdır.
- Gebelik öncesi ve gebelik boyunca her trimesterde fundal muayene önerilir. Kötü glisemik kontrolü olanlarda ve hipertansiflerde kontroller sıklaştırılmalıdır.
- ACE inhibitörleri fetusa olan etkileri nedeniyle kesilmelidir. Metildopa, labetolol ve nifedipin gibi gebelikte kullanılabilen antihipertansiflere geçilmelidir.
- Gebeliğinde insülin gerektiren hastalar, diğer taraftan her şey normal ilerliyorsa, 38. haftada değerlendirilir ve 40.haftaya kadar ilerlemesine müsaade edilebilir.
- Diyabeti olan kadınlar kadın doğum uzmanı ve neonatalog bulunan kapsamlı merkezlerde doğum yapmalıdır.
- Doğum ilerlerken diğer yüksek riskli hastalar gibi, sürekli fetal monitorizasyon yapılmalıdır.
- İntravenöz insülin ve dekstroz hedeflenen 72-126 mg/dL'lik kan glikoz seviyelerini sağlamak için uygulanmalıdır.
- Neonatal hipoglisemiyi önlemek ve laktasyonu uyarmak için erken besleme önerilir.

Önerilen kaynaklar

NICE Clinical Guideline CG63. *Diabetes in pregnancy: management of diabetes and its complications from pre-conception to the postnatal period.* March 2008

Olgu 22 32 yaşında makat prezantasyonda fetüsü olan 37 haftalık gebe

Dr. Burcu DİNÇGEZ

Bayan Alvares, 37 hafta ilk gebeliği olan hasta, ebesinin yaptığı kontrolde çocuğun makat prezantasyonda olabileceğinin söylenmesi üzerine antenatal kliniğe gider. Kendisine rutin antenatal muayenesinde bebekte herhangi bir sorun olmadığı ancak makat prezantasyonda olduğu söylenir.

Bayan Alvares'e ne söylersiniz?

Normal baş pozisyonunun yerine çocuğun makat kısmının prezente olduğu görülmektedir. Bu durum çok sık olmamakla birlikte bebeklerin %20'si 28. haftada makat pozisyonundadır. Bunların ise yalnızca %3-4'ü termde makat pozisyonunda kalır. Bebek hala kendiliğinden dönebilir ancak dönmez ise eksternal sefalik versiyon da bir seçenek olabilir. Elektif sezaryen ya da vajinal doğum ile doğum gerçekleşebilir.

Hangi tetkikler gereklidir?

Ultrasonografi tanıyı doğrulamak için uygulanabilir. Bazı vakalarda fetal veya uterin anomali, azalmış amnios mayi hacmi veya plasenta previa nedeniyle makat pozisyonu oluşabilir. Öncelikle bu durumlar dışlanmalıdır.

Bayan Alvares'in bebeğinin makat pozisyonunda ve bacaklarının fleksiyonda olduğu ultrasonografi ile doğrulanır. Bebeğin büyümesi normaldir ve amnios mayi miktarı yeterlidir. Plasenta normal lokalizasyondadır ve makat prezantasyona neden olacak uterin veya fetal anomali yoktur (Fig 22.1, kutu 22.1).

Bayan Alvares'e doğum ile ilgili hangi bilgiler verilmelidir?

Termdeki makat prezantasyondaki bebekler için planlanmış sezaryenin vajinal doğuma oranla daha az perinatal mortalite ve erken neonatal morbiditeye sahip olduğu söylenmelidir. Uzun dönemde termde makat prezantasyonla doğan bebeklerin sağlık durumu ile bebeğin doğum yöntemi arasındaki ilişkisi konusunda yeterince kanıt yoktur.

Ayrıca hastaya makat prezantasyonda planlanmış sezaryende planlı normal doğuma oranla ciddi ve acil komplikasyonlarda az bir artış olduğu söylenmelidir. Hastanın uzun dönem sağlık durumu için ise ek bir risk taşımayacaktır. Planlanmış sezaryenin gelecekteki gebelik üzerine uzun dönem etkileri ise kesin değildir.

Bayan Alvares sezaryenle doğum istemez fakat normal doğumdaki riskler de kendisini çok üzer. Çocuğun kendiliğinden de baş pozisyonuna dönebileceği söylenen hasta bu konuyla ilgili detaylı bilgi almak ister.

Hastaya ne söylenmelidir?

Eksternal sefalik versiyon maternal abdomen yoluyla bebeğin ekternal manipulasyonlarla çevrilmesidir. İlk bebek için 36 haftada, paritesi olan kadınlar için 37. haftada yapılmalıdır. İlk bebek için başarı oranı %40, paritesi olanlar için %60'tır. %5 bebek ise başarılı bir versiyon sonrasında tekrar makat pozisyonuna döner.

Bebek için riskler akut fetal distress, spontan membran rüptürü ve plasental abruptioyu içerir ki bunlar çok nadir görülmekle beraber acil sezaryen gerektirir. Önemli oranda maternal rahatsızlık da yapabilir.

Hasta eksternal sefalik versiyon uygulamasını istediğini belirtir ve ertesi gün randevu verilerek doğum salonuna çağrılır. Hasta ne olacağını bilmek istemektedir.

Obstetrics and Gynaecology: Clinical Cases Uncovered.
By. M. Cruickshand and A. Shetty. Published 2009 by Blackwell Publishing. ISBN: 978-1-4051-8671-1

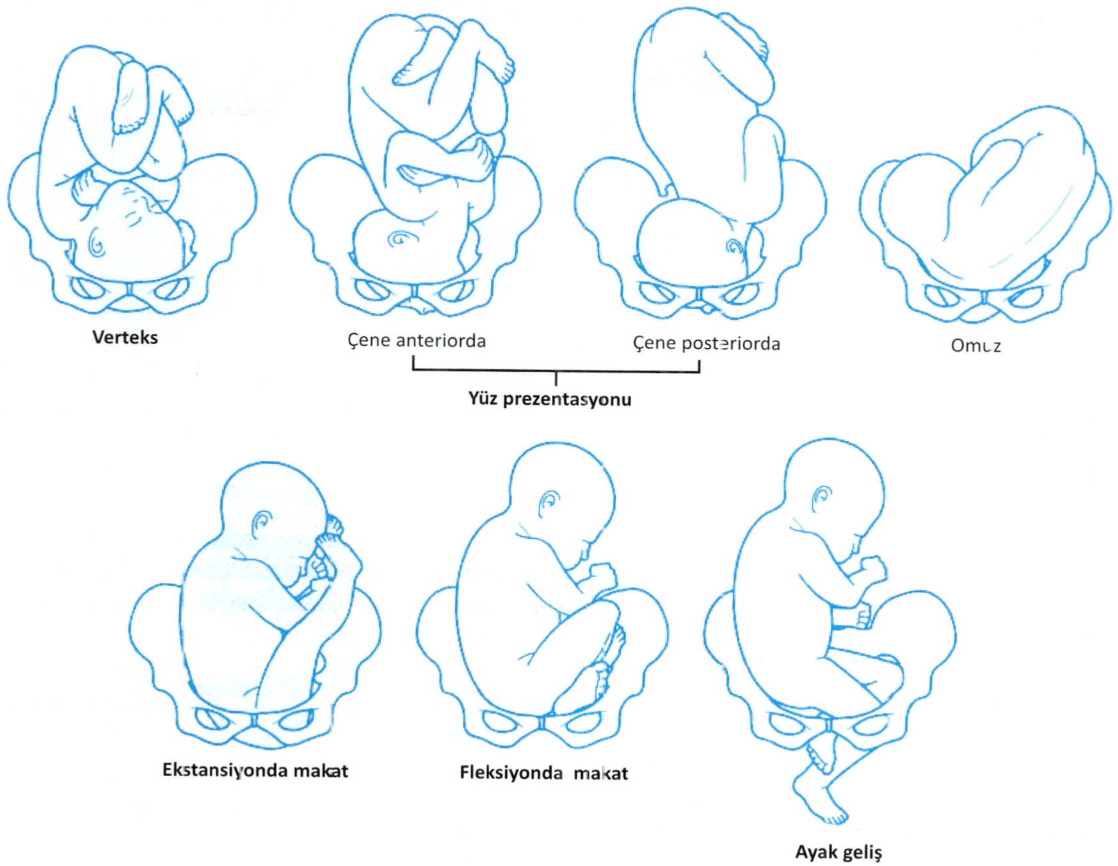

Figür 22.1 Fetal malprezantasyon

Kutu 22.1 Fetal malprezantasyon

37. haftada bebeklerin %95 i longitudinal duruş ve verteks prezantasyonundadır. Kalanı makat, yüz, alın, oblik, transvers veya değişken duruşlardır. Bunlardan da makat ve yüz gelişler, en azından teorik olarak, vajinal yolla doğum yapabilir.

Malprezantasyonun riski travayın ilerlememesi ve uzamış kontraksiyonlara bağlı uterin rüptürdür. Longitudinal olmayan duruşlar için bir diğer major risk faktörü de membranlar rüptüre olduğunda servikten umbilikal kordun prolabe olmasıdır. Bu bilgiler ışığında longitudinal olmayan veya değişken duruşlar doğuma kadar 36 haftalık gebeliklerde olduğu gibi ya da fetal duruş stabilize oluncaya kadar normal olarak yönetilmelidir.

Malprezantasyonun maternal nedenleri olan uterin anomaliler (fibroid veya plasenta previa) ve yüksek pariteli hastalarda risk artmıştır. Fetal nedenler ise çoğul gebeliği, azalmış amnios mayi hacmini veya sefalik prezantasyona dönüşü engelleyen fetal anomalileri içerir.

Hastayla neler tartışılmalıdır?

İşlem uygulanmadan önce kardiyotokogram ile bebeğin kalp atışları kontrol edilmelidir. Ultrasonografi ile bebeğin hala makat pozisyonunda mı olduğu ve sırtının pozisyonu belirlenir. Tokoliz (uterin relaksasyon) başarı oranını arttırdığı için önerilebilir (genellikle IV veya subkutan beta-sempatomimetikler).

Hasta sağ kalçasının altına bir şey konularak (düz

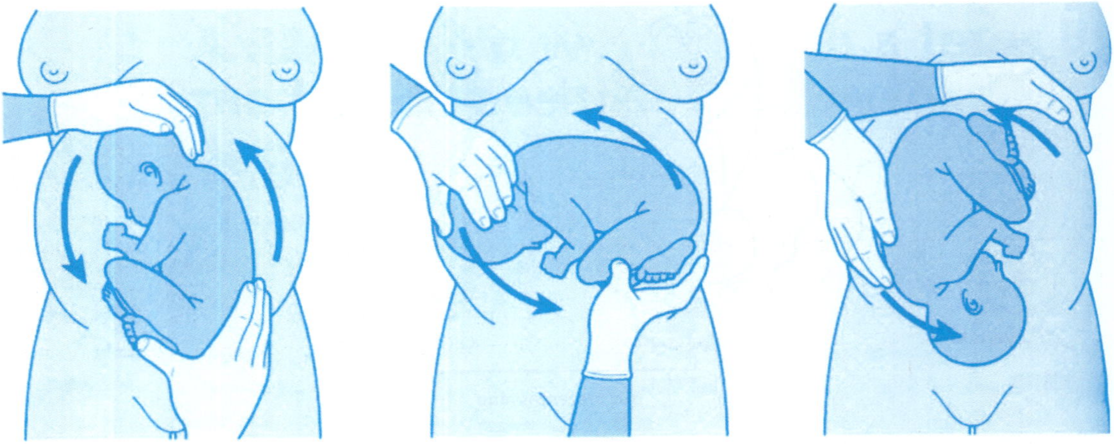

Figür 22.2 Eksternal sefalik versiyon.

yatarken gebe uterusun aorta-kaval baskısını önlemek için) hafif baş aşağı pozisyonda tutulur (makatı pelvis dışında tutmak için). Makatı pelvisten çıkarmak için maternal abdomene basınç uygulanır ve bebek sefalik prezantasyona dönecek şekilde ileri ya da geri yönde çevrilir. Ultrasonografi işlemi yönlendirmek için kullanılabilir.

İşlemi takiben, başarılı olsa da olmasa da, bebeğin sağlıklı olup olmadığının tespiti için kardiyotokografi ile kontrol yapılmalıdır.

RCOG kılavuzları eksternal sefalik versiyon uygulanacak olan hastalarda acil sezaryen riski çok düşük olduğundan sezaryen için hazırlık yapılmasının gerekmediğini belirtmektedir (fig 22.2).

Tokolizle yapılan eksternal sefalik versiyonda 3 müdahale yapılır ancak bebek makat prezantasyonunda kalır. Versiyon sonrası kardiyotokografi güven vererek Bayan Alvores mazot pozisyonda normal vajinal durumu istememekte ve sezaryen ile ilgili bilgi istemektedir.

Hastaya ne söylersiniz?

Bebekte solunum problemlerini azaltmak için genellikle elektif sezaryen 39. haftadan sonra yapılır. Hasta sezaryen sabahı başvurabilir. Hastanın geceden beri ne yeyip içtiği, antiasit tablet kullanım öyküsü (genel anestezi gerekli ise aspirasyon riskini azaltmak) sorgulanmalıdır.

Sezaryen öncesi bebeğin hala makat prezantasyonda olup olmadığı ultrasonografi ile doğrulanmalıdır. Eğer baş aşağıda ise eve gönderilip normal doğum zamanı beklenebilir. Maternal ve fetal risklerin azaltılması, annenin uyanık olup bebeğini görmesi için normalde spinal anestezi uygulanır.

Öncelikle sonda takılır ve sonra bikini insizyonu ile başlanır. Bebek ve plasenta insizyondan çıkarılır daha sonra uterus ve abdomen katları onarılır. Bu işlem genellikle 45-60 dakika sürer. Sonrasında ağrı kesici ile 3-5 gün içinde hasta eve gönderilir.

Vajinal yolla veya sezaryen ile bebeğe sahip olurken bazen kan transfüzyonu gerektiren fazla kan kaybı olabilir ki bu da enfeksiyon riskini arttırır. Sezaryen tromboz için artmış riske sahiptir. Ayrıca mesane ve üreter yaralanması da normal doğuma oranla daha sık görülür. Bu riskleri azaltmak için işlem sırasında antibiyotik profilaksisi ve postnatal tromboprofilaksi yapılır.

Sezaryenin pozitif ve negatif etkileri araştırılmıştır. NICE kılavuzunun bir ekinde sezaryen sectio şeklinde bunlar özetlenmiştir.

Bayan Alvares açıklama karşısında mutludur ve 39. haftada elektif sezaryen için randevu verilir. Planlandığı gibi hasta başvurur ve yapılan ultrasonografide bebek hala makat pozisyonundadır. Komplikasyonsuz seyreden sezaryen operasyonu ile 3.24 kg, herhangi bir problemi olmayan bir kız bebeği olur. Hasta 3 gün sonra taburcu edilir.

OLGUNUN DEĞERLENDİRİLMESİ

Bayan Alvares'in 37 haftalık makat prezantasyonu olan gebeliği mevcuttu. Plasenta previa, amnios mayi anormallikleri ve uterin anomaliler ultrasonografi ile dışlandı ve vajinal doğum yapabilmesi için eksternal sefalik versiyon önerildi. İşlem için onam alındıktan sonra, başarıyı arttırmak için tokoliz yapıldı, fakat yine de eksternal sefalik versiyon başarılı olmadı ve bebek makat prezantasyonunda kaldı.

Hasta daha sonra perinatal morbidite ve erken neonatal morbiditeyi azalttığı için elektif sezaryenı tercih etti. Sezaryen komplikasyonsuz geçti ve postoperatif iyileşme iyiydi. Sonraki gebeliğinde bebek sefalik pozisyonda idi ve vajinal doğum yapmayı tercih etti.

Termde malprezantasyon artmış perinatal morbidite ve mortalite ile ilişkilidir. Bu problemle yüzleşildiğinde seçenekler non-verteks vajinal doğumu, fetal duruşun vertekse çevrilmesini veya malprezantasyona bağlı olarak bebeğin sezaryen ile doğurtulmasını içerir. Hasta ve yakını riskler, yararlar ve potansiyel sonuçlar konusunda tam olarak bilgilendirilmeli ve en doğru müdahale kararı hasta ve ailesi ile ortak olarak verilmelidir.

ÖNEMLİ NOKTA

- Malprezantasyonlar erken gebeliklerde daha sık görülürken termde genellikle %5 oranında görülürler (>37 haftada).
- Aşağı yerleşimli plasenta, uterus alt segmentindeki fibroidler, polihidramnios fetal malpozisyon için predispozan faktörlerdir.
- Oblik, transvers ve değişken (pelviste hiçbir fetal kısım yoksa) fetal duruşlar membran rüptürü durumunda kordon prolapsusu riskini taşır. Bu riskler ışığında (acil doğum gerektiren), bu hastalar malpozisyon devam ettiği sürece doğuma kadar 36-37.haftalardaki gebeler gibi takip edilmelidir.
- 36. haftada malpozisyonu olan gebelerde aşağı yerleşimli plasenta gibi risk faktörleri dışlandıktan sonra eksternal sefalik versiyon önerilmelidir.
- Multiparite gibi tokoliz de eksternal sefalik versiyonun başarısını arttırır.

Önerilen Kaynaklar

RCOG Green Top Clinical Guideline (no 20a). External cephalic version and reducing the incidence of breech presentation. December 2006.

Olgu 23 Bir geçirilmiş sezaryen öyküsü olan ve antenatal klinikte takip edilen 26 yaşında hasta

Dr. Burcu DİNÇGEZ
Dr. Maviş Özge ÖZGAN

Bayan Mclean, 26 yaşında olup 13 haftalık ikinci gebeliği ile antenatal klinikte takip edilmektedir. Kayıtlı görüntüleri normaldir. İlk gebeliği iki yıl önce acil sezaryen ile sonuçlanmıştır.

Başka hangi bilgilere ihtiyacınız vardır?

Önceki doğum ve operasyonu ile ilgili detaylara ihtiyaç vardır.

Geçirilmiş sezaryenin endikasyonu

Bu rekürren veya non-rekürren endikasyon muydu? Örneğin ciddi kontrakte pelvis gibi çok az sayıda rekürren endikasyon vardır. Birçok sezaryen rekürren olmayan endikasyonla yapılır ki bunlar makat prezentasyon, fetal distress ve ilerlemeyen travaydır.

Sezaryen çeşitleri (Alt-üst segment sezaryen sectio)

Çoğu sezaryen sectiolar uterus alt segmentinden uygulanır (Şekil 23.1). Üst segment sezaryen sectioların ise çok az endikasyonu vardır. Bunlar alt segmentin iyi şekillenmediği çok preterm gebelikler, membran rüptürü olan transvers duruş, fetusun manipule edilemeyeceği hiç amniyos mayii olmayan durumlar ve major plasenta previadır.

İntraoperatif ve postoperatif komplikasyonlar

İntraoperatif komplikasyonlar alt uterin segment insizyonunun genişlemesini, mesane veya barsak yaralanmasını veya sezaryen sectio sırasındaki artmış kanama ve uterin atoniyi içerir. Postoperatif komplikasyonlar ise enfeksiyon (endometrit, pelvik enfeksiyon, yüzeyel yara enfeksiyonu veya diğer sistemleri içeren göğüs enfeksiyonu) veya trombozdur.

Obstetrics and Gynaecology: Clinical Cases Uncovered.
By. M. Cruickshand and A. Shetty. Published 2009 by Blackwell Publishing. ISBN: 978-1-4051-8671-1

Bayan Mclean'ın fetal distress nedeniyle 7 cm servikal açıklığı mevcutken komplike olmayan alt segment sezaryen öyküsü mevcuttur. Postoperatif dönem sorunsuz geçmiştir ve oğlunun kilosu 3,7 kg'dır.

Hastaya ne önerirsiniz?

Hastaya sezaryen sectio sonrasında vajinal doğum (VBAC- vajinal birth after caesarean section) ya da rekürren olmayan endikasyon ile alt segment elektif sezaryen sectio (ERCS) seçenekleri sunulmalıdır. Bu yöntemlerin maternal ve perinatal riskleri tartışılmalıdır.

Kadınların %72-76'sında başarılı VBAC görülürken, %24–28 inde acil sezaryen sectio gerekmektedir. Başarılı VBAC kısa hospitalizasyon süresi, çabuk iyileşme ve vajinal doğumlar için iyi bir şans olması gibi avantajlara sahiptir. Ayrıca doğum sonrasında bebeklerde respiratuar problemlerin olma riski de VBAC ile azalır.

Geçirilmiş bir sezaryen sectiolu kadında VBAC 22–74/10000 uterin rüptür riski taşır (Kutu 23.1). Tekrarlayan elektif sezaryen sectio olan kadınlarda ise uterin rüptür riski yoktur. İki geçirilmiş sezaryen sectiosu olanlarda ise skar rüptürü riski net olarak bilinmemektedir (yaklaşık 92/10000). Ayrıca VBAC'de ek olarak %1 kan transfüzyonu riski, endometrit ve 2–3/10000 doğum ilişkili perinatal ölüm riski vardır. Tekrarlayan elektif sezaryen sectio kanama, enfeksiyon, tromboemboli, operatif yaralanmalar ve ilerleyen gebelikte oluşacak komplikasyon riski taşır.

ÖNEMLİ NOKTA

Elektif sezaryen sectionun zamanlaması; Sezaryen sectio neonatal respiratuar distres sendromunu azaltmak için 39. haftadan sonra uygulanmalıdır.

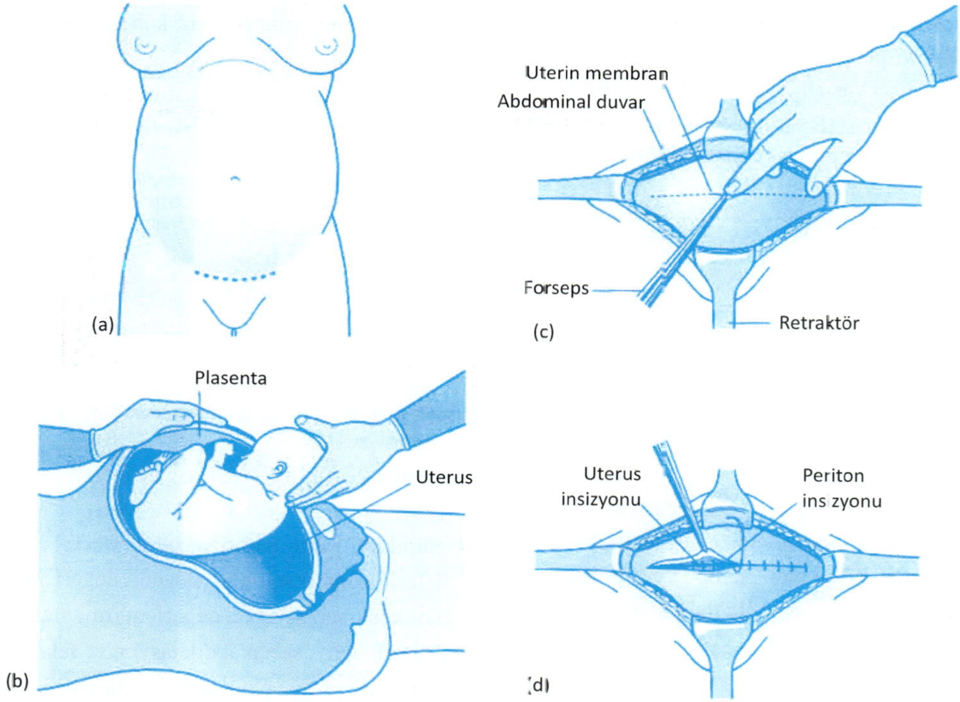

Figür 23.1 Alt segment sezaryen sectio

Kutu 23.1 VBAC'nin kontrendikasyonları

- Geçirilmiş bir klasik (üst segment) sezaryen sectio
- Üç veya daha fazla sezaryen sectio
- Geçirilmiş uterin rüptür veya skar dehissansı

Bayan Mclean her iki yöntemin avantaj ve dezavantajlarını iyice anlamıştır. Ve evde vajinal doğum yapmak konusunda heveslidir.

Hastaya ne önerirsiniz?

Hastaya uzman ve ekipmanın olduğu, sürekli intrapartum ve elektronik fetal monitorizasyonun, neonatal resüsitasyon ve kan transfüzyonunun yapılabildiği uygun koşullarda hastanede VBAC yapması önerilmelidir.

Bayan Mclean kendisi ve bebeğiyle ilgili risk almak istememekte ve şu anda hastanede VBAC yapmak istemektedir. Doğumdaki ağrı kontrolü seçenekleri ile ilgili bilgi almak istemektedir.

Doğum sırasında ağrı kontrolü seçenekleri nelerdir?

Entonox, morfin, transkutanöz elektriksel sinir uyarısı (TENS – transcutaneous electrical nerve stimulation) veya epidural kullanılabilecek seçenekler arasındadır. VBAC'de epidural analjezi kontrendike değildir.

Bir sonraki antenatal randevusu devlet hastanesindeki ebeyledir. 16. haftada yapılan Down sendromu taramasında düşük risk kategorisindedir. 20 hafta detaylı anomali taraması normaldir.

Hastanın antenatal kliniğe ne zaman gelmesini istiyorseniz ve değerlendirme öncesinde ne tetkik istemelisiniz ?

36. gebelik haftasında doğumla ilgili fikrinin alınması veya VBAC yapmasına engel olacak risk faktörünün

varlığı dışlanmalıdır. Eğer 20 haftada yapılan incelemede plasenta uterus anterior duvarda yerleşmiş ise, aşağı yerleşimli plasentayı dışlamak için ultrasonografi yapılmalıdır. (Vaka 17'ye bakınız; geçirilmiş sezaryen sectio aşağı yerleşimli plasenta için –eğer eski skar hattına implante olmuşsa- risk faktörüdür).

Bayan Mclean devlet hastanesindeki ebe tarafından 24,28 ve 32. haftalarda görülmüştür. 36. haftada yapılan ultrason ile normal gelişim ve mayiyle birlikte plasentanın fundal ve anterior olduğu teyit edilir. Vajinal doğum hastanın doğum tipi ile ilgili son kararıdır. Antenatal bakımının kalanı, 41. haftada (ileri tarih) doğum indüksiyonunu tartışmak için onu antenatal kliniğe sevk eden devlet hastanesi ebesi iledir.

Seçenekleri nelerdir?

41-42. haftalarda ERCS (elektif rekürren sezaryen sectio) veya doğum indüksiyonu (serviks Bishop skoruna bakılarak oksitosin indüksiyonu veya prostaglandinle servikal olgunlaştırma ile membranların sıyrılması) seçeneği vardır.

Doğum indüksiyonu konusunda hangi tavsiyelerde bulunursunuz?

İndüklenmiş doğumlarda spontan doğumlara göre 2–3 kat artmış uterin rüptür, 1,5 kat artmış sezaryen sectio riski vardır. Prostaglandinlerle yapılan indüksiyonlarda prostaglandinlerle yapılmayanlara göre daha yüksek uterin rüptür riski vardır (%0,8 yerine %2,4).

> **ÖNEMLİ NOKTA**
>
> İndüksiyon kararı ve metodunun seçimi için konsültana yönlendirilmelidir.

Tartışmada Bayan Mclean doğum indüksiyonunu tercih eder. Vajinal muayenede serviks 2 cm dilate 1 cm uzunlukta (%50-60 efase), yumuşamış, orta hatta ve prezente olan kısım spina ischiadikanın 2 cm üzerindedir (Bishop servikal skoru 7, Olgu 14'e bakınız).

Membranlar sıyrılır, beklenen doğum tarihinden 10 gün sonra artifisyel membran rüptürü ve oksitosin için randevu verilmiştir. Ertesi gün membranların spontan rüptürü ve kontraksiyonlar ile hasta doğum kliniğine gelmiştir.

Bu hastanın yönetimi nasıl olmalıdır?

- Damar yolu açılması, tam kan sayımı, kan grubu ve kan ayrılması
- Abdominal muayene ve kardiyotokografi (CTG)
- Steril spekulum muayenesi (membran rüptürünün doğrulanması)
- Doğumun evresini tespit etmek için servikal değerlendirme

10 dakikada 2-3 hafif-orta uterin kontraksiyonlar hissetmektedir. CTG güven vericidir. Vajinal muayenede serviks 4 cm dilate, tam efase ve prezente kısım spinlerin 2 cm üstündedir. Berrak mayinin drenajı görülmüş olup böylece membran rüptürü teyit edilmiştir.

Sonraki yönetim nasıl olmalıdır?

- Sürekli CTG monitorizasyonu
- Uterin kontraksiyonları düzenli değerlendirilmesi
- Dikkatli, seri servikal değerlendirme -tercihen aynı kişi tarafından- , servikal dilatasyon ve fetal başın pelvise inişinin progresyonunun değerlendirilmesi
- Uterin rüptür bulgularının monitorizasyonu (Kutu 23.2)

İlk muayeneden 6 saat sonra yapılan vajinal muayenede servikal dilatasyon hala 4 cm'dir, prezente olan kısım -2 de oksipito-transvers pozisyondadır. Her iki dakikada iki hafif kontraksiyon hissetmektedir. Skar rüptürü bulguları yoktur. Uygun tavsiyeler (oksitosin ile indüksiyon skar rüptürü riskini arttırır) yapıldıktan sonra ilerlemeyen

> **Kutu 23.2 Uterin rüptürün klinik bulguları**
>
> - Anormal CTG
> - Ciddi abdominal ağrı (özellikle iki ağrı arasında persiste ediyorsa)
> - Göğüs ağrısı, omuz tipi ağrı, ani başlangıçlı nefes darlığı
> - Akut başlangıçlı skar hassasiyeti
> - Anormal vajinal kanama veya hematüri
> - Önceki efektif uterin kontraksiyonların kesilmesi
> - Maternal taşikardi, hipotansiyon, şok
> - Maternal pelvise prezente olan kısmın pozisyonunun kaybı

Kutu 23.3 Sezaryan sectio aciliyetinin sınıflandırılması

Acil sezaryen sectio

Anne veya bebeğin yaşamını acilen tehdit eden (doğum 30 dakika içinde gerçekleşmesi gerektiği) örneğin plasenta abrupt o, kordon prolapsusu, derin veya uzamış fetal bradikardi durumlarıdır.

Urgent sezaryan sectio

Maternal veya fetal hayatı acilen tehdit etmeyen tehlikeli durumlar örneğin anne ve bebek iyi durumda iken doğumun yavaş ilerlemesi veya ilerlememesidir.

Planlanmış sezaryen sectio

Maternal veya fetal tehlike yoktur. Ancak erken doğum gerektirir. Örneğin doğumda olmayan termdeki membranları rüptüre makat prezantasyonu.

Elektif sezaryen sectio

Doğumun gebe veya uzman uygun o duğunda örneğin termdeki makat prezentasyon için planlanan sezaryen sectio veya geçirilmiş iki sezaryen sectio varlığı.

travay olduğu göz önünde bulundurularak Bayan Mclean'in rızasıyla oksitosinin intravenöz indüksiyonuna başlanmıştır. 4 saat sonra yapılan muayenede düzenli kontraksiyonlar servikste ve bebeğin başının pozisyonunda değişim oluşturmamıştır. CTG güven vericidir.

Şimdi hastaya ne önerirsiniz?

Güçlü ve düzenli kontraksiyonlara rağmen progresyon olmadığı için acil sezaryen sectio önerilir (Kutu 23.3).

Bayan Mclean sezaryen sectio'yu kabul edip ve aynı zamanda sterilizasyon istemektedir.

Sterilizasyon ile ilgili hastaya ne önerirsiniz ve hangi preoperatif değerlendirmeleri yaparsınız?

Hastaya sterilizasyonun sezaryen section sırasında yapılması tavsiye edilmelidir, tavsiyeler ve anlaşma prosedürden en az bir hafta önce yapılmalıdır ve karar ilk olarak acil bir durumda verilmemelidir. Bu prosedürün kalıcılığı, 1/300 başarısızlık oranı, gelecek ektopik gebelik ve menstrüel düzensizliklerde küçük risk ve geri dönüşümlü alternatif kontrasepsiyon yöntemleri konusunda düşünmesi için zaman gereklidir.

Preoperatif değerlendirme şunları içerir:

- Hemoglobin seviyeleri ve tam kan sayımı kontrolü
- Profilaktik antibiyotik uygulanması (sefalosporin veya Augmentine' in tek intaroperatif doz olarak uygulanması)
- Tromboembolik riskinin değerlendirilmesi
- Kalıcı katater yerleştirilmesi
- Antiemetik, antiasit ve H2 reseptör analoglarının önerilmesi
- Anestezi için değerlendirme – rejyonel anestezi ve postoperatif ağrı kontrolünün önerilmesi

Bayan Mclean spinal anestezi altında komplike olmayan urgent alt segment sezaryen olmuştur. 3.8 kg, iyi Apgar skorlu (1. dakika apgar 9/10, 5. dakika 9/10), erkek bebek doğurtulur. İntraoperatif profilatik antibiyotik yapılmıştır. Toplam kan kaybı 700-800' ml dir. Postoperatif profilaktik doz deltaparin uygulanmıştır.

Hangi postoperatif bakımlar yapılmalıdır?

- Hasta kontrollü opioid analjezi (PCA) veya oral opioidler ağrı için önerilmelidir.
- Opioid ihtiyacını azaltmak için bir NSAID önerilmelidir.
- Olabildiğince erken emzirmenin başlaması için destek sağlanmalıdır.
- Epidural analjezinin son dozundan veya spinal analjeziden 12 saat sonra üriner kateter çekilmelidir.
- Susayınca ve acıkınca yiyip içebilir.
- Eğer iyileşme hızlı olursa ve ateşi olmazsa 2. ya da 3. postoperatif gününde devlet hastanesinde ebe takibi önerisi ile taburcu olabilir.
- Taburcu olmadan önce sezaryen sectionun nedenleri hakkında tekrar bilgi verilmelidir.
- Kontrasepsiyon konusunda bilgilendirilmelidir.

Bayan Mclean postnatal dönemde iyi bir iyileşme göstermiştir. Postoperatif 3. günde taburcu edilir. Taburculuk sırasındaki hemoglobin 9.8 g/L'dir. Oral ferrosülfat tabletleri başlanmıştır. Kontrasepsiyon yöntemi olarak İmplanon implantı kullanmak istemektedir. Bunun jinekolog ya da aile planlama kliniği tarafından uygulanabileceği söylenmiştir. Gelecekteki gebeliği için 2 sezaryen özgeçmişinin olması nedeniyle elektif sezaryen sectio ya da eğer istekli ise özellikle spontan doğum için VBAC seçenek olabilir (özellikle skar rüptürü riski iyi anlaşılmalıdır).

OLGUNUN DEĞERLENDİRİLMESİ

Uygun tavsiyeler sonrası daha önce bir sezaryen öyküsü olan bayan Mclean VBAC'yi tercih etmiştir. 40 haftada membranların sıyrılması sonrasında spontan doğum eylemi başlamış fakat uterin kontraksiyonları çok efektif değildir. Doğum eyleminin progresyonu yavaştır. Oksitosinle artmış skar rüptür konusunda değerlendirme sonrasında oksitosin infüzyonuyla kontraksiyonların indüksiyonunu tercih etmiştir. Doğum eyleminde skar rüptürü bulguları için sık monitorizasyon uygulanmıştır. Oksitosine rağmen doğum eylemi ilerlemeyip bu endikasyon ile urgent sezaryen sectio yapılmıştır.

Primer sezaryen sectio oranlarındaki artış geçirilmiş sezaryen ile doğum yapmış obstetrik popülasyonda oranları da arttırır. İngiltere ulusal sezaryen oranı (CSR) 2001 yılında %21,3 ve CSR'ye katılan grupların çoğu tekiz baş geliş gebelik ve eski sezaryen olan kadınlardan oluşmuş gruptur.

Daha önce sezaryen öyküsü olan hamile kadınlara VBAC ve ERCS'nin her ikisi de sunulmalıdır. VBAC'yi reddeden kadın oranı sezaryenle doğum oranlarının önemli kısmını oluşturur. Bu kadınlar antenatal dönemde yeterli bilgilendirilmelidir. Bu bilgilendirme başarılı VBAC oranlarını, skar rüptürü oranlarını, spontan eylem ve indüksiyon ajanlarının (oksitosini prostaglandin) ikisini de, doğum eylemi boyunca CTG monitorizasyonu gerekliliğini içermelidir. Skar rüptürünün klinik bulgularının değerlendirilmesi ve acil bir sezaryen sectio için olanakların ulaşılabilirliği önemlidir. Rekürren sezaryen sectio'nun operatif riskler ve gelecekteki obstretrik durumuna etkisi açısından hastaya bilgi verilmelidir. Gebeliğin 36–37. haftalarında doğum şekli konusunda bir fikir oluşturulmalıdır. Artmış sezaryen oranları kanama, plasenta previa ve akreata, mesane ve barsak yaralanmaları, ileus, histerektomi, kan transfüzyonu ihtiyacında artışa neden olur.

ÖNEMLİ NOKTALAR

- Sezaryen sectio için çok az rekürren endikasyon vardır ve bir sezaryen sectiosu olan kadınların çoğu bir sonraki gebeliklerinde VBAC ile doğumu seçebilmelidir.
- Genel olarak VBAC ile başarılı vajinal doğum oranı %72–76, skar rüptürü riski ise 22–74/1000' dir.
- Skar rüptürü riski spontan doğumlara oranla VBAC indüklenmiş VBAC'de 2–3 kat daha fazladır. Bu risk prostaglandin kullanıldığı zaman en yüksektir.
- Skar rüptürünün tespiti için sürekli intrapartum bakım, CTG monitorizasyonu önerilir.

Önerilen kaynaklar

NICE Clinical guideline (no 13). *Caesarean section*. April 2004.

RCOG Green Top Guidelines (no 45). *Birth after previous caesarean birth*. RCOG Pres, London, February 2007.

Olgu 24 29 Yaşında erken gebelikte kusma şikayeti olan kadın hasta

Dr. Burcu DİNÇGEZ
Dr. Maviş Özge ÖZGAN

Bayan Begüm, 29 yaşında, parite 1, devam eden bulantı-kusma şikayetiyle bir doğum kliniğine yönlendirilir. Yaklaşık 7 haftalık gebeliği mevcut olan hasta kusma nedeniyle günlük ihtiyaçlarını yerine getiremediğini, bu durumun onu çok yorgun düşürdüğünü ve bu durumla başa çıkamadığını ifade eder.

Ayırıcı Tanınız Nedir?

- Hiperemezis Gravidarum
- Gastrit/gastroenterit
- Üriner sistem enfeksiyonu
- Diğer nadir sebepler (örn tirotoksikoz, pankreatit, Addison hastalığı, kolesistit, hepatit)

ÖNEMLİ NOKTA

Hiperemezis gravidarum, gebelikte devam eden kusma olarak tanımlanır. Kilo kaybına (vücut kitlesinin %5'i) ve ketozise neden olur. Gebelerin %50'sinden fazlasında bulantı ve kusma olmasına rağmen yalnızca %1'inde hiperemezis gravidarum görülür.

Şimdi hastaya ne sorulmalıdır?

Başvuru şikayetleri

- Kusmanın süresi, sıklığı
- Göğüste yanma varlığı
- Karın ağrısı ve diyare
- Üriner semptom varlığı
- Duygu durum değişikliği varlığı

Obstetrik hikaye

Daha önceki gebelikte hiperemezis varlığı

Allerjiyi de içeren özgeçmiş

Herhangi bir medikal problem varlığı (örn pankreatit, Addison, hipertiroidizm)

Aile öyküsü

- Ailede herhangi birinde benzer semptomların varlığı
- Ailede ikiz gebelik öyküsü

Bayan Begüm bulantı ve kusma şikayetinin 1 hafta önce başladığını ve ilerleyici şekilde arttığını ifade eder. Sürekli kendini hasta hisseder ve hiçbir şey yiyemez. Günde 10-12 kez az miktarda kusmaktadır. Aynı zamanda az miktarda göğüste yanma hissi olduğunu ancak karın ağrısının, diyare ve üriner şikayetlerinin olmadığını ifade eder. Kendini mutsuz hissettiğini ve daha fazla dayanamayacağını söyler.

Daha önce bir gebeliği olduğunu ve 2 yaşında Ayşe adında bir kızı olduğunu ifade eder. İlk gebeliğin erken dönemlerinde 2 kere intravenöz sıvı ve antiemetik tedavi gerektiren inatçı kusmalarının olduğunu söyleyen hasta özgeçmişinde alerji ya da medikal bir hastalık tarif etmemektedir.

Soygeçmişinde ikiz gebelik öyküsünün bulunmadığını söyler.

ÖNEMLİ NOKTA

Hiperemezis gravidarum hemen her zaman ilk trimesterde ve genellikle 6-8. haftalar arasında görülür.

Fizik Muayenede Nelere Bakılmalıdır?

Genel muayene

- Dehidratasyon bulguları (örn kuru cilt ve ağız, cilt turgorunun azalması)

Obstetrics and Gynaecology: Clinical Cases Uncovered.
By. M. Cruickshand and A. Shetty. Published 2009 by Blackwell Publishing. ISBN: 978-1-4051-8671-1

Tablo 24.1 Dehidratasyonun klinik bulguları

Dehidratasyon	Hafif	Orta	Ağır
Cilt turgoru	Normal	Kuru	Soğuk ve nemli
Bukkal mukoza/ dudaklar	Nemli	Kuru	Kuru / çatlak
Nabız	Düzenli	Hafif artmış	Artmış, düşük volümlü
İdrar çıkışı	Normal	Azalmış	Anüri

- Nabız, kan basıncı ve ateş ölçümleri: taşikardi ve postural hipotansiyon dehidratasyonu düşündürür.
- Duygu durum değerlendirilmesi (ağlamaklı, dağınık görünüş)

Rutin Sistemik Muayene

Genel sağlığının ve medikal problemlerin değerlendirilmesi

Bayan Begüm ağlamaklıdır. Kötü ve yorgun görünmekle birlikte ağrılı görünmemektedir. Cildi ve dudakları kurudur. Nabız 98 atım/dk ve düşük volümlüdür, yatarak ve ayakta ölçülen kan basıncına göre de postural hipotansiyonu mevcuttur. Bu vital parametrelere bakılarak orta derecede dehidrate olduğu düşünülür (Tablo 24.1). Sistemik muayenesinde önemli bir özellik yoktur.

Bir sonraki adım ne olmalıdır?

Dip-stick analiz ve gebelik testi için idrar örneği alınması

- Gebeliğin teyidi
- Artmış idrar yoğunluğu (dehidratasyonu gösterir)
- Keton varlığı (dehidratasyon)
- Nitrit, lökosit, kan varlığı (üriner enfeksiyonu işaret eder)

Hangi incelemeleri istersiniz?

Kan Testleri

- Tam kan sayımı : Artmış hemotokrit seviyesi hemokonsantrasyon düşündürür,
- Üre ve elektrolitler : Hiponatremi, hipokalemi, düşük serum üresi, hipokloremik alkaloz araştırılır.
- Karaciğer fonksiyon testleri : HG'li kadınların %50' ye yakınında anormal karaciğer fonksiyon testi görülür.

Kutu 24.1 Gestasyonel hipertiroidizm

- Biyokimyasal hipertiroidizm, hiperemezis gravidarumlu kadınların yaklaşık %60' ında saptanmıştır.
- Kendini sınırlayıcıdır.
- Hasta klinik olarak ötiroiddir.
- Bulgular: Artmış serbest tiroksin (T4), azalmış tiroid stimulan hormon (TSH), negatif tiroid antikorları.
- Mekanizma :
- Human koryonik gonadotropin (HCG) ,TSH'ın subünitini paylaşır.
- Artmış HCG sekresyonu / tirotiropin reseptörlerine artmış hipersensitivite / varyant HCG sekresyonu.
- Tiroid fonksiyon testleri hiperemezisin ciddiyetini gösterir.
- Asya ırkında daha sıktır.
- Nadiren Graves hastalığı gebelikte görülebilir. TSH reseptör, antiperoksidaz ve antitiroglobulin antikorlarının yokluğu HG tanısını destekler.

- Tiroid fonksiyon testleri: Geçici biyokimyasal hipertiroidizm olabilir (Kutu 24.1). 18. haftaya kadar kendiliğinden düzelebilir.

Orta-akım idrar örneği

Üriner sistem enfeksiyonunu ortaya koymak için yapılır.

Pelvik ultrasonografi

- Gebeliğin canlılığının teyit edilmesi.
- İkiz gebeliğin tanınması
- Molar gebeliğin dışlanması

Bayan Begüm anemik değildir, artmış hematokriti, hiponatremi ve hipokalemisi mevcuttur. Tiroid ve karaciğer fonksiyon testleri normal sınırlardadır. İdrarda dip-stick ile +3 keton mevcut iken nitrit, lökosit ve kan izlenmez. Ketonüri ve artmış idrar yoğunluğu ile birlikte klinik bulgular dehidratasyonu göstermektedir. Yapılan pelvik ultrasonografide 7 haftalık dikoryonik ikiz gebelik mevcuttur.

ÖNEMLİ NOKTA

Hiperemezis gravidarum bir dışlama tanısıdır, tek bir tanı testi yoktur.

Dikkatli anamnez, yapılan fizik muayene ve incelemelerle kusmanın diğer nedenlerini dışlanır. Bayan Begüm'de hiperemezis gravidarum tanısına ulaşılır (kutu 24.2).

Kutu 24.2 Hiperemezis Gravidarum Patofizyolojisi

- Tam olarak anlaşılamamıştır, multifaktöriyeldir.
- HCG seviyeleri ile semptomların ciddiyeti arasında geçici bir ilişki vardır.
- 6-12. haftalar arasında HCG piki ile beraber semptomlar da pik yapar.
- Multiple gebelikte ve mol hidatiformda artmış HG insidansı yüksek HCG seviyeleri ile açıklanır. Bu iki durumda da çok yüksek HCG seviyeleri mevcuttur.
- Mekanik faktörler (örn azalmış peristaltizm ve gecikmiş gastrik boşalma) semptomları arttırır fakat nedeni olarak sayılamaz.
- Psikolojik ve davranışsal teoriler mevcuttur fakat kanıtlanmamıştır.
- Risk faktörleri : Multiparite, geçirilmiş HG öyküsü, yeme bozuklukları, çoğul gebelik, mol hidatiform.
- Sigara ve 30 yaş üstü gebelik koruyucu olarak görünmektedir.
- Helikobacter pylori enfeksiyonun rolü olduğunu gösteren kanıtlar mevcuttur.

Bu tanı anksiyetesi olan ve semptomları önceki gebeliğinden çok daha kötü olan Bayan Begüm'e anlatılır. Bu durumun kendisine ya da bebeklerine zararının olup olmayacağı konusunda tedirgindir.

Hiperemezis Gravidarumla ilişkili komplikasyonlar nelerdir?

Maternal Komplikasyonlar

- Ciddi morbiditeye sebep olabilir.
- Sürekli kusma ve öğürme nedeniyle Mallory Weiss ve hematemez yapabilir.
- Malnütrisyon
- Kilo kaybı (vücut ağırlığının %10-20'si), kas harabiyeti, güçsüzlük
- Hiponatremi (plazma sodyumu 120 mmol/l'nin altında olması)
    - Letarji, nöbetler ve respiratuar arrest
    - Ciddi hiponatreminin hızlı düzeltilmesi santral pontin myelinozis
- Vitamin eksikliği
    - Tiamin (B1) akut eksikliği Wernicke ensefalopatisine neden olur (kutu 24.3). Kalıcı bozukluğu ise Korsakoff psikozuna neden olur.

Kutu 24.3 Wernicke Ensefalopatisi

- Sendrom diplopik göz hareketleri, ataksi ve konfüzyonla karakterizedir.
- Tiamin eksikliği olan hastada intravenöz dekstroz/glukoz ile presipite olabilir.
- Replasmana rağmen kalıcı bozukluklar sıktır.
- Korsakoff psikozu amnezi, bozulmuş öğrenme yeteneği, konfubulasyonla karakterizedir (hafızadaki boşluklar nedeniyle uydurulan anıların gerçek sanılması).

    - Vitamin B_{12} ve piridoksin (B6) : Anemi ve nöropati
- Trombozis: Dehidratasyon ve yatak istirahati kombinasyonu tromboz riskini arttırır.
- Psikolojik problemler: Genellikle önemsizdir.

Fetal Komplikasyonlar

- Ciddi hiperemezis gravidarum düşük doğum ağırlıklı bebeklerle ilişkilidir.
- Wernicke ensefalopatisine neden olan vakaların %40'ında fetal ölüm görülür.

Bu olgunun yönetimi nasıl olmalıdır?

ÇOK ÖNEMLİ NOKTA

Anne ve fetusta komplikasyon riski artışı nedeniyle tedavi erken ve agresif olmalıdır.

Tedavi eğer hasta oral alımı tolere edebiliyorsa; istirahat, az ve sık karbonhidrat içeren besinlerle beraber yeterli sıvının oral alımını içerir. Hidrasyon sağlanamıyorsa hospitalizasyon düşünülmelidir.

ÖNEMLİ NOKTA

Hiperemezis erken gebeliklerde hospitalizasyonun en önemli nedenlerindendir.

Rehidratasyon

Tedavinin esas kısmını parenteral sıvı tedavisiyle beraber elektrolit dengesinin sağlanması oluşturur. Rehidratasyon normal salin ile (%0.9 salin,150 mmol/L sodyum) veya Hartman solüsyonu (%0.6 salin, 132 mmol/L sodyum) önerilir. Sıvılara potasyum klorid eklenmesi elektrolit seviyelerine bağlıdır. Intravenöz sıvı tedavisi sırasında üre ve elektrolit dengesi günlük kontrol edilmelidir.

Dehidratasyonun objektif değerlendirilmesi için hastanın ağırlığının haftada iki kez ölçülmesi gerekir. Tedaviye hasta oral alımı tolere edene kadar ve test sonuçları düzelene kadar veya idrarda keton negatifleşene kadar devam edilmelidir.

ÇOK ÖNEMLİ NOKTA

Dekstroz içeren sıvıların verilmesi Wernicke ensefalopatisini presipite edeceğinden önerilmemektedir. Hiponatreminin hızlı düzeltilmesi de santral pontin demyolinozis yaratacağı için yoğun salin solüsyonları önerilmez.

Antiemetik

Rehidrasyon ve elektrolit dengesinin düzeltilmesi yeterli olmazsa antiemetik kullanılabilir. Antiemetikler gerekli olduğunda değil de düzenli bir şekilde kullanılmalıdır. Intravenöz ve rektal yol kullanılır. Oral alım tolere edilebildiğinde oral yolla kullanıma geçilir (Tablo 24.2).

ÖNEMLİ NOKTA

Sık kullanılan antiemetikler örneğin antihistaminikler ve dopamin antagonistlerinin teratojeniteyle ilişkileri bilinmemektedir.

Tablo 24.2 Antremetik ajanlar

Anhistaminler	Siklizin prometozun	H1 reseptör antagonisti sıklıkla kullanılır iyi güven profili
Fenotiazinler	Klopromazin	Yan etkiler: ekstrapiron dal etkiler, okülojirik kriz
Dopamin antogonisti	Metozlopramid	Promilite ajanı
	Damperidon	Okülojirik kriz ve ekstrapiromidal etkiler
Selektif seratonin (SHT3) antogonist	Ondansetron	Refrozter HG'de kullanılır. Sınırlı güvenli ven rutin kullanımı önerilmiyor

Tiamin (Vitamin B1) Desteği

Tiamin eksikliği Wernicke ensefalopatisine neden olur. HG'de tiamin desteği önerilir. Eğer hasta bunu oral tolere edemiyorsa haftada bir infüzyon şeklinde uygulanır.

Tromboprofilaksi

ÇOK ÖNEMLİ NOKTA

Dehidratasyon, yatak istirahati, azalmış mobilite ve gebeliğin kendisi trombozis için risk faktörleridir.

HG nedeniyle hospitalize edilen kadınlara tromboprofilaksi uygulanmalıdır. Tromboemboli önleyici çoraplar ve profilaksi dozunda düşük molekül ağırlıklı heparin kullanılmalıdır.

Psikolojik Destek

Medikal tedaviye sağlık ekibi ve ailenin psikolojik desteği de eklenmelidir. Psikoterapi, hipnoterapi ve davranış terapisinin yararları gösterilmiştir.

Alternatif Tedaviler

Piridoksinin (B6 vitamini) ciddi bulantıyı azalttığı gösterilmiştir. Yan etkileri gösterilmemiş olan zencefil kökünün kapsül formu bulantı ve kusmada yardımcıdır.

Bayan Begüm'e %0.9 salin (IV) ve proklorperazin (IM) düzenli olarak başlanır. Düşük molekül ağırlıklı heparin ile tromboemboli önleyici çoraplarla tromboprofilaksi başlanır. Sıvı tedavisi günlük üre ve elektrolit, idrar ketonu ile takip edilir. Haftada bir infüzyon şeklinde tiamin verilir.

Agresif sıvı tedavisi ve antiemetik tedaviden 72 saat sonra Bayan Begüm'ün durumunda belirgin iyileşme görülür. Semptomları azalır ve idrar ketonu negatifleşir. Az sık beslenme ile beraber oral antiemetik tedavi başlanır. Bu hasta tarafından iyi tolere edilir. Hasta kendini daha iyi hisseder ve taburcu olmak ister. Hasta diyet önerileri ve antiemetik tedavi önerileri ile taburcu edilir.

İlerleyen haftalarda hasta benzer semptomlar ile geri gelir ki bu da hastanın klasik tedaviye yanıtsız olduğunu gösterir. Doktor tarafından hastaya inatçı hiperemezis olduğunu söylenir.

ÖNEMLİ NOKTA

- Klasik tedaviye dirençli HG tedavisi zor bir durumdur.
- Dirençli HG sık hastane başvurusu ve psikolojik morbidite ile ilişkilidir.
- Çok uç vakalarda kadınlar gebeliğin terminasyonu isteği ile başvurabilir.

Bundan sonraki adım ne olmalıdır?

Ondansetron

Bu güçlü antiemetik genellikle postoperatif ve kemoterapi sonrası bulantı ve kusmaların tedavisinde kullanılır. İnatçı HG'nin yönetiminde de bir seçenektir. Gebelik üzerine etkisi konusunda sınırlı bilgi mevcuttur.

Kortikosteroidler

Bu ilaçların tekrar başvuru oranlarında ciddi azalma ve hastanın semptomlarında dramatik düzelme yaratıcı etkileri mevcuttur. Intravenöz hidrokortizonu takiben oral prednizolon önerilen preparatlardır. Doz azaltılarak günlük idame dozu 5-10 mg/gün olacak şekilde 20 hafta devam edilir.

Total parenteral nutrisyon ve enteral beslenme

Çok ciddi vakalarda pahalı bir yöntem olmasına rağmen hayat kurtarıcı olabilir. Total parenteral nutrisyon monitorizasyon gerektirir, enfeksiyöz ve metabolik komplikasyonlara yol açabilir.

Bayan Begüm'ün hekimi ona ondansetron ve steroid önerir. Hastanın kliniğinde dramatik olarak düzelme görülür. 1 hafta sonra oral steroidlerle takip planı oluşturularak hasta taburcu edilir. Hastanın steroid dozu yavaş yavaş azaltılarak gebeliğin 16. haftasında idame dozuna geçilir ve 23. haftada kesilir.
Gebeliğin kalan kısmında sorun yaşanmaz ve gebeliğin 37. haftasında ikizleri spontan olarak doğurur. Bebekler normal Apgar skoruna ve doğum ağırlığına sahiptir. Kendisine bundan sonraki gebeliklerinde semptomların tekrarlayabileceği anlatılır.

OLGUNUN DEĞERLENDİRİLMESİ

29 yaşında, parite 1 olan kadın hasta erken gebelik haftasında bulantı-kusma ile başvurdu. Kusmanın diğer nedenleri dışlandıktan sonra tanı hiperemezis gravidarum olarak konuldu. Bu durumun yönetimi yeterli sodyum ve potasyum içeren intravenöz sıvılarla rehidratasyon ve düzenli antiemetik kullanımı ile yapılır. HG artmış venöz tromboz riski ile ilişkilidir. Bu nedenle tromboprofilaksi önerilir. Wernicke ensefalopatisini önlemek amaçlı tiamin kullanılabilir.

Bayan Begüm, klasik tedaviye yanıt verse de sonrasında semptomları hidrasyon ve antiemetiklere rağmen tekrar etti. Hasta inatçı HG'de kullanılan ondansetron ve kortikosteroidlere iyi cevap verdi. Kortikosteroidler yavaş yavaş dozu azaltılarak 23. haftada kesildi. İkizler 37. gebelik haftasında normal ağırlıkla doğdu ve yenidoğan ünitesine ihtiyaç duyulmadı. Hiperemezis tedavisindeki bu yönetimin anne ya da bebek üzerine uzun dönem etkilerini gösteren kanıt yoktur. Bayan Begüm'ün anamnezine bakılarak bu durumun sonraki gebeliklerinde de yaşanabileceği anlatıldı.

ÖNEMLİ NOKTA

- HG bir dışlama tanısıdır. Genellikle 6-8. haftalarda başlar. Geçici fakat kendini sınırlayan hipertiroidizm vakaların %60'ında görülebilir.
- Yönetimin ana hatlarını erken agresif sıvı elektrolit replasmanı oluşturur.
- Antiemetikler düzenli olarak başlanmalıdır.
- Sık kullanılan antiemetikler teratojenik değildir.
- Tromboprofilaksi ve tiamin replasmanı yönetimde önemlidir.
- Ciddi komplikasyonlar nadirdir.
- İnatçı HG'nin yönetiminde ondansetron ve kısa süreli kortikosteroidlerin rolü vardır.

BÖLÜM 2: OLGULAR

Önerilen Kaynaklar

Kuşçu NK, Koyuncu F. Hyperemesis gravidarum: current concepts and management.

Postgrad Med J 2002; 78: 76-79.

Neill AM, Nelson- Piercy C. Hyperemesis gravidarum review. The Obstetrician and Gynaecologist 2003; 5: 204-207.

Olgu 25 İkiz gebeliği olan 38 yaşında kadın

Dr. Maviş Özge Özgan

Bayan Akinte 39 yaşında primigravid olup antiemetik ve hidrasyonla düzelen ciddi hiperemezisi vardır. Pelvik ultrasonografi ile doğrulanmış ikiz gebeliği mevcuttur. Hasta primer anovulatuar, subfertildir ve bu gebelik klomifen sitrat tedavisi sonucu olur.

İkiz gebeliğin predizpozan faktörleri nelerdir?

Aile hikayesi, daha önce çoğul gebelik öyküsü, artmış anne yaşı, ovulasyon indüksiyonu (klomifen ile %10, gonadotropinlerle %30 ve in vitro fertilizasyon [IVF] ile %25-30) ve ırk (Japon ırkında 7/1000, Nijerya ırkında 40/1000) sorgulanmalıdır.

ÖNEMLİ NOKTA

İkiz gebelik oranı tüm gebeliklerin yaklaşık %1 i kadar olup üçte ikisi dizigotik , üçte biri de monozigotiktir. Üçüz insidansı ise 1/4000'dir. Reprodüktif tekniklerin artması sonucunda artmış bir insidans mevcuttur.

Bayan Akinte ikiz gebeliğin nedenlerini ve farklı tiplerini öğrenmek ister. Ona neler anlatırsınız?

İki ya da daha fazla ovum dizigotik ikiz (non-identikal) forma fertilize olur veya tek fertilize yumurta bölünerek monozigotik (identikal) ikiz formu oluşturur.

Bir dizigotik ikiz gebelikte her fetus kendi plasentasına (her biri ayrı ve kaynaşmış), amnion ve koryona sahiptir. Oysa ki bir monozigotik gebelikte durum daha kompleks olup embriyonun bölünme zamanına bağlı olarak değişir:

- *Embriyonun 3. günde bölünmesi:* iki koryon, iki amnion (dikoryonik, diamniyotik)
- *Embriyonun 4-7. günde bölünmesi:* tek plasenta, tek koryon, iki amnion (monokoryonik, diamniyotik)
- *Embriyo 8-12. günde bölünmesi (nadir)*: tek plasenta, tek koryon ve tek amniyon (monokoryonik, monoamniyotik)
- *Embriyo 13. günde bölünmesi (çok nadir):* yapışık veya siyam ikizi

Ultrasonografik tarama bize gösterdi ki bu hastada 10+3 haftalık dikoryonik ve diamniyotik ikiz gebelik olup, her iki fetusun kalp atışı mevcuttur. Bayan Akinte ikizlerin identikal olup olmadığını bilmek istiyor.

İkizlerin monozigotik veya dizigotik olduğunu nasıl anlatırsınız?

Eğer ultrasonografide görülen monozigotik bir plasentasyon identikali (monozigotik ikiz) düşündürür. Dikoryonik bir plasentada zigoziteyi saptamak ikizler farklı cinsiyette değilse pek mümkün değildir.

Zigositenin tanımlanması şu durumlarda işe yarayabilir:

- İlerleyen hayatlarında ikizlerin medikal durumlarında karar vermede (örn. hastalığın genetik riskini belirlemede)
- İkiz tarama çalışmalarına katılımda
- Arkadaş, akraba veya yabancıların sorularına kolay ve açık cevap verebilmede

Zigosite yalnızca DNA taraması ile kesin olarak belirlenebilir. Bu da amniyosentez, koryon villus örneklemesi (CVS), kordosentez ve doğumdan sonra kordon kanından DNA tetkiki veya yanak mukozasından küçük bir pamuklu çubukla alınan örnek veya kan örneği ile yapılabilir.

Koryonisitenin saptanması ultrasonografik olarak yapılabilir ve fetus cinsiyeti, plasenta sayısı ve iki amnion kesesi arasındaki membranın karakteristiği ile değerlendirilmesi oldukça güvenlidir. Farklı cinsi-

Obstetrics and Gynaecology: Clinical Cases Uncovered.
By. M. Cruickshand and A. Shetty. Published 2009 by Blackwell Publishing. ISBN: 978-1-4051-8671-1

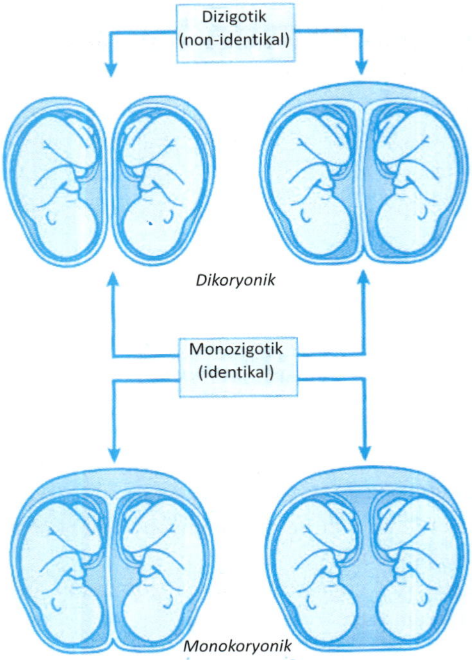

Şekil 25.1 Dizigotik ve monokoryonik ikizler. Dikoryonik ikizlerde ikizler arası membran, amnion iki tabakası arasında sandviç pozisyonunda olan koryonik santral tabakasıyla birleşiktir. Monokoryonik ikizlerde koryonik tabaka yoktur.

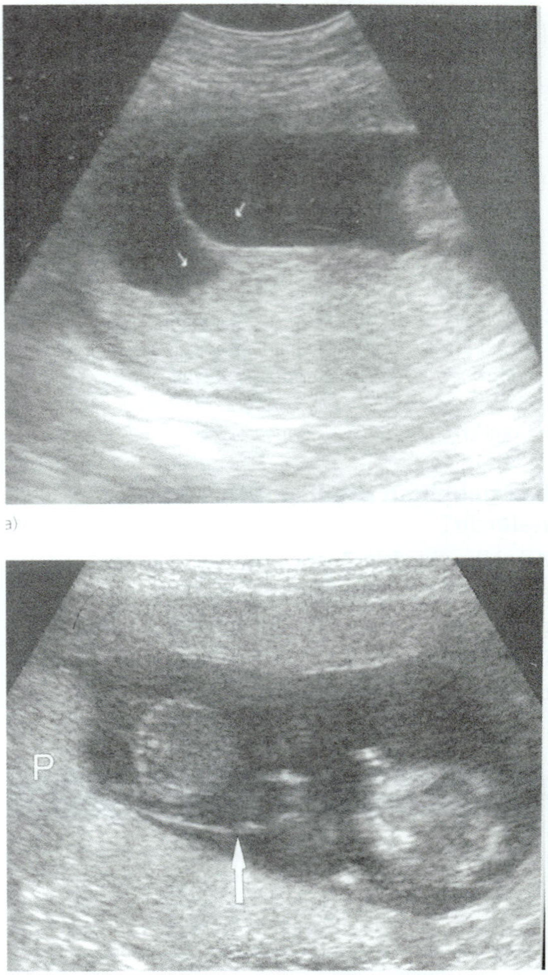

Şekil 25.2 12. gebelik haftası civarındaki monokoryonik (sol) ve dikoryonik (sağ) ikizlerin ultrasonografik görüntüsü. Dikoryonik ikizlerde görülen 'lambda' işareti ve monokoryonik ikizlerdeki 'T' işareti (ikizler arasındaki çok ince membran).

yette ikizler dizigotiktir ve bu nedenle dikoryoniktir. Ama ikiz gebeliklerin üçte ikisinde fetuslar aynı cinsiyettedir ve bunlar monozigotik veya dizigotik olabilirler (Şekil 25.1). Benzer olarak eğer ayrı iki plasenta mevcut ise gebelik dikoryoniktir.

Dikoryonik ikizlerde ikizler arasındaki membran, amnionun iki tabakası arasında sandviç pozisyonunda olan koryonik santral tabakasıyla birleşiktir. Monokoryonik ikizlerde koryonik tabaka yoktur. Koryonik zarlar arasındaki kalın bir septum varlığıyla dikoryonik ikizler kolayca fark edilebilir. Bu septum progresif olarak incelerek ikizler arası membranın koryonik komponentini oluşturur ama membranın tabanında daha kalındır ve burada oluşturduğu 'lambda' işareti ile tanımak kolaydır.

10-14. gebelik haftasında ikizler arası membranın sonografik muayenesinde lambda işaretini varlığı veya yokluğu değerlendirilir (Şekil 25.2) ve dikoryonik ve monokoryonik gebeliklerin ayrımında güvenilirdir. İlerleyen gebelikle beraber koryon yaprağının ve lambda işaretinin tanımlanması zorlaşır.

Bayan Akinte koryonisitenin prenatal dönemde saptanmasının önemini bilmek ister. Açıklamanız ne olur?

Gebeliğin akıbetinin belirlenmesinde koryonisite zigositeden daha temel bir faktördür. Monokoryonik

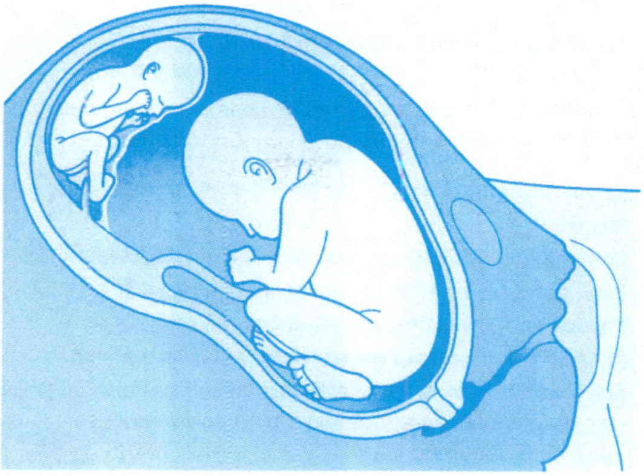

Sekil 25.3 İkiz-ikiz transfüzyon sendromu (TTTS). Büyük olan alıcı fetusta genellikle daha geniş bir mesane ve polihidramniyos mevcut iken ve daha küçük olan anürik verici fetus anhidramniyotik kesenin kollabe olmuş membranlarıyla plasentaya fikse olarak birleşmiştir.

ikizlerde abortus, perinatal ölüm, preterm doğum, fetal gelişme geriliği ve fetal anomalilerin riski dikoryonik ikizlerden çok daha yüksektir. Monokoryonik fetuslardan birinin ölümü diğer ikizde yüksek oranda ani ölüm veya ciddi nörolojik bozukluk olması ile ilişkilidir.

İkiz-ikiz transfüzyon sendromu (TTTS), bir fetustan diğerine olan kan akımının imbalansıdır ve tek bir plasentayı paylaşan monozigotik ikizlerin %10-15'inde görülür. (Şekil 25.3) Bu sağkalım (perinatal mortalite %80) ve her iki fetusun sağlığı için ciddi bir durumdur ve gebelik boyunca yakın takibi gerekir.

Yaşı nedeniyle Bayan Akinte Down sendromu riski için endişelidir. Hangi görüntüleme yöntemlerini önerirsiniz?

Çoğul gebeliklerde fetal anomaliler – maternal yaşın ileri olmasıyla beraber –spesifik kromozomal bozukluklar (aynı zamanda maternal yaşın artışı ikiz gebelik için risk faktörüdür) ve fetal anatomik bozukluklar (monokoryonik ikizlerde dikoryoniklere göre daha sıktır) daha sıktır.

Multiple gebeliklerde serum taraması güvenilir değildir. %5 yalancı pozitiflik oranıyla sadece %45 etkilenmiş fetusu tanımlayabilir. Ense kalınlığı (NT) incelemesi (10-14. gebelik haftaları arasında fetus boynundaki nukal katlantı translüsensinin ultrasonografik ölçümü) ayrı ayrı her fetus için trizomi riskinin saptanmasında %70 oranında yararlı olup çoğul gebeliklerde tarama için bir seçenektir.

İnvaziv prenatal tanı oldukça zordur. Her iki fetustan doğru bir şekilde örnek alınmalıdır ve hasta bunu üstlenmiş olan üçüncü basamak merkezlere sevk edilmelidir. Seçilen prosedür koryonisiteye dayanır.

ÖNEMLİ NOKTA

Eğer fetuslardan biri anormal saptandıysa, dikoryonik fetuslarda selektif terminasyon (eğer karar verildiyse) intrakardiyak potasyum klorid ile dikkatli bir şekilde yapılmalıdır. Monokoryonik gebeliklerde selektif terminasyonun diğer ikizde sekel riski vardır, fakat kord oklüzyonu düşünülebilir.

Bayan Akinte 12. gebelik haftasında NT taramasını tercih eder ve fetuslar Down sendromu için düşük riskli bulunur.

Hasta çoğul gebelikle ilişkili riskleri sorar. Ne açıklamada bulunursunuz?

Çoğul gebelikler riskli olarak değerlendirilir çünkü:

- Artmış prematürite riski- ikiz gebeliklerde 37 hafta- üçüz gebeliklerde 31 haftadır.
- Çoğul gebelikler artmış konjenital anomali riski ile ilişkilidir (tekiz gebeliklere oranla 2-4 kat artmış risk)
- İkizlerde (%1-1.5) ve üçüzlerde (%7-8) artmış serebral palsi riski saptanmıştır.
- Perinatal mortalite oranı ikiz gebeliklerde (5 kat) tekiz gebeliklere göre belirgin olarak artmıştır, üçüz gebeliklerde risk daha da fazladır (6 kat).
- Küçük bebekler: Fetusların her ikisi de tekiz gebeliklere göre daha küçük olma eğilimindedir. Çünkü besinlere daha fazla talep ve daha yavaş intrauterin gelişim vardır. Monozigotik ikizler ise dizigotik ikizlere göre daha küçük olma eğilimindedir.
- Fetuslardan birinin ölümü. Dikoryonik gebeliklerdeki bir fetusun ölümü kalan fetusun ölümü için %5-10 risk oluşturur. Bu temel olarak erken doğum nedenidir ve ölü plasentanın rezorbe olması sırasında salınan sitokin ve prostaglandinlere bağlı olarak meydana gelir.
- Monokoryonik ikizlerde ise kalan ikizde ölüm ya da nörolojik problem oluşturma riski en az %30'

Kutu 25.1 monokoryonik ikiz gebeliğe özgü komplikasyonlar

İkiz ikiz transfüzyon sendromu (TTTS) plasental vasküler anastomozlarla birlikte ikizler arası kan akımında eşitsizliktir. Monokoryonik ikiz gebeliklerin %10-15'i TTTS'den etkilenir. Verici ikizde anemi, hipovolemi, oligohidramniyos ve gelişim geriliği olur. Alıcı olanda ise polisitemi, hipovolemi ve poliüri ile birlikte polihidramniyos ve hidrops meydana gelir.

İkizde ters dönmüş arteryel perfüzyon sekansı (TRAP – twin reversed arteriel perfusion sequence) monozigotik ikiz gebeliklerin yaklaşık %1' inde görülür (akardiyak ikizlik). Altta yatan mekanizma normal vasküler perfüzyonun bozulması ve donörle bir umbilikal arter-arter anastomozu nedeniyle alıcı ikizin büyümesidir.

Kutu 25.2 İkiz gebeliğin yönetimi

Monokoryonik ikizler 16. haftadan itibaren 15 günde bir ikiz ikiz transfüzyon sendromu (TTTS) için taranmalıdır. Ciddi TTTS'nin ultrasonografi muayenesinde patognomonik özellikleri poliürik alıcı fetusta geniş mesane varlığı, polihidramniyotik sak ve anürik donörde mesanenin görülmemesi, vericinin alıcı fetustan çok daha küçük olmasıdır (Şekil 25.2). Şüphelenildiğinde bu gebelikler 4. basamak bir fetal merkeze yönlendirilmelidir. Eğer 26. gebelik haftasından önce ortaya çıkarsa ilk yönetim genellikle ikizler arası vasküler plasental anastomozların laser cerrahisidir. Diğer seçenekler bir amniyoredüksiyon veya elektif doğumdur.

dur. Çünkü ek olarak erken preterm doğum, yaşayan fetustan ölü fetoplasental üniteye hemoraji sonucu akut hipotansif epizodların oluşma riski vardır (Kutu 25.1).

- Gebelikle ilişkili maternal komplikasyonlarda artmış risk. Örneğin hiperemezis gravidarum, abortus, polihidramniyos, preeklampsi, anemi ve antepartum kanama.
- Doğum komplikasyonlarında artmış risk- malprezantasyon, vasa previa, kordon prolapsusu, plasentanın erken ayrılması, kordon dolanması ve postpartum hemoraji.

Bayan Akinte destek grupları hakkında bilgi almak ister. Hangi destek gruplarını biliyorsunuz?

- TAMBA- Twin and multiple birth association (İkiz ve Çoğul Gebelik Birliği)
- The Multipl Birth Foundation (Çoğul Gebelik Kuruluşu)
- The UK Twin to Twin Transfusion Syndrome Association (İngiltere İkiz İkiz Transfüzyon Sendromu Birliği)

İkiz gebelik boyunca antenatal bakımı nasıl olmalıdır?

- 18-20. haftada ayrıntılı anomali taraması
- Preterm eylemi tanımak için 20-24. haftalarda servikal uzunluğun görüntülenmesi. Servikal uzunluk <2.5 mm ise artmış preterm eylem riski ile ilişkilidir. Servikal serklajın etkinliği konusunda yeterli kanıt yoktur, fakat yine de önerilebilir.
- Fetal büyümenin ve fetal iyilik halinin değerlendirilmesi için 24. haftadan 32. haftaya kadar her 4 haftada bir, 36. haftaya kadar 2 haftada bir düzenli kontrol yapılmalıdır. 36. haftadan sonra umbilikal arter Doppler'i ve amniyotik sıvı volümü değerlendirilmesi her hafta yapılmalıdır (Kutu 25.2)
- Anemi taranmalı ve gayretle tedavi edilmelidir.
- Preeklampsinin erken bulguları taranmalıdır.

Hastanın 20. hafta detaylı anomali taraması normaldir. 24. hafta görüntülemede her iki ikizin normal gelişimde olduğu ve amniyonların normal olduğu izlenir. Servikal uzunluk normal limitlerde olan 41 mm ölçülür. Kocası deniz aşırı çalışır.

Hasta term bir gebeliğinin olup olmayacağını ve bebeklerin doğduğunda nasıl olacaklarını merak etmektedir.

Tablo 25.1'e bakınız.

Tablo 25.1 Çoğul gebeliklerin gestasyonel periyodu

	Ortalama gebelik süresi (hafta)	Ortalama doğum kilosu (kg)
Tekiz	40	3.5
İkiz	37	2.5
Üçüz	34	1.8
Dördüz	32	1.4

Bayan Akinte 28 haftada klinikte görülür, her iki fetusun abdominal çevresi 50 persentildedir ve normal sıvı volümü mevcuttur. Birinci ikiz, önde olan ikiz, transverstir, ikinci ikiz ise makattır. Bayan Akinte ikizlerin prezantasyonu konusunda ve sezaryen olmak konusunda endişelidir.

Hastaya ne önerirsiniz?

Bayan Akinte yalnızca 28. haftadadır ve gebelik ilerledikçe pozisyon ve prezantasyonun değişmesi yüksek ihtimaldir. Birinci ikiz baş geliş pozisyonunda ve ek komplikasyon oluşturacak faktör yoksa vajinal doğumu denenebilir. İlk fetus makat geliş veya transvers ise sezaryen doğum tercih edilecektir.

32-34 hafta görüntülemesi ve her iki fetusun amniyonları normaldir. Birinci ikizin 36.haftada abdominal çevresi 50.persentilde ikinci ikizin ise sadece 10. persantildedir. Her iki ikizin amniyotik volümleri normal ve Doppler muayenesinde umbilikal arterde iyi bir end-diyastolik akım vardır. Prezantasyonları birinci ikizin baş iken ikinci ikizin makattır.

Yönetiminiz nasıl olur?

37.haftada umbilikal arter Doppler'ini tekrarlayınız.

Bayan Akinte her iki ikizin hareketlerini iyi hissediyordu. Muayenede birinci ikizin abdominal çevresi hala 50.persantilde ikinci fetusun ise 5 . persantilde saptanıp statik gelişim gösteriyor. Hala birinci ikiz baş, ikinci ikiz makat prezantasyondadır.

Ne tavsiye edersiniz?

İkinci fetusun statik gelişiminden dolayı eylemin indüksiyonu önerilir. Eğer serviks uygun değilse eylem indüksiyonu için prostaglandinler endike olabilir, eğer serviks uygunsa oksitosinle birlikte artifisyel membran rüptürü (ARM) gerçekleştirilir.

Gebelik komplikasyonları açısından eylem indüksiyonu değerlendirilmelidir. İkiz gebeliklerin 40. haftaya kadar progresyonuna izin vermek tercih edilen bir yaklaşım değildir. Komplike olmayan ikiz gebeliklerin 37.gestasyon haftasında elektif doğumu uygulamasını destekleyen yetersiz veriye ulaşılabilir, buna rağmen genel uygulama 37-39. haftalar arası doğumun gerçekleştirilmesidir.

Bayan Akinte'nin serviksi 3 cm dilate ve uygundur. ARM ile birlikte oksitosin başlanır. Her iki fetusun kardiyotokograf (CTG) ile sürekli fetal monitorizasyonu yapılır. Ağrı kontrolü için erken epidural anestezi ister ve bu durum organize edilir.

Hastanın intrapartum yönetimi nasıl olur?

Damar yolu açılması, tam kan sayımı, kan grubu ve kan ayrılması, fetal kalp hızının ayrı ayrı monitorizasyonu ve öndeki fetusun pozisyonunun kontrolünü içerir.

Çoğu vakada, vajinal doğum normal ilerler. İlk bebek doğar doğmaz hızla ikinci fetusun pozisyonu abdominal ve vajinal muayene ile (ultrason eşliğinde veya değil) değerlendirilmelidir. İkinci amniyotik kese rüptüre edilir (prezente olan kısım pelvise fikse olduğunda) ve doğum ilerler (ikinci fetus makat veya baş geliş ise).

Eğer transvers ise bebeğin longitudinal pozisyona getirilmesi için eksternal sefalik veya internal podalik versiyon uygulanabilir. Versiyon başarılı olmazsa veya fetal distres varsa ikinci bebek için sezaryen endikasyonu vardır.

Birinci ikizin doğumu sonrası uterin kontraksiyonların oksitosinle indüksiyonu gerekebilir. İkinci ikiz genellikle birincinin doğumundan 20-45 dakika sonra doğar, fakat bu değişebilir.

İkiz gebeliği olan her kadının sezaryen olup olmaması sorusu tartışmalıdır. Güncel NICE kılavuzu termdeki, birinci fetusun baş prezantasyonda olduğu komplike olmayan ikiz gebeliklerde ikinci fetusun yine de yüksek perinatal mortalite ve morbiditeye sahip olduğunu belirtmektedir. İkinci fetusun sezaryen sonuçları kesin değildir, rutin olarak önerilmez, hala araştırmanın bir parçası olarak kabul edilir. Üçüncü evre IM oksitosinle postpartum hemorajiyi önlemek için aktif olarak yönetilmelidir.

ÖNEMLİ NOKTA

Monokoryonik monoamniyotik plasentasyon bütün ikiz gebeliklerin yaklaşık %1'inde görülür. Yüksek mortalite oranı (%50) kordon dolanması, konjenital anomali ve prematürite ile ilişkilendirilmiştir.

Bayan Akinte doğum eyleminin birinci ve ikinci evrelerinde normal ilerler. Eylem boyunca her iki fetusun kalp hızı güven verici seyreder. İlk fetusun doğumundan sonra ikinci fetusun pozisyonunun transvers olduğu saptanır. Eksternal sefalik versiyon uygulanarak baş pelviste stabilize edilir, ARM uygulanır. Kontraksiyonlarla birlikte başın inişi iyidir fakat fetal bradikardi nedeniyle vakumla doğum gerçekleştirilir. Üçüncü evre oksitosin infüzyonu ile aktif olarak yönetilir. Plasenta membranları ile beraber tam olarak ayrılır. Uterus iyi kontrakte ve toplam kan kaybı 700 ml'dir. Bebekler iyi durumdadır ve yenidoğan ünitesine ihtiyaçları yoktur.

OLGUNUN DEĞERLENDİRİLMESİ

Bayan Akinte'nin dikoryonik ikiz gebeliği 10. gestasyon haftasında tanı aldı. Hasta ikizlerin ense kalınlığının ölçümünü tercih etti ve her iki fetusta Down sendromu için düşük risk saptandı. Kendisine destek grupları, ikiz gebelik riskleri, antenatal yönetim ve intrapartum koruyucu planlar hakkında bilgi verildi. Ayrıntılı tarama, kan tahlilleri ve tüm büyüme taramaları 34. haftaya kadar normaldi. İkinci fetusun gelişimi 36. haftaya doğru azalmaya başladı ve 37. haftada stabilleşti ve doğum planlandı. Birinci fetusun baş pozisyonda olmasıyla bayan Akinte vajinal doğumu tercih etti. Eylem ARM ve oksitosinle indüklendi, normal ilerledi ve iki bebeğini de vajinal yolla doğurdu. 3. evre aktif olarak yönetildi ve kabul edilebilir miktar olan 700 ml kan kaybı oldu.

ÖNEMLİ NOKTALAR

- Bir çoğul gebelik tanı aldığında tanı anında koryonisite saptanmaya çalışılmalıdır. Koryonisiteyi saptamak için en iyi periyod 10-14. haftalardır.
- Anöploidi için biyokimyasal tarama ikiz gebeliklerde önerilmez. Anöploidi riskini saptama için ense kalınlığı ikiz gebeliklerde kullanışlıdır.
- İnvaziv prenatal tanı ikiz gebeliklerde tekizlere göre teknik olarak daha zordur.
- Çoğul gebeliklerde yatak istirahati için hastaneye yatış önerilmez. Çoğul gebelikte hareket kısıtlamasının ve işten ayrılmanın gerekliliğini gösterecek yeterli kanıt yoktur.
- 18-22.haftada detaylı ultrasonografik anomali taraması önerilmelidir.
- Dikoryonik ikiz gebeliklerde fetal normal gelişimin takibi için her 4 haftada bir seri ultrasonografi değerlendirilmesi ve monokoryonik ikizlerde TTTS bulgularını saptamak ve gelişim değerlendirilmesi için her 15 günde bir ultrasonografi taraması önerilir.
- Çoğul gebelikler artmış antenatal komplikasyon riski ile ilişkilidir. Örneğin abortus, preterm doğum, antepartum kanama, preeklampsi, anemi ve antenatal diyabet .
- Komplike olmayan ikiz gebeliklerde doğum 38-39. haftalarda planlanmalıdır.
- İkiz gebeliklerde ilk fetus verteks prezantasyonda ise vajinal doğum uygun bir doğum şeklidir. İkiz gebeliklerde sezaryen sectionun endikasyonları verteks olmayan ilk fetus ve monoamniyotik ikizliktir.

Olgu 26 Rutin antenatal taramada HIV pozitif saptanan 26 yaşında kadın

Dr. Maviş Özge Özgan
Dr. Banu Öndeş

Bayan Okite-ebuh 26 yaşında olup yerel antenatal bakım ünitesine başvurur. Yerel bir üniversitede öğrenci olan kocasına eşlik etmek için Nijerya'dan İngiltere'ye henüz taşınmıştır. 16 haftalık gebe olup ilk bakımları Nijerya'da yapılmış ve ileri tarihe tarama için randevu verilmiştir. Toplum ebesi antenatal check up'ını yürütür ve gebeliğin bakımı konusunda ona bilgiler verir. Aynı zamanda rızası alınarak enfeksiyon taramalarını da içeren rutin antenatal tarama için kan alınır.

10 gün sonra Bayan Okite-ebuh obstetrik konsultandan kan testi sonuçlarını tartışmak için klinik randevu talep eden bir mektup alır. Kan testi sonuçları şöyledir:

Hb	13,5g/dL
Kan grubu	O Rh pozitif
Down sendrom tarama riski	1:1856
Serum alfa-fetoprotein	< 2 (Mom)
Rubella taraması	İmmün
Treponema pallidum	Negatif
HIV taraması	Pozitif
Hepatit B taraması	Hepatit B yüzey antijeni (HbsAg): pozitif Hepatit B core antijeni (HbcAg): negatif Hepatit B core antikoru (anti-Hbc): pozitif Hepatit e antijeni: negatif

Bayan Okite-ebuh kan testi sonuçlarını bir probleme neden olup olmayacağı konusunda endişeli olup şimdiye kadar olaysız bir gebelik geçirdiğini ve kendini iyi hissettiğini ifade eder.

Obstetrics and Gynaecology: Clinical Cases Uncovered.
By. M. Cruickshand and A. Shetty. Published 2009 by Blackwell Publishing. ISBN: 978-1-4051-8671-1

Bu kan testi sonuçlarını nasıl yorumlarsınız?

Kan sonuçları hastanın Rh pozitif olduğunu ve anemik olmadığını gösterir. Spina bifida veya Down sendromlu bebek sahibi olmak için düşük risklidir. HIV enfeksiyonu pozitif olup kronik hepatit B enfeksiyonu mevcuttur.

ÖNEMLİ NOKTA

Gebe kadınlara gebeliğin erken dönemlerinde HIV için tarama önerilmelidir ki maternal-fetal geçişi azaltmak için uygun müdahaleler yapılsın.

Bu pozitif HIV testi olan kadına önerilerde bulunurken hangi önemli konuları göz önünde bulundurursunuz?

Bu tanı kadın için derinden şok edici ve hayat değiştirici bir tecrübe olabilir. Bu nedenle hassas bir şekilde ele alınmalıdır. Bir klinisyen için dikkate alınması gereken bazı önemli konular:

- Mahremiyet
- Sonuçları tartışırken empati
- Partnerin HIV durumu
- Mevcut çocukların HIV durumu

Bayan Okite-ebuh'tan anamnez ve muayene sırasında hangi spesifik bilgileri alırsınız?

- İlaç ve şimdiye kadarki gebelik sürecini de içeren herhangi bir medikal problemin detayları.
- Geçmiş obstetrik öykü: önceki gebelikleri, doğumları ve doğum şekilleri.
  - Kan transfüzyonu ve cinsel yolla bulaşan hastalık öyküsü.

Tablo 26.1 Gebelikte antiretroviral tedavi için kullanılan ilaçların sınıflandırılması ve yan etkileri

Sınıflandırma	Örnekler	Problemler
Nükleozid reverse transkriptaz inhibitörü(NRTI)	Zidovudine (ZDV) Lamivudine Stavudine	İyi tolere edilir. Laktik asidoz (nadir) Hepatik disfonksiyon
Proteaz inhibitörü (PI)	Indinavir Saquinavir	Gastrointestinal yan etkiler (sıktır) Anemi Hepatik disfonksiyon
Non-nükleozid reverse transkriptaz inhibitörü (NNRTI)	Nevirapine	Hepatik toksisite Raş, Stevens-Johnson sendromu

Transmisyon riski ile ART toksisitesine karşı dengeli olmalıdır. Didanosine ve efavirenz ile embriyonal toksisite bildirilmemiştir (Tablo 26.1).

Tedavi rejimleri

Yararlılık yenidoğanda enfeksiyonun azaltılmasıyla veya maternal sağlığın geliştirilmesiyle ve maternal terapötik seçeneklerin korunmasıyla ilişkilidir.

Zidovudine monoterapi

ZDV monoterapi şu kadınlar için geçerli bir seçenektir:

• Viral yükün <6-10000 HIV RNA kopyası/mL olması
• Kendi sağlıkları için gereksiz kombinasyon
• Kombinasyon tedavisi almak istememesi
• Doğum eylemi öncesi sezaryen sectio ile doğurma isteği (PLCS-prelabour caeserean section)
• 30 haftadan önce başlamak

ZDV'nin PLCS ile kombinasyonunun transmisyon riskini <%1 düşürdüğü söylenmiştir.

Yüksek derecede aktif (highly active) antiretroviral tedavi (HAART)

HAART 2 veya 3 ilacı içeren bir kombinasyon tedavisidir ve genellikle iki nükleozid revers transkriptaz inhibitörünü (NRTI) ve ek olarak non-nükleozid revers transkriptaz inhibitörü (NNRTI)/ proteaz inhibitörü (PI) desteğini içerir. HAART'ın gebelikte kullanılma endikasyonları:

Kutu 26.6 Antiretroviral tedavinin izlenmesi

ART plazma viral yükü, CD4 lenfosit sayısı ve klinik durum ile izlenir. Plazma viral yükü anne-fetus transmisyonu için en önemli belirleyici faktördür.

Viral yük ölçülmeli:

- Başvuru sırasında.
- En az her 3 ayda bir ve başlanmış tedavide 36. Haftada.
- Tedavi başlangıcından veya değişiminden iki hafta sonra.
- Doğumda.

Viral yük, CD4 lenfosit sayısı ve klinik durumlar arasında tutarsızlık varsa ikinci bir tahlil yapılmalıdır.

• Maternal sağlık için
• Viral yükün taban seviyesi >10,000 HIV RNA kopya/mL ve HAART için maternal endikasyonun olmaması, 22-24. haftada başlama
• ZDV monoterapisine ve PLCS'ye alternatif olarak
• Genotip veya fenotipik olarak ilaç rezistansı saptanması
• Gebelikten önce başlanan tedavi gebelik boyunca devam ettirilmelidir.

HAART'ın kullanılmasının preterm eylem (özellikle 34 haftada önce) ile ilişkili olduğunu gösteren kanıtlar vardır.

Kısa dönem (short-term) tedavi

Kısa dönem antiretroviral tedavi (short-term antiretroviral tedavi – START) gebelik sırasında kullanılan maternal-fetal transmisyonu önlemek amaçlı kısa dönem kullanılan tedavidir. Doğumdan sonra viral yük <50 kopya/mL olduğunda devam edilmemelidir.

Çiftle gebelikte ART'ın güvenirliği konusundaki verilerin sınırlı olduğu tartışılmalıdır. Ama kanıtlar genellikle iyi tolere edildiğini önerir ve anne ve bebek için oldukça güvenli olduğunu belirlemiştir. (Kutu 26.6)

Gebelik ve doğumun obstetrik yönetimi

Antenatal bakım

Antenatal bakımın farklı bir bakış açısı mahremiyet, multidisipliner yaklaşım ve ortak bir bakım planı oluşturmaktır.

Perikonsepsiyonel folik asid (5 mg/gün) önerilir, özellikle de kadın *Pneumocystis* proflaksi için ko-trimaksazol alıyorsa. Düzenli tarama, serum taramaları ve orta-trimester anomali taraması rutin olarak önerilir.

Bayan Okite-ebuh gebeliği boyunca multidisipliner bir klinikte düzenli olarak değerlendirilir. Üç ilaçlı HAART rejimini iyi tolere eder ve yan etki açısından herhangi bir bulguya rastlanmaz. Plazma HIV RNA yükü ART'a dramatik bir cevap gösterip, 30. gebelik haftasında <50 kopya/mL (saptanamayan değer) olmuştur.

Gebeliği iyi ilerlemektedir. Genital enfeksiyonlar için enfeksiyon taraması 28. haftada tekrarlanır ve sonuç negatif gelmiştir. Şu an 34 hafta gebe ve doğum planını tartışmak için klinige gelmektedir.

HIV pozitif gebe kadında doğum şekline karar verilirken hangi önemli faktörler göz önüne alınmalıdır? Tercih konusunda nasıl yardımcı olursunuz?

Viral yükü <50kopya/mL olan Bayan Okite-ebuh için vajinal doğum bir seçenek olabilir. Transmisyon riskini minimalize etmek için alınacak önlemler şunları içerir; artifisyel membran rüptüründen kaçınma, fetal kan örneklemesi (eğer fetal iyilik hali ile ilgili şüpheler varsa) ve doğum eyleminde fetal scalp elektrodu önerilebilir. (Kutu 26.7)

Kutu 26.7 Doğumun zamanlaması ve şekli

Her HIV pozitif kadın için sezaryen sectionun kapsamlı bir prensip olması uygun değildir, fakat doğum şekli düşünülürken obstetrik, medikal ve hasta tercihi HIV ile denge içinde değerlendirilmelidir.

Ek olarak obstetrik endikasyonlar, PLCS şunlar için endikedir:

- Zidovudine monoterapisi alan kadınlar
- Saptanabilen viremisi olan kombinasyon tedavisi alan kadınlar
- PLCS HIV-HCV ko-enfeksiyonu olan kadınlarda PLCS düşünülmelidir , PLCS şu durumlarda planlanır:
- Saptanabilen viremisi olan 38 hafta zidovudine monoterapisi alan hasta
- Saptanamayan viremisi olan HAART terapisi alan 39 haftalık gebe

Vajinal doğum, saptanamayan viremisi olan HAART alan hastalarda bir seçenektir. Eğer vajinal doğum öngörülüyorsa doğum eyleminin indüksiyonundan kaçınılmalıdır, olabildiğince uzun süre membranları intakt bırakılıp, invaziv fetal monitorizasyondan ve travmatik cihazla doğumdan uzak durulmalıdır.

- ZDV monoterapisi alan veya >50 HIV RNA kopya/mL *olan HAART alan hastada doğumdan önce* intravenöz zidovudine endikedir.

ÖNEMLİ NOKTA

Eylem öncesi sezaryen sectio'nun perinatal HIV transmisyonu riskini azalttığı gösterilmiştir. Ve en çok yararı da yüksek viral yükü olan kadınlardadır.

Bayan Okite-ebuh PLCS'yi tercih edip, 39. Haftada PLCS planlanır. Eğer öncesinde eylem başlarsa yardım alması tavsiye edilir.

Postnatal bakım

Emzirme ART'ye rağmen transmisyon riski oluşturur bu nedenle *önerilmez*. Endike ise laktasyon inhibisyonu için kabergolin düşünülmelidir. Postnatal depresyon açısından hasta izlenmeli ki bu grupta doğum sonrası depresyonu için artmış risk vardır.

Yenidoğan bakımı

HIV pozitif anneden doğan her yeni doğan bir pediatrist tarafından takip edilmelidir. Infantlara ZDV veya uygun monoterapi 4 hafta verilmelidir. Tedavi almamış veya kombinasyon tedavisine rağmen saptanabilen viremisi olan anneden doğan yenidoğanlara üçlü tedavi verilmelidir.

Bayan Okite-ebuh planlanan tarihte olaysız bir sezaryen section olur. 3.78 kg, iyi durumda ve normal Apgar skorlu erkek bebek doğurur. Planlandığı gibi bebek yalnızca formül mama ile beslenir. Tarama için bütün uygun araştırmalar yapılıp bebeğe oral AZT başlanır. Ve bebek hepatit B ye karşı aşılanmıştır.

Anne ve bebek olaysız bir iyileşme süreci sonunda prosedürden 7 gün sonra eve taburcu edilir. Bayan Okite-ebuh'un HIV ile ilişkili uzman kliniğiyle randevusu sırasında pediatri kliniğinden bebeğin takibi için randevu ayarlanır.

Hastaneden taburculuğu sırasında kontrasepsiyon ile ilgili broşür verilmiştir.

OLGUNUN DEĞERLENDİRİLMESİ

26 yaşındaki Nijeryalı kadın ilk gebeliğinin 16. haftasında antenatal bakım için yerel jinekoloji polikliniğinde değerlendirilir. Rutin kan testi taramasında HIV pozitif olduğu ve hepatit B enfeksiyonu taşıyıcısı olduğu saptanmıştır. Antenatal enfeksiyon taramaları önemsenmeyip atlanmamalıdır, zamanında tanı ve önlemler ile vertikal maternal-fetal transmisyon riski minimalize edilebilmektedir. Bu kadın yüksek riskli bölgeden yeni gelmiş bir göçmendir ve bu nedenle böyle bir enfeksiyon için artmış riski mevcuttur. Hepatit B taşıyıcısı olan bu olguda da saptandığı gibi bu grup kadınlarda diğer cinsel yolla bulaşan hastalıklar için daha yüksek bir prevalans vardır. Membranların prematür rüptürü ve erken eyleme muhtemelen koryoamniyonit sonucu neden olan cinsel yolla bulaşan hastalıkların taraması önemlidir.

Bu kadın multidisipliner bir yaklaşımla yönetilmiş olup 18. gebelik haftasında vertikal geçişi azaltmak amacıyla 3 ilaçlı ART (HAART) rejimi başlanmıştır. HIV viral yükü >10,000 HIV RNA kopya/mL olan kadınlarda kombinasyon tedavisi endikedir. Eğer viral yük <6-10,000 kopya/mL ve hasta PLCS ile doğumu düşünüyorsa ZDV monoterapisi bir seçenektir. Eğer ART anne sağlığı için endike değilse, yan etkileri minimalize etmek için ikinci trimester geç döneminde başlanır.

Vertikal geçişin en önemli belirleyici faktörü maternal viral yüktür. Gebelikte ART için güvenilir bilgilere rağmen bunla kapsamlı bilgiler değildir. Didanosine ve efavirenz ise artmış embriyonal toksisite ile ilişkili değildir. Bu hasta ART tedavisini iyi tolere etmiş olup viral yükü dramatik bir düşüş –birkaç haftada - 50 kopya/mL sergilemiştir. Bu iyi cevabı göstermektedir.

34. gebelik haftasında doğum şekli tartışılmıştır. Kanıta dayalı olarak sezaryen sectio ve vajinal doğumun avantajları ve dezavantajları değerlendirilmiştir. HIV enfeksiyonlu kadın için PLCS doğum için optimal seçenek olduğu kararlaştırılmıştır. Ancak yeni kanıtlar gösterir ki saptanamayan viral yükü olan HAART tedavisi altındaki kadınlar için vajinal doğum da bir seçenektir ve vertikal geçiş riski bu kadınlarda minimaldir.

Bu kadın PLCS'yi tercih etmiştir ve 39. Haftada gerçekleştirilmiştir. Bebeğe HIV enfeksiyonu testi yapılmıştır ve enfeksiyon riskini önlemek için ZDV monoterapisi başlanmıştır. Aynı zamanda Hepatit B virus vertikal geçişine karşı aşılanmıştır.

Emzirme HIV transmisyonu için risklidir ve kontrendikedir.

Anne ve bebek için HIV ile ilişkili uzman ve pediadrist ile uygun bir takip planı oluşturulmuştur. Aynı zamanda kendisine taburculuktan önce kontrasepsiyon önerilerinde bulunulmuştur.

ÖNEMLİ NOKTALAR

- İngiltere'de gebe kadınlarda HIV infeksiyonu prevalansı artmaktadır.
- Bütün kadınlara erken gebelik haftasında antenatal HIV taraması önerilmelidir.
- HIV pozitif gebe kadınlarda diğer genital enfeksiyonlar başvuruda ve 28. gebelik haftasında taranmalıdır.
- ART, PLCS ile doğum ve emzirmekten kaçınma vertikal geçiş riskini %15-20'den <%1' düşürür.
- HIV enfeksiyonlu gebe kadın multidisipliner bir ekiple mükemmel yönetilmelidir.
- Gebelikte ART kullanımının güvenirliliğini destekleyen sınırlı data vardır.
- Maternal plazma viral yük vertikal geçiş için en önemli belirleyici faktördür.
- Doğum şekli 34-36. hafta civarında tartışılmalıdır.
- Saptanamayan viremisi olan HAART alan hastada vajinal doğum bir seçenektir.
- HIV pozitif anneden doğan her bebek bir pediatrist tarafından takip edilmelidir ve uygun ART tedavisi almalıdır.

Önerilen kaynaklar

British HIV and Children's HIV guidelines on management of HIV infection in pregnant women. *HIV Medicine 2008;* 9:452-502.

Royal College of Paediatrics and Children Health. *Reducing mother to child transmission of HIV. Update Report of an Intercollegiate Working Party Report.* July 2006.

Çoktan Seçmeli Sorular

Dr. Burcu DİNÇGEZ

1 *23 yaşında kadın hasta, kontrasepsiyon amaçlı kullandığı kombine oral kontraseptifleri (KOK) sadece progesteron içeren implantlar ile değiştirmek istiyor.*

Bu durum için en doğru olduğunu düşündüğünüz seçenek hangisidir?

a. Sadece progesteron içeren implantlar ovulasyonu inhibe etmediği için KOK'ler kadar etkili değildir.

b. KOK'ların aksine kanama görülebilir.

c. Venöz tromboz riski KOK kullananlarda azalmıştır.

d. Sadece progesteron içeren implantlar cinsel yolla bulaşan hastalıkları önler.

e. Sadece progesteron içeren implantların bırakılmasının en sık nedeni öngörülemeyen kanamalardır.

2 *49 yaşında kadın hasta, ateş basmaları olduğu için jinekoloji bölümüne başvurarak, menopozda olup olmadığını öğrenmek istediğini söylüyor.*

Bu durumda verilebilecek en iyi cevap hangisidir?

a. Bu hastanın değerlendirilmesinde menstrüel öykü yararlı değildir.

b. Serum FSH düzeyinin >70 IU/L olması ile menopoz tanısı konulur.

c. Bu şikayetler için bitkisel ajanlar güvenle kullanılabilir.

d. Östrojen seviyelerinin < 0.11 mmol/L olması ovaryan yetmezliği gösterir.

e. Kombine hormon replasman tedavileri 2 farklı östrojen içerir.

3 *79 yaşında, bilinen kronik obstrüktif akciğer ve iskemik kalp hastalığı olan hasta, vajenden bir şeyin sarktığını ifade ediyor. Günde 15 tane sigara içiyor ve vücut kitle indeksi 38 olarak hesaplanmıştır.*

Bu durumda en uygun cevap hangisidir?

a. Konsültasyon respiratuar semptomların ve sigara kullanımının değerlendirilmesini de içermelidir.

b. Vajinal muayene için Cusco spekulumu kullanılmalıdır.

c. Haftalık pelvik taban egzersizleri uygulanmalıdır.

d. İlk olarak cerrahi tedavi yapılmalıdır.

e. Komorbid hastalıkları nedeniyle pesser uygulaması yararlı görülmemektedir.

4 *Normal uterin serviks için hangisi en iyi cevaptır?*

a. Skuamoz epitelin stratifikasyonu maturasyon ve differansiyasyon sonucu olur.

b. Skuamokolumnar bileşke eksternal osta bulunur.

c. Skuamoz metaplazi HPV enfeksiyonu sonucu oluşur.

d. Serviksin muayenede normal görüntüsü Chlamydia enfeksiyonunu dışlatır.

e. Servikal ektopi genellikle kriyoterapi ile tedavi gerektirir.

Obstetrics and Gynaecology: Clinical Cases Uncovered.
By. M. Cruickshand and A. Shetty. Published 2009 by Blackwell Publishing. ISBN: 978-1-4051-8671-1

5 *28 yaş, nullipar hasta smearde diskaryozis saptanması üzerine kolposkopi için yönlendirilmiş.*

En uygun cevabı seçiniz.

a. Orta derecede diskaryozis görülen kadınların %60'ında anormal kanama görülür.

b. Yüksek grade CIN olma olasılığı düşük olduğundan yönlendirme gereksizdir.

c. Soğuk konizasyon öncesinde tanısal biyopsi yapılmalıdır.

d. Kadınların birçoğu CIN tedavisi için genel anesteziyi tercih etmektedir.

e. Anormal smear tedavisi için HPV aşısı yaptırmalıdır.

6 *54 yaşında postmenopozal kanama şikayetiyle başvuran kadın hasta 50 yaşından beri adet görmüyor. Sağ mastektomi ve lenf nodu örneklemesi öyküsü (2 yıl önce) olan hasta tamoksifen kullanıyor.*

En uygun cevabı seçiniz.

a. Tamoksifen endometriyum kanseri riskini azaltan bir östrojen antagonistidir.

b. Kistik boşluklar içeren kalınlaşmış endometriyum görüntüsü endometriyum kanserini destekler.

c. Servikal patolojilerin dışlanması için spekulum muayenesi yapılmalıdır.

d. Hastaya endometriyal biyopsi yapılmalıdır.

e. Semptomların en olası sebebi meme kanseridir.

7 *75 yaşında kadın hastanın, 10 yıldır devam eden vulvar kaşıntı şikayeti mevcut. Topikal ajanlara herhangi bir yanıt alınamamış. Muayenede vulvar deri kalınlaşmış, introitus çevresinde beyazlıklar mevcut ve perianal ciltte, forşette yüzeyel ülserler izlenmektedir.*

Bu bulguların sebebi ne olabilir?

a. Vulvar vestibulit

b. Vulvovajinal kandidiyazis

c. Bartholin absesi

d. Liken sklerozus

e. Genital siğil

8 *33 yaşında, parite 2 olan hasta ani başlayan, rebound ve defans veren sağ iliak fossada ağrı ile başvurdu. Ateş 37.8 derece, nabız 92 atım/dk ve kan basıncı 115/75 mmHg idi. Lökosit ve nötrofil sayısı artmıştı.*

En olası tanı hangisidir?

a. Endometriozis

b. Over kisti torsiyonu

c. Düşük tehditi

d. Rüptüre olmamış ektopik gebelik

e. Mittelschmerz

9 *32 yaşında, parite 2 olan kadın hastada rastlantısal olarak pelvik kitle tespit edildi.*

En uygun olan cevabı seçiniz.

a. Gebelik dışlanmalıdır.

b. Bilgisayarlı tomografi uygun bir görüntüleme metodu olabilir.

c. Over kanseri en uygun tanıdır.

d. Kitlenin malign olma ihtimali premenopozal dönemde artar.

e. Hasta asemptomatik olduğundan tanı fibroid olamaz.

10 *36 yaşında vajinalis akıntı ile başvuran hastadan alınan vajinal örnekte bakteriyel vajinozis bulundu.*

En uygun cevap hangisidir?

a. Buna Trichomonas vajinalis sebep olmuştur.

b. Bu, cinsel yolla bulaşan bir hastalıktır.

c. Bu, intrauterin araç kullanımına bağlı olabilir.

d. Balık kokusunu andıran bir koku fark edilebilir.

e. Partneri penisilin ile tedavi edilmelidir.

11 *23 yaşında kadın, ciddi vulvar ağrı ile başvurdu. Fizik muayenede vulva şiş ve ağrılı idi.*

En uygun olan cevabı seçiniz.

a. Tanı için detaylı cinsel öykü alınmalıdır.
b. Muayene anamnez kadar gerekli değildir.
c. Mons pubisteki hassas, fluktuasyon veren şişlik Bartholin absesini destekler.
d. Herpes enfeksiyonu akut üriner retansiyon ile komplike olmuş olabilir.
e. Tanı için vulvar biyopsi gerekebilir.

12 *18 yaşında kadın hastanın 3 aydır tekrarlayan postkoital kanama öyküsü mevcuttur. Şu anda cinsel aktivitesi olmadığını ifade ediyor.*

En uygun olanı seçiniz.

a. Öyküsü dikkate alındığında chlamydia testine gerek yoktur.
b. Servikal smear yapılmalıdır.
c. Mevcut kontrasepsiyon yöntemi sorgulanmalıdır.
d. Eğer doktor kadınsa muayenede refaket edecek birisine gerek duyulmaz.
e. Hasta kolposkopiye yönlendirilmelidir.

13 *Disfonksiyonel uterin kanama için hangisi doğrudur?*

a. Mirena (intrauterin araç) önerilebilir.
b. 45 yaşındaki kadınlar için endometriyal biyopsi genellikle önerilmez.
c. Histerektomi ilk basamak tedavide önerilmelidir.
d. Endometriyal ablasyonu takiben kontrasepsiyonu bırakabilir.
e. Uzun dönem için GnRH analogları kullanılabilir.

14 *32 yaşında primer infertilite için araştırılan hasta 18 aydır herhangi bir kontraseptif yöntem kullanmıyor. Adetleri 35 günde bir oluyor ve 5-7 gün sürüyor.*

En uygun olan cevabı seçiniz?

a. İngiltere' de infertilite prevalansı 1/17'dir.
b. 14. günde ovulasyon göstergesi için serum progesteron seviyesine bakılmalıdır.
c. Siklus süresi için serum testosteron seviyesine bakılmalıdır.
d. Rubella immunitesi değerlendirilmelidir.
e. Tubal açıklığın değerlendirilmesi için ilk basamak tetkik laparoskopidir.

15 *Eşinin yaşı 35 olan, önceden çocuğu olmayan ve özgeçmişinde özellik bulunmayan hasta için en uygun olan cevabı seçiniz?*

a. İnfertilite açısından sperm analizi yapılmalıdır.
b. Ejakulattaki sperm sayısı minimum 30 milyon olmalıdır.
c. Düşük testiküler hacim ve azospermi obstrüktif nedenleri gösterebilir.
d. Azospermi varlığı sperm analizinin tekrarını gerektirir.
e. Azospermi varlığı kistik fibrozisin araştırılmasını gerektirir.

16 *37 yaşında, parite 2, 36 haftalık gebe taze vajinal kanama ile başvurdu.*

Anamnez ve muayenede plasenta previa olmadığını nasıl anlayabilirsiniz?

a. Fetüsün transvers duruşu
b. Hipertonik, hassas uterus
c. Bundan önceki 2 doğumun sezaryen olması
d. Maternal stabil durum
e. İyi fetal hareketler, stabil fetal pozisyon (örn fetal kalp)

17 *24 yaşında, parite 0, 29 haftalık gebe, vajenden berrak sıvı gelişi ile başvurdu. Uterusu kontrakte değildi. Fetüs baş pozisyonunda idi ve başın 4/5'i abdomende palpe edilebiliyordu. Fetal kalp atımları normaldi. Preterm prematür membran rüptürü tanısı konuldu.*

Hangisi yapılmamalıdır?

a. Vajinal örnek alınması
b. Fetal akciğer matürasyonu için steroid uygulanması
c. Tam kan sayımı ve CRP
d. Antibiyotik başlanması (eritromisin)
e. En kısa sürede doğumun indüklenmesi

18 *Hangisi atoniye bağlı postpartum kanama için risk faktörü değildir?*

a. Oksitosin indüksiyonu ile uzamış eylem
b. Multiparite
c. Çoğul gebelik
d. Epidural ağrı kontrolü
e. Plasental abruptio

19 *Hangisi eklampsinin olabileceğinin göstergelerinden değildir?*

a. Baş ağrısı
b. Epigastrik ağrı
c. Sık miksiyon
d. Görme bulanıklığı
e. Hiperrefleksi

20 *Hangisi İngiltere'de antenatal taramada rutin önerilen testlerdendir?*

a. Koryon villüs örneklemesi
b. Amniyosentez
c. HBV enfeksiyonu taraması
d. Grup B streptokok taraması
e. Toksoplasma taraması

21 *Hangisi venöz tromboz için risk faktörü değildir?*

a. Hiperemezis gravidarum
b. Fetüsün malpozisyonu
c. Sigara kullanımı
d. Puerperal sepsis
e. Artmış anne yaşı

22 *Hangisi eksternal sefalik versiyon için rölatif kontraendikasyondur?*

a. Geçirilmiş sezaryen
b. Multiparite
c. Uzamış makat prezentasyon
d. > 38 hafta gebelik
e. Anne ayakkabı numarasının 3 olması

23 *Sezaryen sonrası normal doğum yapan kadınlarda hangisi skar rüptürünü veya dehissansını göstermez?*

a. Vajenden gelen taze kanama
b. Ağrı ve hipertonik uterus
c. Skar hassasiyeti
d. Maternal taşikardi
e. Fetal kalp atımlarının yavaşlaması

24 *Hangisi servikal Bishop skorunun komponentlerinden değildir?*

a. Fetal başın konumu
b. Fetal başın pozisyonu
c. Servikal dilatasyon
d. Serviksin uzunluğu
e. Serviksin kıvamı

25 *Hangisi preeklampsinin komplikasyonudur?*

a. Fetal makrozomi
b. Pulmoner ödem
c. Prematur preterm membran rüptürü
d. Polihidroamnios
e. Fetal malpozisyon

26 *İkiz gebeliklerle ilgili hangisi doğru değildir?*

a. Tüm dikoryonik gebelikler dizigotiktir.
b. Monokoryonik plasenta sadece monozigotik ikizlerde görülür.
c. Koryonisite gebeliğin ilk trimesterinde > %98 oranda görüntülenebilir.
d. İkiz-ikiz transfüzyon sendromu monokoryonik ikizlerde görülür.
e. Koryonisite ikiz gebeliklerde riski belirlemek için önemlidir.

27 *Hangisi artmış hiperemezis gravidarum riski ile ilişkili değildir?*

a. Molar gebelik
b. Çoğul gebelik
c. Önceki gebeliklerde hiperemezis gravidarum öyküsü
d. Gebeliğin ilk trimesteri
e. Artmış maternal yaş

28 *Hangisi doğumun ilk evresinde ağrı kontrolü için kullanılmaz?*

a. TENS
b. Entonox
c. Epidural
d. Pudendal blok
e. Morfin

29 *Hangi maternal enfeksiyonun fetüse intrapartum geçiş riski yoktur?*

a. Hepatit B
b. HIV
c. Chlamydia
d. Hepatit C
e. Rubella

30 *Hangisi Down sendromunun prenatal tanısı için yardımcı olur?*

a. Anne yaşı
b. Fetal nukal kalınlık
c. 2. trimester maternal kanda ß-HCG ve AFP bakılması
d. Amniyotik sıvıda asetilkolinesteraz bakılması
e. Birleştirilmiş 1 ve 2. trimester taramaları

Eşleştirmeli Sorular

Dr. Burcu DİNÇGEZ

1 Akut Pelvik Ağrı

a. Akut pelvik inflamatuar hastalık
b. Ektopik gebelik
c. Apandisit
d. Over kist torsiyonu
e. İdrar yolu enfeksiyonu
f. Abortus
g. Pankreatit
h. Konstipasyon
i. Endometriozis
j. Vulvovajinal kandidiyazis
k. Divertikülit

Akut pelvik ağrı ile gelen hastada şikayetler aşağıda verilmiştir. Aşağıdaki hastalar için uygun tanıyı seçiniz.

1. 25 yaşında, 2 gündür sağ alt kadran ağrısı ve kusma şikayeti olan hastanın muayenesinde ateş: 37.5 derece, nabız 86 atım/dk . sağ iliak fossada ağrı ve defans mevcuttur. Hemoglobin seviyesi normal ancak beyaz küre artmıştır.

2. 32 yaşında, 36 saattir alt abdomende ağrı, disüri ve sık idrara çıkma şikayeti olan hastanın muayenesinde ateş: 38 derece, nabız: 78 atım/dk ve sol bel bölgesinde hafif hassasiyeti mevcuttur.

3. 26 yaşında, Chlamydia enfeksiyon öyküsü olan hastanın sağ yerleşimli alt kadran ağrısı, vajinal akıntısı mevcuttur ve hasta pozitif gebelik testinden bahsetmektedir.

Obstetrics and Gynaecology: Clinical Cases Uncovered.
By. M. Cruickshand and A. Shetty. Published 2009 by Blackwell Publishing. ISBN: 978-1-4051-8671-1

4. 20 yaş, 3 gündür alt abdomende ağrı şikayeti olan hastanın sarı vajinal akıntısı mevcuttur. Muayenede hafif ateşi, alt abdominal hassasiyeti ve servikal hassasiyeti olan hastanın beyaz küre sayısı artmış ve CRP değeri yüksektir.

5. 30 yaş, parite 1, kramp tarzında alt abdomende ağrısı olan hastanın ağır, koagulum içeren vajinal kanaması mevcuttur. Son adeti 10 hafta önce ve gebelik testi pozitiftir.

6. 24 yaş, 24 saattir sağ yerleşimli alt kadran ağrısı olan hasta ağrısının kolik tarzda olduğunu ve kusması olduğunu ifade ediyor. Cinsel aktivitesi yoktur ve son adeti 3 gün önce bitmiştir. Muayenede sağ iliak fossada hassasiyeti vardır ve barsak sesleri doğaldır. Beyaz küre sayısı artmıştır. Ultrasonografide sağ adneksinde 7 cm'lik kitle izlenmektedir.

2 Akut Vulvar Ağrı

a. Sifiliz
b. Vulvar abse
c. Bartholin kisti
d. Herpes simpleks
e. Sebase kist
f. Bartholin absesi
g. Vulvar hematom
h. Vulvovajinal kandidiyazis
i. Herpes zoster virüs
j. İlaç erupsiyonu
k. Üretral karunkül

Her senaryo için en uygun tanıyı seçiniz.

1. 30 yaş, parite 2, 39 haftalık gebeliği normal doğumla sonlanan hastanın doğumunun ilk evresi 4 saat ve ikinci evresi 4 dakika sürdü. Küçük perineal abrazyonu oldu fakat suturasyona gerek duyulmadı. 12 saat sonra ciddi vulvar ağrı ve rahatsızlığı hissettiğini söyleyen hastanın muayenesinde sağ labium majusta geniş, hassas, mor şişlik mevcuttur.

2. 21 yaş, parite 0, 5 gün önce Yunanistan'dan tatilden dönen hastanın son 24 saatte şiddetlenen vulvar ağrısı mevcuttur. Otelin havuzundaki klorine bağlı olduğunu düşünüyor. Muayenede yaygın ödem, şişlik ve eritem ile vajinal forşet çevresinde küçük büller izlendi.

3. 27 yaş, parite 0, 2 gündür zonklayıcı vulvar ağrı ve sol vulvar bölgede hassasiyet mevcut olan hastanın muayenesinde introitusun sol tarafında hassas, kırmızı şişlik mevcuttur ve çok ağrılı olduğu için muayeneye devam edilememektedir.

4. 40 yaş, 10 yıldır tip 1 DM öyküsü olan hastanın 2 gündür sağ labium majusunda ağrılı şişlik mevcuttur. Şişliğin banyoda patladığını ifade eden hastanın muayenesinde sağ labium majusta 2 cm çapında eritematöz, fluktuan şişlik mevcuttur.

5. 59 yaş, parite 3, 3 haftadır vulvar hassasiyet olan hastada vulvanın iç kısmında, miksiyon ile ağrısı şiddetlenen lezyon mevcuttur. En son 50 yaşında adet görmüş ve hormon replasman tedavisi almamıştır. Muayenede üretral meatus çevresinde hassas, kırmızı, ring yapan polipoid yapı mevcuttur.

3 Kontrasepsiyon

a. Acil progestagen kontraseptif haplar
b. Bakırlı intrauterin araç
c. Kombine oral kontraseptifler
d. Vazektomi
e. Laparoskopik sterilizasyon
f. Progestagen kontraseptif implantlar
g. Erkek lateks kondom
h. Kadın kondomu
i. Progestagen rahim içi araç
j. Enjektabl depo progesteron
k. Diyafram

Yukaridaki listede verilen seçeneklerden aşağıdaki senaryolara en uygun olanı seçiniz.

1. 39 yaşında çiftin, 14 ve 16 yaşında iki çocukları olup fertilite isteği yoktur. Kadının menstruel siklusları düzenlidir. Bu çift için en iyi korunma yöntemi nedir?

2. 18 yaş, 11 saat önce cinsel ilişki sırasında partnerinin kullandığı kondom delinmiştir. Ayrıca son adeti 15 gün önce başlamıştır. Kontrasepsiyon için danışmanlık istiyor.

3. 35 yaş, 5 ve 8 yaşında iki çocuğu olan hasta 3. çocuğu istediğinden emin değildir. Günde 15 sigara içiyor. Vücut kitle indeksi 30. Aşırı menstrüel kanaması vardır. Kendisine en çok yarar sağlayacak kontrasepsiyon yöntemini soruyor.

4. 35 yaşında, çocuğu olmayan hastanın, şu anda düzenli ilişkisi yoktur. 2 yıl önce derin ven trombozu geçirmiştir ancak koagulopatisi yoktur. Bu kadın için hangi yöntem kontrendikedir?

5. 22 yaşında, lateks allerjisi mevcuttur. Progestagen implantından memnundur ve ek yöntem istemektedir. Bu bariyer yöntem cinsel yolla bulaşan hastalıkları azaltmaktadır.

4 Genitoüriner Sorunlar
- **a.** Kandidiyazis
- **b.** Bakteriyel vajinozis
- **c.** Sitomegalovirüs
- **d.** Trichomonas vajinalis
- **e.** Gonore
- **f.** Psikolojik
- **g.** Herpes simpleks
- **h.** Sifiliz
- **i.** Genital siğil
- **j.** Chlamydia
- **k.** Herpes zoster

Aşağıdaki senaryolara en uygun tanıyı seçiniz.

1. 18 yaşında, vajende 4 aydır çok sayıda, küçük, yüzeyi pürüzlü şişkinlik mevcuttur. Semptomu yoktur.
2. 43 yaş, balık kokulu vajinal akıntısı mevcut olan hastanın şikayetleri, adet sonrası kötüleşmiştir, 2 yıldır cinsel ilişkisi yoktur ve son smear testi normaldir.
3. 19 yaş, postkoital kanama öyküsü mevcuttur. 2 yıldan beri kontraseptif implantı vardır. Adeti az ve aralıklı olan hastanın, 3 ay önce cinsel ilişkisi başlamıştır.
4. 14 yaş, vajinal akıntısının iç çamaşırını kirletme şikayeti vardır. Kaşıntı veya irritasyon yoktur. Akıntısının bazen şeffaf bazen de sarı renkli olduğunu ifade ediyor.
5. 24 yaş, labium majusta forşet çevresinde, çok sayıda, ağrılı ülserler mevcuttur. 8 gün önce cinsel ilişki öyküsü vardır.

5 İnfertilite
- **a.** Hipotalamik amenore
- **b.** Polikistik over sendromu
- **c.** Turner sendromu
- **d.** Tubal faktör infertilitesi
- **e.** Prematür menopoz
- **f.** Oligospermi
- **g.** Endometriozis
- **h.** Hipotiroidi
- **i.** Açıklanamayan infertilite
- **j.** Tip 1 diyabet
- **k.** Hipertiroidizm

Her çift için en uygun tanıyı seçiniz.

1. 29 yaşında, düzensiz menstrüel siklusları olan hastanın vücut kitle indeksi 36'dır, 2 yıldır olan primer infertilitesi vardır. Eşinin spermiyogramı normaldir.
2. 25 yaşında, sporcu, 6 aydır sekonder amenoresi vardır, vücut kitle indeksi 18'dir. Eşinin spermiyogramı normaldir.
3. 32 yaşında, 2 yıldır primer infertil çift, 2 yıl önce KOK kullanımını bırakmıştır, düzenli, çok ağır ve ağrılı siklusları vardır. Disparoni şikayeti mevcuttur. Eşinin spermiyogramı normaldir.
4. 28 yaşında, 18 aydır primer infertilitesi vardır. Düzenli siklusları vardır, eşinin spermiyogramı normaldir, alt abdomende ağrısı mevcuttur, 5 yıl önce chlamydia tanısı almıştır ve doksisiklin tedavisi sonrası testi negatif çıkmıştır.

6 Gebelikte spesifik endikasyonlar için tedavi seçenekleri

1. Sintometrin
2. Oksitosin
3. Benzil penisilin
4. Eritromisin
5. Vajinal prostoglandin E2
6. Atosiban
7. Folik asit
8. Magnezyum sülfat
9. %0.9 salin infüzyonu
10. Profilaktik dalteparin

Yukarıdaki tedavi seçeneklerinin kullanıldığı en uygun durumu seçiniz. Her seçenek bir veya daha fazla durum için kullanılabilir.

a. 23 yaş, parite 2, 30 haftalık gebeliği ve preterm membran rüptürü olan hastada koryoamniyonit bulguları veya fetal etkilenme yoktur.

b. 20 yaş, parite 1, 30 haftalık gebe, her 10 dakikada 3 hafif kontraksiyonu var ve servikal açıklık 3 cm, silinme %50'dir. Akciğer maturasyonu için steroid uygulanış istiyorsunuz.

c. 36 yaş, parite 3, spontan vajinal doğum yapan hastada plasentanın çıkışını takiben 500 ml vajinal kanama oluyor. Plasenta kontrol ediliyor ve tam ayrıldığı görülüyor.

d. 39 hafta 3 günde primipar hasta, preeklampsi ve fetal büyüme geriliği mevcuttur. Uterin aktivitesi yoktur, membran rüptürü mevcuttur.

e. 38 haftada gebelik kolestazı endikasyonuyla indüklenecek olan hastanın Bishop skoru 4'tür.

f. 32 yaş, parite 2 olan hasta, 12 haftada hiperemezis gravidarum ile başvurdu. Ketonu +++'tir.

g. 40 yaş, parite 2 (2 geçirilmiş sezaryen) olan gebenin, 39 haftada 3. sezaryeni planlanıyor. Vücut kitle indeksi 39 ve sigara kullanıyor.

h. 26 yaşında, epilepsi nedeniyle karbamazepin kullanıyor ve epilepsisi kontrol altındadır. Korunmayı bırakmak ve gebe kalmak istiyor.

i. 33 yaş, primipar hastanın, 41 hafta 2 günlük gebeliği mevcuttur. 4 cm dilatasyon ve tam efasmanı vardır. Membranlar intakt ve güçlü 10 dakikada 3-4 tane uterin kontraksiyonu vardır. 15 haftalık idrar kültüründe grup B streptokok üremiş.

j. 18 yaş, primigravid, 35 haftalık preeklampsi nedeniyle takip edilen gebe (kan basıncı 150/94 mmHg ve +++ proteinüri mevcut) epigastrik bölgede ağrı tarif ediyor ve baş ağrısı için parasetamol ihtiyacı hissediyor. Klonusu mevcuttur.

7 Anne ve bebek için antenatal testler

1. İlk trimesterde nukal kalınlık ölçümü
2. Mid-trimester anomali ultrasonografi görüntülemesi
3. Mid-trimester serum AFP yüksekliği
4. İdrar proteini
5. Amniyosentez
6. Eksternal sefalik versiyon
7. Orak hücre taraması
8. Umbilical akım için doppler
9. Kardiyotokogram
10. Kültür için orta akım idrar örneği

Aşağıdaki durumlar için en uygun testi seçiniz. Her seçenek bir veya daha fazla durum için kullanılabilir.

a. 37 haftalık gebede 24 saatte azalmış fetal hareket

b. Azalmış amnion mayi ve 32. haftada abdominal çevresi 5. persantilin altında olan büyüme geriliği

c. 24 haftalık gebede disüri ve suprapubik hassasiyet

d. Fetusta spina bifida

e. Down sendromu taraması

f. Gestasyonel diyabet için tarama

g. Down sendromu tanı testi

h. Koryoamniyonit tanı testi

i. 37 haftalık gebede makat prezentasyon

j. 28 haftada rutin antenatal kontrol

k. 18 yaşında 11 haftalık gebeliği olan Nijerya'lı kadın

l. Fetusta yarık dudak

8 Gebelikle ilgili komplikasyonlar

1. Plasenta previa
2. İkiz-ikiz transfüzyon sendromu
3. Koryoamniyonit
4. Skar rüptürü
5. Plasental abruptio
6. Kord prolapsusu
7. Preterm doğum
8. Pyelonefrit
9. HELLP sendromu
10. Endometrit

Aşağıdaki senaryolar ile tanıları eşleştirin. Her seçenek bir veya daha fazla durum için kullanılabilir.

a. 16 yaş, primigravid, 31 haftalık gebenin, görme bozukluğu ve epigastrik ağrısı mevcuttur. Kan basıncı 140/90 mmHg ve +++ proteinüri mevcuttur. Hemoglobini 9 g/dl, 95000 platelet, 0.4 nmol/l artmış serum üratı ve alanin aminotransferaz 186 IU/L, normal serum bilirubin 10IU/L, üre 5 nmol/L'dır.

b. 22 yaş, parite 0, 36 hafta gebenin, bulantı, kusma, ateş şikayetleri mevcuttur. Muayenede ateş: 38.5 derece, dehidrate görünümde, sağda kostovertebral açı hassasiyeti pozitiftir, Uterus yumuşak ve ağrılı değil, fetal hareketleri iyidir.

c. 34. gebelik haftasında 200 ml ağrısız vajinal kanama mevcuttur, fetal kardiyotokografi normal, çocuk oblik pozisyondadır.

d. Parite 1 olan 28 haftalık gebe, abdominal ağrı ve az miktarda taze kanamadan şikayetçidir. 10 dakikada 6 kontraksiyonu oluyor, kontraksiyonlar arasında uterus yeterince gevşeyemiyor. Fetal taşikardi mevcuttur. Variabilite azalmış ve geç deselerasyonlar mevcuttur.

e. Parite 4, insülin bağımlı diyabetes olan polihidroamnioslu 37 hafta gebenin tuvalette aniden çok miktarda suyunun gelmesi şikayeti mevcuttur. Uterusu hassas değil, yumuşak, uterin kontraksiyonu yoktur, fetal kalp atımı 60 atım/dk'dır.

f. 27 yaş, parite 1, doğumdan 10 gün sonra 800 ml postpartum hemoraji tespit edilen hastanın ateşi 37.8 derece ve muayenede alt abdomende hassasiyet mevcuttur. Uterus involüsyonu iyidir. Vajinal muayenede servikal os kapalı ve uterus üzerinde hafif hassasiyet vardır.

g. 33 yaş, prematür membran rüptürü nedeniyle takip edilen 30 hafta gebenin, başvuru anında CRP<10 ve WBC 9000 /ml ve 31 hafta 2 günde CRP 60 ve WBC 18 800 /ml'dir. Muayenede uterus üzerinde hassasiyet mevcuttur, fetal kalp atımı 180 atım/dk'dır.

h. 30 yaşında, 22 hafta monokoryonik ikiz gebeliği olan hasta, abdomen çevresinde ani artıştan şikayetçidir. Bir fetüsün abdominal çevresi 10. persantilde ve 2 cm sıvı izlenmiş, diğer fetüs 90. persantilde ve 9 cm sıvı mevcuttur.

i. 19 yaş, parite 0, 32 haftalık gebeliği olan hastaya, idrar yolu enfeksiyonu nedeniyle antibiyoterapi uygulanıyor. 3-4 dakikada bir olan kasılma ile birlikte vajenden gelen muköz bir akıntıdan şikayetçidir. Muayenede dilatasyon 3.5 cm ve serüks 1 cm uzunluğundadır.

j. 33 yaş, parite 1 (geçirilmiş sezaryen) vajinal doğum yapmak isteyen hastanın dilatasyonu 5 cm'e kadar güzel ilerliyor, sonrasında suprapubik alanda sürekli bir ağrıdan bahsediyor. Vajenden taze kanama başlıyor ve kardiyotokografide deselerasyon mevcuttur.

k. 28 yaşında, parite 0, 35 haftalık gebede postkoital ağrısız kanama mevcuttur. Fetal baş pelvise fikse, uterus yumuşak, fetal kalp atımı iyidir. İncelemede kanama izlenmedi ve servikal ektropion görüldü.

3 *45 yaşında, G3P3, ağır menstrüel kanamaları olan hasta jinekoloji polikliniğine yönlendirilmiş. Tranekzamik asit kullanıyor ancak yararlı olmadığını söylüyor. Özgeçmişinde özellik yok, muayenede pelvis ve abdomende önemli bir bulgu yok.*

a. Aklınıza gelen 3 ayırıcı tanıyı söyleyiniz. (3 puan)
b. Menstrüel öyküyü alırken soracağınız 6 soruyu söyleyiniz. (6 puan)
c. Tanı koymada isteyeceğiniz 3 tetkik söyleyiniz. (3 puan)
d. Bu hasta için uygun olabilecek 2 medikal tedavi söyleyip, yan etkilerini belirtiniz. (4 puan)
Hasta medikal tedaviyi kabul etmiyor ve cerrahi tedavi istediğini söylüyor.
e. Cerrahi seçeneklerde hastaya ne önerirsiniz? Tedavi önerinizi ne ile savunursunuz? 2 yan etkisini söyleyiniz. (5 puan)
f. Histerektominin 3 türünü söyleyiniz. (3 puan)
g. Vücut kitle indeksi yüksek olan bu hastada cerrahi dışında önerilebilecek tedavi nedir? (1 puan)

4 *20 yaşında, taze vajinal kanaması olan hastanın son adeti 6 hafta öncedir. Çift kondom ile korunuyor.*

a. Tanıya yardımcı olabilecek 4 özellik söyleyiniz (4 puan)
b. Muayenede dikkat edilmesi gereken 4 özellik söyleyiniz. (4 puan)
c. Tanıya ve yönetime yardımcı olabilecek 4 tetkik söyleyiniz. (4 puan)
d. Hastanın yönetiminde kullanılacak görüntüleme yöntemi nedir? (2 puan)

5 *72 yaşında, sol labium majusta ülseri olan hasta iç çamaşırında lekelenme fark ediyor. 5 yıldır vulvada geceleri artan kaşıntısı var ve verilen kremlerin hiçbirisinin faydasını görmemiş (steroidli krem dahil). Muayenede perinenin büyük bölümünü kaplayan noduler ciltte gri plaklar ortasında düzensiz derin ülserler mevcuttur.*

a. En olası tanı nedir? (2 puan)
b. Bu duruma sebep olan 3 etyolojik faktör nedir? (6 puan)
c. Hangi tetkikler istenmelidir? (2 puan)
d. Biyopsi maligniteyi dışlarsa bundan sonraki aşama ne olur ve neden? (3 puan)

6 *Bayan Neale, primigravid, 41 hafta 3 gün gebeliği mevcuttur. Vajenden mukus gelişi mevcut ancak sıvı gelişi yoktur. Birkaç saat önce uterus kontraksiyonları sık olmayan hastanın son 2 saattir düzenli, her biri 50 saniye süren 10 dakikada 3 tane kontraksiyonu vardır. Fetal kalp atımı düzenli ve hızı 140 atım/dk'dır. Muayenede serviks tam efase, 4 cm dilate, membranlar intakt ve fetal baş -1 dedir.*

a. Hastanın doğumu başlamış mıdır ? (1 puan) Tanıyı destekleyici sebepler nelerdir? (2 puan) Hasta ağrı kontrolü istiyor.
b. Önerebilecek 4 uygun seçenek söyleyiniz. (4 puan) 4 saat sonra membranlar rüptüre olur ve mezasyonlu sıvı gelişi gözlem.
c. Bu mekonyumun anlamı ne olabilir? (2 puan) Fetal iyilik halini gösteren non-invaziv bir test söyleyiniz (1 puan). Hastanın kontraksiyonları şu anda 10 dakikada 2 tane, hafif orta şiddettedir. 4 saat sonraki vajinal muayenede dilatasyon 4.5 cm'dir.

d. Bunlardan çıkarılacak sonuç nedir? (1 puan) Bundan sonraki aşama ne olmalıdır? (2 puan)

7. 20 yaş, primigravid hasta, 9 haftalık amenore ve son 2 gündür kötüleşen ancak 2 haftadır olan kusma şikayeti mevcut.

a. Hastaya hangi semptomların varlığı sorulmalıdır? (3 tane söyleyiniz) (3 puan)
b. Tanı için hangi klinik bulgulara bakılmalıdır? (3 tane söyleyiniz) (3 puan)
c. Bu hastadan istenebilecek 3 tetkik söyleyiniz. (3 puan)
d. Tedavi planı nasıl olmalıdır? (6 puan)
e. Hiperemezis gravidarum dışında, gebelikte kusma sebepleri nelerdir? (2 puan)

8. 18 yaşında, parite 0, 36 haftalık gebenin kan basıncı 150/98 mmHg'dır ve +++ proteinürisi mevcuttur.

a. Hastaya hangi semptomlarla ilgili soru sorarsınız? (5 tane söyleyiniz) (5 puan)
b. Kan basıncının 160/110 mmHg ve +++ proteinürisi olduğunu biliyor olsaydınız muayenede nelere bakardınız? (3 tane söyleyiniz) (3 puan)
c. Hastanın baş ağrısı ve klonusu var. Bu bulgular ne düşündürür? (1 puan)
d. Tedavide ne yapılmalıdır? (6 puan)

9 Parite 2 olan 37 haftalık gebe, bebeğin oblik pozisyonda olabileceği düşünülerek antenatal kliniğe yönlendiriliyor. Abdominal palpasyonla bu doğrulanıyor. Hastanın medikal veya obstetrik öyküsünde özellik yok ve 2 vajinal doğum öyküsü mevcuttur.

a. Hangi tetkikleri istersiniz ve neden? (2 puan)
b. Ne önerirsiniz ve neden? (2 puan)
c. İşlem ile ilgili ne tartışırsınız? (4 puan)

d. Fetal malpozisyonla ilgili 2 neden söyleyiniz. (2 puan)

10. Bayan Smith, 39 yaşında, parite 0, 11 haftalık gebedir. Özgeçmişinde özellik yoktur ve antenatal kliniğe takibe gider.

a. Down sendromu taramasında yapılacak testlerle ilgili bilgi istemektedir. Bu hastaya nasıl bilgi verirsiniz? (6 puan)
b. Tarama testlerinin yalancı negatifliği vardır. Hasta yaş bağımlı Down sendromu riski için tanı testi istemektedir. Ne önerirsiniz? (4 puan)
c. Hasta diğer yapılabilecek tarama testlerinin ne olduğunu öğrenmek istemektedir (5 puan).

Çoktan Seçmeli Soruların Cevapları

1. e
2. d
3. a
4. a
5. c
6. c
7. d
8. b
9. a
10. d
11. d
12. c
13. a
14. d
15. d
16. b
17. e
18. d
19. c
20. c
21. b
22. a
23. b
24. b
25. b
26. a
27. e
28. d
29. e
30. d

Eşleştirmeli Soruların Cevapları

1
1. c
2. e
3. b
4. a
5. f
6. d

2
1. g
2. d
3. f
4. b
5. k

3
1. d
2. b
3. i
4. c
5. h

4
1. i
2. b
3. j
4. f
5. g

5
1. b
2. a
3. g
4. d

6
1. c
2. d
3. i
4. a
5. e
6. b
7. h
8. j
9. f
10. g

7
1. e
2. l
3. d
4. j
5. g
6. i
7. k
8. b
9. a
10. c

8
1. c
2. h
3. g
4. j
5. d
6. e
7. i
8. b
9. a
10. f

9
1. i
2. b
3. j
4. c
5. h
6. f
7. e
8. a,e
9. d
10. k

10
1. i
2. h
3. e
4. g
5. k
6. c
7. a
8. b
9. f
10. d

Kendini Değerlendirme Sorularının Cevapları

1. Pelvik kitleler

a. Serum CA 125
Abdomen ve pelvis ultrasonografisi
Abdomen ve pelvis BT (bilgisayarlı tomografi)
Sitoloji için ascites örneği
(3 puan)

b. Sonuçlar hastanın malignite indeks riskini hesaplamak için kullanılacaktır. Eğer artmışsa acilen hastanın jinekolojik onkoloji kliniğine yönlendirilmesi gerekir.
(2 puan)

c. Histolojik tanı için doku incelenmelidir.
Debulking cerrahisi ile mümkün olduğunca tümör çıkarılmalı
Semptomları gözden geçirilmelidir (örn barsak obstrüksiyonu)
Histerektomi, bilateral salpingo-ooferektomi, omentektomi, peritoneal yıkama yapılmalıdır.
(4 puan)

d. Kemoterapi. Platinler tek başına veya taxol ile kombine kullanılabilir.
(2 puan)

e. Plevral sıvıdan pozitif sitoloji evre 4 hastalığı gösterir ve 5 yıllık sürvi %5'in altındadır.
(2 puan)

2. Prolapsus

a. (i) Diğer üriner semptomlar

- Noktüri (gece 1 kere idrara gitme normal kabul edilir)
- Disüri/hematüri (idrar yolu enfeksiyonu akla gelmelidir)
- Frequency (günde 4-6 kez normal kabul edilir)
- Urge inkontinans
- İşeme problemleri (örneğin miksiyon başlamasında problem yaşayabilir, işemez için prolapsusunu itmesi gerekebilir).
- İnkontinansın derecesi (ped kullanıyor mu, kıyafetlerini değiştiriyor mu? ne sıklıkta ve ne miktarda idrar kaçırıyor?

(ii) Vajenden görünüyor mu?
(iii) Hormon replasman tedavisi alıyor mu ve ne tür?
(iv) Öksürük ve benzeri solunum yolu patolojilerine ait semptomlar, kilo kaybı, mesleği, ağır yük taşıma öykusünün varlığı
(v) Semptomların hastanın işini, sosyal hayatını etkileyip etkilemediğinin sorulması
(vi) Zor doğum veya uzamış 2. evrenin varlığı, iri bebek (6 puan)

b. Sistosel ve üriner inkontinans (anamnez ve sistosel için muayene ile tanı konuldu) (2 puan)

c. Orta akım idrar örneği. Üriner semptomla gelen kadında idrar yolu enfeksiyonu dışlanmalıdır. (1 puan)

d. Kilo kaybı (pelvik tabana artmış bası semptomları tetikleyebilir)
Sigara bıraktırılmalı Pelvik taban egzersizleri
Double voiding yapılmalı
(4 puan)

e. Pesser
Cerrahi
(2 puan)

f. İnkontinansın detrussor aşırı aktivitesine veya üretral sfinkter zayıflığına bağlı olup olmadığının değerlendirilmesi için sistometri yararlıdır. Böy-

Obstetrics and Gynaecology: Clinical Cases Uncovered.
By. M. Cruickshand and A. Shetty. Published 2009 by Blackwell Publishing. ISBN: 978-1-4051-8671-1

lece subüretral tape operasyonu gerekli hastalar tespit edilebilir. (2 puan)

3. Ağır menstrüel kanama

a. Disfonksiyonel uterin kanama
Endometriyal polip
Endometriozis
Adenomyozis
Endometriyum kanseri (bu yaş grubunda nadir)
(maksimum 3 olmak üzere, her biri 1 puan)

b. Kaç gün kanaması olduğu
Siklusun süresi
Anormal kanama(intermenstrüel, postkoital)
Kaç ped/tampon kirlettiği
Koagulum varlığı
Yaşam kalitesine kanamanın etkisi
Kontrasepsiyon kullanımı
Son servikal smear tarihi
Menarş
(maksimum 6 olmak üzere her biri 1 puan)

c. Ultrasonografi görüntüsü
Endometriyal biyopsi
Histeroskopi
Tam kan sayımı
Ultrason görüntüleri endometriyal polip ve fibroid ile ilgili bilgi verebilir.
Endometriyal biyopsi hiperplazi ve atipiyi gösterebilir ve maligniteyi dışlayabilir.
Histeroskopi endometriyal kaviteyi gösterebilir, endometriyal polip, submuköz myom ve karsinomun tanınmasını sağlayabilir.
Tam kan sayımı demir eksikliği anemisini gösterebilir.
D&C cevap olarak kabul edilemez.
Tiroid fonksiyon testleri eğer hastanın tiroid hastalığı yoksa gerekli değildir
(maksimum 3 olmak üzere her biri 1 puan)

d) NSAID'ler (örn mefenamik asit) ve traneksamik asit ilk basamak tedavileridir. Yan etkileri dispepsi, diyare, bulantı, peptik ülserin şiddetlenmesidir.
Mirena intrauterin araç etkilidir ve bu hastada menopoza kadar kalabilir. Yan etkileri düzensiz lekelenme, kanama, göğüste hassasiyet, akne, baş ağrısı, uygulanma esnasında uterus perforasyonudur.
Kombine oral kontraseptiflerin yan etkileri göğüste hassasiyet, kusma, duygu durum değişikliği, nadiren derin ven trombozudur. KOK'lar genç hastalarda düşünülebilir ancak bu hasta 45 yaşında olduğundan çok iyi bir seçenek değildir. (her biri 2 puan)

e. Endometriyal ablasyon
Daha az invaziv
Az cerrahi risk
Hızlı iyileşme
Fertilite isteği yoksa
Yan etkileri vajinal akıntı, pelvik ağrı, enfeksiyon, uterus perforasyonu
Ek cerrahi girişim gerekebilir.
(2 puan)
Histerektomi (ilk tercih değildir)
Fertilite isteği olmayanda

f. Abdominal histerektomi
Vajinal histerektomi
Laparoskopi yardımlı vajinal histerektomi
Total laparoskopik histerektomi
(maksimum 3 olmak üzere her biri 1 puan)

g. Operasyona karar verirken obez hastalarda anestezinin değerlendirilmesi önemlidir (1 puan).

4. Erken gebelikte kanama

a. Kanamanın miktarı
(i) Menstrüel siklusun uzunluğu
(ii) İlişkili ağrının varlığı
(iii) PID, appendektomi, geçirilmiş ektopik gebeliğin öyküsü

BÖLÜM 3: Kendini Değerlendirme

Kanamanın ciddiyeti, amenorenin süresi, gebelik süresi ve artmış ektopik gebelik riskine neden olabilecek özellikler
(4 puan)

b. (i) Nabız hızı
(ii) Kan basıncı
(iii) Abdominal hassasiyet

c. İdrarda gebelik testi
İdrar dip-stick örneği
Tam kan sayımı
Serum ßHCG değeri
(4 puan)

d. Pelvik ultrasonografi. İntrauterin canlı gebeliği gösterebilir. Eğer görünmüyorsa serum ßHCG değeri ve hastanın kliniği ile tekrar değerlendirilmelidir.
(2 puan)

5 Vulvada ağrı

a. Vulvanın skuamoz hücreli kanseri. Klinik bulgular skuamoz hücreli kansere progrese olan VIN'i desteklemektedir. Topikallere yanıtsız vulvar kaşıntı VIN'i düşündürebileceği gibi liken sklerozusu da düşündürebilir.
(2 puan)

b. VIN
Liken sklerozus
Liken planus
(6 puan)

c. Tanısal cilt biyopsisi yapılmalıdır. Böylece hem tanı doğrulanabilir hem de invazyon değerlendirilebilir. Lokal anestezi ile uygulanabilir ancak alınan materyalin yeterli boyut ve derinlikte olduğundan ve tüm şüpheli alanların örneklendiğinden emin olunmalıdır. Klinik olarak invazyondan şüpheleniliyorsa eksizyonel biyopsi yapılmamalıdır çünkü bu ileride yapılacak cerrahiyi riske atacaktır.
(2 puan)

d) Kalan alanlarda rezidüel invaziv doku olmadığından emin olunmalıdır. Bu sadece VIN ise yapılan işlem semptomlarda azalmayı sağlayacaktır. Yaş grubu ileri, tek lezyonu olan hastalarda rekürrens riski düşüktür (genç ve multifokal ile karşılaştırıldığında) ancak hasta mutlaka takip edilmelidir.
(3 puan)

6 Doğum

a. (i) Evet (1 puan)
(ii) Hastanın serviksi tam efase ve dilate idi (1 puan)
(iii) Hastanın kontraksiyonları düzenli, belli sıklık ve şiddette idi.

b. TENS (1 puan)
Doğum havuzu (1 puan)
Morfin/petidin (1 puan)
Nitröz oksit (entonoks) inhalasyonu (1 puan)
Epidural blok (1 puan)

c. (i) Fetal distress ya da hipoksiyi gösterebilir (1 puan)
(ii) Fetal postmaturite ile sonuçlanabilir (1 puan)
Sürekli fetal kardiyotokografi (1 puan)

d. (i) Doğumun yetersiz ilerlemesi (1 puan) veya koordine olmayan uterus aktivitesi (1 puan)
(ii) Dikkatli titre edilmiş oksitosin intravenöz infüzyonu ile doğumun indüksiyonu (2 puan)

7 Hiperemezis

a. Abdominal ağrı, göğüste yanma (1 puan)
Üriner semptomlar (düsüri, hematüri, idrar volümü) (1 puan)
Diyare (1 puan)
Ateş (1 puan)
Sarılık (1 puan)
Kusmayı tetikleyen faktörler, süresi, sıklığı (1 puan)

b. Nabız, kan basıncı (taşikardi/postural hipotansiyon) (1 puan)
Derece (1 puan)
Dehidratasyon bulguları (azalmış turgor,kuru cilt,ağız,göz) (1 puan)
İkter

c. Keton, lökosit, nitrit varlığı için idrar tahlili, Orta akım idrar kültürü ve eğer doğrulanmadıysa idrarda gebelik testi (2 puan)
Tam kan sayımı, üre ve elektrolitler, karaciğer ve tiroid fonksiyon testleri (2 puan)

Canlı gebeliği doğrulamak veya molar gebeliği dışlamak için pelvik ultrasonografi

d. Intravenöz sıvı verilmesi (%5 dekstroz değil), en az 3 gün elektrolit dengesinin kontrolü gereklidir (örn hiponatremi, hipokalemi)
(2 puan)
Düzenli antiemetik (örn prometazin, metoklopramid, siklizin)
(1 puan)
Ketonüri kontrolü için aldığı çıkardığı takibi (günde 2-3 kez)
(1 puan)
Nabız, kan basıncı, ateş (4 saatte bir)
(1 puan)
Tromboprofilaksi
(1 puan)
Tiamin replasmanı
(1 puan)

e. Pyelonefrit/ idrar yolu enfeksiyonu (1 puan)
Gastroenterit (1 puan)
Hepatit (1 puan)
Pankreatit (1 puan)
Apandisit (1 puan)

8 Preeklampsi

a. Baş ağrısı
Görme bozukluğu
Üst abdominal veya epigastrik ağrı
Bulantı, kusma
Şişlikte artma (bacaklarda, yüzüklerin dar gelmesi)
Normal veya azalmış idrar hacmi
Gebe fetal hareketleri hissediyor mu?
(her biri 1 puan)

b. Epigastrik/sağ hipokondriyal hassasiyet
Refleks artışı, klonus
Belirgin periferal ödem
Fundoskopide papil ödem
(her biri 1 puan)

c. Hasta ciddi preeklampsidir ve konvülziyon/eklampsi ve kan basıncı ile ilişkili diğer komplikasyonların riski altındadır.
(1 puan)

d. Damaryolu açılması , tam kan sayımı için kan alınması (platelet sayısı dahil), serum üre, ürat ve elektrolitlerin, karaciğer fonksiyonlarının değerlendirilmesi
Fetal kalp atımlarının kontrol edilmesi
Kan basıncı için hidralazin uygulanması
Eklampsi profilaksisi için magnezyum sülfat uygulanması
Doğum odasında anında müdahale için gerekli ekipmanların hazırlanması
Acil müdahale yapıldıktan sonra ilerleyen klinik durum, kan sonuçları ve serviksin durumuna göre doğum şekline karar verilir.
(her biri 1 puan)

9 Fetal malpozisyon

a. Ultrasonografi: plasenta pozisyonu, fetus pozisyonu, amnios mayi volümü
(2 puan)

b. Termde ise ve oblik duruş söz konusu ise hasta interne edilir çünkü membranlar rüptüre olup kordon prolabe olabilir. Kordon prolapsusu akut fetal riskler taşıdığından acil doğum gerekir.
(1 puan)
Hasta ile eksternal sefalik versiyon seçeneği de konuşulmalıdır. (1 puan)

c. Bebeğin anne karnında abdominal müdahaleler ile baş pozisyonuna çevrilmesidir.
(1 puan)
Eğer işlem başarısını arttıracağı düşünülüyorsa tokoliz yapılabilir. (1 puan)
Başarı %50 civarındadır ancak <%5 oranda çocuğun tekrar malpozisyonu söz konusudur. (1 puan)
İşlemin en sık riskleri spontan membran rüptürü, retroplasental kanama ve kordon ile ilgili hasarlardır ki bunlar acil doğum gerektirirler. (1 puan)

d. Aşağı yerleşimli plasenta
Polihidramnios
Uterin anomaliler, alt segmentte fibroidler
Grand multiparite
(her biri 1 puan)

10 Down sendromu için antenatal tarama

a. Tek başına yaşa bağlı olarak (trizomi 21 sıklığı yaşla artar) hastanın riski yaklaşık 1:100'dür.
(1 puan)
11-14. haftalar arasında: yaş+ nukal kalınlık tek başına bakılması veya maternal serum ßHCG ve PAPP-A ile kombine edilerek bakılması.
(1 puan)
14-20. haftalar arasında: mid-trimester 3'lü veya

4'lü test
Yaş+ ßHCG+ AFP+ unkonjuge östriol+ inhibin A
(1 puan)
11-14 hafta + 14-20 hafta taraması: integre test
(1 puan)
Tüm bu testlerin yalancı pozitif ve yalancı negatif oranı vardır. Eğer bu testler riskli gelirse tanı testi olan fetal karyotipleme yapılmalıdır.
(2 puan)

b. Tanı testi genellikle 10-14. haftalarda yapılan koryon villüs örneklemesidir. %2 oranında düşük riski taşır.
(2 puan)
Amniyosentez 15. haftadan sonra uygulanır ve %1 gebelik kaybı riski taşır.
(2 puan)
Ayrıca testin tekrarını gerektiren yetersiz kültür ve mozaisizm de mevcuttur.

c. Tam kan sayımı
Kan grubu, Rh durumu ve eritrosit antikorları
Rubella immunitesi
Hepatit B enfeksiyon taraması
HIV enfeksiyonu taraması
Sifiliz enfeksiyonu için tarama
Asemptomatik bakteriüri için orta akım idrar örneği
(her biri 1 puan)

Olgu Tanı Dizini

Jinekoloji

Obstetrik

İndeks

Not: İtalik numaralar figürleri, **kalın** numaralar ise tablo ve kutuları ifade eder.

BÖLÜM 3: İndex

BÖLÜM 3: İndex

BÖLÜM 3: İndeks